"十二五"普通高等院校文化产业管理系列规划教材 | 丛书总主编：胡惠林

上海市普通高校优秀教材

文化经济学

（第2版）

胡惠林◎著

清華大學出版社
北 京

内 容 简 介

本书以"双重规律"理论为分析框架，研究和揭示文化经济运动的基本规律。全书共分为十章，分别为第一章文化与经济的基础性关系，第二章文化经济的存在形态与结构，第三章文化生产，第四章文化需求、供给与均衡，第五章文化消费，第六章文化市场，第七章文化商品，第八章文化商品价格，第九章文化投资，第十章文化战略。本书是作者长期从事文化产业实践、研究、教学的经验和成果积累，不但内容充实全面，而且体例规范、结构严谨、叙述清晰。

本书可作为普通高等院校文化产业管理专业和其他相关专业的教材使用，也可用于政府文化管理部门、文化企事业单位的从业人员的继续教育和培训用书。

图书在版编目（CIP）数据

文化经济学/胡惠林著. —2 版. —北京：清华大学出版社，2014（2022.8重印）

"十二五"普通高等院校文化产业管理系列规划教材

ISBN 978-7-302-37291-2

I. ①文… II. ①胡… III. ①文化经济学-高等学校-教材 IV. ①G05

中国版本图书馆 CIP 数据核字（2014）第 159936 号

责任编辑：杜春杰
封面设计：刘　超
版式设计：文森时代
责任校对：王　云
责任印制：杨　艳

出版发行：清华大学出版社
　　　　　网　　　址：http://www.tup.com.cn，http://www.wqbook.com
　　　　　地　　　址：北京清华大学学研大厦 A 座　　　　邮　　编：100084
　　　　　社 总 机：010-83470000　　　　　　　　　邮　　购：010-62786544
　　　　　投稿与读者服务：010-62776969，c-service@tup.tsinghua.edu.cn
　　　　　质量反馈：010-62772015，zhiliang@tup.tsinghua.edu.cn
印 装 者：北京嘉实印刷有限公司
经　　销：全国新华书店
开　　本：185mm×230mm　印　　张：20　字　　数：398 千字
版　　次：2003 年 2 月第 1 版　2014 年 10 月第 2 版　印　　次：2022年8月第 9 次印刷
定　　价：59.80 元

产品编号：055202-04

总　序

文化产业管理：一门新兴的综合性大文科
——历史与建构

　　1993 年 5 月，经中华人民共和国教育委员会批准，中国内地第一个文化管理专业——文化艺术事业管理——在上海交通大学创立，同年 9 月，新生正式入学报到，开始了中国内地高等教育史上文化管理专门人才培养的新篇章。我作为负责这一专业筹建和创立并主持该专业学科建设的责任人，有幸参与了它的全过程，经历和见证了它整整 20 年的发展史。这是我最感有意义的事。

　　新中国成立以后，我国高等教育培养了一大批文化艺术领域里的各类专门人才，有不少成为享有国际声誉的艺术家，但却始终没有培养过一名文化艺术经营管理人才。20世纪 80 年代初关于艺术表演团体改革的讨论，第一次遭遇到了"懂艺术、善经营、会管理"的文化艺术管理专门人才缺乏的障碍。1992 年党的十四大提出了社会主义市场经济体制改革的目标，第一次把培养能够满足和适应市场经济体制下文化艺术经营管理需求的高级专门人才提到了中国高等教育的面前。在经历了 20 世纪 80 年代高等教育新学科建设高潮之后，中国高等教育又迎来了一次新的学科建设的高潮。如果说 80 年代的文科学科建设高潮还主要是立足于恢复，那么，这新一轮文科学科建设高潮则全部集中于新文科创建。文化艺术事业管理专业就是这样的新学科、新专业。

　　在欧美高等教育体系中，大陆法系的这一类专业都命名为"文化管理"专业，如德国、法国、加拿大等；英美法系则称之为"艺术管理"专业，如美国、英国、澳大利亚等。中国内地从中国文化制度体制的实际出发，把这一专业定为"文化艺术事业管理"专业。当时，我在负责这一专业的学科建设的课程体系设计时，主要参考了这两大法系一些代表性大学的专业课程设置，结合中国的情况形成了延续至今的上海交通大学文化产业管理专业课程体系的主干课程与核心框架。它们是：文化经济学、文化政策学、文化行政学、文化投资学、文化市场营销学、国际文化贸易、文化管理学和文化产业学。这一课程体系与核心框架成为后来创办这一专业的主要参照。为了鲜明地界定人才培养目标和办学方向，上海交通大学文化艺术事业管理专业定位为"文化经济方向"即文化产业。因为，无论是国家政策还是社会认识，把一个新的文科专业直接命名为"文化产业管理"，时机和条件在当时都还不成熟。但这一定位一直是上海交通大学文化艺术事业管理专业始终不渝的办学目标和办学方向。即便在1999年的国家本科专业目录的调整中，把"文化艺术事业管理""体育管理""卫生管理"和"教育管理"统一合并为"公共事业管理"专业，上海交大这一办学方向都始终没有改变过。

在一无师资，二无教材的条件下，上海交通大学的领导们以对党的事业无限忠诚和科学家对国家战略需求的高瞻远瞩，领风气之先，在学校经费普遍不足的困难条件下，利用百年校庆出百本教材的机会，把文化艺术事业管理专业的教材建设列入其中，开始了学科建设的卓越起步。我国文化产业管理专业学科建设就此开始了教材建设的规范性进程。《文化经济学》这本教材作为我国文化产业管理专业的第一本教材，就是诞生于上海交大的"百年校庆"。1999年，国家"985"工程一期项目启动后，上海交通大学又把文化管理专业系列教材建设列为创新项目予以重点支持。2003年由我担任主编的"21世纪文化管理系列教材"由上海文艺出版社出版，共7种：《文化经济学》《文化政策学》《文化市场营销学》《文化行政学》《文化投资学》《文化市场学》和《文化产业学》，我国第一个文化产业管理专业核心课程教材框架初步形成。

在差不多有10年的时间里，除了上海交通大学，国内很少有大学办这个专业。但是，作为一个有着百年历史的高等学府，它的领风气之先的努力首先得到了国家文化部的高度关注与评价。1999年12月，为迎接我国文化建设新的国家需求的到来，文化部与上海交通大学决定依托上海交通大学文化艺术事业管理专业共同创建"国家文化产业创新与发展研究基地"，时任文化部副部长李源潮和上海交通大学校长谢绳武共同担任基地主任，开创了"部校合作"的新模式。上海交大文化产业管理专业学科建设由此进入了新的发展阶段。

2002年，党的十六大提出要"积极发展文化事业和文化产业"，第一次以党的政治决议形式开启了我国文化建设与发展新时期。由中国加入世界贸易组织而激发的关于文化产业的理论与政策研究，直接导致了关于在中国大学创办文化产业管理专业的时代命题的提出。2003年12月，由上海交通大学倡议与北京大学、清华大学、山东大学、云南大学、华中师范大学、山西财经大学等7所高校联合发起的"全国高校文化产业研究与学科建设联席会议"在上海交通大学召开，包括复旦大学、北京师范大学、南京航天航空大学、南京艺术学院、深圳大学、中南大学、中央财经大学等15所高校的专家学者参加了联席会议。会议达成了重要共识，以15所大学文化产业研究机构的名义联合向教育部建议：创建文化产业管理专业。建议得到了教育部的高度重视和回应。2004年，教育部正式在本科专业目录外设立文化产业管理专业。山东大学、中国海洋大学、云南大学和中国传媒大学获批成立文化产业管理专业。此后，北京大学、清华大学先后轮流主办了联席会议，参加的院校越来越多。不仅原来的被改名为公共事业管理专业的许多院校依然在办文化管理，而且全国有不少艺术院校在艺术学下面开办有艺术管理专业。全国高校形成了"文化管理""艺术管理"和"文化产业管理"三路大军。为了更好地推进这一新兴学科建设，推进学科建设的科学化，2005年经筹备，在教育部高教司的支持下，"全国高校文化管理类学科建设联席会议"在青岛中国海洋大学召开。全国有56所院校的院系领导和专家出席了会议，山东艺术学院、云南艺术学院、天津艺术学院、鲁迅艺术学院、北京舞蹈学院等开设有艺术管理专业的艺术院校都参加了会议。会议通过了关于文化管理类学科核心课程教材体系建设，在上海交通大学课程教材框架的基础上，增加了《文化学概论》《世界文化产业概要》和《文化艺术管理概论》三本，由云南大学出版社出版，我担任编委会主任。

"联席会议"机制的建立不仅增进了不同高校文化管理类专业学科建设的交流和联系，而且进一步扩大了文化产业管理专业学科的影响和建设，尤其是随着文化产业理论与政策研究的不断深入，以及文化产业发展在国家发展战略中的作用日显重要，文化产业管理专业在经历了20年的探索之后，于2013年被国务院学位委员会正式作为科学的学科建设纳入到整个高等学校本科专业目录，成为国家新学科和新人才培养体系的重要战略组成。根据2013年12月在安徽师范大学召开的"第10届全国高校文化产业专业学科建设联席会议"的不完全统计，截至2013年中国内地已有100多所大学开设有文化产业管理专业。与此同时，内地的文化产业学科建设也引起了台湾高校同行的广泛关注和高度认可。随着两岸和平发展的不断深入，两岸在文化创意产业领域里的合作不断深化，两岸高校文化产业管理专业的学术交流、学生培养和学科建设合作机制也应运而生，创立了"两岸高校文化产业本科专业学科建设联席会议"。它标志着一个新兴的综合性大文科在中国崛起。

文化产业管理专业是一个年轻的学科，唯其年轻，因而充满着创造性朝气。作为这种朝气的体现，一方面是关于它的学术研究，另一方面就是关于它的教材建设。中国传媒大学、山东大学、北京大学、中国海洋大学、台湾教育大学都出版了有关文化产业管理专业的系列教材，全国艺术院校还联合出版了艺术管理专业的系列教材。虽然，大家的着立点不一样，但是都体现出一个共同的认知：一个科学的学科建设的标志有两个：科学的课程体系和科学的教材体系。二者相辅相成缺一不可，而这两项均服务于科学的人才培养需求。正因为如此，许多大学在课程体系建设上都做了许多探索。为了能够体现和反映这种探索，在清华大学出版社组织的这套教材中我们就把这种探索的成果吸收进来了。

因此，清华大学组织出版的这套"十二五普通高等院校文化产业管理系列规划教材"（共16种）是迄今为止我国文化产业管理专业学科建设和教材建设的最重要的成果。

文化产业是现代科学、现代工业文明发展与现代精神文明发展相结合的产物，它是人类社会理论掌握世界体系和表现世界体系的一种新的文明手段和方法。新兴的多学科综合性特质，使得关于文化产业管理研究和在此基础上形成的文化产业管理学科，既具有应用理论的特点，同时又具有基础学科的性质。我们不能把文化产业研究仅仅理解为一种应用性研究。文化产业理论研究应该在学理的层面和意义上，探讨人类社会在工业文明与后工业文明时代人类社会的生存方式、发展方式、认知方式和表达方式。法兰克福学派深刻地揭示和批判了"文化工业"，解释了为什么"文化工业——文化产业"仍然在全世界获得飞速的发展，深刻地改变着世界面貌，改变着人们对世界的了解和思维及其与世界的关系。文化产业作为一个概念的出现，集中反映和表现了文化产业这样一种人类社会现象的普遍存在，由于它和传统的文化形态生命运动和存在方式的巨大区别，这才使人们创造出这样一个概念来表达人们对这一类对象的认识。因此，它是一种新的文化表达理论形态，一种新的社会发展和运动理论及一种经济理论形态，是这些理论形态综合成的一个独立的新的学科理论形态，一种深刻的人类社会进程。

概念是对对象特征的本质概括。同时概念本身又是一个具有无限丰富性的有机生命整体。虽然人们还没有一个普遍认同的统一的文化产业定义，联合国教科文组织关于文化产业的定义至今也没有统一全世界的看法。但是，正如哲学界至今都还没有给出一个公认的"哲学"定义并不妨碍"哲学"学科建设一样，我们完全可以在不断地探索"什么是文化产业"的过程中，建立起作为科学的文化产业管理学科。这应该成为我们建立科学的文化产业学的学科认知基础。

文化产业管理的学科归属，在中国学术界迄今为止尚未有一个统一的认识，虽然，在学科目录中把它归为管理学门类下的一级学科工商管理，但是，在现阶段中国文化产业管理体制中和学科认知上，所涉及的领域和范围，远远超出了工商管理的学科范畴。在权威的国家哲学社会科学基金课题指南里，有关文化产业管理的研究课题被分别归在马克思主义、科学社会主义、哲学、经济学、应用经济学、文学、新闻传播、国际政治等学科门类内，同时在"全国艺术科学规划指南"里，又被划归在"艺术学"下的"文化管理"类。这种情况，一方面反映出中国的文化产业无论在理论上还是在实践上，都还没有展开其全部的丰富性，另一方面也反映出，无论是"哲学""经济学""应用经济学"，还是"新闻传播学""艺术学"，都容纳不下完整意义上的"文化产业管理"。作为一门新兴交叉学科，文化产业管理专业还很年轻，年轻到不知道究竟把它放在什么位置上，归属到哪一个学科。在讨论文化产业管理专业学科归属的时候，我曾经提出一个建议：把"文化管理"设置为一级学科，下设"艺术管理""公共文化管理"和"文化产业管理"三个二级学科，以对应于"公共管理""工商管理"等一级学科，同时也可以克服该专业学位管理上同时跨越"艺术学"和"管理学"的交叉与不便。当然，这还需要一个过程。因此，建立文化产业管理专业的必要性就在于在原来的学科体系内，还没有任何一门学科从整体上涵盖文化产业的对象范围。在国际上也是这个情况。国际上的情况要更复杂一些，还涉及不同国家的与学科划分有关的行业分类标准和体系。这就为我们提供了一个能够充分发挥自己的想象力进行科学建构的广阔空间。

文化产业管理学科的课程体系和教材体系是一个开放性系统，单一的学科研究方法无法满足它的学科建设需要。文化产业不是一个单纯的文化现象，也不同于一般的经济产业，它是一个跨学科的研究领域，涉及文学、艺术学、政治学、经济学、传播学、管理学、法学、国际关系等学科领域。不同的学术倾向、不同的思维习惯、不同的研究方法、不同的切入角度，可以产生许多完全不同的结论和构成许多个性鲜明的学术理论体系。尤其是当中国的文化产业发育尚未成熟，在它的矛盾的丰富性还没有充分展开的时候，任何在此基础上形成的研究成果，都是在科学的意义上建立科学的文化产业管理学所不可缺少的。没有充分的富于个性的文化产业理论研究和争鸣，就不可能有真正科学意义上的文化产业管理学科建设。因此，这就特别需要在文化产业理论研究的方法上的创新。可以从实证出发，通过个案研究建立文化产业理论系统，也可以从纯粹抽象的思辨出发，推演出逻辑结构严谨的文化产业学术体系。总之，现有的各种成熟的学术研究方法和手段，都应当成为文化产业理论研究的方法论。

从这个意义上说，这套系列教材提供了一个实验性的对象，它为未来形成一套具有普遍权威性的文化产业管理专业的经典教材，提供了一种包容性选择的参照。它体现了清华大学出版社在支持新学科教材建设上的大气和远见卓识。我受清华大学出版社的委托担任该系列教材的总主编，负责丛书选题设计和专家推荐，得到了同行专家的大力支持，深感责任重大。我希望能够听到和看到同行专家和使用这套教材的老师和同学们的批评，以为今后不断修改提高和完善的工作方向。科学的文化产业管理专业的学科建设是一个崇高的目标，需要很多人的共同参与，我愿与我的高校同行们共同工作，为实现这一目标而努力！

胡惠林

2014 年 3 月 5 日于上海交通大学

目　　录

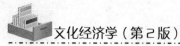

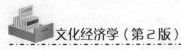

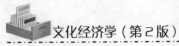

导　论

学习目标

通过本章学习，应了解和掌握以下内容：

1. 文化经济与文化经济学的性质；
2. 文化经济学的产生与发展；
3. 文化经济学研究的对象与范围；
4. 文化经济学研究的目的与方法；
5. 文化经济学研究的理论基础与学科关系。

人类社会在经历了以技术为逻辑的发展阶段之后，正进入一个以文化为逻辑的发展新阶段。虽然，在以技术为逻辑的发展阶段中，文化也一直以自己独特的方式影响着技术发展的文化走向，但是，在迄今为止的人类社会的发展进程中，文化都还没有像今天这样成为直接推动社会变革和社会进步的生产力。那就是文化经济作为一种社会进步力量的存在获得了它的价值存在，进而成为科学的研究对象。

一、文化经济与文化经济学的性质

文化经济和文化经济学是两个既密切关联又互相区别的概念。从知识系统出发，区别这两个概念，是研究文化经济学的基本前提。

1. 什么是文化经济

什么是文化经济？从不同的角度出发可以有许多不同的理解和解读。就现实中存在的文化经济现象而言，至少有以下几个方面是可以表达的：第一，文化本身可以产生经

济效益，获得以货币为计量单位的财富收入，例如人们在消费物质和非物质文化遗产过程中的货币付出的那一部分，成为提供者和服务者的财富收入的来源，所谓文化遗产经济指的就是这一类；第二，文化产品的创作和生产本身，无论是对材料的消费还是活劳动的付出，都需要垫付成本和货币支出，这是在文化产品的创作和生产过程中发生的有形和无形的货币支出而形成的文化经济形态，所谓文化生产经济；第三，以文化商品的特殊形态——文化服务所实现的财富收益和增长所形成的文化服务经济；第四，通过购买文化知识产权或出让文化知识产权而形成的文化经济，即版权经济。可能还有其他形态的文化经济存在方式和表现方式。但是，不论这种存在方式和表现形态有着怎样的差别，这些所谓文化经济形态都有一个共同的特征，即它们都是以广义上的买卖方式在满足人们精神文化消费需求的同时实现货币财富形态的转移和经济运行机制的变迁，并且在这个过程中，实现人的、社会的文明进步和文明发展。

因此，所谓文化经济，是指以交易的方式和方法进行文化生产，促进文化消费，增加义化流通，改变社会财富形成、来源和结构，实现人的自由发展和人类社会文明进步的一种社会文化现象和文明行为系统。它的目的，是以经济的方式繁荣和发展文化，通过文化而获得财富的增长，在实现巨大经济利益的同时，实现文化的有效传播和文化资源的积累与成长，不断满足人类社会文明进步和人的自由发展在精神文化领域里的全面需求。

在现代西方的学术语境中，"文化经济"是属于人文地理经济学领域中的一个概念。与此相联系的还有"创意经济"、"文化创意产业"和"文化产业"等。在不同语境里，"文化经济"一词具有多重释义。一方面，随着地理学理论分支里"文化转向"的出现，文化经济会被解释为是经济地理学的一个新的理论分支；另一方面，"文化经济"一词又经常与政府的文化政策相关联，即文化经济政策。许多文化经济研究的成果来源于理论上的变化。

中国古代有一个成语叫"买椟还珠"，见于《韩非子·外储说左上》："楚人有卖其珠于郑者，为木兰之柜，熏以桂椒，饰以玫瑰，辑以羽翠，郑人买其椟而还其珠。"用来比喻舍本逐末，取舍失当。其实，这是一个非常典型、完整的文化经济行为系统和活动系统，比较完整地揭示了文化经济的发生、发展和实现过程：文化生产——文化消费——市场交易——交易价格。"买椟还珠"反映了经济活动赖以完成的最基本的方式和机制：买、卖。没有买卖，无所谓经济；没有买卖，也就没有市场。但是，在这里，无论是生产的内容还是购买的内容，都是人的创造性劳动（生产）的产品，是人工产品"椟"，而不是自然物品"珠"；并且不是一般的人工产品，而是充满着人的创造行为和审美理念的"创造性"产品，是一种"艺术品"，这是一种附着了楚人的审美想象的意象表达，包含了他对产品营销的全部美学追求和境界。在这里，所谓"创意"得到了前所未有的实现方式和物质形态，而"郑人"购买的恰恰就是这个以"木兰之柜，熏以桂椒，饰以玫瑰，辑以羽翠"为表达方式的"椟"——这样一种具有前所未有的精神创造性的特殊的艺术品，不是"珠"这样一种来自于大自然的物品。而"椟"正是因其是人的精神劳动创造的产品而具有价值，这个价值不是"椟"本身，而是"椟"所蕴含的内容，"椟"因这个内容而有价值。这个"价值"既可以是审美的，也可以是精神的、象征的，甚或是社会的等，总之，正是它的这种内容构成了它对"郑人"的有用性，即"椟"的社会文化效用。这种有用性（效用）是精神的而非物质的，以及由这种有用性而最终导致了购买行为的发生，而正是由于这种购买行为的发生，即交易行为的完成，"椟"的效用才得以实现。因而这是一种对于"精神"以及有这种精神所创造的"文化"的购买，一种前所未有的文化的购买，购买文化内容、以满足自身精神和文化消费的行为；并且是以买"珠"的价格来买"椟"。这就使得人的精神性文化创造性活动及其成果第一次以比较的方式而得以市场交易的价格——"珠"的价格而获得实现。在这里"珠"第一次被用作衡量"椟"的价值尺度——可比价格，这就是文化产品的价值。文化产品的价值第一次以市场价格的方式得到了实现。这是最重要的。一次完整的文化产品的生命诞生于实现过程，最重要的是它的价值实现。这就是文化经济——文化效用的社会实现。缺少了其中任何一个环节和要素，文化经济就不能成立。所谓创意，一般仅用于讨论经济增长活动中存在的可能对生产方式产生推动力的行为；而其他形式的"创意"并不能自动地对经济发展有所贡献（或者实际上会产生阻碍）。

因此，文化经济是以经济方式和经济关系为载体，以文化，主要是精神文化为灵魂的交换需求为目的的、人类社会发展及其文明形态的生命方式，同时兼有文化和经济的双重属性与特征。其实，作为人类社会的文化生产和文化表达行为早在人类形成之初就已经发生，虽然，那还不是为了交易而发生的，但是，它也有成本，即便是我们今天所看到的远古的人类留在洞窟石壁上的岩画，不仅有想象和联想的精神创作所耗费的"想象力"等无形成本，而且也有创作所需要的工具和颜料制作与采集的成本。用今天的语言表达来说，这些属于"公共产品"，既没有计价，也不用来交易，但是正如一切公共物品皆会发生和形成公共物品经济一样，这一类文化产品的生产也会发生和形成它的公共文化经济。可以假设：倘若创作那些岩画的艺术家是被公共推举而完成的创作，而他的劳动是可以在部落的集体劳动果实中分享的，那么，他所分享到的那一部分物质生活资料，就可以看作是对他劳动计件或计时的"酬劳"，以公共的方式完成劳动对劳动的交换，从而使之具有价值，进而那些被雕刻在洞窟岩壁上的艺术品的价值，尽管无论在过去还是在今天它都无法被转让，但并不妨碍它作为文化经济存在方式的历史性和现代性。

所以，文化经济如同"经济"一样，它本身就是一个整体，而不仅仅是单纯的结构。它的目标必须与世界紧密相连。不是文化+经济的二元结构。问题的关键不在于是否重新发现文化经济的经济性或文化性，而是如何同时认识到文化与经济结合的对于经济和文化本身发展的重要性，以及这种重要性对于促进政治和社会发展的重要性。思考文化经济的重要性和对主流经济评论两者间的耦合关系是现有文化经济研究最需要解决的问题。

2．文化经济学的性质

文化经济学的性质是什么？可以从一般定义和学科性质两个方面来认识。从一般定义来说，文化经济学是人们关于文化经济的知识体系和理论体系，是人们在关于文化经济研究的基础上形成的系统学说和思想体系。这样的定义，尽管会有分歧，但是，它比较简单。

文化经济学的性质是什么？也就是说，文化经济学是怎样的一门学科？这是文化经济学研究的首要命题。只有在这个问题上获得了具有公理性的求解原理，文化经济学作为一门独立的社会科学的存在才是真实的。

"经济学的所谓实质问题就是分析社会生产过程中的客观事实。"①从这个前提出发，我们可以把文化经济学看作是一门运用文化研究和经济学相结合的分析方法，以文化商品运动规律为主要研究对象的学科，是一门以综合性与交叉性研究为特征的人文科学和社会科学，兼具基础研究和应用研究双重特性。不同学科的性质是由不同学科的研究对象规定的。因此，要把握文化经济学的性质，就必须首先了解、分析和研究文化经济学的研究对象和研究领域。

文化经济学有广义文化经济学和狭义文化经济学之分。广义文化经济学研究一切文化经济现象的运动和发展规律，包括文化工业经济、文化旅游经济、文化贸易经济以及国防文化经济和文化社会经济、文化生态经济、文化产业经济等。重点是研究文化对社会发展影响的经济后果及其程度。狭义文化经济学研究以个别文化领域里的文化经济活动为研究对象并解释其发展规律与特征，例如版权经济学、电影经济学、图书经济学、艺术经济学等，狭义文化经济学往往分别属于相关的人文社会科学领域，如图书经济学、电影经济学等。影响和制约文化经济最一般活动、行为和要素、范畴的研究，同时涵盖了广义和狭义两个领域，我们可以把它称之为关于文化经济学的基本原理研究。它以文化商品运动规律为核心对象，以文化商品供给和需求为基本范畴，包括文化市场、文化消费、文化投资、文化商品价格等。广义文化经济学主要侧重于文化经济的外部关系研

① [美]约瑟夫·熊彼特. 经济分析史[M]. 第3卷. 朱泱，等，译. 北京：商务印书馆，1994：207.

究，狭义文化经济学主要侧重于个别文化经济现象的研究。不同的研究对象所形成的不同理论是制订不同文化经济政策的基础。由于外部和内部只是研究的需要而作的一种方法论上的划分，在现实的文化经济的系统运动中是很难把外部和内部截然分开来的，因此，无论是属于哪一种文化经济研究，必然都会同时兼顾到另一种研究视角的存在。

二、文化经济学的产生与发展

文化经济学产生于人类文明的发展实践和对这一实践科学探求的需要，并且随着这一需要的不断发展而发展。因而，它是一个历史过程。

文化的经济因素，作为文化生长过程中的社会机制，它是和经济的文化因素同时伴随着人类独立于生物界而产生的，因而是一种久远的、人的另一种与生存相适应的发展的需要。随着社会生产和社会分工的迅速现代化以及随着现代化的宽领域发展，文化和经济之间由对立而走向综合的趋势越来越明显。无论是文化的经济问题，还是经济发展中的文化问题，都由于这种关系的消解而越来越引起社会的共同关注和思考。这是文化经济学产生的社会学基础。

对于文化经济的研究，始于人文地理学、文化社会学、艺术社会学和非生产领域经济学等研究。这不仅是因为经济是多向度的，而且文化也是多向度的。文化既是经济众多的复杂性之一，经济也是文化众多的复杂因素之一。问题的复杂多样性，决定了关于它的研究的多方面、多层次和多领域，从而构成了文化经济学作为科学产生路径的多样性。

1. 艺术学的研究

艺术学的研究包括两个方面：一方面主要表现为对具体的艺术生产经营中的经济问题研究。中国明末清初戏曲理论家李渔的《闲情偶寄》可能是中国最早的一部系统研究文化经济学的著作，虽然研究的对象只是戏曲，但内容却涉及许多现代文化经济学问题。另一方面集中体现在关于艺术和社会的关系、艺术起源等的研究。1847 年，比利时的米凯尔首先提出"艺术社会学"的命题后，一些哲学家、经济学家、社会学家、文化史学家就分别从不同角度考察了文艺同社会、经济的联系。其中，俄国的普列汉诺夫的《论艺术——没有地址的信》最早从社会经济结构的角度研究文艺的本质，进行文化的经济渊源的考察，提出了一系列富有理论发现的命题，其中最重要的就是关于"艺术起源于劳动"的理论，直接建立起了艺术和劳动——物质劳动——文化和经济的关系，为马克思主义文化经济学的研究提供了前期理论依据；德国学者弗里采的《艺术社会学》揭示了艺术作品同生产方式的联系。这或许和人类早期的文化经济活动集中体现为艺术活动有关，尤其是像戏曲这样大众化和市场化较高，与社会联系较密切的艺术表演样式，具有较完整的从生产、经营到管理的文化经济问题。今天的作为文化经济学研究的主要内容，在人类文化经济活动的早期都还尚未出现。

2. 政治经济学研究

政治经济学研究集中体现在马克思主义关于剩余价值理论的研究，精神生产和物质生产关系研究，艺术生产和物质生产发展不平衡关系研究，以及精神生产与审美消费关系的研究等，从政治经济学深入研究了一些属于文化经济学研究领域里的本质性问题，直接为后来关于文化经济学的科学研究提供了理论和思想史资料。这与资本主义无论是作为社会制度还是作为经济制度的发展密切相关。工业革命不仅带来了人类历史上空前的物质生产力革命，而且带来了精神生产力革命。资产阶级由于开拓了世界市场，不仅带来了物质生产的空前繁荣，同时也带来了精神文化生产的空前繁荣。资本主义发展所取得一系列巨大成就，使得文化和经济之间矛盾运动和相互关系进一步丰富，从而使得在那个时代最杰出的政治经济学家得以关注和研究与资本运动相关的文化经济问题。然而，由于文化经济问题还尚未成为资产阶级社会的主要矛盾，因而也还没有成为政治经济学家研究的主要对象。文化经济学没有像其他新兴领域里的思想发展和思想革命那样一跃而成为一个独立的科学。

3. 社会政治学研究

1961年德国哲学家哈贝马斯发表了《公共领域里的结构转型》，通过对18、19世纪资产阶级公共领域的形成研究，第一次揭示了文化市场作为一种公共领域在资产阶级政治制度——作为资产阶级公共领域形成与转型——建构的关系。作为法兰克福学派第二代代表性人物，在继承了法兰克福学派社会批判传统的同时，提出了关于文化市场与政治关系的建构性理论，这为研究文化经济与社会发展的宏观问题研究，即宏观文化经济学研究开辟了一个新的领域。但是，关于把文化市场作为公共领域建构的理论，尚未引起文化经济学研究的足够重视，成为文化经济学研究的重要理论来源和分析工具。

4. 非生产领域经济学研究

20世纪60年代中期，苏联兴起的"非生产领域经济学"的研究，把文化的社会经济问题提上了研究工作日程。在苏联的影响下，70年代末，东欧国家开始注重对社会主义文化经济理论和实践的研究。苏联的莫肖夫、普纳诺夫，捷克斯洛伐克的诺沃特尼、维特克，匈牙利的孔茨、库蒂，以及民主德国的罗德、霍马廷、雷瓦尔特等，都发表过有关的论著，开始形成了较为系统的研究。尽管这些研究并没有对"文化经济学"这门学科本身作出明确的表述，但问题的提出和对它所进行的系统而有效的研究，无疑为"文化经济学"的学科建设奠定了基础。80年代初，苏联的斯·库列戈扬发表了《作为政治经济学研究对象的精神生产》，指出：精神生产作用的加强，大批人才、物力、财力投入这个领域，要求建立这样一些经济学科，如科学经济学、文化经济学、艺术经济学、教育经济学、整个非生产领域经济学；1980 年，苏联出版了由沙洛特科夫主编的《非生产领域经济学》教科书，系统分析了文化、艺术、教育、科研、体育等非物质生产领域的经济学问题；1982 年，民主德国的霍马廷和雷瓦尔特合作发表了《文化领域经济学的现实问题》，阐述了建立社会主义文化经济学的必要性和具体内容，指出，为了有效地利用文化领域的投资，许多国家（包括当时的民主德国）近年来对文化发展的经济问题开展了经济学的研究工作。

1973 年，国际文化经济学会在美国建立。1977 年，《文化经济学杂志》创刊，文化经济学作为一门学科至此诞生。文化经济学不仅要求从经济学的观点开展对文化经济问题的整体研究，而且还要求从文化领域的各个部门出发研究经济问题，例如电影经济、戏剧经济和图书馆经济等。这些问题的提出，引起了各国学术界的广泛关注。日本名和太郎发表了《经济与文化》，分析了经济与文化的关系，日本的文化时代、文化力和文化立国等问题；日本的并木信义发表了《日本文化的经济学》；1981 年美国波特兰市州立大学经济学家布林克曼在印度出版了《文化经济学》，根据文化发展的理论分析了各种经济现象的实质，从宏观角度阐述了文化与经济发展的关系。虽然，许多国家的学者都发表了不少有关的论著，但系统的科学的文化经济学理论体系仍在建立之中。

国际学术界关于文化经济问题的探讨，以及随着中国改革开放的深入和文化体制改革的深化、文化市场的兴起，文化的经济问题日益突出，也引起了中国学术界的关注。著名经济学家于光远在 1985 年召开的上海文化发展战略研讨会上率先提出应建立中国自己的文化经济学的主张。此后，全国不少地方也都纷纷举行大型的文化发展战略研讨，一批关于文化经济研究的学术成果相继问世。所有这些不仅推动了对文化领域的一些经济和管理的现实问题的探讨，而且还直接为中国文化经济学的理论研究和学科的建立做了素材积累和理论动员的准备。1993 年，中国第一个以"文化经济"为专业方向的四年制本科专业——"文化艺术事业管理"在上海交通大学成立，文化经济学的理论研究、高级专门人才培养和学科建设，由此进入中国学术界的视野和高等教育领域。中国文化经济学研究也开始进入了一个系统的理论研究与理论探索阶段，出现一批研究成果。继程恩富[①]和胡惠林先于 1995 年和 1996 年发表《文化经济学》[②]之后，又出版了一些文化经济学研究成果，主要有：李向民《精神经济》（新华出版社）、陈庆德《文化经济

---

① 程恩富. 文化经济学[M]. 北京：中国经济管理出版社，1995.
② 胡惠林. 文化经济学[M]. 上海：上海交通大学出版社（第一版），1996，上海文艺出版社（第二版），2003.

学》（中国社会科学出版社）、孟晓驷《文化经济学思维》（人民文学出版社）、谢名家《文化经济论》（广东人民出版社）、颜士锋《文化经济学》等。随着文化经济学研究领域的深入，文化经济学研究领域的不断扩大，江奔东的《文化产业经济学》（泰山出版社）、顾江的《文化遗产经济学》（南京大学出版社）、傅才武的《艺术经济学》（文化艺术出版社）等专门文化经济学研究成果先后发表，作为文化经济学研究的核心问题文化产业，则逐渐形成一个独立的学科而得到了快速发展，形成了胡惠林的《文化产业学》（高等教育出版社）等一批有影响的成果。关于文化经济学领域里的专门问题研究，更是蔚为壮观。相比较于国际文化经济学基于一定的经济学理论模型比较的偏重于微观的研究，中国学者的文化经济学研究更着重于起步阶段的探索性基础研究。其中既有侧重于文化人类学的，也有比较的侧重于政治经济学和产业经济学分析的，还有的是侧重于艺术学研究的。总之，还处在一种关于文化经济学研究探索的阶段，尚未形成关于文化经济学研究的科学范式。进入21世纪后，一批国外学者的文化经济学研究著作如《经济学与文化》（戴维·思罗斯比）、《城市文化经济学》（艾伦·J.斯科特）、《艺术文化经济学》（詹姆斯·海尔布伦）[1]等在中国的翻译出版，进一步促进了这一学科的建设与发展，而有关创意经济领域里的研究成果（《创意经济》（理查德·弗洛里达））,更是进一步扩展了文化经济学研究的视野。作为一门新兴的科学的文化经济学学科体系正在走向成熟。

三、文化经济学研究的对象与范围

文化，是一个不断向广延度和深刻度拓展的概念，使用于社会科学和自然科学的各个领域。和许多学科的基本概念一样，"文化"也经历过漫长的、含义模糊的古典阶段。发展到近代，随着人们思维方法的科学化和研究的精密化，它逐步从不确定走向比较确定。这个过程，不仅反映了人们对客观事物认识的深化和归纳的科学化，而且实际上反映了随着历史的发展、文化内容的日益丰富，人们对文化的理解和把握不断地随着人的自我层次的递升而向着宽领域和深刻度的进军。正由于随着科学的发展，人们对客观事物认识的深化，"文化"这个概念的内涵和外延不断获得新的拓展和更高层次的界定，关于文化的定义较有影响的就有二百多种。其中较为著名的有英国文化学家泰勒于1971年在《原始文化》中下的定义："文化是一个复杂的总体，包括知识、信仰、艺术、道德、法律、风俗，以及人类在社会生活里所获得的一切能力与习惯"[2]。美国文化人类学家克罗伯和克拉柯享在1952年出版的《文化：概念和定义的批判性回顾》一书中提出这样的

---

[1] 中国人民大学出版社出版"文化创意产业系列丛译"。

[2] 转引自：冯天瑜，等. 中国文化史[M]. 上海：上海人民出版社，1991：16，22，23.

定义："文化是包括各种外显或内隐的行为模式；它通过符号的运用使人们习得及传授，并构成人类群体的显著成就，包括体现于人工制品中的成就；文化的基本核心包括由历史衍生及选择而成的传统观念，尤其是价值观念；文化体系虽可被认为是人类活动的产物，但也可被视为限制人类作进一步活动的因素。"还有苏联学者所下的"文化是人们在社会发展过程中所创造的物质财富和精神财富的总和"[①]的定义。中国《辞海》吸收了《苏联大百科全书》的说法，从广义和狭义两个不同的方面为"文化"下了定义："广义指人类社会历史实践过程中所创造的物质财富和精神财富的总和。狭义指社会的意识形态，以及与之相适应的制度和组织机构。是一种历史现象，每一社会都有与其相适应的文化，并随着社会物质生产的发展而发展。"[②]这是我们关于"文化"这个概念的大略的考察。

　　然而，作为文化经济学的研究对象是文化的生产、分配、消费与流通，是生产文化、供应文化和使用文化的活动过程中表现出来的文化的投入与产出、成本与效益关系，是从文化理论与经济理论的互相结合上来考察文化商品的运动、变化和发展的客观规律，研究和揭示文化本身对于社会的价值——经济价值和精神价值。"科学研究的区分，就是根据科学对象所具有的特殊的矛盾性。因此，对于某一现象的领域所特有的某一种矛盾的研究，就构成某一门科学的对象。"[③]由于文化经济的形成是现代社会经济迅速发展的特产，对于文化经济的对象性研究既可以是经济学的，如文化经济学、文化市场学，也可以是社会学的，如文化社会学，同时又可以是管理科学的，如文化管理学、文化行为学等。

　　我们对文化的经济研究，是从文化分析与经济学研究相结合的角度来考察文化经济的形成和发展、变化，侧重运用经济学的基本理论、基本原则方法来考察社会文化活动中的人、社会和国家的文化关系，考察文化经济活动中文化与政治、经济和社会发展的关系，尤其是在所有这些过程中文化的投入与产出关系，并力图通过对这些问题的分析，从较深的层次上去揭示文化经济活动的特征、相互联系、变化趋势和客观规律，并且结合文化理论和管理科学的研究方法和基本原理，在更大范围内和更深层次上去揭示社会经济活动中文化的经济运行机制和调控机制的客观存在，确立文化经济在国民经济中应有的地位，从而形成文化经济学独立的研究范畴、概念、范式和理论。因此，作为文化经济学的对象性研究范围，主要是指与物质文化密切相联的精神文化的生产、流通、分配和消费，包括文学艺术、广播电视、图书出版、文化娱乐、文物博物、音像制品、文

① 转引自：冯天瑜，等. 中国文化史[M]. 上海：上海人民出版社，1991：16，22，23.
② 辞海[M]. 上海：上海辞书出版社，1989：1731.
③ 毛泽东. 毛泽东选集[M]. 合订本一卷本. 北京：人民出版社，1964：284.

化旅游，以及与之相适应的设施和组织机构，如艺术表演团体、出版社、影剧院场、书店、图书馆、美术馆、博物馆等。

文化经济学是一门应用性较强的文化科学和发展经济学，它按照政治经济学所揭示的国民经济运行变化的一般规律性，探寻文化经济发展的特殊矛盾关系以及文化的生产、流通、分配、消费等环节的运行机制和运动规律，以求在文化的现代化和市场经济的发展中，按照文化经济运动的特殊规律性，制定科学的文化经济的政策，促进文化事业和文化产业的发展。因此，文化经济学要把关注点集中于文化生产力诸要素的合理配置、文化经济结构的有效调整和文化经济运动规律的考察上，并通过文化生产、文化供求、文化消费、文化市场、文化商品、文化商品价格、文化资源、文化投资、文化发展战略和文化经济管理等一系列主要范畴的具体分析，深刻地揭示文化经济自身矛盾运动和发展变化的特殊规律性，从而在根本上把自己同其他经济学分支和文化学分支区别开来。它的内容包括：（1）文化经济在国民经济中的地位和作用；（2）文化作为生产力要素（文化力）的特征、功能以及结构体系；（3）文化商品经济对现代社会经济的影响和发展趋势；（4）文化经济的经济规模及其结构成长和变动的规律；（5）文化市场的结构运动、功能以及文化市场价格变动的规律；（6）价值规律和文化规律在文化艺术产品的生产和流通中的特殊作用；（7）文化经济同其他国民经济部门，特别是同社会经济部门发展之间的相互关系；（8）文化艺术部门作为非物质生产领域同物质生产领域之间的相互关系等。

文化经济是一个极其复杂的社会文化系统和政治经济系统。仅以文化生产而言，广泛涉及人、社会和国家间的文化关系，在这个过程系统中，不仅有文化生产个体，而且还有文化生产企业，有大企业和小企业，既有横向的文化生产关系，也有纵向的一体化性质的综合性文化企业，还有非政府组织部门以及政府部门等，所有这些一起运转形成了整个文化经济系统。在系统构成中的结构性关系以及这些相互关系又是如何互相影响的，都应该是文化经济学的研究对象和范围。因此，文化经济学应该把文化经济系统的运行及其规律与特征作为自己的主要对象与核心范畴。然而，这只有在对文化经济运动的实践分析中才能实现。

文化经济是独立的、涉及面相当广的、兼有文化和经济双重特性的领域，它有自身的矛盾运动及其发展变化的规律，在自己的活动领域中表现出种种特殊的矛盾性。文化产业部门间，如电影和电视间的对立和联系、文化产业组织中的竞争和垄断、文化产业发展中的均衡和非均衡等，都会在文化经济的生长过程中发生深刻的作用。而在这当中表现出来的种种矛盾的消长、对立和转化，都会使文化经济发展运动呈现出特殊的规律性。文化经济学的任务，就是通过对上述矛盾特殊性的研究，揭示文化经济发展运动的规律性。

四、文化经济学研究的目的与方法

文化经济学研究的目的是要揭示以文化商品为主要载体和存在方式的文化经济运动的基本规律，推动文化经济的发展，促进人类文明从物质经济向非物质经济的转型与发展。

文化经济学作为一门新的文化学和经济学的边缘学科，应该运用现有的各种成熟的研究方法，探讨文化经济运动中的特殊矛盾和典型问题。

1. 科学抽象，理论联系实际

任何一门科学，要从生动直观的对象中形成科学的理论，都离不开科学抽象的方法。文化经济学属于人文社会科学，研究文化经济现象不能像研究自然科学和工程技术科学那样采用实验的方法，直接综合实验结果找出对象内在的规定性。"分析经济形式，既不能用显微镜，也不能用化学试剂，二者都必须用抽象力来代替。"①这种方法以实践为基础，通过对现实文化领域中经济现象的调查研究，详细地占有材料，然后运用分析综合、比较概括等思维活动，对丰富的感性材料进行去粗取精、去伪存真、由此及彼、由表及里的加工，造成概念系统，形成理论概括，最终上升为科学。

2. 系统分析，整体研究

文化的经济现象是互相联系、相互制约，不断发展变化的。研究文化经济学，必须运用系统分析方法，静态分析研究与动态分析研究相结合。注重从整体与部分之间、整体与外部环境的互相联系中综合地、精确地考察对象，从整体的联系和过程的联系中认识对象，从而达到最优化地分析和研究问题。文化产业和文化事业是一个完整的系统，是国民经济的有机组成部分。但是它们之间所发生的文化经济学原因是有许多差别的。把它们区别开来研究分别属于不同的学科研究领域与范畴。文化产业与产业经济学有着密切的联系，而文化事业又与公共管理以及公共部门经济学有着极大的关联性，而一般意义上的文化经济学就应当从文化经济的整体意义上去研究和把握文化经济运动的最一般规律。对于文化经济现象中一系列问题的分析研究，如文化经济结构、文化产业结构、文化经济发展战略等，都应当置于整个国民经济的大系统中去考察，要与整个国家社会经济的发展联系起来分析论证。在这个过程中，既要坚持目的性原则、整体性原则，也要坚持相互联系、相互制约和最优化的原则。文化经济是运动着的文化现象和经济现象，

---

① 马克思，恩格斯. 马克思恩格斯全集[M]. 第23卷. 北京：人民出版社，1975：8.

文化经济运动的规律性只有在运动过程中才能生动地表现出来。文化经济学既然要研究文化经济发展运动的规律性，就应该对文化经济作动态的考察，用运动、发展的观点和变化的观点分析文化经济问题。文化经济理论的研究还刚刚起步，人们对它的认识和科学概括不可能一下子形成。面对运动着的对象，文化经济理论研究不仅要研究文化经济的过去和现在，而且要着眼发展趋势和未来，加强预见性研究，紧密联系一定时期的社会生产力发展水平和一定的生产关系，对影响文化经济活动的各种因素的发展变化情况进行分析研究，以期从对象的动态活动中作出正确的整体性判断。

3．规范研究与实证分析相结合

文化经济学是一门理论性和应用性都较强的学科，在研究方法上还要把规范研究与实证分析结合起来。规范研究，就是在提示文化经济运动规律的同时，依据对象运动的内在逻辑性，指明文化经济应该如何运行，产业结构应当如何调整，文化资源应该如何配置。因此，规范研究所要陈述和解决的是对象"应当怎样"的命题，通常是根据一定的价值标准，运用逻辑思维进行科学的推理论证，从而确立相应的原则。实证分析，旨在判明文化经济及其结构、组织、资源、投资等在一定条件下是如何运行、如何重组的，通常运用统计分析和比较，对对象的运动趋势做出判断和描述，阐明客观对象"是怎样"的命题。文化经济学研究就是要把二者有机结合起来，在分析和研究文化经济运动时，不能停留在现象上，而要努力追究它的问题框架，发现表象背后隐秘的、被遮蔽的方面，通过对现象的分析，研究和解释文化经济运动发展的内在逻辑，因此，这就需要对文化经济概念、范畴乃至思想演变的掌握与了解。

4．定性分析与定量分析相结合

任何文化经济现象都是质与量的统一。既有对象的本质规定，又有一定的数量体现。运用定性和定量分析的方法，就是在对文化经济范畴、概念进行逻辑推理的基础上，对所研究的对象作出质的判断和量的评估。这两者之间，定性分析是基础，只有在定性分析的前提下，定量分析心中有数，才能充分说明问题。质的规定性把握不住，定量分析再仔细也无济于事。因此，弄清楚对象的性质具有特别重要的意义。同时，对象的一定的质又总是蕴含在一定的量当中。文化经济现象有数量界限，文化经济规律有数量表现，完全离开数量分析而全靠逻辑推论很难对对象的本质及规律有准确的把握，例如制定文化发展战略，要求调整投资结构和产业结构，都有一个规模适度和比例恰当的问题。只有把定性与定量有机地结合起来，才能使我们对对象的系统分析和理性把握达到科学的认识。

文化经济终究是人的活动的产物，关注人的存在、人的需求、人的自由和人的困境应当是文化经济学研究的重要思维着力点，应当深入探讨不同的社会条件下文化经济发展所面临的重大理论问题和实践问题，因此，文化经济学研究应吸收一切有用的研究方法，包括文化研究方法、历史地理研究方法、统计分析方法、制度分析方法、博弈分析方法等，从而使关于文化经济的研究及其理论成果更符合文化经济发展的实际和更有利于人们对文化经济运动规律的把握。

五、文化经济学研究的理论基础与学科关系

任何一种理论都有它的理论基础，都是从一定的理论前提出发，并在此基础上创新发展的。文化经济学是一门建设中的新型交叉性学科，涉及许多学科领域。深入地研究文化经济学建构的理论基础，以及它与相关学科的关系，是科学地建构文化经济学的重要前提。

1. 文化经济学的理论基础

文化经济学兼有文化科学和经济科学的双重品格，是一门全新的理论科学。作为文化经济学研究的理论基础，是马克思主义关于社会生产力和生产关系的理论；关于社会生产和社会文化关系的理论；关于生产劳动的学说和劳动价值学说；关于价值规律和再生产的理论；关于精神生产的发展与物质生产的发展不平衡的理论；关于文化产品具有价值和使用价值的理论以及关于文化消费受物质消费制约的理论等。这些都是确定文化经济学的研究方向和目标、体系和结构、内容和方法的科学依据和指导思想。

2. 文化经济学与相关学科的关系

文化经济活动是文化活动与经济活动的有机结合。作为综合性的社会活动，它具有政治、经济、文化、审美、娱乐等多种特性。因此，作为一门边缘学科，文化经济学必然要在自己的生长过程中与其他相关学科发生这样或那样的关系。

（1）文化经济学与政治经济学的关系

作为对经济活动中最一般的原理、原则和规律的科学概括，政治经济学具有理论基础的指导意义。然而，政治经济学所研究的是国民经济活动中的普遍性原则、一般性规律，其基础的指导性适用于所有的部门经济学。而文化经济学所研究的是文化活动中与经济相关联的特殊矛盾运动和规律性。作为部门经济学，文化经济活动除了受经济活动中一些共同规律的作用之外，还具有其他经济活动所没有的内容、形式和特殊规律性。文化经济学与政治经济学的关系，实际上是个别与一般的关系。文化经济学所研究的是文化领域、文化活动中的经济关系、经济原则和经济规律，是关于文化经济的个别性原理的归纳和总结。因此，在学科体系上，文化经济学必须以自己的理论建构的个性与政治经济学相区别。

（2）文化经济学与现代经济学的关系

现代经济学主要是指西方现代经济学。这是一个庞大的思想体系。现代经济学中一系列重要理论研究成果，如边际效用价值论、交易费用理论、公共选择理论等对于深入研究文化商品本质、文化制度建设、文化市场发展、公共文化权力等有着特别重要的价值。文化经济学正在发展成为一门独立的学科，但是，文化经济与现代经济生活交融性联系，使得对文化经济行为和运行系统的研究难以脱离关于在一切文化行为背后的现代经济影响，从而使之无论在研究方法还是在理论分析工具采用上都使得文化经济学研究不能没有现代经济学视野。

（3）文化经济学与文化学的关系

文化学是研究文化现象最一般规律的科学。它是人类文化活动的综合概括，包括文化史学、文化人类学、文化社会学、文化生态学等。文化经济学是文化学的一部分，着重考察和研究文化活动中的经济要素，提示在市场经济条件下文化活动的经济学品格。由于研究的是文化领域中的经济关系和经济原则，对文化经济的研究就不能脱离文化的特性。从这个意义上说，文化学与文化经济学的关系也是一般原则与个别对象的关系。离开了文化这一特定的对象，文化经济学也就成了另一种经济学。

（4）文化经济学与其他文化学科的关系

① 与文化社会学的关系。在与文化经济学相平行的文化学科中，文化社会学是对文化经济学研究影响最大的学科。它对文化变迁问题的研究和对文化的比较研究，在许多方面与文化经济学呈平面交叉状态。例如对文化传递、文化传播、文化堕距（非物质文化与物质文化相互适应在时间上的差距）、文化层次、抵制文化变迁的各种因素，以及对不同社会、不同民族间生活方式和价值观念的研究，都会给文化经济学的研究带来丰富的思想成果和广阔的思维视野。然而，文化社会学终究是以文化与社会的相互关系及运动规律为研究对象的，与文化经济学以文化与经济的相互关系为研究对象相比，侧重点是不同的。因此，对文化社会学的研究会有助于对文化经济学的研究；反过来，文化经济学的研究成果也会给文化社会学的研究以深刻影响。两者可以互补，而不能互相取代。

② 与历史学和地理学的关系。所有的文化经济行为的发生都有它的时间和空间的约束与规定。文化产品的生产在内容上无一不是它所生产的那个历史的精神表达，无论是意识形态的还是审美的，有着鲜明的历史印记，这是人们了解历史、认识历史和再现历史的最重要的依据；不仅如此，文化经济的发生发展也会形成自己的历史：文化经济史，关于它的理论和学说发展也会形成文化经济学史；关于文化经济学基本原理的研究如果没有历史感和历史学的依据，一切关于文化经济学基本原理的研究及其成果，都很难被认为是科学的。科学的文化经济学一定同时也是历史学的。不同的地理条件和环境不仅

塑造了不同的人群，同时也为不同人群的文化经济行为规定了不同的生态条件和物质基础。为什么江西景德镇的瓷器和江苏宜兴的紫砂壶能够成为中国瓷器和紫砂壶的代表性文化产品和符号，一方面固然是因为有一大批杰出的艺术大师，但是，倘若当地没有能够烧制这些产品的高岭土的稀有资源，也就不可能产生和形成这些独特的文化经济。地理物质条件的资源状况及其空间环境条件是影响和制约文化经济行为最直接的因素。文化产品的生产之所以会形成不同的学派和流派，地理学是一个起决定作用的因素。这就使得文化经济地理研究成为文化经济学跨学科研究不可忽视的重要领域。而关于文化经济历史地理学的研究更是一个有待开辟的文化经济学处女地。

③ 与同文化经济学有纵向联系的学科的关系。文化经济学研究领域的覆盖面很宽，几乎涉及所有精神文化领域，根据文化领域不同的行业特点，文化经济学又可以衍生出许多分支经济学，如文艺经济学、图书馆经济学、艺术教育经济学、电影经济学等。它们以文化经济学的基本理论为依据，结合行业的微观特征，研究较之文化经济学更为具体的文化领域里的经济现象、特征及运动规律。同时还要结合各自的学科系统，如文艺学、图书馆学、教育学、电影学等进行研究。这是一种宏观指导与微观深入的关系。作为文化经济学的延伸，文化管理学、文化市场学等，都是以文化经济学的基本原理为基础，从宏观角度探讨文化管理理论、管理体制、管理原则和管理方法；研究现代文化市场作为文化经济具体呈现形态的构成和特点、市场营销活动、规律和策略等。这些学科是文化经济学的丰富和展开。

综上所述，文化经济学的对象范围要比非物质生产领域经济学要小，因为它不包括教育、卫生和科技经济学，但它的涵盖面则要比某一具体的文化领域的经济学要大，其提示的主要规律和范畴适用于各个具体的文化部门和文化经济领域。

 本章小结

▶ 文化经济是人类社会发展的重要形态和重要现象，是人类社会发展的基本动力之一。通过文化经济实现经济增长方式的转变和文化发展经济性推进，是现代社会发展的普遍的文化行为和经济行为。研究文化经济运动的基本规律，揭示文化经济对于现代社会进步和社会发展的作用和意义，丰富人们关于文化和经济的理论系统与政策系统，实行新的社会文化和国民经济发展模式，文化经济学正日益作为一门新兴的交叉性学科成为一个崭新的科学领域。

▶ 对于文化经济的研究，始于人文地理学、文化社会学、艺术社会学和非生产领域经济学等研究。这不仅是因为经济是多向度的，而且文化也是多向度的。文化既是经济众多的复杂性之一，经济也是文化众多的复杂因素之一。问题的复杂多样性，决定了关于它的研究的多方面、多层次和多领域，从而构成了文化经济学作为科学产生路径的多样性。

➤ 文化经济学有广义文化经济学和狭义文化经济学之分。广义文化经济学研究一切文化经济现象的运动和发展规律；狭义文化经济学研究以个别文化领域里的文化经济活动为研究对象并解释其发展规律与特征。影响和制约文化经济最一般活动、行为和要素、范畴的研究，同时涵盖了广义和狭义两个领域，我们可以把它称之为关于文化经济学的基本原理研究。它以文化商品运动规律为核心对象，以文化商品供给和需求为基本范畴，包括文化市场、文化消费、文化投资、文化商品价格等。

➤ 文化经济学是一门建设中的新型交叉性学科，涉及许多学科领域。马克思主义文化理论和政治经济学是文化经济学研究的理论基础，同时又与文化研究、现代经济学、社会学以及历史地理学等相关学科有着密切的联系。深入地研究文化经济学建构的理论基础，以及它与相关学科的关系，是科学地建构文化经济学的重要前提。

思考题

1. 什么是文化经济？它和其他经济形态的关系是什么？
2. 怎样理解文化经济学的本质？
3. 文化经济学研究的对象范围有哪些？在你身边有哪些文化经济现象？
4. 文化经济学研究的基础理论与基本方法有哪些？

第一章

文化与经济的基础性关系

 学习目标

通过本章学习，应了解和掌握以下内容：

1. 文化与经济的基础性关系；
2. 文化与经济发展的不平衡规律；
3. 文化经济在国民经济发展中的地位与作用；
4. 文化增长与经济增长关系；
5. 文化与经济一体化发展趋势。

　　文化和经济是人类社会发展的两翼，是社会系统的两大子系统。文化经济是人类文明社会发展到一定阶段的产物，是精神和知识作为财富之源的特殊存在方式。探究文化与经济的一般关系，既是研究文化经济学的前提，也是展开关于文化经济问题理论思考的基础。

第一节　文化与经济的共生、同构、互动

　　文化与经济是人类社会运动与发展最基本的动力要素，也是人类社会其他一切发展形态的生成基础。文化和经济的人类学起源是一个共同发生的历史过程，在其内在结构上有着高度的一致性，虽然在整个人类史的发展过程中，自从文化与经济以各自独立的方式开始在一个恒定的轨道上运行以后，文化与经济的任何变动都会给对方的生命运动带来更大的变动。作用与反作用及其合作用，共同构成了文化与经济的最一般关系。

一、文化、经济与文化经济

什么是文化？这是研究文化经济必须首先要回答的问题。也就是说，我们必须首先给文化下定义。关于文化的定义，有人统计过，大约有二三百种之多。在这里，我们不去引经据典详加考察，而只是给出我们关于文化的定义：文化就是人的生存方式，包括物质的存在和精神的存在两个方面。物质的存在就是人的生产和生活方式，精神的存在就是以此为基础而形成于建立起来的信仰系统、知识系统及其符号与意义的表达系统和关于它们的文化产品的生产系统。在现代考古学和人类学意义上，"文化"是指从人类进入石器时代使用工具以来创造物的总称，即所谓"旧石器文化"和"新石器文化"。其实，在这个意义上使用的"文化"具有"文明"的含义，"新""旧"标志着人类进化的"文明程度"。由于这些创造物历史地构成了人类生存的生态系统，因此，由这些生态共同构成的人们的生活方式便把人与动物相区别，这就是文化。由于劳动在这一过程中直接决定了劳动成果——创造物的价值，而这一价值的实现性程度又是和人的"有意识"的发展程度直接相联系的，因此是否有意识，以及有意识到什么程度也就直接决定了有意识的劳动所生产创造出来的"产物"所达到的文明程度。

文化的差异是因为人的生存方式的差异；而生存方式的差异又直接规定于人的生存地点与空间的差异，即所谓环境的差异。人类文化的多样性，是因为人类生存方式的多样性。这种多样和差异是生存在不同空间范围里的人对于宇宙和世界不同把握的一个结果，并且以生存方式系统来表现这种结果。因此，人的生存方式与一般动物的生存方式构成的另一个最大也是最根本的区别就是，在人的生存方式中包含着人对"为什么如此地生活"的理解与判断，这是所有人的生存方式的依据。这就是中国哲学所讲的"天人合一"。人类文化的多样性就是"天人合一"的结果。这就是世界观、宇宙观和价值观。当一种人群和另一种人群超越了一般意义上的物质生活时，文化作为建筑于其上的特性便形成和表现出来了。在今天，所谓"文化冲突"或"文明冲突"就是这种存在方式的一种运动形态和运动方式及其价值生存的必然表现，不到人类消亡的那一刻，这种运动方式便不会消失。文化融合是文化冲突的解决机制，新的融合又产生新的冲突，不断冲突又不断融合，推动了不同文化和文明的进步与发展。没有这样一种矛盾与运动，也就没有了人类社会的文化。这也是人的、文化的存在方式。

关于经济的理解也同样是如此。相对于文化而言，经济是属于物质层面上的人类社会活动，其目的是为了解决人们的衣食住行。因此，所谓经济是这样的一种体系——人类社会为解决人类生存而从事的所有的物质行为及其成果系统，以及在此基础上形成和建立起来的社会交易体系。从这个意义上来说，经济就是满足人们的物质生活需求的过程系统，包括生产、消费、流通与供给。在此之外的都属于非物质经济领域。

　　文化经济是介于文化和经济活动之间的概念。它是以经济的方式满足人们的非物质的生活需求的第三系统。因此，文化经济是对应于非文化经济而言的。正如精神文明是相对于物质文明而言一样，文化经济是对应于一般意义上的经济而言的，即相对于非文化经济而言的。如果我们从精神文明是相对于物质文明而言这一基本逻辑出发，那么，精神及其一切精神成果的表现与存在方式，并且由此而与一般意义上的经济存在形态和方式相区别的、同时具有文化和经济双重特性与元素的社会存在，我们便称之为文化经济。之所以把这一类社会存在称之为文化经济，因为关于这一类成果的生产、消费、流通与供给，也都发生和一般的物质产品同样的成本和交易，也都会建立以货币为单位的统计系统及文化统计；从这个意义出发，文化经济有直接文化经济与间接文化经济之分。所谓直接文化经济，是指关于文化生产、消费与服务本身直接产生和发生的投入产出效益；所谓间接文化经济，是指由文化而延伸和带动出来的一般物质商品的生产、消费与服务的投入产出效益，例如中国的春节带动的"年货经济"。这种由文化习俗产生的物质商品生产和消费的投入产出效益，不属于科学的文化经济学范畴。因为从广义的角度来说，人类社会的一切活动与行为都是文化的，如果在这个意义上去认识和思考文化经济和研究文化经济学，文化经济学也就没有意义了。所以文化经济学研究的是关于以文化商品为核心内容的文化经济运动的一般规律和特殊规律。

二、文化经济的表现形式与存在方式

　　任何事物的存在都有它独特的表现形式与存在方式，并且以此相区别。文化经济作为文化的经济活动的过程系统，是由一系列富有生命特征的文化的社会生态要素组成的。包括文化生产、文化消费、文化分配、文化交换、文化流通、文化商品、文化市场、文化成本、文化资本、文化服务等，正是这一系列的完整构成，形成了文化经济生命运动完整的表现形态体系。在这其中的任何一种表现形态的缺席，都不可能形成完整意义上的文化经济。

　　文化经济的存在有着多样的表现形式。它既可以精神经济的形态来表现，例如版权经济、艺术经济，也可以物质经济的形态来表现，例如票房经济、图书码洋等，还可以服务经济的形态来表现，例如艺术表演、文化创意与策划、文化咨询、文化经纪代理等。而虚拟文化经济——网络文化经济——正在成长为文化经济的一种崭新形态而带动文化经济的变革。因此，相比较于其他的经济表现方式来说，文化经济的表现形式都有着更为丰富的多样性与复杂性，至今还存在着许多为人们所未认识的领域。

文化经济无论是作为文化现象还是经济形态，都是在一定的时间与空间领域里发生与存在的，有着无可争辩的历史地理学印记。因此，文化经济既能以不同的时间方式存在，也能以不同的空间方式存在。以时间的方式存在表现出一定的文化经济的历史性，例如文化遗产经济，以空间的方式存在表现出一定的文化经济的区域性，例如乡村文化经济和城市文化经济等。二者的有机结合，就是文化经济存在的时空性，也称之为历史地理性。由于不同的历史时期文化生产力的发展程度和发展水平是不一样的，因此，不同历史时期的文化经济就不仅表现和反映了一定历史发展阶段的文化生产力发展水平，而且作为一种文化历史年轮，一定历史时期的文化经济还记录了这一历史时期文化发展所涉及的一系列社会历史信息，包括政治、经济、文化和社会等各个方面；而不同空间内的文化经济则集中反映了一定文化经济区域的文化特性，不同区域间的文化特性以文化经济的表现形态和存在方式获得自己存在的全部合理性与合法性。

三、文化与经济关系性运动的规律：共生、同构与互动

经济是文化的基础，决定文化的发展；文化是经济基础的上层建筑，支配和影响着历史运动。这是关于文化与经济关系的一般理解。

然而，从文化和经济的发生来看，经济与文化本来并不具有这种关系。"思想、观念、意识的生产最初是直接与人们的物质活动，与人们的物质交往，与现实生活的语言交织在一起。"[①]作为本质存在的一种体现，无论是文化还是经济，它们都是人作为自然界本身的一部分，为维持和繁衍自己的生命存在而生产人所必需的消费品的历史过程中产生的结果。在这里，劳动具有特别的、重要的决定其他一切方面的意义。马克思说，动物只生产它自己，它和它的生命活动是直接同一的，而人则再生产整个自然界。动物只是按照它所属的那个物种的尺度和需要来塑造，而人则按照任何物种的尺度来进行生产，并且随时随地都能用内在固有的尺度来衡量对象。有意识的生产活动直接使人跟动物的生命活动区别开来。[②]有意识的生产活动，也是人的全部活动的目的性。这种目的性不仅使人的活动成为一种有意义的过程，而且使得这种有意义的过程的结果也是有意义的。因此，这个过程所产生的哪怕是一块最粗笨的石头，它也是一种"有意味的形式"的存在。正是这种"有意味的形式"存在，才使得它既是经济的，也是文化的。说它是"经济的"，因为它以直接的物质形态的改变满足人类为自身生命存在的物质需要，而任何对

---

① [德]马克思，恩格斯. 马克思恩格斯全集[M]. 第3卷. 北京：人民出版社，1975：29.

② [德]马克思. 1844年经济学—哲学手稿[M]. 北京：人民出版社，1979：50.

于这一过程结果的储存，都是可以形成财富的；说它是"文化的"，因为它承载着人类对于生命对象的理解和思考，记载着思想、意识甚或情感的过程，是精神对于物质所曾经达到的一种理解和把握的文明高度的象征。因此，从文化人类学意义上来说，人类的一切经济活动也都是文化活动，都具有文化意义，同时也就使得文化本身从它一开始就内蕴着经济的因子，而经济也内蕴着文化因子。今天，人们对早期人类社会所达到的文明程度的把握，并不是它们所留下来的作为观念形态的东西，而是"最粗笨的石刀"。因为迄今为止的人类所有的考古史证明："没有一只猿手曾制造过一把哪怕是最粗笨的石刀。"①对新、旧石器文化时代的划分，其依据就是人类打制石器所达到的精致度和丰富度。因为正是这样的石刀，开始了人类创造自己生命形态的文明史，而人类对"任何物种的尺度"的把握的思维的历史过程、形式美的认识，进而引发的整个人类精神世界的生动展开和飞跃的全部信息，也就记载其中了。今天的人类是凭借着它们来解读、认识和了解自己历史的。因而，也正是在这样的意义上，文化和经济作为人的生命行为和生命力存在方式和过程系统和体现，统一地存在于同一对象之中。你中有我，我中有你，从而形成了一种原初形态的文化经济共同体，即文化经济一体化。这样，经济就不仅是财富运行的过程，而且是人以文化促动物质形态的改造和应用的过程，即在用"内在固有的尺度来衡量对象"的同时，赋予经济发展以内在动因，推动了对象的发展。而文化在作为经济的内在因素的同时，也随着经济的发展而发展。在人类文明发展的一个相当长的时间内，文化与经济的关系就表现为以共同体或一体化为特征的互动关系。离开了这样一种关系性存在，文化和经济作为属人的存在形态也就失去了它的全部价值和根据。真正自觉的、合目的的、现代意义上的以精神文化产品的生产、消费和流通为主体特征的文化经济活动，则是在人类文明社会发展到一定阶段后才出现的，即在人类自觉地发现文化作为一个相对独立于经济之外的另一种财富之源，以及成为对现代经济发展的推动力量后才出现的。

由于人类一切为生存和发展而发生的经济行为都具有文化的意义和意味，它们也就都是文化行为。文化在经济中的存在，不仅存在于人的行为过程中，而且存在于人以劳动将自己对象化了的物质财富之中。因此，在这一文明进程中所形成的经济结构，都是人类文化生长的物质表现形态——物质文明，这种文明形态的每一次提升，都是当代意义上的文化形态提升的结果。马克斯·韦伯在《新教伦理与资本主义精神》一书中所提示的宗教改革后形成的新教，对于西方近代资本主义经济发展所起到的重大作用，所要回答的正是一个民族的精神文化气质与该民族的社会经济发展之间的内在关系问题，而

---

① [德]马克思，恩格斯. 马克思恩格斯全集[M]. 第3卷. 北京：人民出版社，1972：509.

以精神生产为主要特征的人类文化行为——精神的行为，则是在这同一生长过程中文明表现的另一种形态——精神文明。这一文明形态的符号系统和意义系统，全面展示了人在进行物质文明创造过程中的思想、意识、感情及精神世界体系。正是这种浸透于物质对象之中，又通过物质对象的存在形式的深刻变动而表现出来的意义世界和形态系统的存在，把人与动物世界本质地区别开来了。这就决定了人类社会在生长过程中，文化和经济的演进的同步性，文化结构与经济结构在质的规定性上呈现出一种力的同构关系：农耕文化与自然经济相适应，工业文化只能是以蒸汽机革命为代表的大工业经济的产物。同样，人类历史上任何一次思想解放运动又必然给经济结构的革命以历史趋势的指引。这种力的同构关系决定了文化发展和经济发展之间的互动性，即一定的经济结构必然有存在其中或建立其上的文化结构——人的本质力量的对象化，一定的文化结构又必然地以其特殊的形态——知识和心理结构，以及由这两者构成的全部意义系统——生动地表现经济结构全部的丰富性，并随着经济结构的运动变化而发生与之既相适应又相矛盾的辩证运动。经济结构实质上是一种文化的结果。这是文化与经济发展的全部历史动力学依据。正是由于这种同构互动关系，以及由此造成的力学运动，才使经济在发展过程中日益生长出文化因子——一种关于存在意义的心理学指向，不断地向文化领域全方位地交叉拓展，致使大经济现象中的文化含量日益突出，在大经济的层面上形成广泛的经济的文化现象，[①]一切以人为本，文化附加值构成了一般商品重要的价值成分，不仅形成了文化化的商品产业群，而且出现了诸如技术美学和人类工程学这样关于技术人文的科学研究系统和学科群；才使文化在发展过程中日益突出，在大文化的层次上形成了广泛的文化的经济现象，"买椟还珠"，精神消费的需求实现了对于物质消费需求的本体性超越，使得一切关于知识和美的精神文化创造获得了财产和财富的价值认同，以文化的经济价值为追求目标的产业——文化产业应运而生，从而在全新的意义和层面上形成了文化与经济的一体化。这是文化与经济的历史学，是文化与经济在历史的运动过程中所表现出来的基本关系和基本规律。

第二节 文化增长与经济增长

"文化增长"是在现代文化经济背景下的一个文化概念和经济概念。它既是关于文化经济总量的增长，也是关于经济增长方式的当代转变的一个描述，因而是综合性很强

[①] 宋太庆. 知识革命论[M]. 贵阳：贵州人民出版社，1997：15.

的集合概念，更深刻地反映了文化与经济的关系。

一、文化增长与文化运动、文化发展

文化增长是文化运动的一种形态，它是以量的方式表现和反映文化运动所达到的一种积累形态和程度的文化体现。文化增长作为文化生命存在的过程系统有着极为丰富多样的存在方式和表现形态。但是，只有当文化的生命运动表现为文化发展时，文化的生命运动才能有机地转化成一种生产形态，并且以新的动力形态来推动文化的新的生命运动。

一般来说，文化增长主要表现为两种形态：精神产品形态和物质产品形态。文化增长的精神产品形态，往往以文化产品的数量增长为标志，例如年出版图书品种、数量和码洋，年拍摄电影数量与票房等；文化增长的物质产品形态，则往往以文化基础设施的数量增长为标志，例如图书馆、博物馆的数量等。

文化运动除了表现为文化增长外，还表现为文化政策、文化思潮、文化环境、文化生态、文化变迁、文化交流、文化竞争等广泛的内容。当然更包括一种有组织和有一定时间长度的社会文化活动，例如历史上的文艺复兴运动、启蒙主义运动、五四新文化运动等。通常意义上的"文化运动"概念的使用，往往是指比较具体形态的急风暴雨式的社会运动。例如欧洲的启蒙运动等。

文化发展是指文化运动的文明进步。文化增长是以量的方式来衡量的，GDP 就是一种衡量标准；文化发展是以质的标准来衡量的，所谓"文化软实力"就是对文化发展所达到的程度的一个衡量标准，它是以影响力和吸引力为标准的。增长可以说同质重复，而发展则一定是不同质的递进。有增长而无发展是罗马俱乐部在《增长的极限》提出来的重要命题。文化经济的 GDP 增长只有有效地转化为文化运动的文明进步，并且这种进步是一种能够为人类社会所共享的成果，才能成为文化发展的标志。文化经济发展的目的就是要通过文化经济总量的增长，实现文化存在状态的从量变到质变的飞跃，从而在一个新的基础上不断实现人类文明社会的不断进步。

二、文化增长方式与发展方式

增长方式与发展方式是文化运动两种不同的生命形态。所谓增长方式，是指为了提高产量而采取的手段与形式。粗放式和集约式就是两种不同的增长方式。前者往往表现为劳动密集型，通过大规模的低成本的劳动实现资本的增长与积累；后者主要表现为技术密集型，通过技术革命和技术创新提高劳动生产率进而实现资本的增长和积累。20 世纪90年代开始的中国文化服务业的扩张就属于这种以劳动密集型为主要特征的简单的文化增长。这种劳动是简单劳动，属于简单劳动的重复劳动，因其缺乏技术含量或含量很低而在文化上没有实现有效的发展。进入21世纪后的"创意经济"，则因其劳动特别强调和突出人的创造性和创新性，而发展成为对工业化实行文化改造的主要形态，劳动成果的技术含量和创新程度集中表现在"创意"所实现和达到的艺术和审美的高度因而获得了比简单劳动更高的价值体现——货币价格，主要表现为量的扩张。而发展方式则主要体现为质的提升，主要是指生产力和生产方式的进步。相对于以农耕文明为基础的手工业生产方式，以工业文明为基础的大规模机械复制为主要手段的生产方式就属于发展方式的社会革命。所谓有增长而无发展，就是指增长与发展之间的质的区别。因为就目的与手段的关系而言，单纯地追求增长往往会不择手段，甚至可能置社会公德与人类文明社会的可持续发展于不顾，造成文化环境的极度污染与文化资源的极度破坏，而这样的发展是不可持续的，最终必将导致增长的极限而使得人类文明整体发展的难以为继。正是在这个意义上，可持续发展和生态文明成为人类社会新的发展方式的价值观。

相对于物质经济的发展来说，文化经济属于知识型和集约型经济，主要体现在它对自然资源和环境的低消耗与低污染关系上。粗放型与集约型的发展方式主要的还是以物与物的工业文明为基础，资源节约型和环境友好型发展方式则主要是以人与物的生态和谐为追求目标，以可持续为价值观。发展方式则不仅要考虑到增长的目的，而且还要追求发展手段的科学。

文化增长也有发展方式问题。文化增长的发展方式所涉及的都是对文化以及文化经济发展具有根本性和全局性的战略问题。文化增长的发展方式要有助于推进文化经济结构的优化，提高文化发展的质量与效益。在这里，文化投入方式的优化程度具有重要意义。

三、文化增长与经济总量增长

就文化本体论意义而言，任何形态的文化增长首先是对人类在精神层次上所获得的一种历史整体性提升的过程趋势及所达到的文明高度的描述，而这种增长无论是就自身的物化成果所创造的价值，还是就它通过对人力资源素质的整体提升后转变为生产力所创造的价值都是对生产力主体的结构性革命，它都是可以给社会带来直接的经济数量的增长。这就使文化增长本身在意义上具有双重属性。

文化经济总量增长与文化力水平密切相关，是指以文化产品的生产、流通、分配和消费为核心内容的文化产业所创造的经济价值在递升过程中所反映的数量比例关系。这种数量关系反映的是文化经济增长在国民经济总产值中所占的比例，以及由这种数量的比例关系所揭示的文化经济发展趋势。目前，我国尚未建立文化经济专门统计指标。仅以上海为例，1996 年上海文化产业总产值为 281.80 亿元人民币，1997 年为 353.21 亿元，1998 年为 378.60 亿元，增加值分别是：1996 年为 123.10 亿元，1997 年为 148.82 亿元，1998 年为 158.97 亿元，增加率分别是：1996 年为 43.70%，1997 年为 42.40%，1998 年为 42.0%。文化产业增加值占全市国内生产总值（GDP）的比重分别是：1996 年为 4.20%，1997 年为 4.40%，1998 年为 4.30%，[①]由于上海国内生产总值（GDP）每年都以 9% 以上的增长率在增长，文化产业所反映的文化经济在 GDP 增长中的数量比例就处在一个相当重要的增长位置上，它成为上海国民经济重要的新的增长点之一。20 世纪 90 年代后期，英国文化产业年产值接近 600 亿英镑，平均发展速度是国民经济增长率的两倍；澳大利亚文化产业年产值约占国内生产总值的 2.5%，美国则早在 1993 年以文化产业为核心的版权业产值就达 2 386 亿美元，占国内生产总值（GDP）的 3.7%。正是这种数量关系，以及由这种数量关系的运动所表现的文化增长在经济增长中比例关系的重大变化，这种变化所揭示的历史发展趋势，作为知识价值存在形态的文化的经济价值被人们普遍地发现了。20 世纪 90 年代起，国际社会普遍地加大了对文化产业政策和产业结构的调整，制定文化产业发展战略。1997 年美国制定了《北美行业分类系统》（NAICS），突出强调美国以"信息为依托的经济"战略，出版、电影、音像录制、有线电视节目分销等当代文化产业的核心成分全部包括在内；1997 年作为欧盟轮值主席国的芬兰，成立文化产业委员会，1999 年发布《文化产业的最终报告》，2000 年在芬兰的倡议下，欧洲文化产业发展的框架性合作计划启动。[②]中国也在 2001 年 3 月批准的第十个国民经济和社会发展五年计划纲要中，把文化产业列入国家发展战略体系，明确提出了发展文化产业的战略目标，这就使以知识经济的扩张为主要内容的文化产业经济成为国民经济新的增长点，成为当代经济增长方式转变的重要力量。

主流的新古典经济学理论注重劳动力、资本和原材料的投入，而对知识和技术等文化要素和文化力量的投入对生产的影响，一般认为是外在的。20 世纪 50 年代，美国麻省理工学院教授索络通过实证研究证明了技术进步是增长的主要源泉；与美国经济学家西奥多·舒尔茨于 1979 年共同获得诺贝尔经济学奖的经济学家威廉·阿瑟·刘易斯，在 1955 年发表的《经济增长理论》一书中首次系统地提出了知识的增长和运用是决定经济发展的直接原因的新增长理论。新增长理论揭示了这样一种现实：知识可以提高投资的

① 尹继佐. 2001 年上海文化发展蓝皮书[M]. 上海：上海社会科学院出版社，2001：218-219.
② 参见 2001 年 5 月 22 日《中国经营论坛导刊》。

回报，而这反过来又可以增进知识的积累。知识可以通过溢出效应，在几乎不增加额外投资的情况下反复利用，以减轻资金短缺对经济增长的压力。这就为经济增长方式的现代转变提供了全新的理论模型，即经济增长主要不是靠投资和就业的增加，而是靠技术和知识的投入。而文化经济无论是作为技术样式的存在（数字艺术），还是作为知识形态的存在，正是这个意义上显示其在经济增长方式转变中的特殊的地位和作用。文化附加值被普遍看作是提高产品和服务的投资回报的重要手段。文化经济成为衡量新经济增长形态的重要指标体系之一。经济增长方式由外延增长为主向内涵增长为主的转化，也就历史地成为经济增长方式的当代形态和当代趋势。

同经济增长一样，文化增长是属于社会运动过程中的自我发育现象，即一定社会、一定国家在一定历史时期综合国力的发展，主要是通过包括经济和文化的总量增长在内而体现出来的。当代意义上的国际竞争的实质就是综合国力的较量，文化是综合国力的重要标志之一。在西方有关综合国力研究的各种理论中，无论是美国学者克莱因的"国力议程"，还是日本企划厅提出的测量综合国力的"三大要素"，也无论是主张按具体要素来区分，还是按实力的形态来区分，文化作为体现"战略意图""国家意志"和"国民意志"的"精神要素"和"软实力"，都是一个重要的指标系统。[①]因此，增强综合国力，不仅要大力加强经济实力，而且要提高和发展文化力，要加大文化增长在整个国民经济增长中的速度和力度。文化增长，既同原有的文化传统、文化积累和文化经济基础有关，也同经济的投入与产出的比例有关；既同经济发展的速度、规模等经济总量增长有关，也与一定时期的文化经济政策有关。研究文化增长，必须综合地考察相关的各种因素。我国和其他国家文化和经济发展的历史表明，文化增长与经济总量的增长基本上呈同步增长的趋势，一个国家或地区，当人均 GDP 突破 3 000 美元时，恩格尔系数大多在 50 左右；人均在 5 000～8 000 美元时，恩格尔系数大多在 30 左右。用于文化消费可供支配的收入的增加，必然带动和刺激文化消费品的供给，从而极大地推动文化产业的发展和文化经济总量的增长。因此，经济增长水平决定了文化投资总量的水平，经济总量的增长制约着文化经济总量的增长。

经济增长或曰经济总量的增长，是指国民财富和国家经济实力的增长和增强。文化增长或曰文化经济总量的增长，是指一国综合文化国力的增长，它包括文化设施建设规模、文化产业生产能力、文化消费水平以及其他文化力的发展水平。在这里，无论是文化建设规模、文化消费水平，还是文化力的发展程度，都直接反映了经济总量增长及其对文化投入的状况。因此，在一国的文化力和拥有的文化资源量不变的条件下，经济增

---

① 黄硕风. 综合国力新论[M]. 北京：中国社会科学出版社，1999：6-8.

长水平率的高低，经济发展程度对文化投资总量控制率的大小，是影响文化增长速度的基础性因素，因而具有特别重要的意义。

文化部门是以特殊的生产方式为社会提供和创造财富的国民经济的一个部门。在很长时期内，我国的文化与经济的关系的一个重要表现，就是文化与财政的关系，即国家财政对文化的投入。国家没有把文化也作为经济增长的重要因素，而仅仅把文化作为消耗国家资金的部门。因此，国家财政对文化投入的多少，既影响了文化发展和增长的速度结构，也制约了文化增长对经济增长影响力的大小。而财政对文化投放的比例和结构，除了取决于国家文化经济政策的宏观指导外，国民经济总量的增长情况也是起决定性作用的因素，这可以从区域文化经济发展的不平衡状况中得到充分的证明。

影响文化增长与经济增长关系的另一个重要因素，就是产业结构的构成比例及生长状况。一般来说，能够提供大量投资同时也需要以大量投资装备自己的产业使它在国民经济中所占的比重高，那么该国的经济总量的增长就大；反之，该国的经济总量增长就小。从另一方面来看，一国经济总量的增长能力最终要受其投资品的供给能力的制约，而投资品的供给能力又取决于现存的产业结构。因此，产业结构不仅制约着投资总量的大小，而且制约着投资在各产业部门的分配，即投资的产业结构。文化属于第三产业。在计划经济体制下，我国的经济政策和发展战略是重第一、第二产业，而轻第三产业。因此，无论是在产业结构还是在投资规模上，文化产业都远远低于第一、第二产业的增长。改革开放后，第三产业由于开始受到重视，发展有所加快，高于国民生产总值的增长速度，但是从总体上看，仍然处于比较落后的状态。一是包括文化在内的第三产业在国民经济中的比重低。1998年我国第一、二、三产业的国内生产总值之比为18.4:48.7:32.9，劳动力结构为49.8:23.5:26.7，虽然这样的比例较之1978年的28.1:48.2:23.7的三次产业国内生产总值之比，和劳动力结构的70.5:17.3:12.2已经有了较大的增长，[1]但这样的比重远远低于发达国家——美国在1985年三次产业结构国内生产总值之比就已经达到2.3:33.1:64.5，而且低于发展中国家的平均水平——1993年埃及三次产业结构国内生产总值之比为17.9:22.4:59.7，印度的第三产业在1992年占国内生产总值之比为40.8，[2]也远远高于我国。二是第三产业结构不合理。传统行业（如商业等）比重大，而像文化、信息、咨询、会展等新兴行业发展缓慢；1978年我国的教育、文化艺术和广播电影电视业的劳动力结构之比占到总比的2.72%，到1998年只占到2.25%，而批发零售贸易和餐饮

---

[1] 中国统计年鉴（1999年）[M]. 北京：中国统计出版社，1999.
[2] 中国国情报告（1978—1996）[M]. 北京：中国计划出版社，1997：25.

业却从 1978 年的 2.84%猛增到 6.64%。[1]形成这种局面的一个重要因素，除了过去对文化产业的投入少之外，就是经济总量增长结构与产业结构的比例失调。经济总量增长结构影响了产业结构的变化方向。现存的文化产业结构是过去国民总收入分配的结果，而目前的国民总收入分配结构又决定了未来的文化产业结构和国民经济增长形态的结构。因此，中国在国民经济和社会发展第十个五年计划纲要中把经济结构的战略性调整作为主线，明确提出到 2005 年第一、二、三产业增加值占国内生产总值的比重分别为 13%、51%和 36%，从业人员占全社会从业人员的比重分别为 44%、23%和 33%。并且明确提出要"发展文化和体育产业"，"推动信息产业与有关文化产业结合"，"完善文化产业政策，加强文化市场建设和管理，推动有关文化产业发展"。[2]因此，在经济增长的前提下，结合国家经济结构的战略性调整，加大对文化产业的投入，调整文化经济的内部结构和投资结构，便成为发展我国文化经济，提高和加快文化增长的力度和速度的关键。

由于经济总量增长的状况和速度制约和影响着文化增长，经济增长过程中由于生产方式内部矛盾运动的周期性波动而造成的经济增长的周期性波动，必然会给文化增长带来波动。特别是当科学技术的革命周期明显地影响了经济增长的周期性波动，而科学技术成果又成为影响现代文化发展形态的重要动力时，研究经济增长和文化增长的周期性变动规律，便成为现代文化经济学研究的一个重要而崭新的课题。在这里，苏联经济学家尼古拉·康德拉采耶夫提出的"长波周期理论"和美籍奥地利经济学家约·阿·熊彼特的"创新理论"，对于我们深入研究文化增长和经济增长的关系具有重要的理论借鉴意义。

第三节　文化经济在国民经济发展中的地位和作用

文化经济是界于物质经济与非物质经济之间的第三种经济形态和领域。在农耕经济条件下，文化经济在国民经济发展中的地位和作用可以忽略不计。但是在工业经济条件下，由于现代科学技术广泛地应用于文化产品的生产、分配、消费和流通，文化经济发展成为了现代财富的重要增长方式。文化经济在国民经济中的比重不仅反映了文化经济在一个国家国民经济发展中的地位和作用，而且更为重要的是它反映了一个国家发展的生态文明程度和在一个国家的国家力量构成中文化作为力量形态的程度。

---

[1] 转引自：中国"十五"产业发展大思路[M]. 北京：中国经济出版社，2000：150.
[2] 中华人民共和国国民经济和社会发展第十个五年计划纲要[N]. 人民日报，2001-03-18.

一、文化和经济发展不平衡规律

文化和经济（物质生产）是两个既互相联系又互相区别的社会系统，各有内在的独立性和运动发展机制，有各自的规律。因此，当我们注意到文化增长与经济增长之间的密切关系时，还应当认识到文化和经济发展的不平衡规律。

文化和经济发展的不平衡规律最早是由马克思发现并提出来的。针对当时斯图亚特·穆勒和亚当·斯密等关于物质生产能够直接引出文化生产，物质生产水平的高低也直接决定文化生产水平的高低的"绝对平衡论"，马克思在《〈政治经济学批判〉导言》中明确指出："关于艺术，大家知道，它的一定的繁盛时期决不是同社会的一般发展成比例的，因而也决不是同仿佛是社会组织的骨骼的物质基础的一般发展成比例的……在艺术本身的领域内，某些有重大意义的艺术形式只有在艺术发展的不发达阶段上才是可能的。"[①]在这里，马克思揭示的"物质生产的发展例如同艺术生产的不平衡关系"[②]告诉我们，作为物质生产的经济并不是作为精神生产（艺术生产）的文化发展唯一的因素，对于经济与文化的关系，不能机械地认为经济增长多少倍文化也会相应地增长多少倍。从历史上看，几个世纪以来，许多国家的经济增长了几十倍乃至上百倍，然而曾经出现文化艺术繁荣的国家却不曾继续繁荣，有的甚至出现文化衰败或畸形发展的状态。造成发展"不平衡"的原因，一是由于经济基础与上层建筑的相互关系在运动过程中发展到革命性变革时的节奏快慢不同，即经济基础的变革和上层建筑之间的变革并不总是同步发生的，而是以或快或迟的表现形式出现的。二是文化的增长不仅受经济的制约，而且受政治、法律、哲学、道德、社会思潮等诸多意识形态的影响。因为文化生产从本质上讲还是精神生产，作为意识形态的一个方面，文化生产的投入和产出以及市场的发育状况都会受到上述诸多因素的影响，其中受政治的影响尤其大。希特勒统治德国时期，德国的物质生产发展水平在欧洲几个主要帝国主义国家中是比较高的，但是由于希特勒对文化采取专制主义政策，造成了文化增长严重的不平衡现象。三是文化作为一种有生命的社会现象，终究还是一种积累，有自己特殊的运动规律。经济可以爆发，文化不能爆发。物质的高速增长和文化的低水平徘徊，在当今的世界上依然存在。因此，在一定的经济规律支配下，文化增长和经济增长之间既有平衡，也有不平衡；既有成比例发展，也有不成比例的时候；既在同一个社会水平线的对称点上相应，又在历史长河中成螺旋形的曲线交叉向前推进。诚如恩格斯所指出的："我们所研究的领域愈是远离经济领域，愈是

---

① 马克思，恩格斯. 马克思恩格斯选集[M]. 第4卷. 北京：人民出版社，1972：506.
② 马克思，恩格斯. 马克思恩格斯选集[M]. 第4卷. 北京：人民出版社，1972：506.

接近于纯粹抽象的思想领域，我们在它的发展中看到的偶然性就愈多，它的曲线就愈曲折。如果画出曲线的中轴线，就会发觉，研究的时期愈长，研究的范围愈广，这个曲线就愈接近经济发展的曲线，就愈是跟后者平行而进。"①

二、文化经济运动规律的多样性与复杂性

文化经济运动规律是文化经济内在构成机制的反映。由于文化经济同时兼有文化和经济的双重属性，因此，文化和经济作为一种内在的动力机制先天地规定了文化经济的运动方式与运动形态。作为文化的一种生命表现形态和生存方式，文化经济的运动受着文化运动规律的制约，尤其是受着决定一种文化形态之所以是一种文化形态的意识形态和价值观的制约，所谓"入乡随俗"，表达的就是"俗"对"乡"的本质建构具有决定性意义。在这里"乡"不仅是一定人群的社会空间组织形态，更重要的是一定生活空间中的经济活动形态和经济组织形态。不同的"俗"所建构起来的关于在"乡"这一空间里的经济组织、经济行为及其规范体系，制约着在这个"乡"中一切关于经济生产、生活和分配的一切原则。东西方之间、不同地区和国家之间之所以会存在经济交往过程中的诸多分歧，之所以在不同的国家和国家集团之间建立共同机制，目的就是要克服由不同的"俗"而造成的经济交往之间的制度性障碍和价值观冲突。但是，由于文化经济是诸多的"乡"和"俗"的融合，因此，处在不同位置上的"俗"便会因其所作用和影响的对象的不同而使得文化经济运动呈现出规律的多样性与复杂性。

文化和经济的不同社会属性使得文化和经济在价值取向上构成了某种程度上的不可调和性。这是文化和经济冲突的根源。但是，正如我们在前面所已经分析了的那样，文化不借助以经济的形态与载体无以发展，经济不借助于文化的智慧和力量无法提升。这又使得它们能够以共生、同构的方式并存于一体，以第三系统的形象调和文化与经济的紧张状态。文化经济运动规律的多样性与复杂性就是由此而构成的。

一方面，作为文化生命运动的表现形态，文化与生俱来的属人的使命意识，使得文化经济的发展不得不受制于文化的核心价值体系的左右；另一方面，作为经济生命的表现形式，经济与生俱来的追求利润的属物的资本意识，又使得文化经济的发展不能不同时受着价值规律的制约；第三方面，那就是文化经济之所以是文化经济的与生俱来的双重性。由于文化具有很强的干预性和对于人的主体性的建构性，而这种干预性对于人的主体性建构有着直接的影响和威胁，因此，对文化的主体性规范必然导致对文化经济的主体性诉求，进而形成了第四种力量，那就是政治。政治是变化着的。不同的政治对于

---

① 马克思，恩格斯. 马克思恩格斯选集[M]. 第4卷. 北京：人民出版社，1972：506.

文化的干预是不一样的。不同的政治干预结果又导致了不同文化经济的成长形态与发展形态。这就是文化经济运动规律的多样性与复杂性。

三、文化经济在国民经济中的价值和作用

文化活动及其成果构成人类所需要的发展资料的一部分和享受资料的重要部分，在国民经济体系中属于第三产业。1985年，在国务院办公厅批转的国家统计局《关于建立第三产业的统计报告》中，把文化艺术列入第三产业的行列之中，从而在整个国民经济体系中确认了文化的经济学地位和文化经济在国民经济发展中的地位与作用。

文化产业是以知识和智力密集为主要特征的产业，它的形成和发展，在微观上表现为单位产品的价值构成中，物质、能源消耗的比重减少，而文化产品和文化服务的比重急剧增加；在宏观上表现为，文化产业在国民生产总值中所占的比重和从事文化工作的劳动者在全社会就业中所占比例的迅速提高。根据有关资料统计，从1981年到1993年，英国的文化产业就业人数增加了22%，占所有从业人数的比例从0.72%上升至0.84%；从1987年到1993年，美国以文化产业为核心的版权产业就业人数的年增长率达2.7%，三倍于同期其他产业0.9%的增长率。在中国，1996年，仅上海的文化娱乐业就为社会创造了4万个就业岗位[①]；截至1999年，我国文化市场产业单位达26.97万家，从业人员113.4万人，年实现利润27.9亿元，创增加值124.5亿元。[②]而由文化产业作为参与主体的各类艺术节和大型文化活动的开展，更带来了直接的经济效益。1989年山东潍坊国际风筝节把放风筝与文化旅游、民间艺术的贸易洽谈结合起来，投资100多万元，收入达2亿多元。武汉市1992、1993年分别举办了杂技节和渡江节，大批境外客商云集武汉。根据资料统计，文化已成为拉动内需不可替代的重要力量。文化的产业性质，以及由此产生的巨大的经济效益，已经越来越表明文化不只是消耗国家资金的部门。作为知识和智力密集型产业，文化也是起重要作用的经济因素。文化产业作为新经济形态的迅速发展，已日渐成为国民经济取得发展的重要力量，这种力量将使世界的经济秩序和文化秩序发生深刻的变动。

文化的经济因素和它在国民经济发展中的杠杆作用，使文化日益成为国民经济和社会发展持续稳定和协调的重要因素。国民经济的稳定协调发展，务必求得总量平衡，即社会总需求与总供给的平衡。就文化经济而言，社会总需求是由文化投资需求和文化消费需求两部分组成的，这两个方面的任何一方的失衡都会导致文化经济增长的大起大落，

① 尹继佐. 2000年上海文化发展蓝皮书[M]. 上海：上海社会科学院出版社，2000：35.

② 2000年中国文化文物统计年鉴[M]. 北京：北京图书馆出版社，2000：455.

造成国民经济比例的严重失调。从"一五"到"八五"时期，我国文化艺术事业经费的投入在国家财政总支出中所占比重严重偏低，一直在 0.45%～0.5% 之间徘徊[①]，无法满足社会整体对文化投资的需求，当然也就无法满足人们日益增长的精神文化需求。同时，文化投资不仅是一种需求，而且能够转化为供给。文化投资形成固定资产和生产能力（文化设施效益），产出产品，供应市场，也就增加了社会总供给。当文化的社会总需求超过总供给时，除了从宏观上控制和压缩总需求，关键在于大力增加有效供给。任何一个实行纸币币制的国家或地区，人们手中掌握的货币数量愈多，意味着社会潜在的购买力愈大。无论人们是否把它储存在银行里，它都可以随时被投入市场进行流通。如果市场上的货币总量超过了市场上商品供给总量，就会发生供不应求，引起通货膨胀，市场秩序就会紊乱。因此，无论从国民经济发展需要，还是就文化产业自身的发展来看，增加文化总供给，满足人们日益增长的文化消费需求，改变人们手中货币的投向，分泄对社会总供给的压力，文化都是促进市场稳定繁荣和国民经济协调发展的一个重要因素。

文化对国民经济发展影响的另一个作用，就是它对基础的"软化"作用。当代世界经济结构发展的一个显著特征，就是世界经济模式正由过去的刚性结构逐步向柔性结构转化，即从以生产重、厚、长、大的重型化的硬件产品为中心的时代，向以高效的、智能化的、知识和文化的、信息服务活动为主的软件化产业结构的时代过渡。文化产业是以无形、智能化的知识、艺术和精神服务活动为主要特征的软产业。在现代商品生产中，文化因素在经济发展中的一个显著作用，就是增加现代商品中的文化含量和文化附加值。降低资源、能源、财力的有形投入即"硬投入"，提高文化、艺术的无形投入即"软投入"，努力借助于文化和艺术创造企业形象，树立商品品牌，建设企业文化，已成为现代企业富有竞争力的发展和整个社会经济增长所追求的目标。传统产业内部的生产性功能比重下降，而诸如信息、研究、公共关系、形象策划、品牌创意等文化的软功能不断增长。以企业形象策划（GIS）为主要标志，企业在无形资产投入方面的比重越来越高。"现在的时代不仅仅是销售物品，更需要附属文化"，已经成为当今世界一些富有远见的企业家的共识。由于无形投入的比重不断提高，就业结构也发生了变化。从事文化营销、企业形象创意策划、文化发展和企业文化发展战略研究、新产品的开发和包装、文化咨询服务等所谓"软职业"的白领劳动者所占的比例越来越大。1960 年日本文化产业的就业人数占总就业人数的 40% 左右，1981 年达到 55.1%，1990 年达到 58.4%。据日本企划厅经济审议会长期展望委员会预测，1980—2000 年，日本新就业人数为 793 万人，而文化服务业将增加 875 万人。与此相适应的是，文化产业经济的迅速发展，同时拉动了物质产业结构的高速重组。广播、电影、电视、书刊、文化娱乐等文化生产和消费的迅速普及，

---

① 国务院研究室课题组. 完善文化经济政策[M]. 北京：北京师范大学出版社，1994：33.

促使通信卫星、广播器材、音响音像器材、出版业、印刷业、文化金融业、文化贸易等第三产业迅速崛起和蓬勃发展，从而为进一步改善投资结构和投资环境起到了深度"软化"的作用。我国大连市开放初期，曾大量投资于建设国际机场、一级公路、高级宾馆等"硬"项目，但并未收到预期效果。原来外商抱怨的主要是包括法规不健全、信息渠道不畅通等在内的文化"软"环境的不尽如人意。为此，大连市采取有力措施，大力加强"软"投资，努力改善文化"软"环境，以优惠的政策、极高的效率和良好的信息文化服务赢得了国际信誉，吸引了大量外商投资项目。一个时期里，不少外商和境外旅游者不愿在上海等城市久住的原因之一，就是娱乐、体育等方面的文化生活太单调，缺乏中国民族特色。一位西柏林展览公司经理曾对中国记者说："到中国旅游的欧洲人，大部分是受过良好教育的，他们对异国的文化特别感兴趣。如果为了玩乐享受，德国人就不来中国，而去地中海或西班牙。"所以，大力发展民族文化，开发传统文化资源，兴建有中国特色的民族传统文化产业，对于改善国内投资环境，并由此而构成良好的文化经济的生态环境具有积极作用。可见，文化对经济基础工程的"软化"作用是其他产业所不能替代的。

文化建设和文化发展是社会主义精神文明建设的重要组成部分。在这一塑造人的工程中，文化有其他产业形态所不可比拟的巨大的凝聚力量、动员力量、鼓舞力量和推动力量。无论是消费还是生产，是投入还是产出，文化都是从精神角度"生产"出人。接受文化培训的投入，是为了再生产出具有新文化和掌握新科技的劳动力；从事文学艺术娱乐活动的文化消费，是为了通过这种鉴赏娱乐性的审美休息，解除疲劳，调节人体生理机制，以再生产出精力充沛的劳动力。文化消费是人自身的内含或扩大再生产的主要动力。通过提高全体劳动者的文化素质，就为生产力和整个社会主义经济的发展源源不断地提供了高质量的劳动力和各类人才。当代国际经济竞争的实质是综合国力的较量，核心是包括教育和科学发展在内的文化竞争。这就是邓小平所说的："国力的强弱，经济发展后劲的大小，越来越取决于劳动者的素质，取决于知识分子的数量和质量。"[①]文化就是从根本上奠定国际经济竞争的战略基础。

第四节　文化与经济一体化

文化和经济作为人类使用工具共同创造生存方式的产物，当人类社会在一个更高的层面上实现了自己对于物的超越之后，必然回归文化与经济的同构与共生，由物质经济

---

① 邓小平. 把教育工作认真抓起来[M]. //邓小平. 邓小平文选：第 3 卷. 北京：人民出版社，1993：20.

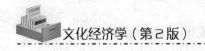

向非物质经济发展，进而实现文化经济一体化，这是人类文化与经济发展的一个基本趋势。

一、知识经济与非物质经济发展趋势

1996 年，世界经济合作组织发表了《以知识为基础的生产》的报告，首次正式提出了"知识经济"这一概念，并将知识经济定义为建立在知识的生产、分配和使用（消费）之上的经济。有史以来的人类经济都是以物质为基础的经济，最主要的特征就是对自然资源的依赖与消耗。知识经济是人类社会发展到工业文明时代才逐渐形成的一种经济形态。这种经济形态的最本质的特征就是：以知识本身所形成的价值形态创造财富，而不是通过消耗物质资源为方式创造财富。教育、文化、信息、科学等非物质经济是它最主要的存在方式。根据三个产业划分标准，农业和工业分别是第一产业和第二产业，都属于物质生产，是物质经济。农业的劳动对象是生物，需要的是体力和自然力，它的从业人员是农民。工业对应的对象是非生物材料，需要的是能源驱动的动力，它的从业人员是工人。第一产业和第二产业的劳动对象都是物质。知识经济的对象是非物质的，是人基于知识的创造性生产而创造人类社会发展所需要的财富和价值。

由于自然资源的有限性，以及由这种有限性构成的单一的以自然资源的消耗为代价的物质经济发展的不可持续性，寻求新的人类文明发展的替代方式，从而确保人类社会的可持续发展，也就在这个意义上成为人类社会发展趋势。非物质经济正是在这一发展趋势下成为替代物质经济发展模式的唯一选择。从物质经济向非物质经济转变，是迄今为止人类社会面临的最根本的发展战略转变，知识经济作为非物质经济的典型形态历史地成为最重要的选择。文化经济是知识经济的一种重要形态，它以精神文化的生产和服务为主要内容，属于第三产业，它的劳动对象是人。它体现的是劳动者对物质与非物质对象的经营，它的劳动对象是人，劳动者也是人，所以它是人对人的劳动。文化经济属于非物质形态的精神经济范畴，这是文化经济与物质经济最根本的区别。

互联网技术的广泛使用，信息技术革命的迅速推广以及美国实施的信息高速公路战略，及其所推动的知识经济迅速地在全球引发了一场前所未有的新经济革命：物质经济向非物质经济转移，刚性经济向柔性经济转移，工业经济向服务经济转移，实物经济向虚拟经济转移。尤其是"低碳经济"和新能源革命的提出，面对地球可用物质资源被耗竭的危机，大力发展非物质经济成为国际社会的普遍共识。

二、创意经济崛起与文化经济革命

2008 年联合国贸易和发展会议发布了第一个《创意经济报告——创意经济评估的挑

战 面向科学合理的决策》。创意经济是在创意产业提出来之后出现的一个用以描述创意产业经济价值的概念，与创意产业有着高度的关联性。创意产业并不是一个严格意义上的学术范畴，而是一种政府推动城市复兴和重生的政策，一种推动经济结构调整和发展方式转型的模式。它强调以精神消费引导经济变革、以科技创新和文化艺术创意驱动经济发展。从美国纽约的苏荷（SOHO）、伦敦南岸艺术区、美国洛杉矶酿酒厂（The Brewery）艺术村、东京立川公共艺术区，到中国上海的 M50 创意园、田子坊、8 号桥等创意产业园区与北京的 798 艺术区，都集中凸显了创意产业作为一种商业发展模式和城市改造模式的特点，并由此而开始了一项具有全球性的"创意产业运动"，创意经济也因此而作为一种全新的经济形态崛起，标志着一个新文化经济革命时代的到来。这一新文化经济革命的一个显著特点，就是对工业文明的改造，努力消除工业文明在发展过程中造成的对资源和环境的破坏，从而通过对旧的工业遗产的功能改造，重建人类社会发展的经济增值形态及其空间形态与生态存在方式，从而使得人类社会的财富增长具有生态文明的性质，即人类社会的可持续发展。这是一种主要通过和借助于人的创造性精神劳动而再建人类社会物质财富的社会生产方式，因而具有资源消耗低、环境污染小的显著特点，面对工业文明以来人类社会发展所面临的增长的极限的发展困境，以创意经济崛起为标志的新文化经济革命，代表了一个新的经济文明时代的到来。

三、新经济变革与新文化变革

经济增长方式与经济发展方式的战略性转型推进了现代新经济变革的发生。新经济革命必然同时带来人们的价值观的深刻变化，并由此而推动了整个文化的改革发展。这就是新文化变革。

1. 软实力与国家竞争新模式

软实力是一种影响力和吸引力，由于这种影响力和吸引力在一个国家的全球国际事务中往往产生和实现通过军事威胁和武装征服达不到的效果与目的，从而成为一种相比较于国防军事力量的"硬实力"而言的一种力量形态。正因为软实力在现代国际事务中具有硬实力所起不到的作用，因而成为现代国际社会国家竞争的新模式。文化是构成一个国家软实力的重要组成部分，通过大力发展文化产业，输出文化产品，并借助于文化产品的输出而传播文化意识形态，通过影响他国的文化消费偏好，进而影响人们的生活方式和价值观，从而实现"不战而胜"的目的，已经成为国际文化战略竞争的主要手段。因此，在全球化背景下，一个国家在全球共同事务中的影响在一定程度上是和它向世界输出的文化产品成正比例关系的：输出越大，则影响越大，软实力越强；输出越小，则影响越小，软实力相对较弱。与此同时，构成了另一个正相关关系：输出越大，则表明文化产品生产能力越强，其所占有的世界文化市场份额越大，获得的利润也就越大。因此，文化经济的发达程度和成熟性程度就成为衡量一个国家国际竞争力的重要指标。

正是由于文化经济的现代发展程度直接关系到一个国家软实力的拥有性程度，这就使得文化经济发展成为国家战略竞争的重要形态。尤其是当西方发达国家在遭遇到工业化增长的极限之后，发展问题和发展方式问题便成为这些国家能否继续保持国家发展的关键性战略问题。1998 年，英国布莱尔政府在全球率先发布《创意产业报告》，从而宣布世界开始进入创意经济时代。文化经济作为其重要作用的因素，开始在实现国家经济转型的战略需求中成为国家战略。一场全球性的新经济变革是从"创意产业"和"创意经济"的提出开始的。虽然，在这之前也提出过"知识经济"的理念，但是，文化经济的提出显然超越了知识经济的命题，人类社会在发展到了工业文明之后进入到所谓"后工业文明"时代的时候，人类社会实际上是在一个新的文明——生态文明阶梯上，再现文化与经济的共生、同构与互动的最一般的基础性关系。这就是历史发展的辩证法，在一个更高的文明水平上再现人类文明的过去。

2. 经济增长方式与发展方式变革的文化制约性

资源消耗型和环境污染型是人类社会进入工业文明发展阶段后的最主要的社会发展方式。然而，物质资源的稀缺性以及一大部分物质资源的不可再生性，例如石油、煤炭等，决定了以资源消耗为代价的经济增长方式和发展方式的不可持续性，与此同时，资源消耗造成的巨大环境污染，不仅使得自然生态环境遭到极大的破坏，而且由此而带来的各种疾病的发生直接地威胁到人类社会的健康发展。增长的极限的警告，提出了人类社会可持续发展的共同目标。国际社会开始向文化寻求解决问题的道路。1998 年英国政府率先提出"创意产业"的国家发展战略，把大力发展文化艺术，提高文化艺术创意在经济发展中的比重，用以克服和解决工业文明遗留下来的后工业文明问题。文化经济、创意产业、文化产业纷纷进入国际社会寻求人类社会可持续发展的战略准备，文化引导社会，文化制约经济，实现从资源消耗型和环境污染型向资源积累型和环境友好型的战略转变，经济增长和发展方式由此进入文化经济时代。没有新的文化元素的经济是一种不断重复和停止的经济，这样的经济是没有生命力的。

3. 新经济变革与新文化变革的历史互动

新经济变革必然带来新文化变革。由于新经济变革包含着深刻的新文化变革的因素，或者说直接就是新文化变革的产物，因此，由新经济变革所导致的新文化变革，是一个比前一次变革更为深刻的人类文化革命和文明发展。它是新价值观的诞生。就人类发展的整体而言，"经济增长不过是手段而已，各种文化价值是抑制和加速增长的动机的基础，并且决定着增长作为一种目标的合理性。"①这就是当新经济变革和新文化变革有机地融为一体时，有一种新文化经济也就出现了，从而构成了文化经济运动的循环往复，不断更新发展。

 **本章小结**

➠ 文化与经济是人类社会运动与发展最基本的动力要素，也是人类社会其他一切发展形态的生成基础。文化和经济的人类学起源是一个共同发生的历史过程，在其内在结构上有着高度的一致性。

➠ 经济是文化的基础，决定文化的发展；文化是经济基础的上层建筑，支配和影响着历史运动。文化在经济中的存在，不仅存在于人的行为过程中，而且存在于人以劳动将自己对象化了的物质财富之中。文化与经济关系性运动呈现出共生、同构与互动规律。

➠ "文化增长"是文化经济运动的一种形态，是在现代文化经济背景下的一个文化概念和经济概念。它既是关于文化经济总量的增长，也是关于经济增长方式当代转变的一个描述，因而是综合性很强的集合概念，更深刻地反映了文化与经济的关系。

➠ 文化经济在国民经济中的比重不仅反映了文化经济在一个国家国民经济发展中的地位和作用，而且更为重要的是它反映了一个国家发展的生态文明程度和在一个国家的国家力量构成中文化作为力量形态的程度。

➠ 物质与文化发展的不平衡规律是文化经济发展的基本规律。文化不仅受经济规律的影响，而且还要受文化自身规律的支配。在一定的经济基础和上层建筑规律支配下，文化增长和经济增长之间既有平衡，也有不平衡；既有成比例发展，也有不成比例的时候；既在同一个社会水平线的对称点上相应，又在历史长河中成螺旋形的曲线交叉向前推进。

➠ 文化和经济作为人类使用工具共同创造生存方式的产物，当人类社会在一个更高的层面上实现了自己对于物的超越之后，必然回归文化与经济的同构与共生，由物质经济向非物质经济发展，进而实现文化经济一体化，这是人类文化与经济发展的一个基本趋势，并由此推动新文化经济与新文化变革。

---

① [法]弗朗索瓦·佩鲁. 新发展观[M]. 张宁，等，译. 北京：华夏出版社，1987：15.

思考题

1．怎样理解文化与经济的基础性关系？
2．文化与经济发展的不平衡规律是什么？
3．文化经济在国民经济发展中的地位与作用是什么？
4．怎样认识文化增长与经济增长的关系？
5．文化与经济一体化发展趋势的意义是什么？

第二章

文化经济的存在形态与结构

 学习目标

通过本章的学习，应了解和掌握以下内容：

1. 文化经济存在的基本形态与结构；
2. 分析研究文化经济存在形态与结构的意义；
3. 物质与非物质文化经济的内涵、特征与构成；
4. 公共与非公共文化经济的内涵、特征与构成；
5. 文化经济存在的时空形态与结构。

已有的文化经济运动与发展实践已经显示，文化经济结构的非均衡状态是影响与制约文化经济发展的一个重要变量，优化文化经济结构，实现文化经济的均衡发展是实现文化经济可持续发展的重要条件之一。由于文化经济结构的优化性程度不仅一般地关系到一个国家和地区经济发展与经济运行的结构均衡的科学化问题，而且还直接影响和决定了一个国家和地区文化发展的均衡性程度，因此，如何和在多大程度上实现文化经济结构优化，深入研究文化经济的存在形态与结构及其相互关系，在整个文化经济学研究领域中就具有特别重要的意义。

第一节　文化经济的存在形态与结构划分

文化经济作为一种社会现象和生命存在的有机体，它不仅有着与其他所有社会现象同样都必须拥有的存在方式，而且它还有着为其他社会现象所没有的特殊的生命结构与

运动方式。这是文化经济生命运动的基础，也是我们认识和把握文化经济运动规律的重要前提。

一、文化经济存在形态与结构分析的意义

所谓文化经济的存在形态是指文化经济作为一种生命存在于运动的表现与方式，它所表示的意义即文化经济是怎样存在的。而文化经济结构则是指不同文化经济形态之间存在的比例关系，包括不同文化经济形态存在的在数量与质量比例关系和相同的文化经济形态在时间与空间方面的比例关系等。

文化经济的存在形态是在历史的文化与经济的运行过程中发展起来的。它的构成比例与发育的成熟性程度，不仅清晰地反映了一个国家和地区文化经济发展的程度，而且还反映了一个国家和地区经济增长方式和发展模式的选择。一般来说，文化经济在整个经济结构中占有比例较低的国家和地区，经济发展往往处在一个较低的水平上，相反，一个国家和地区的文化经济在整个国家和地区国民经济中的重量占有较高的比例的话，那么这个国家和地区在发展阶段和发展模式上就处在一个较高的水平上。同样的理由，在一个国家和地区文化经济的构成比例中，一般来说，现代文化经济形态比例较高的国家和地区要比传统文化经济比例较高的国家和地区更处在一个较高的文化经济的发展水平上。在这里，不仅文化经济存在形态的构成比例与文化经济增长方式之间存在着相关性，而且与文化和经济的发展模式存在着高度的关联性。根据当今世界主要发达国家文化产业在国民经济中所占比例的程度，可以看出决定一个国家富裕程度的因素，除了劳动生产率外，还包括物质性劳动和非物质性劳动的比例。增加非物质性劳动，减少物质性劳动，以增加和改变一国的财富和收入结构，已经和正在成为这些发达国家经济增长与经济发展的主要模式。因此，转变文化经济结构的构成关系，积极发展具有高科技含量的文化经济新形态，提高文化经济竞争能力，增加文化经济在国民经济结构中的比重，也就自然地成为现代文化经济发展的重要战略选择。

文化经济的存在形态与结构不仅反映了一个国家和地区文化经济的增长方式和发展模式，而且还反映了这个国家和地区文化的供求能力与供求关系，反映了这个国家和地区的文化消费偏好、消费水平与就业结构。文化经济形态与结构是在文化形态和文化结构的基础上发展起来的。一定的文化资源结构不仅一般地反映了一定时间和空间条件下文化经济形态与结构形成的客观条件，而且直接制约了文化供求能力与就业选择的对象范围。客观文化条件制约主观文化选择偏好，由此而形成和积淀起来的文化资源结构与文化资源属性又决定和深化了原有的由此而形成的文化心理结构，这就使文化经济形态

的发展和结构的选择具有很强的文化人类学色彩。正是这一具有规律性的特征，使得发展特色文化经济成为可能，进而构成了对文化资本品和文化消费品供求的不同比例关系，是这种比例关系影响和决定了由文化经济结构所形成的文化就业结构的比例关系。一般来说，文化就业结构的比例关系越高、越合理，这个国家和地区国民经济和社会发展的文明水平越高。文化经济结构中文化就业结构的比重与文化经济结构的现代化程度成正比例发展关系。

文化经济结构不仅涉及文化经济形态存在的变量，还涉及人口、文化生态、文化环境、文化制度等诸多因素，整个系统具有层次性、耦合性、非线性、开放性、不确定性和动态性等特点。因此，文化经济形态的存在方式与构成关系，不仅一般地反映了文化发展和经济发展的关系，而且还反映了不同制度条件下的文化利益关系、文化资源的配置能力和配置关系。文化经济结构本质上是一个文化经济长期科学发展问题，研究文化经济结构问题实际上就是研究文化发展的科学化问题。文化经济结构分析，特别关注文化经济增长与文化环境、文化资源的关系，尤其强调文化资源的合理优化配置，突出代际公平，反对对文化资源和环境的掠夺性破坏，遏制从贫困的文化生态不平衡到富裕的不平衡，最终实现文化经济的可持续发展与循环发展。

因此，我们可以把文化经济结构看成是由需求、生产、贸易和资源与环境构成的一组互相关联的变化，而需求、生产、贸易、资源和环境构成的各自的变化又反映了因收入水平提高而产生的资源配置格局转移的不同方面。分析文化经济存在形态与结构的目的，就是要分析文化经济结构与文化经济演进之间的关系，文化经济结构的失衡问题，从而更深刻地掌握经济结构演进对于整个文化经济发展的意义。

虽然在关于经济结构的理论研究中没有特别地提到关于文化经济结构分析与研究问题，但是经济学思想史上关于经济结构理论的研究及其成果，却为文化经济结构的理论研究与分析提供了巨大的思想资源与路径启示。这不仅是因为文化经济作为经济的一种特殊的发展形态有着经济运动与发展的一般规律，而且特别重要的是文化经济结构发展的不平衡，不仅一般地制约和影响着经济发展结构的平衡性问题，而且还深刻地影响和制约着文化发展的不平衡，而这种不平衡对于一个国家和地区来说，将集中反映和表现这个国家和地区经济发展的现代性程度。中国至今仍然还面临着经济发展的环境与能源的瓶颈制约，其中一个重要的原因就是中国经济结构中的三次产业结构的严重不平衡。因此，要大力发展包括文化产业在内的第三产业；同时，在文化经济结构中，传统文化产业比例过大是导致文化资源消耗过快的一个重要原因。因此，实现文化经济结构的战略性调整，大力发展以高新技术手段为技术支持，以文化内容创新为目的的新型文化产业，就成为中国文化经济发展的重要主题。

二、文化经济存在形态及其构成依据

文化经济的存在形态是对文化经济作为一种有机的社会生命系统和文化生命系统的概括与表达，它所揭示的是文化经济存在的生命方式。由此出发，文化经济的存在形态大致可以分为：物质文化经济与非物质文化经济；时间文化经济与空间文化经济；实体文化经济与虚拟文化经济；公共文化经济与非公共文化经济等四组基本存在方式。

物质文化经济与非物质文化经济既是文化经济存在的最普遍的生命形态，也是两种终极形态，或者说是最高形态，所有文化经济的存在形态最终都可以归入这两种形态之中。这两种文化经济形态不仅非常清晰地表示了不同文化经济形态之间在空间形态上的差别，而且还揭示了文化经济运动作为人类社会最高形态的历史过程，即由物质文化经济向非物质文化经济运动和转型，并在人的自由发展过程中实现物质文化经济与非物质文化经济的统一。

时间文化经济与空间文化经济是指一切文化经济的存在都是在一个具体的时间长度和空间维度中存在的。它既表现为一定的社会发展关系，也表现为一定的自然发展关系。所谓社会发展关系，它所表达的是一切文化经济都是和一定历史发展时期社会生产力发展水平相适应，并且是这种社会生产力发展水平在文化发展领域里的表现。所谓表现为一定的自然关系，是指迄今为止的人类社会所有的文化经济活动都是在一个具体的地理空间里展开的，离开了具体的地理空间，一切人的活动都失去它存在的依据。国际文化贸易因空间而具有价值和意义。时间与空间是构成文化经济差异性和多样性的最重要的存在依据之一。

实体文化经济与虚拟文化经济是在文化经济发展进入了数字时代和信息时代才出现的一种存在方式。某种程度上，它是时间文化经济与空间文化经济的延伸。所谓"实体文化经济"一般是指以"物质生产过程"的运行方式完成价值实现的文化经济的存在方式，例如图书和电影等；所谓"虚拟文化经济"主要是指以网络系统为主要载体、以虚拟资本的价值实现为主要目标、相对脱离了以"物质生产过程"的运行方式完成价值实现的文化经济的存在方式的价值增值活动。[①]艺术品经济、版权经济、网络游戏经济是最主要的虚拟文化经济形态。它因一种特殊的经济运行方式而获得独特的文化经济存在形态。

公共文化经济与非公共文化经济也是时间文化经济与空间文化经济的延伸。它是随着西方社会制度在经济领域里的变革，政府所应当承担的公共责任、提供"公共物品"，

---

① 本定义借鉴了刘俊民在"虚拟经济的经济学"（《开放导报》，2008 年第 6 期）一文中的观点。

以及由此而产生的"公共部门"和"公共领域"的经济问题而被发现和提出来的。我国关于"公益性文化事业"和"经营性文化产业"划分的背后,就包含着对"公共文化经济与非公共文化经济"的深刻的政策性思考和制度安排。"公益性文化事业"主要由政府通过公共财政配置资源,其发生的货币成本由国家从纳税人提交的税款和国家财政收入支付,因而属于"公共经济"范畴;"经营性文化产业"因其提供的文化产品主要是为了满足人们精神文化消费多样化的需求,属于"私人物品"领域,则主要由市场配置资源,其发生的货币成本主要由投资获益人支付,因而属于"非公共经济"范畴。由于文化产业所提供的文化产品具有"准公共产品"属性,因此,在"公共文化经济与非公共文化经济"之外,是否还存在"第三部门文化经济",就是一个尚待深入研究的问题。

文化经济存在形态的构成是一个历史的过程,具有极为丰富的复杂性和众多的构成依据。全面和系统地分析这种构成依据,需要做许多专门的研究。在众多的构成依据中,以下几个方面的依据具有特别显著的意义。

1. 生产力进步与社会发展

生产力进步和社会发展是文化经济存在形态多样化的最重要的构成依据。文化经济是一种生产力形态和社会发展最重要的社会现象。生产力发展的每一个阶段,不仅在一般的经济层面上需要获得生动的表现,而且必然地同时要求获得在文化领域里的生动体现,特别是当原有的文化经济形态不足以反映和体现生产力的发展已实现社会所需要的文明发展的时候,通过文化经济形态的创造性进步来反映和表现文化产力进步满足和适应社会发展的需求便成为新文化经济形态的产生和规律性选择。

2. 意义表达与符号生产

文化经济存在形态的形成与文化生产方式有着极为密切的关系。由于文化生产本质上是关于意义表达与符号建构的生产,因此,意义表达的多样性与符号建构的多样性就决定了文化生产方式的多样性。正是由于这种文化生产的多样性,历史地规定了文化经济存在形态构成的丰富性。文学经济、艺术经济、演出经济、娱乐经济、网络经济等,也就随着意义表达与符号建构的多样性而成为文化经济构成的重要形态。

3. 传播选择与价值实现需求

文化经济的价值是在交换与流通中实现的。交换与流通的方式越是多样,时空越是深广,文化经济的价值实现也就越是充分。因此,选择传播方式和最大限度地满足价值实现的需求,也就自然地成为文化经济存在形态构成的又一种构成依据。现代传媒经济,包括图书、出版、广播、电影、电视、唱片等,成为构成现代文化经济的重要形态。

4. 财富追求与文化竞争

文化经济从它出现的原初形态起,就是财富追求与财富实现的重要方式。特别是当人们发现了文化经济的具体形态具有深度影响人们的社会行为,进而影响一个国家和地区的力量走向时，文化经济就成为不同利益集团用于竞争的重要战略手段。当不发展文化经济或文化经济还不够发达便不能在现代国家竞争中获得"软实力"时，积极发展文化经济便成为大力培育和提高国家核心竞争能力的一个重要组成部分而成为国家发展战略。而正是这种战略需求，成为现代文化经济形态构成中的最重要的动力。

三、文化经济结构的内容

文化经济结构是指文化经济构成成分之间的比例关系。文化经济结构的内容包括两个方面：一方面是指不同文化经济形态之间的比例；另一方面是指不同文化经济成分之间的比例。

根据不同的划分标准，以及文化经济本身所表现出来的不同的存在方式，文化经济的存在形态可以有以下不同的表现：物质文化经济与非物质文化经济；公共文化经济与非公共文化经济；实物经济形态与非实物经济形态；创意经济形态与复制经济形态；市场经济形态与非市场经济形态（计划形态）。

不同文化经济成分是可因不同文化经济的符号特征来区分，主要有电影经济、表演经济、出版经济、娱乐经济、唱片经济、电视经济等。一个国家和地区文化产业的现代化程度，以及它在国民经济中所占的比重及其贡献程度是由文化经济成分之间的比例关系决定的。这是因为不同的文化经济成分在不同的历史发展时期，社会对它的需求是不一样的，因此，不一样的需求决定了它的文化增长总量，尤其是那些具有更大的被替代型经济成分，在整个文化经济结构中处于一种不稳定状态。例如演出业，曾经在一个很长的时间里占据了文化经济构成中的最大空间，一直占据着文化经济的核心地位。但是随着社会的不断发展，新兴的文化产业形态不断地为社会提供了更为便利的文化消费方式和更大限度地满足了社会文化多样的需求，特别是满足和适应了社会整体进步性的需求，因此，随着这种进步性的不断增强，曾经占据主导地位的表演艺术产业也就逐渐地离开文化经济的核心地带，其在文化经济结构中所占的比重也随着这种转移而下降，而新兴的文化经济则在这个过程中比重不断上升。这可以从中国20世纪的文化经济构成比例和21世纪初的中国文化经济构成比例的结构中看出。电影经济、出版经济、唱片经济、电视经济以及网络文化经济成为中国文化经济最主要的构成内容，虽然表演艺术经济依然存在，但是，它在整个中国文化经济构成中的比重已经发生了历史性的变化。

文化经济结构是一个不断地处在动态变化中的社会文化过程系统。在它的变化过程中，一方面，它要受制于社会发展所提出来的、人们精神文化消费所提出来的新要求；另一方面，它还受制于政府主体对它的认识所达到的科学性程度。把大力发展文化产业作为解决与克服经济结构的战略性调整中所遭遇到的结构性矛盾和体制性障碍这一战略决策的实施，直接导致了 21 世纪以来中国文化经济结构的战略性调整和飞速发展。

一般的经济结构包含两个维度：一是横向的空间结构，包括地区结构、国际结构、城乡结构等；二是纵向的以产业结构为核心的生产价值链，主要是产业结构、投资结构、消费结构和金融结构等。社会再生产过程中的分配结构和流通结构包含在上述横向和纵向的经济结构之中。文化经济结构不仅一般地具有经济结构的普遍性特征，而且具有一般的经济结构所没有的经济属性与存在形态，那就是文化经济的物质性与非物质性。这是构成文化经济结构的最主要的内容形态与结构形态，所有其他形态的文化经济结构都是从这两个基本形态与结构出发的。

第二节　物质与非物质文化经济

物质文化经济与非物质文化经济是文化经济的两种终极形态，或者说是最高形态，所有文化经济形态最终都可以归入这两种形态之中，因而是文化经济学研究的最基本的范畴。这两种文化经济形态不仅非常清晰地表示了不同文化经济形态之间在空间形态上的差别，而且还揭示了文化经济运动的最高形态的历史过程，即文化经济由物质文化经济向非物质文化经济运动和转型是文化经济运动最基本，也是终极的生命形态。

一、物质文化经济与非物质文化经济的定义

文化的物质存在形态和文化的非物质存在形态是文化经济存在的两种最基本的生命形态。文化的物质存在形态是指文化以物质形态的方式存在着并运动着，它的物质形态存在并不是以物理材质的构成性质而具有文化价值，而是以这种物理材质所表达的内容具有价值。由于这种表达在人类社会生产力的不发达阶段具有发达的文化意义，从而使之成为在今天人类认识历史的依据。由于这一类物质形态在今天具有高度的稀缺性，依据物以稀为贵的原理，由此而产生经济效益并且能够成为文化经济的重要构成形态的，称之为物质文化经济。今天的绝大多数的物质文化遗产收费项目，就是这一类文化经济的主要形式。由于这一部分内容在文化经济的生命运动中起着重要的文化经济作用，并且影响着文化经济的整体运动形态和运动方式，例如器皿形态的文物以及用于文化展示和文化活动景观与建筑，因此，这就构成了文化的物质经济形态，即物质文化经济。

只有本身直接构成文化消费对象的物的存在，才属于物质文化经济范畴，它们并不直接成为文化消费对象，如光盘，并不属于物质文化经济范畴。因为人们消费的是光盘

所承载的内容，而不是光盘本身；然而人们消费古代文化遗址和文物，直接的就是消费对象本身，因为正是对象存在的具体形态以及这种形态本身所承载的巨大的文化内容，才使得它具有价值和意义。

文化的非物质存在形态是指文化的生命运动不以物质形态的方式存在并运动而具有生命价值。口头及非物质文化遗产是文化的非物质存在的最主要的形式，包括习俗、节庆等。相比较于器皿一类的物质文化形态更多的表现和体现制度文化来说，文化的非物质存在形态则更多地表现和体现为普通百姓的精神生活秩序和内容，是同时构成百姓日常生活——物质的与精神的——最基本的存在方式。正是这种方式成为许多精神生产，例如艺术创作的直接源头；同时还由于这一类非物质文化存在往往具有较强的观赏性、娱乐性，深深地融汇了百姓对整个世界以及人与人、人与社会以及人与自然关系的理解，很大程度上是一个关于人与世界关系的认识系统，由此而形成的许多生活态度和价值观念远远地超过物质文化的价值，因而它对后来整个人们的社会物质生活和精神生活的影响都具有深刻的建构性。正是由于文化的非物质存在形态对于人类社会具有深刻的建构性，而正是由于这种深刻的建构性保持了人类文明社会的可持续发展性，因此，联合国教科文组织这才专门地制定了人类口头及非物质文化遗产保护机制，从而使得人类文明所创造的一切文明成果不仅能够得到延续，而且成为人类社会可持续发展的关键。

二、物质文化经济与非物质文化经济的形成

物质文化经济的形成与非物质文化经济的形成有着不同的时间表和路线图。物质文化经济的形成直接地与人们的物质生活相关。"买椟还珠"的历史形成，对于创造这"椟"的主体来说，首先就在于通过劳动的交换获得生活资料。倘若由此而形成的"工艺"被传承开来了，这"工艺"因其具有财富增值功能和文化信息的历史价值而成为非物质文化经济形态。非物质文化经济的形成有着比物质文化经济的形成更丰富的多样性。口传形态是构成非物质文化经济的最主要的形态之一。人类文明早期的许多文化遗产都是通过口传方式而得以存在到今天的。

在全球金融危机的背景下，资本主义已经失衡。使用虚拟资本的投机行为和以实体经济为基础的投资活动之间的合理比例已被严重打破并失控；正常的分工体系被颠倒，资本已不再是全球经济的决定性生产要素。一个国家和地区的竞争优势已不再是单纯地依靠资本投入，更多的还来自创新概念或非物质服务。随着生活水平的日益提高，人们关注的重点正在从发展的数量转向质量，未来决定经济成功的不再是资本，而是人才这一生产要素。而人才恰恰是形成非物质文化经济最核心的内容，从这个意义上说，物质文化经济为主正在向非物质文化经济为主转变，从文化发展的"资本主义"向"人才主

义"转变。

三、物质文化经济与非物质文化经济的形态与运动特征

无论是物质文化经济还是非物质文化经济都具有两种时间形态：今日的和往日的。所谓今日的物质文化经济，是指今天的人们和社会关于物质文化经济的缔造与创建，例如图书馆和博物馆的投资建设；所谓往日的物质文化经济，是指历史上已经形成的今天仍然在发挥着作用，影响着文化经济进程的那一部分对象，例如古代文化遗址和历史文物保护建筑等；非物质文化经济的典型形态就是所有关于文化的创作，包括口头的与文字的以及通过线条、色彩和声音表现的创作。它们在今日与往日的区别也是同样的一个道理。这样物质文化经济与非物质文化经济就有着四种不同的历史形态：今日的物质文化经济与非物质文化经济、往日的物质文化经济与非物质文化经济。

物质文化经济和非物质文化经济之所以属于文化经济范畴，一个最重要的原理就是具有文化价值和产生文化价值。人类社会的历史文化遗产通过全球机制被纳入强制性保护的一个最重要的原因，就是这些历史文化遗产无论是物质的还是非物质的，都是用以证明一个民族和一种文明形态、一种文化样式存在的合法性与合理性的依据，这些依据对于建构人类社会共同的文化认同具有不可替代性，对于确认不同文化和文明之间的价值平等性和价值多样性具有不可替代的可区别性，由此形成的"文化资本"成为现代文化经济投入产出的重要对象和领域。

物质文化经济的存在形态与运动特征之间存在着关联性。由于绝大多数物质文化经济存在对象是以实物形态存在的，并且具有鲜明的可视性与可触摸性特征，因此，绝大多数物质文化经济存在具有不可移动性运动特征。例如，文物（文物展览）、文明遗迹、古建筑、人文景观（云南哈尼梯田）等；除了文物展览外，绝大多数物质文化经济对象都不具备空间的可传播性，对它们的消费非到实地而无法实现，因此，绝大多数物质文化经济对象的价值实现常常是被作为文化旅游对象而得到实现的。无论是中国的长城，还是埃及的金字塔和希腊的神庙，都具有这一显著特征。物质文化经济主要形成于和发生于关于固定文化建筑物的投入与产出过程之中，其存在形态具有鲜明的外部表征性、可识别符号的不可替代性。正是这种可识别符号的不可替代性，因而具有始创价值。作为历史文化遗迹，这一类物质文化经济的存在形态在文化资源存量上具有有限性和不可再生性。任何对这样一种物质文化经济存在形态的破坏，损坏一件就少一件，其文化经济价值则随着这样的进程而呈现出边际效用递减。因此，保护这一类物质文化遗产也就成为物质文化经济运动的重要内容。如文物保护经费投入。

非物质文化经济即指由口头及非物质文化遗产产生和形成的价值形态。非物质文化

经济主要是由非物质文化遗产在投入与产出过程中形成的价值形态。非物质文化遗产是人类社会形成和建构文化认同的最重要的公共媒介，它是人类社会在长期的社会发展过程中公共选择的结果，也是不同人群相互识别最重要的文化身份之一。因而，它与一定的社会形态与精神信仰有着非常密切的联系。由于几乎所有的非物质文化遗产在价值内涵上和表现形态上都是以"唯一性表征"而与其他非物质文化遗产相区别的，因此，在文化资源形态上存在着鲜明的稀缺性。正是这种稀缺性成为它的价值效用的主要来源，因而成为人们的精神消费对象。由于现今所指称的非物质文化遗产相当大的一个多数都是诞生和形成于农耕文明时代，因此，传承方式和传承渠道的单一性往往成为这一类文化遗产易失性的主要原因。这就使得一方面这一类文化遗产具有不可替代的神秘性和象征性，因而对今天的人们来说具有文化消费价值，特别体现在文化旅游活动中；另一方面，由于这一类文化遗产的传承主要的是单向传承，因此，如何使得这种传承是可持续的，这就需要相应的机制来实现。联合国以及国际社会建立的人类口头及非物质文化遗产保护就是国际社会建立的共同机制。这种保护需由政府、社会及个人投入，并由此而形成和产生巨大的经费投入。保护需要投入。到目前为止，中国入选世界非物质文化遗产名录主要有传统戏曲（昆曲——世界口头与非物质文化遗产）、口传文学和艺术（蒙古长调和维吾尔族十二木卡姆）、传统手工艺（中国古琴）、传统计算工具（珠算）等。非物质文化遗产具有鲜明的地域性特征，在区域内易传播性与易消失性同时并存造成了"非遗"的稀缺性和保护的艰难性；与此同时，也形成了"非遗"存在形态的无限性和可再生性。

第三节　公共与非公共文化经济

从经济学角度来看，整个经济分成两种物品：一种是私人物品，另一种是公共物品。私人物品由市场来配置、分配和交易，实现资源的配置。公共物品因为交易成本、定价成本太高，就用税收、公共财政等公共办法来提供，包括制度也是一种软性的公共物品，并由此而形成了公共经济和非公共经济两种类型。文化经济的形态构成也因此而可划分为公共文化经济和非公共文化经济两种类型。

一、公共文化经济的定义、特点及其形成

公共文化经济主要是指在公共文化物品生产和提供过程中所形成的经济行为和经济

过程系统，包括公共文化产品和公共文化服务体系两大组成部分。

公共文化服务体系是指以政府部门为主的公共部门提供的，以保障公民的基本文化生活权利为目的，向公民提供公共文化产品与服务的制度和系统的总称。包括公共文化服务设施、资源和服务内容，以及人才、资金、技术和政策保障机制等方面的内容。全国文化信息资源共享工程自 2002 年 4 月实施以来，中央财政累计投入 9.07 亿元，地方累计投入超过 7 亿元，数字资源量达到 65TB（1TB 数量相当于 25 万册电子图书或 926 小时视频节目），共建基层服务点超过 20 万个。[①]

二、非公共文化经济的定义、特点及其形成

非公共文化经济一般是指私人文化物品，即文化商品的生产、流通和分配所构成的经济活动，它的特征是满足人们多样化的精神文化消费需求，其资本来源和资本构成不是来源于公共财政，而主要是由社会资本建构其产权属性。文化产业作为一种文化经济形态，就其一般意义而言，属于非公共文化经济范畴。我国关于"经营性文化产业"的政策性表述，实际上就是对文化产业的这种文化经济属性的界定。非公共文化经济除了营利性文化领域之外，还包括非营利性文化领域的文化经济行为，例如私人博物馆、图书馆等。

非公共文化经济，尤其是营利性非公共文化经济的形成主要来源于市场的选择带给文化产品生产与销售的需求，这是非公共文化经济形成的最主要的机制；另外一个机制就是源于个人的收藏偏好并且愿意与社会共享他的藏品，于是便产生一种表现为公益行为和慈善行为的私人投资的公共行为。由于这一类非公共文化行为的发生也是由一般意义上的投资行为产生的，并且需要一定的经济能力（例如博物馆、图书馆管理费用）的支持，因此，其所构成的经济也就构成了非公共文化经济形态最主要的成分。在整个文化经济学的研究中，人们对非公共文化经济学的研究还是很缺乏的，但是，毫无疑问，这是文化经济学研究的一个不可或缺的领域。

三、公共与非公共文化经济的冲突与第三种文化经济

公共领域文化经济与非公共领域文化经济这两大文化经济形态的划分，其中一个最重要的依据并不在于投资主体，而在于其收益是否被用于分配。这是因为，就投资性质来说，私人资本也可以投资公共文化经济部门，例如图书馆和博物馆这样的文化公益机

---

① 公共文化服务推进"文化民生"[N]．光明日报．2008-03-04．

构，但是这样的投资并不因此而改变其对象属于公共文化部门的性质，并不改变其非营利机构的性质，因此，凡属这样的机构即便获得某种收入也不能用于分配，这是因为，一般来说，这样的非营利机构是享受国家的免税待遇的，因此，这样的机构不能用国家给予的免税待遇而获得收入用于分配，而只能用于发展，以为社会公众提供更大的公共文化服务。

现代的问题主要的还不在私人资本投资公共文化领域，而是政府的公共财政通过发展基金的同时提供给私人机构发展文化产业，例如，国家设立振兴动漫产业发展基金提供给私营文化企业发展国产动漫产业，而由此获得的收益则属于企业所有。这就在制度上构成了公共与非公共文化经济的冲突，因而导致了"第三文化经济领域"问题的发生。这是由文化产品所具有的"准公共文化产品"的属性决定的。英国人大卫·赫斯蒙德夫在讨论文化产业特征时，曾专门把"准公共物品"作为文化产业的特性之一。他的理由是"文化商品在使用中很少会被损坏。它趋向于担当经济学家所称的'公共物品'的角色——一个人对此物品的消费行为不会减少其他人对它消费的可能性。"[①]其实，大卫·赫斯蒙德夫只看到了问题的一个方面，问题的另一个方面就是"文化商品"在本消费过程中它所可能产生的在被消费过程中对消费者所构成的一种责任，即所谓"公共责任"和"公共道德"。前者可以是纯粹经济性质的，例如韩国政府在 20 世纪末的东南亚金融危机中为摆脱危机而实施的大力发展动漫产业的政策，并为此投入和提供公共政策资源和公共财政资源；而后者则还包括社会的精神健康领域和公共精神卫生健康安全问题。当市场经济还不足以通过市场经济的方式配置资源来实现文化产品生产对维护公共精神卫生健康安全的公共责任时，通过政府运用公共财政的方式来配置资源，支持和鼓励文化企业，包括私营文化企业创作生产和提供公共精神卫生健康安全所急需的文化商品，由此而构成的经济活动，就成为文化经济发展的"第三种文化经济"。

第四节　文化经济存在的时空形态与结构

一切文化经济的存在都是一种时间与空间的存在。因时间而使文化经济发展具有时代性，因空间而使文化经济呈现出地域性和文化多样性。文化经济的发展因时间而具有历史的传承性，因空间而具有文化的比较性和借鉴性。研究文化经济时空结构及其运动变化规律是文化经济学研究与文化经济实践的重要内容。

[①] [英]大卫·赫斯蒙德夫. 文化产业[M]. 北京：中国人民大学出版社，2007：22.

一、文化经济存在的时间（历史）形态

任何文化经济形态都是以一定的时间为内容，并以一定时间的生产力发展程度为存在方式和体现一定的文化生产力发展水平的。以文明发展的生产力水平为尺度，文化经济可以表现为农耕文化经济、工业文化经济和信息文化经济三种时间形态。农耕文化经济以手工生产为其主要特征，工业文化经济以大规模机械复制为主要手段，信息文化经济则以数字化虚拟形态为其主要存在形态。按照现代化为标准，农耕文化经济也可称为前文化经济，工业文化经济称为现代文化经济，而信息文化经济则可称之为后现代文化经济。

由于不同时间的文化经济形态的价值内涵是不一样的，这就导致了不同时间的文化经济形态的现实性差异。这种现实性差异是通过人们的态度和选择来反映的。农耕文化经济形态由于其比较多地承载着丰富的历史信息及其资源，这种历史信息和资源由于时间的稀释而具有稀缺性特征，对于这种稀缺性的文化消费就成为一种崇高和高贵的消费行为，因此，保护、开发和利用便成为关于农耕文化经济的重要命题。工业文化经济与信息文化经济则相反。由于工业文化经济和信息文化经济的实现程度直接地表现为一个国家和地区文化经济实现的现代化程度，以及一个地区经济发展和经济结构优化的程度，因此，如何最大限度地使用和发展工业文化经济和信息文化经济便成为关于工业文化经济与信息文化经济的重要命题。例如，关于大力发展动漫文化经济就是一个最典型的案例。

价值形态与工具形态的背反：文化因时间而递增，工具因时间而递减；越是依赖于现代科学技术手段的文化经济，随着时间的推移而投资价值递减；越是较少地依赖于现代科学技术手段的文化经济，随着时间的推移而投资价值递增，文化价值形态运行的时间性与文化工具形态的时间性呈现出背反性运动关系。

不同时间的文化经济形态由于其价值显现的差异，在其现实生命的存在形态和存在过程中，它所得到的主体性态度是不一样的。在这里记述的先进性与历史的丰富性呈现出逆运动特征。具体表现在某一文化产品上，一件当代的精美瓷器，绝对无法与一件粗糙的上古彩陶相提并论。原因就在于，一件上古彩陶所承载的历史信息与价值含量是一件当代瓷器所无法比拟的。人们在消费（观赏）上古彩陶所获得的精神满足和愉悦，与消费当代艺术瓷器的一个最大区别，就在于是消费历史还是消费现实。历史越久远，资源和信息越稀缺，价值量越大。艺术因为时间而有价值。时间形成和产生价值，反映"物以稀为贵"的原则；空间形成和产生多样性，体现和反映天人合一的原则。时间体现和

反映了价值多样性，空间体现和反映了产品形态和文化物种的多样性。

一般的物质产品会随着时间而失去它的价值——价值和使用价值，而文化产品却会随着时间而使得价值增值——艺术品因时间而增值、图书因时间而获得"版本"价值，实现价格的超越；一件物质用品倘若获得价值增值，不是因为它的物质性，而是因为它的历史性，例如一只明代寻常的瓷碗，因为其是"明代的"而使之成为"古董"。"明代"作为一个特殊的时间符号改变了一只普通的生活用具的性质——不再是用来吃饭的用具，而成为收藏或投资的对象。价值形态——使用价值——的变化而导致价值的变化。价值在使用价值形态的变化中实现价值形态的变化，如 20 世纪 30 年代的招贴画、20 世纪 50—70 年代的宣传画等。一些古籍善本图书，特别是珍贵、稀有、内容精善的刻本和写本，以及书籍、雕版、信札、拓片、档案等，往往因其文献资料的珍贵性而拥有极高的市场价格。一本 81 页的宋版书《南岳稿》在古书拍卖市场以 440 万元的高价成交，每页书稿贵比黄金。1 页品相上好的宋版书市场价大致在 1 万元左右。[①]宋代是中国雕版印刷的高峰时期，雕刻精美、字体端庄、纸墨考究、校勘质量高且印数少而为后世藏家所推崇。早在清朝时期就有"一页宋版一两金"的说法。达尔文的《物种起源》的首发版本市价可达 6 万英镑。当然，并非所有的艺术品都会因时间而增值。不同的艺术品的有效周期是不一样的。一定的艺术品只有在一定的时间内才可能实现价值增值的最大化，而这个实现取决于文化市场的需求，从这个意义上说，艺术品的市场价值与价格是有它的有效期的。

"遗产"就是建立在时间概念上的。在人类所有的劳动和生产活动的成果形态中，只有文化才会随着时间的推移而具有价值，而一般的物质载体形式只有当它是承载着特殊的时间文化信息时，它才是有价值的。考古工作中通过对碳 14 的测定来鉴定出土文物的年代真伪，就是一种鉴定出土文物价值的科学工具。

越是"唯一性"的东西，它所承载的时间信息容量越大，价值越高。"物以稀为贵"是一条文化经济的铁律。所谓"绝版""孤品""孤本"等，均反映出这一规律。

时间文化经济学就是一门研究在历史的过程中文化经济价值运动变化规律的专门性科学。时空文化经济学就是要研究在不同的时间与空间形态中文化经济运行的规律，在相同的时间与空间形态中文化经济运行的规律，以及在相同的时间、不同的空间文化经济运行的规律和在相同的空间、不同的时间文化经济运行的规律，以上构成了时空文化经济学研究的四个向度。

文化经济学研究不仅要超越时间和空间研究文化经济最一般的规律，而且也要研究

---

① 藏书投资在中国慢热[N]. 环球时报. 2010-08-03.

时间和空间形态下的文化经济运动的特殊规律。时间产生价值，空间产生多样性。时间因有空间而有生命，空间因有时间而有价值。时空的有机合一，形成有生命的价值。

二、文化经济存在的空间形态

一切文化经济都是空间文化经济。所有的文化经济行为，无论是文化生产还是文化消费和文化流通，都只有在一定的空间形态里才是可能的。

文化经济存在的空间形态主要包括三个方面：地理空间、产业空间和虚拟空间。地理空间是有形空间，有着明确的文化经济的行为地点标志；产业空间属于文化经济形态空间，以对象产品的形式相区别，超越文化经济行为的地点约束，例如出版经济、演出经济、电影经济等；虚拟空间属于无形空间，以网络空间为存在方式。这是一种围绕创造和交换虚拟价值以满足人们心理需求的经济活动[1]，网游经济是这种空间形态最典型的代表。

文化生产力水平不仅在不同的时间里表现出不同的差异，而且在相同的时间、不同的空间里也会表现出差异。造成这种文化生产水平空间差异的原因是文化生产力水平运动与结构的梯度级差。城乡之间构成梯度级差，东部和西部、南方和北方也会构成文化生产力水平运动的梯度级差。这在我国文化生产力水平构成中表现得特别明显。当上海、北京、杭州、广东已经进入所谓"后工业社会"或"第二次现代化"发展阶段时，我国广大的西部地区还面临着从农业社会向工业社会发展的巨大历史问题。一般意义上的生产力发展水平和文化现代化程度，决定了文化生产力水平在空间形态上的梯度级差。在我国由东向西，总体文化生产发展水平的空间运动结构呈现出逐层递减的态势，即东部发达而西部低下，中部地区构成了一个过渡带，兼有两个空间的特点。

文化生产的空间性、文化消费的空间性和文化流通的空间性构成了文化经济空间形态的主要特点。文化生产的空间性是指所有的文化生产行为都是在一定的空间里进行和在一定的空间里完成的。不同空间的文化生产力水平决定了一定空间文化生产的供给能力和文化影响力。正是这种差异造成了文化消费空间和文化流通空间的非对称性结构。文化消费的空间性是指一定的文化消费行为只能在一定的空间里发生、进行和实现，空间条件的象限性程度规定了在这一空间文化消费满足的可实现程度，进而制约了该空间文化消费经济的规模化程度及其对该空间经济增长的贡献度程度；文化流通的空间性是指文化商品在不同空间的运动和流动。流通是因为交换和制造交换而发生和进行的。文

① 晓林，秀生．看不见的心——虚拟经济时代的到来[M]．北京：中国经济出版社，2004．

化商品在不同空间流通的速度和容量构成了一定空间文化经济繁荣和发达的程度。一般来说，文化商品流通速度越快和流通容量越大的地方文化经济越是发达和繁荣；反之，则相反。这是因为它不仅一般地反映了该空间文化生产和文化消费能力，而且还反映了该空间的文化服务能力，其中最主要的就是它的文化商品的集散能力。

文化资源的丰俭度和文化市场发展的成熟性程度决定了文化生产、消费和流通的空间形态的丰腴度。城市和城镇之所以能够成为文化经济空间运动的主要存在形态，这是最重要的两个指标。在这里需要特别指出的是，文化资源不仅是指历史文化遗产，而且更重要的是在总人口构成中的"文化人口"所占的比例，尤其是"创新型"文化人口的构成比例。纽约、东京、伦敦、巴黎之所以被认为是世界文化中心城市，就在于它们巨大的文化生产、消费和流通能力。由于这种能力所产生和形成的巨大的集聚效应，因此，它的文化能量在空间上的辐射，往往超过了它空间存在形态的本身，而具有全球性。有研究表明，全球大多数的文化产品来自这四大城市。在我国，文化中心城市的兴衰无不与文化经济空间存在形态的转移有关。

文化价值形态的空间性。同一种文化商品在不同的空间会因为消费对象的变化而出现文化商品价值形态的转移现象。例如，在一个国家和地区并不具有价值或并不具有显著价值的艺术品，会在异地和异国得到较高甚至很高的价值体现。除了一般意义上的流转成本的增加之外，其中一个重要的原因是因为这一种文化商品在异地和异国的稀缺性。这种现象不仅表现在艺术品的流通过程中，而且也表现在舞台表演艺术的市场行为中。存在空间的转移构成了对一种文化商品稀缺性的需求的紧张，从而形成有效需求供给不足，从而导致增值。

文化经济存在的空间形态依据不同生产、流通与市场方式可以划分为城乡文化经济、国别文化经济、区域文化经济和全球文化经济。

城乡文化经济是以文化生产方式来划分的。一般来说，乡村文化经济以传统的手工业为主要存在形态，城市文化经济形态则以大规模机械复制为主要生产形态。乡村文化经济是指以农村文化市场为空间存在形态的文化商品生产、消费与流通的文化经济行为系统。农民是它的生产和消费主体。城市文化经济则是指以城市文化市场为空间存在形态的文化商品的生产、消费与流通的文化经济运行系统。市民阶层是它的生产与消费的主体。城市文化经济以其先锋性为主要特征，而农村文化经济则以保守性为主要特征。因此，农村文化经济形态和元素变化比较缓慢，而城市文化经济形态则变化迅速，从而成为主导文化变化的引擎。自从出现了城市文化经济形态之后，一般来说，农村文化经济的变化和发展是受城市文化经济制约的。因为城市代表了一种先进的文明形态和生产力形态。由于农村在实践上是城市文化资源养成的涵养地和市场拓展的战略空间，因此，农村文化经济状况的任何变化也会导致城市文化经济形态运行状态的变化和转移。对于像中国这样的一个大国来说，农村文化经济的发展显得尤其重要。乡村文化经济是传统的，城市文化经济是现代的。城乡文化经济构成了传统与现代文化经济典型的二元结构。

这种空间形态上的文化分工实际上还是一个时间发展的结果，是在文明和生产力发展的历史进程中演化而来的。这种城乡文化经济分工由于宏观国民经济和社会分工的转变，其互相融合的趋势也越来越鲜明。尤其是乡村经济的日益现代化和融入城市经济的整体发展需求，城市文化经济的转移和乡村文化经济对城市文化经济发展的补充，以及创意产业的发展，传统的以手工业为主要生产方式的乡村文化经济在"文化创意产业思潮"中被重新发现，从而使之具有某种后现代文化经济的意味。相反，原有的城市文化经济形态在全球化进程和第三次工业革命浪潮中开始了空间生产的再造。网络文化经济正日益成为城市文化经济发展的主要空间形态。

国别文化经济是以主权国家为空间形态形成的文化经济形态。在国别文化经济构成过程中，国家文化经济的资源禀赋要素往往直接构成了一个国家文化经济的比较优势及其空间结构。由于国别文化经济在文化经济形态上集中表现了一个国家的文化主权，因此，国别文化经济空间结构的构成必然地要受到一个国家文化制度的制约和约束。关于文化经济领域的市场准入及其开放性程度，就是这个国家文化经济主权形态的表现和反映。然而由于文化经济是财富增长和积聚的重要形态与来源之一，在一个国家的财富构成形态中具有特别重要的意义（经济结构调整和经济增长方式、经济发展方式），因此，不断地扩大本国文化经济在国际文化经济构成中的比例，就成为当今国际社会在文化经济领域的重要竞争内容。

区域文化经济包括两个方面的含义：一个是指在世界经济范围内的单独关税区，以及由相邻国家和地区所构成的具有鲜明互补性的地区文化经济空间形态。前者如我国的台湾和香港地区等，后者如东南亚、北美自由贸易区等；另一个是指在一个主权国家内不同地区所形成的具有鲜明经济互补性特征的文化经济空间形态，例如我国的长三角、珠三角就是这样的最典型的区域文化经济空间形态。区域文化经济的形成机制非常复杂。我国的台湾和香港地区是一种由特殊历史形成的制度形态建构的，东南亚、北美自由贸易区则是一种政治和经济共同体，而我国内地的长三角和珠三角等区域文化经济构成则与地缘文化直接关联，前者属于吴越文化，后者属于岭南文化。共同的文化构成了共同的政治经济纽带，从而使它们的文化经济具有鲜明的共同市场特征。

全球文化经济是全球化意义上的空间文化经济概念。它所表达的就是相对于国别文化经济而言的超越于国家的文化经济存在的空间形态，表现为全球文化经济的无障碍流通。这一类文化经济形态往往以跨国文化经济集团这一特殊的文化经济组织的世界文化经济网络为典型。当然，它还包括以世界贸易组织为形态由全球经济各单独关税区为单位所组成的全球文化经济系统。

文化经济形态还可划分为实物形态（文化生产工具、文化人力资源、进入市场的要素禀赋）与非实物形态（文化资本、文化信息、无形资产（著作权）、无形商品（文化服务）），创意经济与复制经济。创意经济形成版权经济，复制经济形成加工经济，交换经济形成贸易经济。总之，文化经济形态是一个极其丰富复杂的形态，是文化经济学研究的重要课题。

三、文化经济存在形态的多元网状结构

任何文化经济形态的划分都是相对的。由于生产力发展水平的不平衡性，即便在同一国家文化经济所达到和实现的文化生产力水平也不是整齐划一、绝对地同步进入更高一级的文化经济发展阶段的。更多的情况是不同形态的文化经济形态同时并存于相同的时间与空间，从而使得文化经济存在形态呈现出多元网状结构。

1. 时空交叉共存

在被废弃了的仓库、厂房、码头，为什么总是艺术家首先进驻。空间的开阔、租金的低廉当然是重要的生产要素，然而，更重要的是：在透露着历史信息的空间形态里，有着艺术创作所必不可少的"时间素材"，在与往日沟通的过程中发现和寻找关于今日的表达。想象和联想只有在时间和空间中才是可能的。艺术创作的灵感只能诞生在时间和空间的伟大的舞步之中。"创意产业园区"正是在往日的空间形态中从事今天的文化经济行为，是在历史与现实的对话与交流中，碰撞艺术创造和文化构思的火花，寻找生命体验的感觉的灵感，从而形成一种文化生态，一种时空文化经济生态体。时空文化经济是一种集约化经济和能量经济形态。文化产业集聚最大限度地实现效益最大化，接受市场能量集聚效应的放大和转移，通过"借景"而扩大自己的能量经济和增值空间。这就是为什么会出现商铺"扎堆"的地方，不仅没有因为"同行"太多造成恶性竞争而衰落，而是由于"马太效应"的作用经久不衰。美国的好莱坞、百老汇就是一个最典型的案例。产业集聚不是同质发展。

2. 实在虚拟互补

文化经济属于虚拟经济范畴。现代发展起来的网络文化经济是其最典型的形态。然而，早在人类社会的文化经济的萌芽时期，通过有形商品形式而实现无形价值交换以满足精神心理需求，并由此而凸现文化经济作为虚拟经济存在的全部合理性就已经成为文化经济行为的主要方式。"买椟还珠"实现的是文化和审美价值的交换。实物载体所承载

的是精神内容，这是实现交换的原因。大量文物拍卖与交易，都是以物理性存在方式作为前提的。然而，真正构成其内在价值的是它体现在人们的心理深处并且是得到认可的。所谓"心理价位"解释的就是这一本质特征。版权交易的出现以法律的形式界定了文化经济作为虚拟经济的本质。作为实体文化经济的存在的最主要的形态，就是以文化用品生产为主要内容的文化制造业。例如，钢琴等所有乐器的生产以及由此而形成的行业的系统。它们具有和其他实体经济形态相一致的生命运动方式。但是，它们却有着与其他实体经济形态不一样的功能：服从和服务于精神文化产品的生产和需求。

3．内外多元同构

外部空间文化经济和内部空间文化经济。外部空间文化经济表现为文化经济的物理形态，反映的是不同文化经济形态之间的比例关系；内部空间文化经济表现为文化经济的社会形态——反映的是同一文化经济形态中不同经济成分构成之间的比例关系。文化产业发展和文化体制改革的一个革命性成果，就是重新建构了中国文化经济的空间形态和空间秩序，从而使中国文化经济获得了新的发展空间，获得了新的能量经济形态。

本章小结

▸ 文化经济结构的非均衡状态是影响与制约文化经济发展的一个重要变量，优化文化经济结构，实现文化经济的均衡发展是实现文化经济可持续发展的重要条件之一。

▸ 文化经济的存在形态是指文化经济作为一种生命存在于运动的表现与方式，它所表示的意义即文化经济是怎样存在的。而文化经济结构则是指不同文化经济形态之间存在的比例关系，包括不同文化经济形态存在的在数量与质量比例关系和相同的文化经济形态在时间与空间方面的比例关系等。

▸ 文化经济结构是由需求、生产、贸易和资源与环境构成的一组互相关联的变化，而需求、生产、贸易、资源和环境构成的各自的变化又反映了因收入水平提高而产生的资源配置格局转移的不同方面。分析文化经济存在形态与结构的目的，就是要分析文化经济结构与文化经济演进之间的关系，文化经济结构的失衡问题，从而更深刻地掌握经济结构演进对于整个文化经济发展的意义。

▸ 物质文化经济与非物质文化经济既是文化经济存在的最普遍的生命形态，也是两种终极形态，或者说是最高形态，所有文化经济的存在形态最终都可以归入这两种形态之中。

▸ 公共文化经济与非公共文化经济是由不同文化投资主体投资于不同服务对象而产生的文化经济形态。"公益性文化事业"和"经营性文化产业"划分的背后，包含着对"公共文化经济与非公共文化经济"的深刻的政策性思考和制度安排。

▸ 时间文化经济与空间文化经济是指一切文化经济的存在都是在一个具体的时间长度和空间维度中存在的。它既表现为一定的社会发展关系，也表现为一定的自然发展关系。时间产生价值，空间产生多样性。时间与空间是构成文化经济差异性和多样性的最重要的存在依据之一。

思考题

1. 文化经济的存在形态与结构的基本内容是什么？

2. 为什么分析研究文化经济的存在形态与结构？它对我们认识和理解文化经济发展有什么价值？

3. 简述文化经济四组基本存在形式。

4. 理解不同的文化经济存在形态与结构之间的相互关系。

5. 时间与空间文化经济理论的价值在哪里？

第三章

文化生产

 学习目标

通过本章学习，应了解和掌握以下内容：

1. 文化生产的本质；
2. 文化生产与精神生产、艺术生产的联系与区别；
3. 文化生产的方式、文化产品差异与文化生产者；
4. 现代文化生产的形成、特征与运动规律。

文化生产是文化经济最一般的行为过程和最一般的文化经济历史。研究文化经济，必须首先研究一定社会发展条件下的文化生产方式和产品形态。一定的文化生产是形成一定文化经济形态和运行机制的动因，文化产品则是一定的文化生产方式的成果和具体表现形态——物化形态。因此，文化生产既是文化经济形成的前提，也是文化经济赖以发展的原动力。

第一节　文化生产、现代文化生产与文化生产者

文化生产是一种历史形态，不同历史时期的文化生产形态是不一样的，相同历史时期由于国情不一样也会呈现出不同的文化生产形态。分析和研究文化生产和现代文化生产的关系、不同发展阶段上文化生产在形态上的区别，以及作为文化生产主体要素的文化生产者与文化生产的关系，是我们正确认识文化生产的一个重要前提。

一、文化生产及其相关概念

1. 文化生产的本质是价值生产

人的一切生产（劳动）都是价值生产，都是关于需求的生产，生产产品的有用性是一切生产行为的出发点与归宿。区别只在于这种有用性是满足于物质需求，还是满足于精神需求。人的自然性规定了人的物质需求，人的社会性规定了人的精神需求。精神需求把人与其他动物界相区别。精神需求具有构成的多样性，决定精神需求性质的是价值需求。人的一切精神需求的实现有赖于人的文化生产。需求具有差异性，对一个对象来说是需求，对另一个对象未必是需求；同理，对一个对象来说有价值，对另一个对象来说没有价值。定义了价值的性质：价值和非价值；同时对于一个主体具有价值的生产，未必对另一主体也具有同样的价值。满足人们物质需求的产品，未必能满足人们的精神需求。区别是在它们构成的内容，而不是它们的一般性。

文化生产是生产的特殊形态，就其最一般的意义而言，所谓文化生产就是关于文化的生产，一种生产文化的活动和过程系统。这是文化生产与一般生产形态最重要的区别。文化生产因文化定义的丰富性而有许多不同的理解。

文化生产首先是关于文化的意义与符号系统的产生活动及其过程，是主观见之于客观的精神活动及其过程系统。这是就文化作为人的有意识活动作用于对象世界的行为性质而言的。它包括物质文化活动和非物质文化活动两个方面。这里的物质文化活动是指借助于和通过物质的载体来表达和传播的人的关于意义世界的理解、认识、把握与表达，包含着人类许多关于终极意义的思考，更多地表现为建筑形态以及其他器物形态，例如中国古代的鼎以及各种工艺品乃至各种日常用器皿。非物质文化活动则主要是指以口传以及以文字符号、图画、乐舞为主要载体来表达和传播人的关于生活的意义理解和认识，以锻炼于人的精神世界为旨归的过程系统；这是广义的文化生产。

其次，文化生产是指关于观念、思想、意识形态和艺术的生产，即精神生产，它是指人类社会区别于动物世界有意识的一种精神现象和心理活动，由于这种心理活动和精神现象形成的观念系统——思想，以及关于这种观念系统的形象表达直接地服务和作用于人们的社会生活，规定、影响和指导着人类社会该怎样生活，因此，思想和观念等也就成为人们的精神劳动的产品，从而使得精神和心理活动的过程，尤其是具有创造性的精神现象和心理活动过程，具有了"生产"的性质和意义。

再次，文化生产是指运用现代大规模机械复制手段提供可供交换的文化产品和文化服务的活动，是精神创作形态物态化的过程系统。把精神活动（一切精神创造都是精神活动）的观念形态的成果载体化、媒介化，这是一切精神活动的成果得以发挥推动社会进步和劳动发展，并且在这个过程中实现人的自由发展作用的必由之路。没有关于人们的精神活动成果的载体化，就没有精神传播和文化交流，自然也就没有人类文明社会的发展。因此，从这个意义上说，这一种文化生产是关于文化产品和文化商品的生产，是直接的社会生产活动系统。它既是人类社会发展到一定阶段社会生产力形态扩张的产物——文化生产力，同时又是文化生产成为独立的社会生产力形态的标志。

因此，从这个意义上说，文化生产的本质是价值生产，或者说是关于价值的生产。这种价值是精神价值，而不是物质价值，尽管这种精神价值常常有物质外壳，并且以物质外壳的形式存在；这种价值是文化价值，而不是经济价值，尽管突出的文化价值必然同时具有经济价值，并且通过经济价值的表现进一步突出它的文化价值。价值观的生产是一切文化生产活动最本质的生产。这是文化生产区别于其他经济生产最本质的特征。

2. 精神生产与艺术生产的联系与区别

精神生产与艺术生产是两个与文化生产既有着密切关系，又有着一定的区别的概念。在马克思的理论体系中，精神生产是相对于物质生产作为人类社会生产的两种基本形式而被提出来的。在马克思的精神生产理论中，精神生产是关于"思想、观念、意识的生产"[①]，是一切高级的意识形式的生产，即"表现在某一民族的政治、法律、道德、宗教、形而上学的语言的生产"[②]及"科学和艺术的生产"[③]。马克思特别指出，"宗教、家庭、国家、法、道德、科学、艺术等，都不过是生产的一些特殊的方式。"[④]可见，在马克思那里，艺术只是精神生产的一种表现形式或生产方式，仍然属于精神生产范畴。因此，从这个意义上说，精神生产主要是指为精神的生产，为了精神的表达需求而进行的有目的的精神创造活动。这是文化生产的最主要和最核心的生产形态。包括文学艺术创作与人文社会科学研究。一切为文化的生产都是精神生产。

但是，仅有这种以精神性创造活动为主要特征的精神生产还不能构成完整的文化生产。精神性创造活动的成果只有被以一定的载体形态表现出来，它才是有价值的，否则，任何一种不能被以载体形式表现出来的精神生产都是没有意义的。因此，当这种历史的合理性一经产生，人类社会便在自己的劳动活动中不断地寻求这种表现方式和表现手段，并且由此推动着在精神生产的心理活动之外，去发现通过体力劳动的方式来实现精神世界的可能性。于是，以体力劳动的方式，进而通过表达手段和工具的不断发明，把体力

① 马克思，恩格斯. 马克思恩格斯选集[M]. 第1卷. 北京：人民出版社，1995：72.

② 马克思，恩格斯. 马克思恩格斯选集[M]. 第1卷. 北京：人民出版社，1995：72.

③ 马克思，恩格斯. 马克思恩格斯全集[M]. 第26卷，第一分册. 北京：人民出版社，1975：443.

④ 马克思，恩格斯. 马克思恩格斯全集[M]. 第42卷. 北京：人民出版社，1979：121.

劳动转化成机械劳动的文化生产方式和文化生产体系便诞生了。这是一个既与人的精神生产活动相联接，又和这种精神生产相区别的、以物质生产的生产方式和生产手段来生产精神生产成果商品化的生产系统和生产体系。由于这种生产系统和生产体系是关于精神生产成果的商品化生产，是精神产品，满足的是人们精神文化消费的需求，因此，这一类生产就与一般意义上的物质生产相区别，而被界定为文化生产。因此，文化生产一定是包括文化产品和文化商品的生产，以及为了消费和市场的生产。而这种生产只有通过大规模的复制行为才能完成。这就是文化生产和一般意义上的精神生产和艺术生产在理论形态和实践形态上的差别性。

3. 文化生产方式：物质生产与非物质生产

与此相关的另一对概念是物质劳动与非物质劳动，是根据人们不同的生产方式来划分的。物质劳动是人类为要获得生活资料而从事的以自然资源为对象的生产行为，属于客观性生产，用以解决人的物的存在的必然性；非物质性劳动是人类为要获得精神生活资料而从事的以社会资源为对象的生产行为，属于主观性生产，用以解决人之所以为人的非物的存在的合理性。物质生产并非没有非物质——精神因素，非物质生产也并非没有物质载体——即便如口传之"口"也是物质性的。因此，物质生产与非物质生产的根本区别在于生产的目的性。

文化生产力是指在社会的发展过程中为了人的、社会的自由、全面发展需求所形成的、与物质生产力对应互动、具有改造自然与社会、推进人类社会进步与文明发展的精神提供能力。它是人类社会发展到一定阶段所形成的社会生产力形态。它包括两个方面：一方面，文化生产力是精神生产力的同义语，即马克思在《资本论》中所使用的与"物质生产力"相对应的"精神生产力"，它是指人类在改造自然与社会进程中发展起来的精神创造和精神提供能力，也可称之为广义的文化生产力；另一方面，所谓文化生产力，"是指具有一定智能和知识的劳动者，运用和掌握文化资源创造社会财富、生产文化产品、提供文化服务的能力，"也可称之为狭义的文化生产力。狭义的文化生产力同时也可以看作是相对于科学技术生产力，为社会发展提供直接的物质生产力手段而言的生产力形态。不同的文化生产力形态的运动规律和表现形态是不一样的，各自具有独特的运动方式，遵循不同的规则要求。这就构成了文化生产关系。在所有这些关系中，影响关系运动方向和速度的是组织。由于文化产业作为文化经济的典型形态存在具有特殊的不以人们意志为转移的客观规律，因此，它在文化生产关系中是最集中地反映了人、组织和资源这三者之间的关系的。因此，从这个意义上说，文化产业是一切社会文化关系的总和。

二、文化生产的方式与形式

现代文化生产主要是指以可供交换的文化产品和文化服务的活动及其过程系统。文化生产形态作为文化生产过程的表现，是一定历史条件下文化生产目的和文化产品的质的规定性的整体反映。这种反映不仅揭示一定历史条件下文化生产发展已经达到的水平，而且还反映一定社会发展阶段文化市场发育的成熟性程度。在不同的社会形态里，文化生产的形态是不一样的。因此，要研究文化生产，就应当弄清楚在商品经济条件下，现代文化生产具有怎样的生产形态。

（一）原创性生产与复制性生产

1. 原创文化生产——原始创作

这是文化生产者（作家、艺术家、理论家等）以个体性精神劳动形式，按照个人的意愿，为了表达自己的思想、情感和对社会、人生、宇宙等的看法而进行的精神生产活动，即所谓的创作或写作，是整个文化生产过程的前形态——原创形态。这是文化生产的核心形态，决定了文化经济的存在与发展。作为观念形态成果的存在样式，一切文化产品都是以非实物形态存在的精神劳动的成果。虽然所有这些结果都取得它的物质外壳，并且借助于这个外壳以物的形态存在着，但是，真正体现它的价值的是产品的精神文化含量。一切文化产品都是经过以创造性为特征的脑力劳动、艺术劳动而走向物的生产的。没有文化生产者这种原创性的精神生产，既不可能有文化产品的精神价值，也不可能有进入物的生产过程的产品形态。对于后者来说，前者是规定后者的原因，是后者的原创形态，也是所有文化产品生产进入物的生产程序的基础。

原创形态的文化生产，又分为文学艺术创作（审美形象的生产）与社会科学研究（观念形态的生产）两种生产类型。文学艺术生产的特点：文学艺术生产是为审美世界的生产，艺术地把握世界的生产；讲究的是形象思维。社会科学研究的特点：观念形态的生产，理论地把握世界；讲究的是抽象思维。共同点：都属于上层建筑的意识形态范畴。

所谓创意就是这样一种具有原始创新价值和意义的精神心理活动。这种精神心理活动既包括抽象的科学创意，也包括艺术创意，所谓文化创意主要是指后一种以艺术创意为主要特征的精神心理活动和行为。因此，创意产业既可以包括科技发明，如软件，也可以包括艺术创造，如艺术设计。核心要素是它的原始性。因而，在以工业文明为主导的价值社会中，创意具有知识产权。非原创性生产不具有知识产权。

2. 物态化文化生产——机械复制

它是运用社会化生产工具将原创性文化产品制作、加工，复制、转化为社会产品的生产过程，是整个商品经济条件下文化生产的后形态——物化形态。其特征是将具有价值的原创态成果转化为具有使用价值的物化成果。机械复制是其最主要的方式。原创期所生产完成的文化产品，从市场的角度来说，它仅仅具备了文化产品应有的本质形态，还不是可供交换进入流通领域的产品。它的价值已经存在，却有待实现。从这个意义上说，原创形态的文化产品还不是文化产品应有的最后形态——可供交换和消费的物的形态。要实现这个终极目标，文化生产还需要进入下一个生产过程，即印刷（制作、排演）和出版（演出）发行阶段。我们把这一过程称之为"机械复制"。文化生产只是进入了机械复制时代才使得文化经济具有了现代意义。这是一种文化产品生产的两个阶段、两种形态，具有生产目的性的一致性。但这种目的的一致性由于起点的不同，它是由各自的直接目的性构成的。诗是诗人创作的目的，这个目的完成于前一种生产形态；而复制则是使诗从诗人的创作目的变成社会的目的。再加上生产的手段、使用的工艺和完成产品的形态的差别，这就使得精神文化生产的这两个阶段形成了各自独立的生产形态。正是这种形态的完整建立才形成了现代文化生产的一条基本规律。

复制是一种自有原创以后便同时产生的一种文化生产方式，有原始创作就有复制，这也是文化生产规律。模件复制可能是最古老的文化生产方式之一，同时就复制形式的出现本身来看，也具有文化生产方式的创造性，因为复制使得原创性的生产成果能够为大多数人所享有，不仅提高和扩大了社会对原有文化产品价值的认识与接受，而且传播与普及了一种文化，并且正是由于复制的出现，从而解决了原创性生产产品的"这一个"所形成的稀缺性而使得某种古代甚至更久远年代的文化产品得以保留至今，有的甚至在某些方面成为人类文明不可逾越的高峰。中国古代的青铜器生产和活字的字模生产，被认为可能是中国古代最早的文化复制性生产。德国学者所著《万物》一书，就是一部关于中国艺术生产中的"模件化和规模化生产"专门性论著。[①]

高保真复制是现代社会利用数字技术对原作进行复制而出现的新型生产方式。主要集中在两个方面：艺术品复制和文物制品复制。前者如利用现代计算机打印技术进行的对艺术品原作进行的复制，即所谓"高仿"，例如对黄公望的"富春山居图"的高仿复制。目的是在使人们在不能欣赏到原作的情况下，通过现代技术手段逼真地再现原作的艺术形象。这与古人的临摹和仿制类似。主要是由作品的稀缺性和需求的普遍性造成的。由于"高仿"常常能够达到"乱真"的程度，因此，不仅被人们普遍采用，而且有的"高仿"也具有收藏和投资价值。如历史上"临帖"作品同样也具有价值一样。

3. 原创与复制相结合的生产：创造性复制——文化生产的第三种形态

被复制的对象一般来说都是有价值的对象，无价值的东西不会成为复制对象，因此，

[①] [德]雷德侯. 万物：中国艺术中的模件化生产和规模化生产[M]. 北京：商务印书馆，2005.

从这个意义上说，复制都是有价值的，是一种能够再生产价值的行为，复制的本质是价值。而价值是需要发现的，发现价值包含着发现主体的具有识别和发现价值的能力，而这个能力本身就是具有价值的，正是这种能力决定了复制这种生产行为的发生，从而使价值得以再生产，进而产生更大的价值覆盖和价值效应。这是一种将复制与原始创新结合起来的一种文化生产，笔者把这种生产称之为：创造性复制——文化生产的第三种形式。美国波普艺术（Pop Art）家安迪·沃霍尔创作的波普艺术就属于这一类。

20世纪60年代安迪·沃霍尔采用一种"丝网印刷"方法，即把图像复印到画布上，然后用画笔和颜料进行加工。这种方法减少了创作过程中的手绘成分，但是，它又不是一般的机械印刷，而是对复印到画布上的图像进行再创作，通过各种鲜艳夺目的色彩变化和组合，创造奇妙的视觉效果。其典型的创作就是对美国电影明星玛丽莲·梦露的9幅系列画像创作。2006年11月15日克里斯蒂拍卖行在美国纽约举行的拍卖会上，玛丽莲·梦露系列画像中的一幅《橘色的玛丽莲》被预估拍卖到了1 500万美元的高价。同时参拍的安迪·沃霍尔于1972年随尼克松访华那年创作的毛泽东肖像画，预估被拍卖到了1 200万美元。安迪·沃霍尔对潮流有着敏锐的直觉与把握，这幅毛泽东肖像画就是把《毛泽东语录》封面上的毛主席标准像复印到画布上，再涂上彩虹般的颜色创作而成的，被誉为是波普艺术的"经典"之作，从而实现了创造性复制的价值实现。[①]

（二）虚拟文化生产

虚拟文化生产是一种以互联网和数字技术为主要生产方式的现代文化产品生产行为。它既不完全是原创性文化生产——有原始创造性成分，也不完全是复制性文化生产——也有复制性成分。这种生产行为的一个最主要的特征，它仅在互联网构成的虚拟空间中存在，即无论是它的对象世界还是它的主体身份都是虚拟的，离开了这个特定的虚拟空间，生产者的主体身份也就消失了，进而他在虚拟空间的一切生产行为和结果就会消失。这种虚拟文化生产的另一个特征就是它往往同时也是一种文化消费行为，是一种基于文化消费的生产，是在文化消费过程中的自主生产，并且可能与他人互动。虚拟文化生产的发生与现实世界对人行为的规范性有关，在很大程度上，虚拟文化生产行为的发生具有个人乌托邦的去现实性或反抗现实性的特征，以实现或释放人在现实世界中无法实现和释放的欲望，具有对人和社会双重解构与建构意义。

（三）两种文化生产形态的关系

原创性文化生产和复制性文化生产是文化生产最基本的文化生产形式，其他一切文

---

① 据中国新闻社2006年11月15日电。

化生产形式都是在这两种形式基础上发展出来的。原创性文化生产和物态化文化生产作为文化生产过程的前后两个环节，有各自独特的文化品格。

原创态文化生产是充分自由的个体化的主体精神劳动过程，带有很强的个人主观色彩、非组织化生产的特征，因而具有很大的随意性。这个过程的成功与否，完全取决于生产者个体的多种主观因素。

物态化文化生产是受制于原创态文化生产的成果质量和社会需求而进行的集体性（组织化）生产过程，带有很强的市场选择和客观色彩，有组织的生产特征，因而具有很强的社会和经济的功利性。其集体性即组织化的生产程度的高低，完全取决于社会的需求和工具的现代化程度。

原创态文化生产是高度的精神劳动过程，尽管这个过程的结果有许多也直接表现为物化形态（如雕塑），但其生产的欲望和原始动机则完全取决于生产者的文化冲动和激动。它是个体性行为，主要还是表现为一个精神劳动过程，而在这个过程中产生的物化，则是这个精神劳动过程的终结——表现物。这个结果有两种可能，一是被社会接受了，二是没有被社会接受，因而没有一般的社会可控性。

物态化文化生产是将原创产品化的物化劳动过程，这个过程的结果是可供进入流通领域进行交换的社会文化产品，因而其生产规律受商品生产的基本规律的制约，价值规律的运动曲线规定着这个生产过程的走向。商品经济普遍适用的生产程序，使之具备一般的社会可控性。文化经济学的对象主要就是对物态化文化生产规律的研究。

虚拟文化生产及其所构成的空间系统已经形成了一种与现实文化市场相对应的虚拟文化市场。在这个市场体系中，也存在着现实文化市场的虚拟文化产品的交易与流通，并且还有虚拟货币，具有一般市场体系的基本构成要素，并且正业已形成一个与现实文化市场相对应和并存的文化生产与交易体系，应该成为文化经济学最重要的研究对象之一。

三、现代文化产品的差异

1. 一般性差异

不同的文化生产形态揭示了文化生产两种不同的历史发展过程和表现形态，同时也规定了作为这个过程的结果的文化产品的差异性。

原创态文化生产是一种以个体精神劳动为特征的生产，是一切现代形态的文化生产的起始形成。它的产品——原创作品，作为这第一个过程的成果，有自身的目的。作为一种精神劳动产品，它具有价值和使用价值，具有这种价值实现的可选择性。因此，作为原因和条件，它是进行物态化生产和生产结果——可供交换的产品的前提。没有原创作品，一定没有进入市场可供流通和交换的文化产品。但是，并非所有的原创作品都能进入现代生产程序和经过现代生产后进入商品流通领域。

物态化文化生产是一种以生产社会化为特征的现代文化生产，它的产品——可供进入流通领域的文化商品，并不是对原创作品简单加工的结果，而是根据社会文化消费的需求和原创作品本身具有的价值，通过对资本的营运进行的再生产。作为这个过程的结果，它不仅具备原创作品已有的品格，而且还由于是社会的再生产，是社会选择的结果，是合规律性（价格规律）与合目的性的统一，它还具有原创产品所没有的品格，即作为文化商品的现实性。正是这种商品的现实性，构成了文化经济、文化市场的全部矛盾运动。

这是从两种不同的生产形态出发，对两种不同形态文化产品进行的一般比较。在实际的文化市场运动中，还存在介于这两种产品形态之间的"第三种形态"——以原创作品形态直接进入商品流通领域，例如相当一部分美术作品（无论是中国画还是油画）。这一部分产品虽然也可以进行批量生产，但绝不是机械化、社会化的生产，而是以个体生产为主要特征的原创态生产。这一类文化产品，唯有它的原创性才使它具有艺术的和商业的价值。一幅张大千原创中国山水画和一幅张大千山水画的印刷品绝对不具有同等商业价值。文稿拍卖和各种文化艺术作品的手稿拍卖，都属于这一类形态。

2．个别性差异

所谓个别性差异，主要是指体现和表现在现代文化产品载体形式上的差异。戏剧、电影、电视、图书、游戏、动漫等，它们既可以是不同文化经济行业的区分，同时也是不同文化产品之间的区别性称谓。相同的文化内容完全可以由不同的文化载体，以适应和满足不同人群的文化消费需求。任何个别性差异都可以具有上述一般性差异。

四、现代文化生产的时间性与空间性

一定的文化生产都是在一定的时间与空间中进行并在一定的时间与空间内完成的。不同的时间与空间的文化生产不仅是不同文化内容构成的不同要素，而且也是不同文化产品以及不同文化消费风格形成的物质基础。

1．文化的时间生产与时间的文化生产

文化的时间生产是指以时间存在的表现形式，表现和反映文化的内容。它既是一定时间形态内人们的精神与文化生态型存在的对象化，同时又构成了人们对时间的文化消费对象。文物以及人们对文物消费的核心，就是对文物所承载的时间——历史——内容的消费。它揭示了在不同的文化形态中是如何建构起已经消失了的时间的，以便使人们通过对"往日"了解，建构起对今日的认识。从这个意义上说，任何形态的文化生产都是关于时间——历史的生产。正是由于文化生产打上了深深的时间烙印，这才使得"往后"的人们对"往日"的了解与把握成为可能，也才能知道"我们是从哪里来的"的这样的终极关怀。

2．文化的空间生产与空间的文化生产

文化的空间生产是指以空间存在的表现形式，表现和反映文化的内容，既是一定空间形态内人们的精神与文化生态型存在的对象化，同时又是人们文化消费的对象。以建筑物作为载体的文化的空间生产是最主要的文化的空间生产。现代大型游乐园，例如美国的迪士尼乐园就是一种典型的文化的空间生产。

空间的文化生产是指在同一空间内不同文化生产单位之间的文化提供和文化竞争，以及不同空间不同文化主体之间的文化产品竞争，及其再造文化空间的形式与途径。农村文化生产和城市文化生产是两种最典型的空间文化生产形态。

3．文化生产的时空叠合性

文化生产的时空叠合性是指一种文化生产行为过程在时间与空间上的交融性。它所揭示的是一定的文化生产总是在一定的时间和空间中进行的，不存在没有时间的文化生产，也不存在没有空间的文化生产。一定的文化生产行为过程在时间与空间的不可分割。最典型的就是出版物在版权页上所标明的：什么时候？在哪里出版？而版本学研究恰恰就是关于该文化产品生产的时空沿革关系研究。文化作为重要的生产要素在现代文化生产中的价值因此而同时在时间和空间两个维度上呈现出复合效应，并且在重构现代生产体系中生动地表现出来。文化创意产业园区就是典型。

五、文化生产者

1．人作为文化生产要素的唯一性

文化生产首先是人的生产，是人的行为和人的结果。作为一种自觉的有意义的人的创造性行为，它是在人的自我进化过程中和人在自我进化的选择过程中生成的。从最广泛的意义上，万物皆有生产的能力，否则，它就不能存在和进化。人与其他万物最根本的区别也许就在于人类不仅能够实现在生物种群上的再生产，而且还能够实现其他生物种群没有的精神世界的再生产，正是这种再生产把人和其他物种相区别。在这里，作为文化生产的核心要素人的内在意识和精神的创造性是所有文化生产的原动力。

人在文化生产发生史中的作用，不仅在于他的意识和精神的诞生，而且还在于随着这种诞生，人对文化生产工具和手段的发明。任何生产都需要手段。包括作为生存技能的本能。但是，人对文化生产工具的发明超越了人的生存技能的本能。从旧石器到新石器，人类最根本的进化就是对生产工具的不断发现、发明和创造。以文字为核心的一切刻画符号作为人类文明起源的标识，就是在这个过程中诞生的。没有工具和对工具的发现、发明和使用，就没有文化的诞生、进化和发展。从这个意义上说，文化生产工具具有与人的精神活动同样重要的意义。因为这种工具先进性程度恰恰是人的意识和精神先进性程度的表现。而正是这种文化生产工具的先进性程度的差异性，划分了人类文明发展的不同时代。工具是人的精神与能力的延伸与表现。

制度是人生产出来的最重要文化产品，反过来又作为文化生产要素影响人的文化生产。正是因为制度是人生产出来的最重要的文化产品，因此，人的社会存在的差异性必然导致社会文化制度的差异性存在，影响文化生产。文化审查制度是最典型的人的文化制度性生产产物，影响人的文化生产行为。

2．文化生产者作为生产要素的存在形态

在理论意义上，任何人都是文化生产者。但是，作为生产要素存在形态的文化生产者，则主要是指具有文化投入性质的、可以计算文化成本的、以文化生产为主要生活资料来源的劳动者，通常所指的"人力资源"。

作为文化生产的活劳动是文化生产者作为文化生产要素的首要存在形态，包括文化生产的精神劳动者和非精神劳动者。所谓精神劳动者主要是指文化产品的原始创作者，非精神劳动者主要是指把精神创造性劳动成果的实现者，前者如建筑设计师，后者如建筑工匠；前者如作家、编辑，后者如印刷工，作为一种艺术形态的生产要素，二者缺一不可。

3．作为文化生产主体的文化生产者

文化生产是一个社会精神生产系统，同样参与社会精神生产分工，并且以一定的社会身份和组织分工形式表现出来。人们关于艺术家、作家和演员等的称呼，其实就是对这种社会分工而形成的社会身份的称谓。在学术意义上，关于人文和社会科学在称谓上的差异，表现的也是对这两种不同文化生产者所从事的文化生产的不同社会领域的精神特征的区别。这些在人们的一般社会学意义上被看作是文化生产主体，一个社会的主要文化生产和精神生产主要是由这些人以及由这些人所构成的群体来完成和实现的。其实这种分工是有缺陷的，是关于文化生产的一种精英主义表现。因为除了这一人群之外，还普遍存在着一种人群，即所谓的"民间艺人"和文化人，他们也是一个社会的文化生产主体，在某种程度上，甚至是更重要的文化生产主体，因为任何精英文化生产只有转化成大众文化生产，它才可能具有传承性与永续性。中国实行的国家非物质文化遗产传承人制度所包含的对象，很大的一部分就属于这一类人。这是一个更为庞大的社会文化生产主体，一个社会文化生产不可或缺的文化生产者。

文化生产组织是又一种文化生产主体，通常所指的法人，即是指这一组织形式。它也是一种作为文化生产主体的文化生产者。与个体的文化生产者相比，它是集体的文化生产者群。它除了生产还组织生产。例如剧团、出版社、电影厂、报社、网络公司等。在现代文化生产条件下，这是一种更为普遍的大规模的社会文化生产主体，以及由这种生产主体方式体现出来的文化生产者。这种以文化企业为表现形式的文化生产者，它们常常不仅生产文化产品，而且也生产文化制度，生产社会的文化消费行为，生产社会的文化商业模式，并且给其他生产制度和商业模式以巨大的影响。互联网企业是这种文化生产主体最典型的文化生产者。

第二节　现代文化生产的形成

现代文化生产是现代社会生产力发展到一定历史阶段的文化表现，它不仅一般地反映了社会生产力的发展水平，而且还深刻地揭示了现代文化创造和形成的历史机制。深入地认识和研究现代文化生产的性质和特征，对于深入地把握现代文化经济生成的运动规律与特点具有特别重要的意义。

现代文化生产是人类精神生产的当代形态。它的形成是个历史过程，是人类文化发展到近代的产物。作为它的准备，或者说作为现代文化生产的前文化生产形态，经过了漫长的历史生长时期。以文化生产发展的生产力水平为标准，文化生产的发展阶段可以分为农耕文化生产发展阶段、工业文化生产发展阶段和信息文化生产发展阶段。这是文化经济发展的三个时期。如果以现代化为标准，农耕文化生产以手工作坊式的文字符号生产为主要形式；工业文化生产（也称现代文化生产）以大规模机器复制为主要生产形式；信息文化生产（也称后现代文化生产）以虚拟文化生产为主要方式。技术革命和技术进步是现代文化生产演变发展的主要动力机制。

一、农耕文明生产阶段

这一阶段又可划分为两个时期：原始文化生产时期和古代文化生产时期。

1. 原始文化生产时期

这是人类文化生产的滥觞期，其特征是文化生产与物质生产的同一。它起步于旧石器时代，以石器的研磨敲打奏响人类文化生产最遥远的音符。从"北京人"所使用的原始、粗糙、简陋的石器来看，虽然这种原始、简陋的形态非经过专门的考古训练而难以把它们与未经加工的石块区别开来，但是，自觉的有意识的物质生产行为（为了生存的需要）却使人类先民的劳动行为具有了文化的意义。它说明原始人已经不仅为适应自然界而调整自己的行为，而且作为被历史进程所创造并且开始了创造历史的生物，开始按照自己的愿望和需要来改造自然界了。在各种原始人行为中可以发现其中所包含的明显的现代文化创造的史前形式和文化意识的萌芽。在这些工具制造中开始出现的对形式的注意和对色彩的运用，以及对某些生活物品材料质地的选择，都有说明在历史的进程中，原始人有能力创造出新的、与自然存在不相同的具有精神和文化内容的东西。在漫长的原始社会，生产力发展水平极其低下，还没有专门的文化生产者。每个人既是物质生产者，又是文化的创造者和消费者，"思想、观念、意识的生产"，"直接与人们的物质活动、与人们的物质交往、与现实生活的语言交织在一起"。[①]然而，在这个过程中，原始人对劳动和生活工具的改进和制作以及表现出来的自我观点意识，却使得这一行为带有了精神、文化生产的性质。作为这一时期人类文化意识的自我觉醒和在物质生产过程中所表现出来的文化生产行为生长的重要标志，陶器刻画符号的发明虽然仍是以物质生产形态表现出来的，但是，作为人类对认识事物、区别事物、传达信息的识别标记——文字的准备形态，在人类文化史上具有划时代的意义，也是人类文化生产史上第一个历史性飞跃。它使得人类文化生产的精神成果借助于一定的物质形态的符号手段，得以保留、积累、存储和传播，从而使文化生产与物质生产相分离成为可能。人类社会正是"由于文字的发明及其应用于文献记录而过渡到文明时代"。[②]观念的现代化是人的现代化和社会现代化的前提。

2．古代文化生产时期

这是人类文化生产的发育生长期。其特征是文化生产与物质生产逐步由同一走向分工，出现了专门从事精神生产的文化人和为消费而生产的文化产品，并且出现了简单的、初级的文化产品的交换和流通——现代文化商品市场的前形态。随着生产力的不断发展，劳动工具和生产技术的不断改进，人类自觉地运用自然规律的能力的不断提高，原始公社在历史的进化中解体了。私有制和国家形态的进一步出现，不仅使得原始社会晚期已经展露的、初步的社会分工的萌芽进一步生长，并且在这个过程中逐步"形成一个脱离直接生产劳动的阶级，它从事于社会的共同事务：劳动管理、政务、司法、科学、艺术

① 马克思，恩格斯．马克思恩格斯全集[M]．第3卷．北京：人民出版社，1975：29．

② 马克思，恩格斯．马克思恩格斯全集[M]．第4卷．北京：人民出版社，1975：21．

等"。①这种专门为了满足社会特定文化需要而从事文化生产的人，构成了独立的文化主体。它的出现是现代意义上的文化主体生成的标志。

由于文化主体的生成，文化生产——包括文学艺术等在内的文化生产开始迅速地发展起来，并且逐渐发展成为独立的精神生产部门，从而为古代文化的繁荣，为文化生产逐步走向现代化的历史进程创造了条件。然而，社会文化需求的扩大与文化生产手段的不相适应，严重地影响了文化消费和文化生产的社会化的形成。因此，提高文化生产手段，就成为在相当长的一个古代文化发展历程中提高文化生产力的关键问题，并最终导致人类文化生产的第二次革命——纸的制造运用和印刷术的发明。这个过程虽然前后延续了将近一千年，但是，纸的制造运用和印刷术的发明，大大提高了文化生产的效率，扩大了文化产品的覆盖面，从而使超越时空的文化产品的交换、流通，文化的传播和交流成为现实，并最终为文化生产手段的现代化和文化产品生产的社会化成为可能创造了条件，成为影响整个人类文明进程的界标性事件。马克思曾对火药、罗盘、印刷术的世界意义作过总体性的精辟阐述。他说："火药、罗盘、印刷术——这是预兆资产阶级社会到来的三项伟大发明。火药把骑士阶层炸得粉碎，罗盘打开了世界市场并建立了殖民地，而印刷术却变成新教的工具，并且一般地说变成科学复兴的手段，变成创造精神发展的必要前提的最强大的推动力。"②正是由于以纸和印刷术为代表的文化生产工艺、工具和手段的改进和广泛运用，文化产品的生产规模和文化生产力才获得了很大发展，并开始孕育早期的文化产品市场——文化产品开始逐步地脱离以物易物的原始交换形态，走出为少数人消费而生产的历史局限，进入现代意义上的总人口流通领域。中国古代文化生产史上，从西晋左思作《三都赋》而引发"洛阳纸贵"，到清"扬州八怪"之一郑板桥以卖画谋生，从特定的角度清晰地反映了文化生产工具的更新对于发展文化生产力，最终形成文化市场的革命性意义。

二、工业文明生产阶段——现代文化生产的形成

这是人类文化生产的成熟期。其特征是文化生产成为独立的社会生产部门，文化生产因技术发达和实现商品化而变成大规模的社会事业。在古代，文化生产只是少数人的事业，其本质几近生产者为自己进行生产。随着商品经济的迅速发展，以西方资本主义工业革命为起点，包括文化产品在内的一切劳动产品都变成了商品，进入了流通领域。脑力劳动、艺术劳动等精神和文化的生产也都成了交易的对象。剩余价值的生产使得资

---

① 马克思，恩格斯. 马克思恩格斯全集[M]. 第3卷. 北京：人民出版社，1975：321.

② 转引自《自然科学争鸣杂志》1977年第4期。

本作为现代文化生产的重要要素进入文化经济领域。文化产品的日益转化为商品，为先进的文化生产技术的研制和普遍应用创造了社会条件；先进科学技术的创造和普遍应用于文化产品的生产，又为精神产品转化为商品提供了技术条件。工业革命的成果被广泛应用于思想文化成果的生产，机器印刷的出现彻底改变了传统手工印刷等局限，使得文化产品的大规模生产成为可能，从而极大地提高了思想文化传播；电影技术的出现和被应用于生产，开始了文化生产的视觉文化时代，电影产业的出现催生了现代电影经济，从而真正标志了一个新的文化工业时代的到来——现代文化经济时代。1450 年古登堡发明了铅活字印刷，开始了现代图书出版业经济；1877 年爱迪生发明了留声机，标志着音像唱片业的诞生；1895 年法国卢米埃尔兄弟发明了电影，标志着电影业的产生，形成了电影经济；1925 年贝纳德发明了电视，1936 年英国伦敦进行了第一次正式的电视系统的公开广播，电视从此开始了人类社会发展的新文化生产方式和新传播方式，诞生了电视经济。

文化生产技术和生产手段的不断现代化和世界市场的形成，使各民族的精神产品成了公共的财产，民族的片面性和局限性日益成为不可能，于是，实现了许多种民族的和地方的文化的交流，出现了世界性的精神生产。市场的开拓和培植，文化生产手段和传播手段的不断现代化，打破了由少数人从事精神、文化产品生产的垄断状况，把脑力劳动和体力劳动的分工直接引入了精神生产。现代社会商品经济的发展，文化产品生产的社会化和商品化，造就了越来越多的文化产品消费者，文化市场越来越朝着买方市场占优势的方向发展；精神生产与社会发展和文化消费的关系的日益密切，使文化生产者的文化产品参与社会发展的进程越来越具有现实的力量，文化成为经济起飞的跳板，"文化是明天的经济"，发展文化已经和发展经济一样显得重要。当代世界经济的竞争，本质上已经演变为文化力的竞争。随着现代生产工具的出现和文化市场的开拓、培植，作为商品的文化产品的生产已经成为相对独立的生产过程，并形成了文化生产的社会组织和新的社会生产形态。作为工业文明影响现代文化生产最重要的制度性成果是现代版权制度的诞生。1886 年 9 月 9 日《保护文学和艺术作品伯尔尼公约》（简称《伯尔尼公约》）在瑞典伯尔尼正式签署生效。该公约与《保护工业产权巴黎公约》一道成为工业文明保护经济与文化发展的两项大法。

三、信息文明生产阶段

信息文明生产阶段是指以信息文明为基础，以数字技术和互联网为主要生产方式的文化生产。这一生产阶段与前两个生产阶段相比，它的最大特征是生产虚拟文化产品，属于虚拟文化生产。网络游戏是它最典型的产品形态。它具有交互性。电子时代的出现，使得工业文明开始进入了一个新的发展阶段——信息文明阶段。1971—1973 年间出现了两件深刻改变人类生活的物品——手机和微型计算机。1981 年 8 月，世界上诞生了第一台个人计算机，1981 年王选研制的汉字激光照排系统研制成功及 1987 年与现代相似的手机出现，标志着出版经济开始进入了电子时代。1989 年 Internet 正式命名，成为互联网时代到来的标志。随后的 30 年，这一发明深刻地改变了人类的工作、娱乐、人际交往乃至生存方式。计算机和网络带来的信息技术、数字技术、网络传输技术进入引进、扩散阶段，这些技术在文化产业上的应用引起了文化经济的深刻变革，传统文化产业得以改造升级，开始向新兴文化产业发展、转变。例如，基于纸质媒体的图书出版在数字技术的改造下，形成了数字图书、数字化出版，基于模拟信号的电视在数字技术的改造下形成了数字电视，基于卫星传输技术形成的移动电视、车载电视，基于胶片制作的电影，在数字化技术的改造下形成了数字电影[①]。同时，以网络技术、信息技术为支撑的动漫产业、网络游戏、手机游戏及以其他多媒体产品为代表的新兴文化产业逐渐发展壮大起来，20 世纪最后 20 年也由此而成为文化产业发展第二波周期的复苏期，这一时期文化产业的蓬勃发展孕育着下一发展周期高峰的到来。[②]

计算机把人们互相关联起来，世界因此而发生变化。互联网文化由此而诞生。然而，PC 时代正在从文化中心位置走向"终结"，智能手机的出现，移动性成了核心，由此而出现的智能互联网在把全球 60 亿人连接在一起时，这 60 亿人的思想，他们点击 Google、投票、集会之类的活动，将成为智能互联网中的重要内容。智能互联网不仅仅是机器，而且也是人工智能，是人的一种新的存在方式。文化的生产与传播将随着智能互联网的普及而发生根本性的革命。这也许是自印刷术以来人类社会文化生产力最伟大的革命。作为这个时代到来最深刻的变革就是电子媒体正在逐渐地走向人类精神文化生产的核心。2012 年英国大不列颠百科全书出版公司宣布：自 2013 年起，《大不列颠百科全书》将不再出版纸质版，而全部改由电子版，从而宣告了一个时代的结束。以互联网为主要生产方式和交易方式，网络文学在中国发展短短几年间便一跃而成为一个规模巨大的产业。2013 年中国网络文学市场收入规模达 46.3 亿元。在移动互联网业务中，除了手机游戏，网络文学被认为是少有的具有清晰盈利模式的产业。这种模式的一个最大特点就在于它的超大规模的类型化生产。巨大的市场发展空间前景，使得网络文学成为资本投资的宠儿。[③]类型化、定制化和移动性，正成为信息时代现代文化生产新的发展道路。第三

① 祁述裕，韩骏伟. 新兴文化产业的地位和文化产业发展趋势[J]. 马克思主义与现实，2006（5）：98.
② 尤芬，胡惠林. 论技术长波理论与文化产业成长周期[J]. 上海交通大学学报，2006（6）.
③ 产业盈利模式清晰，网络文学已成资本宠儿[N]. 人民日报. 2014-02-21.

次工业革命的到来将进一步带来现代文化生产新的革命和孕育着一个新的文化生产时代的到来。

四、不同发展阶段上文化生产的联系与区别

文化生产方式是社会生产力发展到一定阶段上的文化表达的产物。文化生产方式是源于人类社会精神表达的需求和精神把握世界的需求。这种需求是随着人类社会的发展而发展的。一定的文化生产方式总是反映着一定的社会生产发展水平。当这种社会生产力发展水平由科学技术的发展水平来衡量时，科学技术的发展程度及其被应用于文化生产的程度也就成为衡量文化生产发展阶段的标志。从这个意义上说，任何一种形态的文化生产方式在本质上是一致的，都是科学技术应用于人类社会表达需要而形成的。正因为文化生产方式是科学技术应用于人类社会表达需要的产物，因此，当原有的文化生产方式已经不适应或不能满足人类社会发展表达需求时，通过和借助于新的科学技术成果，并把这种成果应用于人们的社会表达需要，于是新的文化生产方式革命便发生了。因此，人类文明不同发展阶段上的文化生产方式又都是每一次表达革命的结果。

现代文化生产与前现代（古代）文化生产发展之间一个较大的差异是新文化经济竞争的结果。农耕文明的文化生产方式具有鲜明的原发性，一种社会自然选择的结果。缺乏竞争性或竞争性不足是农耕文明时期文化生产的主要特征。正因为如此，中国虽然是印刷术发明的母国，但是在长期的农耕经济发展过程中却始终没有形成规模文化经济、没有实现印刷术的现代革命并催生现代思想革命。而竞争性恰恰是现代文化生产不断创新的原生动力。在这里科学技术的创新周期与新文化生产方式革命周期成正比例关系：随着市场竞争的日益激烈，文化产品更新程度与速度决定了文化产业和文化经济竞争的战略实现程度。因此，现代西方"文化生产理论关注的是不同类型的组织结构和不同类型的市场对文化产品的多样性和范围的影响。"[1]是这种影响影响和决定了文化生产方式的选择，从而使得在文化市场竞争条件下出现了文化生产方式的多样性。后文化生产方式，即所谓"创意经济"的生产方式，为满足和适应文化需求的多样性和生态保护理念在文化生产中的运用，诞生于农耕文明阶段的手工业生产方式，作为对工业文明大规模机器复制的反拨而成为"私人定制"的重要选择。"手工"便成为一种新的身份象征重新界定现代文化生产：后现代性。

---

[1] [美]戴安娜·克兰. 文化生产：媒体与都市艺术[M]. 南京：译林出版社，2001：5.

第三节　现代文化生产的性质与特征

不同历史发展时期的文化生产性质与特征是不一样的。社会生产力的发展水平，一般来说，是决定了一定社会生产力发展水平下的文化生产的性质和特征的。现代文化生产是现代社会生产力发展到一定历史阶段的文化表现，它不仅一般地反映了社会生产力的发展水平，而且还深刻地揭示了现代文化创造和形成的历史机制。深入地认识和研究现代文化生产的性质和特征，对于深入地把握现代文化生成的运动规律与特点具有特别重要的意义。

一、文化生产的精神生产性质

一切为文化的生产都是精神生产。这是文化生产区别于其他一切生产的最本质的规定。

文化生产首先是一种表达。人与世界的关系是复杂的，既表现为物质性的关系，又表现为精神性的关系。如果说人与世界的物质性的关系主要是涉及人的、物的存在和物的需求的关系的话，那么，人与世界的精神性关系，则主要是涉及人对自己的生命存在的终极关怀。如何才能把握人与世界的这种终极关怀的关系，并且把这种把握成为人们之间的共同经验以协调人们的社会行为，建立起与物质世界相适应、构成互动关系的第二种力量，这就需要把这种把握表达出来，并且通过沟通与传播成为人类的共同财富。这种表达是关于把握的意义表达和内容表达。因而是一种精神需求的表达。神话以及图腾之所以会成为人类文明起源的共同精神样式和表达样式，这是和人类早期把握世界的能力相一致的。口传以及早期的刻画符号表达因而也就成为早期人类社会共同的文化生产形态。正因为文化生产首先是一种表达，是一种为精神的生产，因而文化生产其次是一种表达手段、表达机制和表达系统。

文化生产与科学技术生产的一个最本质的区别就在于前者是主观性的，而后者是客观性的。人们对于二者的追求，要求前者是提供美和善，而要求后者则要提供真。虽然文化生产也要讲究真实性，但是这种真实性是社会的真实性而非是自然世界的真实性。因此，同样地把文化和科学技术都看作是社会进步与发展的重要的生产力形态，二者作用于人们的社会生活的作用是不一样的。尽管科学技术的成果一再被应用于文化生产及其产品形态，但是科学技术成果被应用于文化生产知识提高了文化生产率和文化生产力水平，增加了文化内容表达地先进性，并没有代替内容的意义表达和符号生产，相反，正是由于科学技术成果被大量地应用于文化生产，文化的意义表达和传播获得了全新的表达形态和表达系统，从而使得文化生产的现代发展造成了文化生产的现代困境——文化规范的难题。

二、现代文化生产的生产劳动性质

现代文化生产的社会生产力化，以及它在这个过程中以知识的无形投入而给现代经济带来巨大的附加值，不仅使它以独特的资源优势迅速地发展成为一个丰富的产业系统，而且在实践中确证了它的生产劳动性质。

以精神生产内核的文化生产，是生产性生产还是非生产性生产，长期以来一直是个不断争论的问题。这个问题不仅关系到现代文化生产的性质以及由这种性质规定的文化生产的目的、过程、方式和消费形态，而且还关系到现代文化生产是否为独立的生产形态，是否创造价值，有无自身特殊的运动规律等一系列重大的基本理论问题，直接关系到文化经济理论的研究和文化经济学这门学科的建设。

在古典政治经济学中，生产劳动和非生产劳动是被当作"财富是怎样形成并不断积累"这个问题中的一对基本范畴提出来的。亚当·斯密指出："有一种劳动加到对象上，就能使这个对象的价值增加，另一种劳动则没有这种作用。前一种劳动，因为它生产价值，可以称为生产劳动，后一种劳动可以称为非生产劳动。例如，制造业工人的劳动，通常把自己的生活费的价值和他的主人的利润，加到他所加工的材料的价值上，相反，家仆的劳动不能使价值有任何增加。"[1]对此，马克思评论道："这里，从资本主义生产的观点给生产劳动下了定义，亚当·斯密在这里触及了问题的本质，抓住了要领。他的巨大科学功绩之一（如马尔萨斯正确指出的，斯密对生产劳动和非生产劳动的区分，仍然是全部资产阶级政治经济的基础）就在于，他下了生产劳动是直接同资本交换的劳动这样一个定义。"[2]马克思认为，生产劳动和非生产劳动的划分标准，并不是以是否为物质生产为标准的，而是要看劳动作为生产劳动的特性是否表现为一定的社会关系。对劳动的这种规定性，不是产生于劳动的内容或劳动的结果，而是产生于劳动的一定的社会形态。因此，生产劳动和非生产劳动的这种区分本身，"既同劳动独有的特殊性毫无关系，也同劳动的这种特殊性借以体现的特殊使用价值毫无关系。在一种情况下劳动同资本交

---

① [英]亚当·斯密. 国民财富的性质和原因的研究[M]. //[德]马克思. 神与价值理论：第一册. 北京：人民出版社，1975：146.

② [英]亚当·斯密. 国民财富的性质和原因的研究[M]. //[德]马克思. 神与价值理论：第一册. 北京：人民出版社，1975：148.

换，在另一种情况下劳动同收入交换。在一种情况下，劳动转化为资本，并为资本家创造利润；在另一种情况下，它生产劳动者。他的劳动不仅补偿他所消费的工资，而且在他的产品钢琴中，在厂主出售的商品中，除了工资的价值之外，还包含剩余价值"。相反，"我不是到商店买钢琴，而是请工人到我家里来制造钢琴。在这种情况下，钢琴匠就是非生产劳动者，因为他的劳动直接同我们的收入相交换"。①因此，在物质生产中，有生产发生性劳动，也有非生产性劳动。甚至，"同一种劳动可以是生产劳动，也可以是非生产劳动"。为了进一步说明这个问题，马克思举例道："密尔顿创作《失乐园》，得到五镑，他是非生产劳动者。相反，为书商提供工厂式劳动的作家，则是生产劳动者。密尔顿出于同春蚕吐丝一样的必要而创作《失乐园》，那是他的天性的能动表现。后来，他把作品卖了五镑。但是，在书商指示下编写书籍（例如政治经济学大纲）的莱比锡的一位无产者作家却是生产劳动者，因为他的产品从一开始就属于资本，只是为了增加资本的价值才完成的。一个自行卖唱的歌女是非生产劳动者。但是，同一个歌女，被剧院老板雇佣，老板为了赚钱而让她去唱歌，她就是生产劳动者，因为她生产资本。"②"演员对观众来说，是艺术家，但是对自己的企业主来说，是生产工人。"③"作家所以是生产劳动者，并不是因为他生产出观念，而是因为他使出版他的著作的书商发财，也就是说，只有在他作为某一资本家的雇佣劳动者的时候，他才是生产者。"④因此，马克思明确指出："生产劳动就是一切加入商品生产的劳动……不管这个劳动是体力劳动还是非体力劳动（科学方面的劳动），而非生产劳动就是不加入商品生产的劳动，是不以生产商品为目的的劳动。"⑤区别一种生产劳动形态是生产性的还是非生产性的，一是看它是否生产剩余价值，二是看它是否生产商品。这是全部问题的关键，也是正确理解现代文化生产劳动性质的所在。

社会主义的生产劳动同资本主义的生产劳动有本质上的差别，这种差别是占有劳动成果的形态不同，而不是劳动的形态不同。"假定不存在任何资本，而工人自己占有自己的剩余劳动，即他创造的价值超过他消费的价值的余额。只有在这种情况下才可以说，这种工人的劳动是真正生产的，也就是说，它创造新价值。"⑥因此，在市场经济条件下，

---

① [英]亚当·斯密. 国民财富的性质和原因的研究[M]. //[德]马克思. 神与价值理论：第一册. 北京：人民出版社，1975：151，443.
② 马克思，恩格斯. 马克思恩格斯全集[M]. 第26卷. 第1册，北京：人民出版社，1972：432，149.
③ 马克思. 剩余价值理论[M]. 第1册，第151、443页。
④ 马克思，恩格斯. 马克思恩格斯全集[M]. 第26卷. 第1册. 北京：人民出版社，1972：432，149.
⑤ 马克思，恩格斯. 马克思恩格斯全集[M]. 第26卷. 第3册. 北京：人民出版社，1973：476.
⑥ 马克思. 剩余价值理论[M]. 第1册，第143页。

就生产劳动的一般规定性来说，社会主义劳动仍然是生产商品和剩余价值的劳动，不仅物质生产是如此，而且文化生产也是如此。包括文化劳务在内的现代文化生产，既创造使用价值，也创造价值，即文化的附加值。这种价值在商品交换中实现，直接满足精神消费的需要。不仅如此，由于现代生产技术手段的运用和许多文化产品的标准化、批量化生产，艺术家的一次性劳动的价值被大量有效地复制在物质材料上，从而使现代文化生产劳动的价值成倍地增值。这种生产具有直接的目的性，它决定了现代文化生产的生产规律：按社会发展需要并通过文化市场，以法人资格独立进行生产。

马克思在论及精神生产与物质生产之间的关系时指出："首先必须把这种物质生产本身不是当作一般范畴来考察，而是从一定的历史的形式来考察。例如，与资本主义生产方式相应的精神生产，就和与中世纪生产方式相适应的精神生产不同。如果物质生产本身不从它的特殊的历史的形式来看，那就不可能理解与这相适应的精神生产的特征以及这两种生产的相互作用。"[1]因此，当物质生产方式还是市场经济条件下商品的生产方式时，与之相适应的现代文化生产也应该和必然是商品和商品生产的。

三、现代文化生产的产业性质

在现代经济学中，"产业"主要是指国民经济的各行各业，不仅包括流通部门、一般的服务行业和文化、艺术、教育、科学等，是一个介于微观经济组织和宏观经济组织之间的"集合概念"。早在 1935 年，英国经济学家、新西兰奥塔哥大学教授费希尔在《安全与进步的冲突》一书中，以社会生产发展阶段为依据，以资本流向为主要标准，对社会产业进行三次划分时，便把文化、艺术等列入"第三产业"。英国经济学家科林·克拉克继承和发展了费希尔的研究成果，对三次产业的理论作了进一步的概括，明确而全面地区分了国民经济结构的三大部门，并以产品是否有形和生产过程与消费过程是否分离为标准，将无形产品（知识产权）和过程的不可分离（表演艺术）划入第三产业。之后，美国经济学家西蒙·库兹涅茨通过分析三大产业在国民生产总值所占份额的变动，对产业结构演变与经济增长的关联进行了系统研究，将国民经济各部门分为农业、工业、服务业三大产业（简称"AIS 划分法"）。这种简便的划分方法在世界上得到广泛应用。世界银行在统计分析中采用的就是 AIS 法。由美、英、法、意、德、澳大利亚、日本等二十四国组成的"世界经济合作与发展组织"采用的基本上也是这种划分法。第三产业被定义为其活动是为了满足人们高于物质需要的需要，如广播电视、娱乐、信息咨询等文

① 《马克思恩格斯全集》第 26 卷第一册，第 296 页。

化部门均被纳入第三产业范畴。1962年，美国经济学家弗里茨·马克卢普在《美国的知识生产与分配》一书中，提出了"知识产业"和"信息服务"的概念，认为知识产业是一类或者为自己所用而生产知识、从事信息服务或生产信息产品的机构——厂商、单位、组织和部门或其中的班组，有时是个人和家庭。在他对知识产业划分的五大类中，对通信媒介内容的概括几乎包容了文化产业的大部分：印刷出版、录音、戏剧、音乐、电影、广播、电视、图书、期刊、报纸。他并预测，1988年美国国民生产总值（GNP）中将有29%来自知识产业，整个劳动者的收入32%将来自信息生产和服务。马克卢普所说的"知识产业"就是现在我们所讨论的以精神生产和服务为主体的文化产业，虽然他论述的范围比我们现在所讨论的范围还要大，但他关于知识产业的理论很快在工业发达国家，尤其是欧洲各国得到积极响应。1973年，美国哈佛大学社会学教授、美国文理科学院2000年委员会主席丹尼尔·贝尔，出版了他多年研究的成果：《后工业社会的到来：社会预测初探》。在这本书中，贝尔认为，工业社会是个商品生产社会，而后工业社会是个信息社会。这个社会是以理论知识（关于生产和社会的价值的理论知识）居于中心地位的社会，理论知识、对技术进行规划、控制和智力技术作为制定决策新型工具，在后工业社会中占有特别重要的地位。美国社会预测学家约翰·奈斯比特则进一步认为，"知识的生产力已经为生产力、竞争力提供了必要的重要的生产资源"[1]，因此，在以新的传播工具、新的瞬息万变的文化为特征的社会里，价值的增长不是通过劳动而是通过知识实现的。知识是一种完全不同类型的劳动。虽然，贝尔和奈斯比特在他们的论述中都没有特别地运用"文化产业"这个概念，但是，他们对"知识产业"的概念的应用及它所涵盖的范围，从产业的角度看，大体上是同一概念，都可以称之为"文化产业"。另外，从现今国际上迅速发展的信息经济学的研究来看，在所有的对象范围里，信息产业与文化产业表现出高度的叠合。因此，在今天和未来社会中，不管文化生产怎样分类，也不管这种"生产"在发展形态中呈现出怎样的差异，它的"产业"性质的认定是当今世界的共识。1985年，我国国务院批转的国家统计局《关于建立第三产业的统计报告》中，将文化艺术列入第三产业。文化生产的产业性质从此也在我国得到了确认。

文化生产作为产业的另一种表现，就是文化艺术与企业的结合和交融。在日本，许多企业都非常重视文化对于企业行为的参与性，重视文化行为对企业发展的影响。他们经常举办各种展览会、音乐会，出版书籍、刊物，甚至成立专门的文化财团和文化研究所，资助文化活动。日本文化厅的一项民意调查显示，到20世纪80年代末，重视精神丰富的人占50.3%，重视物质富裕的人占32%。日本文化厅长官植木浩认为，"国民思想

---

① [美]约翰·奈斯比特. 大趋势[M]. 北京：中国社会科学出版社，1984：21.

的这种变化反过来影响到经济活动。在产品不足的时代，产品只要性能好就能卖出去，而现在则要求产品具有文化价值。文化活动对于一个企业来说不再是可有可无的装饰品。企业通过文化活动树立自己的形象；密切与地方、与民众的情感；获取信息；提高职工的文化素质，增加职工的自豪感；这些又促进了企业本身的发展。文化活动已成为企业重要的活动内容之一，可以说，没有文化就没有企业"[1]。在美国，20世纪80年代民间对文化活动的投资发展十分迅猛，从1981年的366 000万美元上升到1986年的583 000万美元。美国运通公司把1 100万美元捐款预算的25%用在资助艺术方面，目的是"把艺术带给尽可能多的人，推动各国文化之间的交流，加强国际的相互理解"，"因为这反映了本公司的宗旨"。[2]投资于文化艺术的企业普遍认为："艺术改善了社会和在该社区经营的公司的形象；艺术对地方社区的经济状况产生了巨大影响，因为艺术需要大量劳动力，需要就地购买大量的物品，还能吸引观众、旅游者和大型会议。企业认为要使生产兴隆，创造性是十分重要的，而艺术的重点正是为了刺激创造性。作为对企业投资的回报，文化可以为企业创造一个更理想的环境；改善政治或社会空气，帮助恢复和重新发展已经衰败的闹市区，展示企业的新成就，为企业提供了一件有力的行销工具，提高了企业的声望。企业经理们自己估计，一个精心制作的节目每付出1 000元，就能给企业带来10 000~15 000元的经济效益。因此，文化赞助能产生经济效益。"[3]正由于对文化的投资能给企业带来许多无形的回报，在世界许多地方，现在对艺术节目的赞助成了一种迅速发展的方式。一些多国公司对国际性项目的兴趣越来越浓，每一个项目经常涉及几个国家。虽然商业与创造性的艺术相互发生作用的途径很多，但是，对专门的文化艺术项目进行直接赞助依然被认为是对双方最有利的办法。"艺术的繁荣也会带来商业的繁荣"，应该让文化艺术成为经济发展的"助跳板"，这可以说是从实践的意义上对文化生产的产业性质的最好的阐释和定位。

四、现代文化生产的个体、社会与国家的关系

现代文化生产是一种个体性生产与群体性生产同时并存又互相交融的文化行为系统。个体性与群体性是现代文化生产两种最主要的生产形式。个体性比较多地表现为一种具有原创性的精神生产行为，英国政府在定义"创意产业"时，就特别地突出和强调"源自个人"的特性。个体性是一切文化生产的本质。个体的特征是最大限度的个人想

---

[1] 参见1988年12月8日《光明日报》。
[2] 中外艺术经营管理的理论与实践[C]. 上海：学林出版社，1992.
[3] 中外艺术经营管理的理论与实践[C]. 上海：学林出版社，1992.

象和联想的自由、创作的自由和表达的自由。没有个体性就没有现代文化生产。

个体性较多地体现在现代文化生产的创作过程和创作体现。小说等文学艺术作品是这种文化生产的结晶。个人的创造性想象和联想能力，叙事的表达和表现能力，常常是决定一部文学艺术作品成败的关键。同一个题材和素材，在不同的作家创作结果中呈现的可能是完全不一样的社会景象：一个被社会接受了，成为社会精神现象和精神秩序的一个重要组成部分；另一个则没有被社会接受，没有成为社会精神秩序建构的部件。《红楼梦》问世之后，出现了不少"续梦"一类的作品。这一类作品除了仅具有些许文学史研究的价值之外，没有任何社会精神秩序建构价值。因为除了极少数的"红学史家"和文学或小说研究者之外，社会上鲜有公众阅读过此类小说，当然也就谈不上它对社会的影响了。而《红楼梦》则不同，它不仅进入了人们的阅读视野，而且进入了人们的精神生活，成为社会公共领域建构的一个重要文化构建。个体性的文化生产方式往往表现为个体性的文化消费行为，而集体性的现代文化生产则往往满足人们集体性文化消费行为的需求。无论是戏曲、电影还是电视《红楼梦》，个体无法完成其生产，它们都需要集体性的分工协作，甚至以工业化的标准化生产才能完成作为文化消费品的生产。由于这种文化产品具有像小说一类的文化消费品不可比拟的集体性在场消费的优势，因此，文化消费行为空间的公共性使之具有了文化消费行为的集体满足性。虽然，同一部小说也可以由像在场的消费者同样数量的读者阅读，但绝对无法同时阅读同一本《红楼梦》，但却可以同时欣赏同一部电影和戏剧《红楼梦》。尽管作为源头的小说《红楼梦》处于现代文化生产的上游，但是，处于下游的作为文化再生产的戏剧和电影依然具有不可替代的社会文化作用。在这里现代文化生产的个体性与集体性共同构成了现代文化生产的生态系统。

现代文化生产与传统文化生产的最大区别在于它的群体性，典型特征是它的规模化、集约化和专业化生产。一张报纸和一本书的出版只有经过了作者、编辑和印刷等群体性行为才能完成整个生产过程，缺少其中任何一个环节都不可能构成现代文化生产大规模复制生产的完整性。这种群体性文化生产表现在两个方面：社会与国家。

在现代社会生产条件下，文化生产更是一种基于分工的文化生产。任何一种形式的个体文化生产，都有一个个体精神生命价值实现的问题。这种实现只有在社会的过程中才是可能的，离开了社会任何一种个体的文化生命都是没有价值的。而这种价值实现有赖于社会的参与，即有赖于社会的文化再生产，即把完全个体的文化生产转变为社会的文化生产：小说的出版、美术作品的画展、音乐作品的音乐会等，没有社会文化生产的集体行为，完全个体的文化生产很难完整实现。这也是现代文化生产与传统文化生产的最大区别。尽管在传统文化生产行为中也有集体生产，但还不是现代意义上的文化生产。

现代意义上的群体文化生产除了个体性文化生产的社会性实现之外，还表现为社会本身的集体性文化生产，那就是社会倾向性生产。主要表现为基于一定时期的社会利益和集体权益的维护而出现和形成的一种社会化集体性文化生产。例如，日本在中国发动"九一八事变"后，中国社会各界为反抗日本侵略，捍卫民族利益而进行的大规模文化生产。这种文化生产，往往由于它的集中性主题生产，因而往往由于这种文化生产而形成一个时期的时代精神。这种时代精神对于一个社会民族精神的形成会产生巨大而永久的影响。

群体性文化生产表现的第二个方面，就是国家文化生产。所谓国家文化生产就是以国家为生产主体的文化生产。这种文化生产集中表现在以下几个方面：国家意识形态生产、文化政策与战略制定、文化发展规划、社会公共文化服务建设（公民文化福利与基本文化权益实现）以及由国家投资组织的大规模文化建设：文化基础设施建设（包括国家图书馆、博物馆等硬件设施建设，也包括重大国家文化问题研究，如华夏文明起源问题研究、华夏文明断代工程研究，历史上的，如清朝乾隆年间的"四库全书"编撰等）。这一类文化生产往往涉及一个国家和民族的根本文化利益，而仅靠社会力量又是无法实现的。

人、社会和国家是现代文化生产的三种主体。个人是一切精神文化生产的基础，没有个人的创造性文化生产，就没有社会和国家的集体性文化生产；然而，仅有个体性文化生产，缺乏集体性的社会文化生产，很难形成一个社会的精神品格与精神秩序和时代精神，从这个意义上说，集体性社会文化生产是个体性文化生产最重要的现代实现方式，而国家文化生产则是上述两种文化生产的重要保障形态。国家文化生产的制度形态和体制机制决定了一个社会与个人的文化生产方式和状态。在这个过程中，作为个体文化实现方式的集体性社会文化生产，对国家文化生产具有巨大的反作用。无论是中国在抗日战争时期国家抗日统一战线文化战略的形成，还是美国宪法第一修正案的不断修改，都是个体性、社会性文化生产与国家文化生产互动的产物。

五、现代文化生产的特征

现代文化生产的发展，与其他生产行为相比较，呈现许多新的特征。这些特征不仅使它与其他生产行为相区别，而且还使它与传统文化生产行为相区别。研究这些特征，对于进一步把握文化生产的本质，促进文化产业的发展，思考文化发展战略，完善文化市场，都具有十分重要的意义。

1. 较高的知识、技术和智能的综合性

现代文化生产，本质上是知识的转移和智力的开发，是较高水平的智力运动。无论是艺术表演、激光唱片的生产，还是影视制作、图书出版，没有知识、技术和智能的综合效应就没有现代文化和现代文化的生产。这种综合性越强，文化的社会有效性就越明显。许多文化产品往往是不同行业、不同学科的劳动者利用各自的劳动技能工具设备和文化材料，通过跨学科、跨领域的协作联系，才能达到有效的发明和创造。当前许多科学技术门类越分越细，而现代文化生产各学科与部门间的综合性联系却越来越紧密。随着现代科学技术不断地渗透入文化和艺术的生产过程和生产手段，文化产品的文化与科技的界限正在日益淡化，有不少文化产品，如音像制品，既是文化产品，又是现代高科技的产物。多学科交叉、边缘学科和新兴学科不断形成的相互渗透状况的不断涌现，使得文化的生产和传递日益综合化。

2. 高度的创造性和探索性

文化生产是一种高度的创造性和探索性的生产。文化生产的目的，不是为了满足社会日益增长的物质需要，不是为了满足人们的生存需要，而是为了满足人们和社会的精神需要和发展需要。无论是有形的生产还是无形的生产，现代文化生产的目的都是为了通过自己的成果，满足人们和社会发展所提出来的多种文化消费层次的需要，其中既包括休闲时的审美娱乐，也包括对人生和宇宙的深刻思索。它要靠文化生产者发挥最大限度的创造性思维和丰富的想象力，在前人已有的探索、创造和发现的基础上，作出自己的回答，把人类关于这一系列问题的探寻和研究推向更深广的空间领域，并以此促进文明的承传和积累。特别是关于人类和社会发展的一些最根本性的文化命题的提出和回答，对于创作新作品、拓展新学科都具有根本性的突破作用。从这个意义讲，现代文化生产不论是哪一种形式，本质上都是前所未有的创造性和探索性的劳动。

3. 文化和知识的再生产

现代文化生产是人们发明、创造和转化各种文化和知识的运动过程，它通过文化和知识流的运动和反馈，使社会原有的文化和知识结构处在不断地积累、创造的运动中。特别是社会文化人格的整体塑造和文化决策，就是原有的文化和知识经过脑力和智力劳动的加工综合，运用现代生产手段产生巨大智慧效益的过程。因此，作为一种特殊的生产行为，文化生产也创造价值，它所从事的是知识和文化的扩大再生产。与一般的物质再生产相比，现代文化生产的投入和产出主要是人类的智力和精神的成果，它的扩大再生产使整个社会接受和消费文化的能力不断扩大，文化的传播更加广泛，使人的智力不断提高。一般劳动力的再生产时间与社会生产力的发展水平成正比，与劳动时间成反比，而文化劳动力的再生产时间与知识接受能力成反比，与文化生产劳动时间成正比，即从事文化加工、处理和反馈的劳动时间越多，文化生产能力越强。在某种程度上，可以超越社会生产力的一般发展水平。这就是艺术生产和物质生产的一般发展的不平衡规律。

因此，一定时期内，文化和知识的扩大再生产的规模如何，不仅一般地反映了一定社会的生产力的发展水平（文化力是构成现代生产力的重要因素），而且特别地反映出一定社会所达到的文明程度。现代文化生产之所以区别于传统的文化生产，就在于它的整个生产都是文化和知识的扩大再生产，而不是传统意义上的简单的再生产。特别是在新技术革命的冲击下，文化生产力中的文化劳动力再生产已经快速而有效地成为内涵型扩大再生产（劳动的质量的提高）。现代社会的日新月异，也使得文化生产者的智力不断扩张，文化生产手段不断现代化，接受知识和文化的容量不断膨胀。这种再生产的规模和速度已经越过了一般劳动力再生产的过程。

4．过程和结果的双重存在性

一般来说，进入流通领域可供交换的商品，都具有离开生产者和消费者而独立存在的形式，生产者的行为和过程并不作为商品而进行交换。但是，在文化生产中，"甚至当这种生产纯粹是为交换而进行，因而纯粹生产商品的时候，也可能有两种情况：（1）生产的结果是商品，是使用价值，它们具有离开生产者和消费者而独立的形式，因而能在生产和消费之间的一段时间内存在，并能在这段时间内作为可以出卖的商品而流通，如书、画以及一切脱离艺术家的艺术活动而单独存在的艺术品……（2）产品同生产行为不能分离，如一切表演艺术家、演说家、演员、教员、医生、教师等的情况"①。"一个歌唱家为我提供的服务，满足了我的审美需要；但是，我所享受的，只是同歌唱家本身分不开的活动，他的劳动，即歌唱一停止，我的享受也就结束；我所享受的是活动本身"②，因而我们所用的交换的文化消费行为也就结束。

虽然现代科学技术的发展已使现代文化生产采用录像和录音复制的方式，将艺术家们的表演和歌唱所提供的服务与艺术家、文化人本身分离开来，但是，人们之所以仍愿意现场聆听帕瓦罗蒂的歌唱，现场目睹杨丽萍的优美舞姿，就因为现代文化消费作为传统文化消费的一种延展，文化消费者的文化参与和审美投入依然是满足最佳文化消费的重要途径。在这种过程中，消费者所获得的是他在录像或录音等一切先进的音像视盘制品所无法带来的满足。正如美国印第安那大学戏剧系教授、全美戏剧教育学会副会长布罗凯特所说："戏剧冲动是人类的天性，无法根除。戏剧不一定永远受欢迎，戏剧所供给的娱乐有时会被别种活动取代，但是戏剧将永远以各种形式面目出现，永远是人类社会的一部分。"③因此，无论是作为生产方式还是交换方式，文化生产的过程和结果同时并存，都将作为它的独特性而展现生产行为的特殊品质。

① 《马克思恩格斯全集》第 26 卷第 1 册，第 295、436 页。
② 《马克思恩格斯全集》第 26 卷第 1 册，第 295、436 页。
③ [美]布罗凯特．世界戏剧艺术欣赏——世界戏剧史[M]．北京：中国戏剧出版社，1987：600．

第四节 现代文化生产的双重运动

当文化生产作为意义和内容表达的手段时，意义和内容存在的合理性与合法性规定着表达手段的选择，同时，当文化的内容表达只有凭借着一定的物的载体形式，并不得不遵循以物的生命运动来自市场的引力作用牵引时，现代文化生产运动路线就不是单一的，而是多重的。这就使得现代文化生产运动有着与其他生产不一样的双重运动特性：既是精神性的，又受着价值规律的影响与制约。正是这一特性影响和制约着现代文化生产和文化经济的全部运动。

一、精神生产规律在现代文化生产中的运动特性

（马克思的精神生产理论）精神生产规律是作为精神现象的文化艺术生产和运动的基本规律。它是文化艺术内部的、本质的、必然的联系。这种联系规定了一定形态的精神存在样式运动变化的方向、程度和构造，因而也规定了一定形态的精神生产的特质和构造。在现代文化生产中，文学、音乐、美术、戏剧、舞蹈、电影、电视的生产是主要的生产，也是现代文化市场构成的主要成分。它们的生产状况如何，不仅一般地反映了现代文化生产和文化市场运动发展的走向，而且直接规定了现代文化生产的存在与否。在现代文化生产领域中，艺术品的生产是文化生产的支柱产业。虽然作为具体的精神生产形态，它们各自都有特殊的规律，但是，作为艺术，它们普遍地受制于共同的规律并共同构成艺术的全部生命运动。

艺术不同于科学。艺术生产的目的并不是要求人们直接去实践它的艺术现象——审美理想。艺术不是教人在现实实践中如何行动的方案和知识，而是在人与环境的矛盾中，帮助人求得心理上（特别是感情意志上）的平衡。它所追求的是精神的审美价值，它所反映的对象是渗透着某种人生体验的感悟，生动、具体、个性鲜明，具有特定的现实实践性的心态客体，它所追求的是完美的形式，这种形式不仅完美地传达生产主体想要传达的一切审美意象，而且它本身也是一种美的存在和构造。因此，与价值规律对商品价值的确认不同，文化艺术规律对一定的文化艺术产品的文化、艺术价值的确认不是生产（创作）该产品的社会必要劳动时间，而是一定的精神劳动成果对对象发现、揭示、阐述、塑造、表现的深刻性程度，对人与环境关系的认识和把握的真理性程度，对用以表现所有这一切的形式的独创性、文化和美学的个别性程度。一定的文化艺术产品能否作

为商品进入流通领域，或者说，一定的文化艺术生产（创作）行为能否实现它的原创期所付出的劳动而进入物化阶段，社会的选择和评价的指数主要的就是看它是否达到了那种程度，能否满足人们的精神上的独特需要。凡是达到了这种程度，能够满足人们的精神上的这种需要的生产才有可能进入它的物化阶段，并作为商品进入流通领域；凡是达不到那种程度，不能满足人的这种需要的生产，一般来说，就不能进入物化过程。这个制约由文化艺术的消费市场折射到现代文化生产过程中的物化阶段，并经由这个阶段而影响和规定着对文化艺术原创生产的选择。正是这种选择的丰富多样性和不断变化性，构成了在这种规律作用下现代文化生产运动的又一种曲线。同时，也正是有了这种选择所形成的力的作用的方向，才有了价值规律在现代文化生产运动中的变异。因此，构成现代文化生产的一般运动过程，不仅包括价值规律，而且也包括文化艺术自身内在的运动规律，正是这种双重规律的共同作用，才构成了现代文化生产的全部运动。在这个过程中，一切违背规律的生产或者可能引导不正当文化消费（如色情消费）的生产，都将经过社会的选择而被控制，如当今世界各国都限制色情淫秽物品的生产；而一切遵循规律的生产或者有助于规律充分发挥作用的生产，引导正当文化消费的生产，都将会得到社会的响应和鼓励。

二、价值规律及其在现代文化生产中的一般运动

价值规律是商品生产和商品交换的基本经济规律。凡是存在商品生产和商品交换的地方，它都毫无例外地不以人们的主观意志为转移而发挥作用。它规定商品的价值由生产该商品的社会必要劳动时间来决定，因此，商品交换必须遵循等价交换的原则，商品的价格必须同价值相符。一般来说，当一种商品形成买方市场（即由购买者控制买卖行为主动权）时，商品供大于求，其价格就会低于价值，那种商品的生产者因获利较少，就会缩减生产，减少商品的上市量，从而逐渐造成供不应求，使价格回升，逐渐接近其价值；当卖方市场（即由售卖者掌握买卖行为主动权）形成时，商品供不应求，价格高于价值，商品的生产者获得较大的收益，在物质利益的刺激下，必然导致这种商品生产的扩大和市场投放量的增加，渐渐形成供大于求，价格回落并逐渐与价值相接近。这种买方市场与卖方市场的转换以及在这种转换过程中因人们的对立所产生的新的生产和消费的选择，使得商品的价格虽然不是高于价值就是低于价值，却总也离价值不远，并直接受价值的调整。因此，作为生产行为背后的一种强制性力量，一只看不见的手，价值规律通过市场，即通过商品价格自发地围绕价值上下波动，对生产起调节作用。虽然在不同的经济关系条件下，价值规律对生产的这种影响会有不同的表现形式，但是，它的根本内容却是普遍地规定着商品生产运动的一般过程。因而它也一般地规定着现代文化

生产的行为，规定着现代文化生产运动的一般曲线，并通过市场调节着文化生产者的生产选择和投资方向。

然而，正如现代文化市场已经显示的那样，一部优秀的作品（甚至是著作人的一生心血之作）和一部页码相等的低劣之作，如果在印刷中的劳动消耗是一样的，那么作为书籍出售的价格大体上也是一样的，但是在文化生产的原创期，两者所消耗的脑力劳动则有天壤之别，所贡献给人类的文化成果不可同日而语。因此，就其文化价值来说，两者是不等的。由于确定一部页码相同、印数相等的书籍的价格是根据物质投入成本来核定的，而创造性的精神生产劳动是知识、思想、文化和艺术的结晶，它的价值很难用社会必要劳动时间来计算，更无法用货币单位来体现，这样，在价值规律作用下，就出现了这种现象：越是高知识、高品位的文化商品，接受者越少；受众越少，则市场越小；市场越小，则文化生产的物化环节和经营销售部门都不愿用有限的资金作无限的投入，形成不了卖方市场，因而价格总是低于价值而与价值相背离。这种现象在许多现代文化生产部门都存在，而在电影、出版、艺术表演等方面尤为突出。它的普遍存在深深地影响了现代文化生产的一般运动走向，从而构成了在现代商品经济条件下，现代文化生产不同于物质产品生产的特殊的运动规律——文化产品的精神、文化和艺术价值的永久性与它的市场价格的不等性：价格低于价值，价值与使用价值相矛盾，审美的和文化的价值与"票房价值"相矛盾。两种矛盾运动的结果，导致了文化艺术产品的第一生产者（创造者）与第二生产者、经营者的收入的严重倒挂，价值与使用价值的倒挂，文化、审美价值与交换价值的倒挂，导致了文化产品生产主创者（作家、艺术家、理论家等）主导地位的丧失，导致了高雅艺术和高品位文化市场的萎缩和生产的萎缩。

如何消除两种价值的矛盾和价格与价值的不等性，发展高雅艺术和民族文化，这是现代文化艺术管理中的一大难题。目前许多国家为解决这一难题而采取的对策是，对现代文化生产中价格与价值的差额从市场以外的渠道寻求补偿，即政府的适当投资和社会赞助。这种"补偿"虽然并不一定就能使价值规律恢复完整性，但是可以使它的两种调节功能中的一种得以恢复。美国著名社会活动家丹尼尔·贝尔在《后工业社会的来临》一书中就曾写道："尽管（美国的）文化和娱乐机构基本上是受市场支配的，而比较严肃的作品则在一定程度上依靠基金会和赞助人的赞助。"[①]在美国，自20世纪60年代起就以较为完整的政府行为通过各级艺术拨款委员会，对艺术进行直接投资。然而，政府的这些资助占艺术单位所需的经费不到50%，因此，还必须寻求另外的"补偿"办法。以美国的歌剧团为例，价格和价值之间的差额（通过营业收入与生产开支表现）可以高达

---

① [美]丹尼尔·贝尔. 后工业社会的来临[M]. 北京：商务印书馆，1984：272.

预算总额的 70%。除了政府的投资外，另一种"补偿"渠道就是社会赞助。据美国筹资顾问协会的报告，80 年代美国民间对文化活动的资助从 1981 年的 36.6 亿美元上升到 1986 年的 58.3 亿美元。1984 年，全美国的基金会总共捐赠了 52 亿美元，其中 14%捐给了艺术事业。这种通过市场外的渠道来补偿文化生产与市场的差额的办法，不仅在美国、英国、加拿大、法国、德国等实行，我国自 20 世纪 80 年代以来，也逐步开始实行并逐步形成一种良性机制。以上海市为例，政府资助文化生产的主要类型有：建立文化发展专项基金；建立上海市文化发展基金会，从 1987 年到 1991 年上半年，资助总额达 250 万元，1992 年达 129 万元，1993 年达 423 多万元，1994 年达 700 多万元；贴息贷款，从 1991 年起，政府每年通过发放 1 000 万元额度的贴息贷款，支持电影系统、印刷系统的技术改造和技术更新；对广播电视局、文化局等事业单位的创收给予免缴所得税，支持电视业和文学艺术的发展。除了官方和半官方的文化资助外，社会团体和企业赞助文化已成为又一重要方面。1992 年经市批准的文化集资为 1 700 多万元，1993 年度为 1 446.9 万元，1994 年宝钢集团就捐资 1 000 万元成立"宝钢高雅艺术奖励基金"。据统计，上海文艺表演团体中获企业赞助最多的单位，1988 年是每年 10 万元，1993 年高达 170 万元左右。[①]这一补偿机制运作的结果，使原创文化产品可以顺利地进入它的"物化"过程，而不使"物化"过程因达不到最低生产量的限额造成成本损失，导致文化生产力的负发展。进入市场前，生产者已经得到了补偿，因而尽管数量很小，也可以生产（出版、上映、演出）出来。产品的另一部分价值由市场价值的实现来补偿。这样，被价值规律挤出市场，挤出现代生产的高雅艺术和高价值文化产品，在得到社会补偿后，重新被送进市场。北京舞蹈学院创作表演的大型民族舞剧《鱼美人》，曾因排演 1994 年新版的经费严重缺乏且一时筹措不到资金，不得不准备将该剧版权拍卖，后终获得社会赞助而得以顺利参加了 1994 年北京国际舞蹈节的演出就是典型一例。这个补偿过程和补偿量（资助额度）的确定，就是价值规律调节的结果。这一运动可以看作是价值规律在现代文化生产运动过程中的变异，是社会自觉运用价值规律调节文化生产所发生的作用力的结果。它告诉我们，由于文化的特殊性，它的生产不仅一般地受到经济规律的制约，而且也会受到文化艺术作为精神行为的固有的规律的深刻影响。

三、精神生产规律与价值规律的矛盾与冲突

　　精神生产是一种为人的生产，价值生产是为商品的生产。精神生产规律是人的精神

---

① 郑涵. 当代上海文化资助问题研究[J]. 上海文化，1994（5）.

表达与精神需求的内部联系，并且规定着精神生产的形态与方式，所谓艺术地把握世界就是精神生产规律的最典型的特征；价值规律是价值生产与价值实现的内部联系，并且规定着商品生产的形态与方式。

　　精神生产规律与价值规律之间最本质的矛盾冲突集中地表现为自由与资本的冲突。精神生产遵循的是表达自由的规律，主要表现为个体精神的张扬与表达，尽管这样的张扬与表达会受制于一定历史发展时期的社会整体性人文生态环境的制约，但是，追求个体精神的自由表达与张扬，艺术地与精神地把握世界却始终是精神生产的特点与规律。然而，不断地追求利润的最大化，却始终是资本运动的本质。为了实现资本目的的最大化，不惜牺牲甚至扼杀精神表达的自由却是资本生产的本质特征。精神生产规律与价值规律各自按照自己运行的轨道建构属于自己的空间结构。尤其是当精神生产表现为大规模机械复制时，价值规律便以市场经济的方式通过资本实现对精神生产的控制和对精神生产规律的扼杀。这就是法兰克福学派对"文化工业"的批判。

本章小结

▸ 文化生产的本质是价值生产。（1）是关于文化的意义与符号系统的产生活动及其过程，是主观见之于客观的精神活动及其过程系统；（2）文化生产是指关于观念、思想、意识形态和艺术的生产，即精神生产；（3）文化生产是指运用现代大规模机械复制手段提供可供交换的文化产品和文化服务的活动，是精神创作形态物态化的过程系统。

▸ 文化生产是具有不同的文化生产形态与方式，因而是一个完整的社会过程系统。现代文化生产主要有三种形式：原初创作、机械复制、虚拟生产。虚拟文化生产可以同时具有前两种类型文化生产的属性。

▸ 现代文化生产是相对于现代之前的文化生产而言的文化生产形态。现代文化生产以工业文明为标志，以机械复制为主要生产手段，以追求规模经济及其效益为目标的文化生产活动。现代文化生产是现代社会生产力发展到一定历史阶段的文化表现，它不仅一般地反映了社会生产力的发展水平，而且还深刻地揭示了现代文化创造和形成的历史机制。

▸ 现代文化生产运动有着与其他生产不一样的双重运动特性：既是精神性的，同时又受着价值规律的影响与制约。正是这一特性影响和制约着现代文化生产和文化经济的全部运动。

思考题

1. 文化生产的本质是什么？
2. 怎样理解文化生产与精神生产、艺术生产的关系？
3. 文化生产的方式与形式有哪些？它们之间的关系是什么？
4. 现代文化生产是怎样形成的？有哪些基本规律与特征？
5. 怎样理解价值规律在现代文化生产运动中的作用？

第四章

文化需求、供给与均衡

 学习目标

通过本章学习，应了解和掌握以下内容：

1. 文化需求、供给的基本含义；
2. 文化需求与供给的基本规律；
3. 影响文化供求运动规律的其他要素；
4. 文化供求运动的基本矛盾及其调节。

文化需求与供给是现代文化经济运动中一对最基本的矛盾关系，也是文化经济学研究中一对基本范畴。文化需求与供给是一般需求与供给的特殊表现形态和运动形态。文化需求与供给不仅一般地影响和决定了文化商品生产和消费的矛盾运动，而且还影响了一般商品生产和消费的矛盾运动。研究文化需求与供给的运动形态及其相互关系，是研究文化市场的基本前提，同时还是影响政府和文化市场行为关系的基本依据。

第一节 文 化 需 求

任何生产都是为了需要，任何市场都是由需要引起的消费和分配而形成。没有需要，就没有生产；没有需要，也就没有市场。在生产和市场之间，需要是纽带，是桥梁。根据社会需要来组织生产和市场，这是现代市场经济条件下商品运行的一般规律。物质经济是如此，文化经济也是如此。

一、需求与文化需求

从最广泛的意义上说，任何一种有生命的生物都有通过和借助于能量满足生命存在的内在要求，这就是需求。需求的最本质特性就是必要的，没有它任何意义上的生物都无法存在。人类作为一种生物性存在也受这一规律支配。但是，人类社会作为物的存在除了受制于一般性的生物学意义上的需求支配之外，还受制于社会学意义上的需求支配，而正是这种社会学意义上的需求支配与任何其他生物相区别，并且也构成了人之所以为人的本质特征。文化需求就是人区别于其他一切生物的最本质的需求之一。

马斯洛在他的《动机与人格》[①]中把人的需求分为两大类：一类是沿着生物谱系上升方向逐渐变弱的本能和冲动，称作生理需要和低级需要；另一类是随着生物进化而逐渐显现"潜能"或高级冲动，称作心理性需要和高级需要。马斯洛把人的需求层次按金字塔的结构进行了排列（见图4-1）：（1）生理的需要；（2）安全的需要；（3）社交的需要；（4）尊重的需要；（5）认识的需要；（6）审美的需要；（7）自我实现的需要。

前两种需要是人的共同的需要，后五种需要是人的差别性需要。越是离开底层越高，人的差别性越大，需求差别也越大。

图4-1 马斯洛需求层次图

由于人在人类社会学意义上是由文化来定义的，因此，这两种需求变化和反映在人的生存与发展中都可以被看作是文化需求：（1）文化生存需求；（2）文化安全需求；

---

① [美]马斯洛. 动机与人格[M]. 北京：中国人民大学出版社，2013.

（3）文化交往需求；（4）文化人格需求；（5）文化发展需求；（6）文化表达需求；（7）文化实现（价值）需求。

由此可见，文化需求具有广义文化需求和狭义文化需求之分。从人的最一般的意义上说，人的所有需求都可以被看作是文化需求，都是人的自觉的有意识的行为，这就是广义文化需求。这种需求除非必要，严格意义上并不属于文化需求研究的意义范畴。狭义文化需求，主要是指以人们为了满足精神心理需要而形成的对文化产品和文化商品的主观能动向往、追求与获取以实现精神满足。这是文化经济学研究的重要对象。这两种需求同时都包括个人和组织。个人的生产性需求表现为表达的自由和创造的冲动；组织的消费性需求表现的是对文化资源的垄断；前者属于公共文化需求，后者表现为精英文化需求。除了这两种文化需求形态之外，还有介于二者之间的第三种需求，这是一个对象范围更为广阔的文化需求空间，包括文化的生产性需求和消费性需求；文化市场需求与政府文化需求；主体需求与客体需求；文化的生产性需求与非生产性需求；个体性需求与群体性需求；精神性需求与非精神性需求；人的需求与组织需求；商品性文化需求与非商品性文化需求；如此等等。生产性需求是客观性需求；消费性需求是主观性需求；生产性需求就对文化资源的占有与消耗来说，也是一种消费性需求；而消费性需求就对主体文化能力建构来说也是一种生产性需求。需求的性质以不同的主体而发生转换。尤其是在一个国家发展转型时，制度创新需求往往表现为不仅是制度本身的文化需求，而且是市场需求、国家需求和制度需求：当不转变某种制度便不能实现国家、市场和整个国民生产的可持续发展时，对制度创新的需求就首先表现为人和社会的思想解放和思想革命，从而使制度创新首先以精神文化的形态表现出来，这是一种整体性的、以国家制度意志表现出来的文化需求。

二、文化需求的产生、类型与层次

文化需求是人们为了满足各种精神生活需要而形成的对文化产品和商品的要求，并通过一定的量表现出来。

作为人类社会生产的精神现象，文化需求是社会经济发展的必然产物；作为人的本质的一种自我确证，文化需求又是人的自身发展的必然表现形态。社会生产力的发展和劳动生产率的提高，全面促进了人们生活水平的改善和余暇时间的增多，物质生活的丰富和可供支配收入的提高不断带来的物质消费层次和消费结构的变化，使得人们在实现了物质生存欲望的同时不断地追求精神的发展和人的文化的自我完善。随着社会的不断现代化，在人们的生活需要中，用于生存需要的开支部分所占的比重逐步下降，而用于享受和发展需要的文化开支部分所占的比重在逐步上升。文化需求正日益成为人们生活中的普遍需要。而文化需求量的大小和文化需求品位的高下，已成为一定文化区域现代化程度高低的标志。一定文化需求的发展，不仅可以满足人们对文化的需求，而且可以改变人们的文化环境，进而带动整个社会和经济的滚动发展，推动社会的进步。

根据不同的标准，文化需求可以有许多不同的类型。以是否支付价格为标准，文化需求可以分为商品性需求和非商品性需求两种类型。非商品性文化需求，是指人们无须支付价格就可以实现的需求，这种需求主要表现为社会公益性文化需求，它由文化生产部门无偿提供文化艺术产品而实现。例如街头雕塑、广场音乐会，其目的是满足社会公众对生活环境的良好文化氛围的要求。在这类需求中，由于需求和需求实现之间没有发生任何交换关系，一般来说，这类文化需求并不成为文化经济学研究的主要对象。但是，这种需求构成人们整个文化需求的重要方面，并且在这种需求的背后仍然浓缩了整个社会资金在文化事业上的分配和使用，这类分配和使用所造成的文化产品的供求矛盾又会间接地与人们的经济活动相联系，因此，如何正确认识非商品性文化需求在整个文化需求中的地位和作用，正确处理非商品性文化需要与商品性文化需求的关系，就成为文化经济学研究不能回避的课题。

商品性文化需求，是指人们通过购买手段，支付一定的价格，以货币交换方式实现的需求。由于这类文化需求是通过货币交换方式实现的对文化商品的有偿购买，主要通过市场进行，它的运动就必然受到价值规律的支配，因而也就成为文化经济学研究的主要对象之一。在这类文化需求中，由于需求动机的不同和购买结果的不同，又可分为投资性文化需求和娱乐性文化需求。投资性文化需求，是指着眼于人的人文品格的培养和文化素质发展的需求，其目的是通过货币的投资行为实现货币的保值和增值。例如人们对字画古玩等艺术品的需求。娱乐性文化需求，是指满足以感官享受为特征的需求，例如人们对卡拉OK、迪斯科、高保真音响等的需求，它不以货币的保值和增值为目的，而是追求瞬时的享受。在这个过程中虽然会涉及人的人文品格的塑造，但无论是需求动机还是需求效果，它与投资性文化需求还是有明显差异的。

表达的需求是另一种人的满足精神生活需求的形态。它和对文化商品的需求不一样，它不是接受型的，而是输出型的，更多的是体现出人的主体意识和创造精神。这是一种比接受型的文化需求更高级的需求形态。这种需求形态的一个最本质的内容，就是它可以界定每个人都是精神文化产品的创造者和文化消费品的提供者。在现代社会，当这种创造和提供通过现代传媒手段得以广泛地实现时，它便创造出一种全新的文化经济的运动模式，一种由表达的需求而导致公众广泛参与的文化经济形态。2005年给中国文化市场带来巨大效应的"超级女声"和"博客"就是最典型的案例。随着中国经济和社会的进一步开放，人们享受的文化民主权利的进一步实现，表达的需求将发展成为更主要的文化需求。对于表达需求的研究，将成为文化经济学一个全新的研究领域。

以文化消费主体为标准，文化需求可以分为私人需求与公共（国家）需求两种类型。私人文化需求可以表现为完全的个别性，只要不进入公共空间，个人的文化需求在某种程度上是不受干扰的；而公共文化需求则不同。公共文化需求包括社会文化需求和国家文化需求两种类型。社会文化需求从实现的角度来说，就是基本文化权益的满足。例如图书馆和博物馆等基本文化设施提供的公共文化服务，以及知识产权和文化安全的保护。国家文化需求对内表现为公民和社会对国家文化事业的认同，对外表现为对本国文化主权的安全维护。国家基于维护国家发展等战略利益的原因，需要公民和社会生产和提供国家生存与发展的价值观和体现这种价值观的所有文化形态和社会机制，即国家文化产品。

社会上的不同人群有不同的文化与文化需求。因此，必须特别注意在启动文化需求过程中对不同人群的细分。公益性文化事业主要提供公共文化产品和服务，满足并确保以纳税人为主体的全社会的基本文化需求，实现一个国家和民族的主体文化价值取向。而经营性的文化产业则主要提供差别化的文化产品和文化服务，通过市场主导，满足不同人群的不同文化消费需求。文化需求是可以满足的，也是可以创造的。针对不同人群潜在的文化需求和文化市场，定向生产文化产品和创造文化服务，是文化经济的一个崭新门类。创造需求的一条基本规律，那就是尊重和强化"你这一个"和"你们这个群体"的主体意识，不断创造新的文化需求。

三、文化需求规律与弹性

1. 文化需求规律

文化需求规律是人们对文化商品的需求量与价格之间运动、变化关系的内部联系。在市场经济条件下，作为商品生产的基本规律之一，需求规律反映和制约了人们对商品的需求量与价格之间的最一般关系。文化商品价格是影响文化需求的基本因素，在其他情况不变的条件下，文化需求总是随文化商品价格的变化而变化。文化商品价格上升，文化需求量就会下降；相反，文化商品价格降低，文化需求量就会增加。因此，文化需求规律具体表现为需求量随价格上升而递减，随价格下降而递增的逆向运动关系，如图 4-2 所示。

从图 4-2 中可以看出，当文化商品价格在 P_1 时，文化需求量在 Q_1；如文化商品价格上升到 P_3 时，文化需求量就降到 Q_3；如文化商品价格下降至 P_2 时，文化需求量就增至 Q_2。这种关系用函数形式来表示文化商品的需求函数：

$$D = f(P)$$

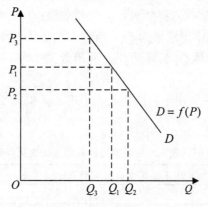

图 4-2　文化需求曲线

式中，D 表示需求量；P 表示价格；f 表示它们之间的函数关系。一条自左上方向右下方倾斜的文化商品需求曲线，反映的就是需求量与价格的变动关系。需求状况的任何变化都会造成整个需求曲线的运动。因此，这种关系所反映的就是人们对于商品性文化需求的规律。

文化需求是人的一种享受和发展的需求，它是在人们的生存需求得到满足之后才形成和发展起来的，是生存满足后物质富余成果的另一种投向。这种投向的目的是寻求人的发展，并且在发展过程中求得更高层次的生存，这种发展是生存的一种生命运动的延伸。这种生存满足的物质富余成果的多少，即人们可用以文化享受的支付能力的大小，直接影响了人们对于商品性文化需求的程度。一般来说，如果其他因素不变，那么可供支配的收入越多，人们对文化商品的需求量也越多；反之，用以购买文化商品的能力就会下降。可支配收入与文化商品的需求量成正比例变化关系，如图 4-3 所示。

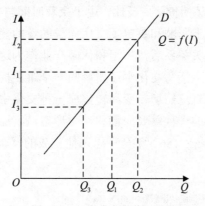

图 4-3　文化需求与收入曲线

图 4-3 中，I 表示可支配收入；Q 表示文化需求量；f 表示它们之间的函数关系。当可支配收入水平为 I_1 时，文化需求量为 Q_1，当收入水平从 I_1 增至 I_2 或减至 I_3 时，则相应的文化商品需求量也分别增至 Q_2 或减至 Q_3。其函数关系为：

$$Q=f(I)$$

表 4-1 的统计数字反映了在不同的收入水平下，人们对文化娱乐用品需求量的不同情况。

表 4-1　2012 年不同收入水平城镇居民家庭人均文化娱乐用品的支出[①]

	用于购买文化娱乐用品支出（元）	占生活费支出的比重（%）
最低收入户（10%）	144.7	1.98
较低收入户（10%）	209.6	2.18
中等偏下收入户（20%）	284.9	2.32
中等收入户（20%）	404.8	2.58
中等偏上收入户（20%）	565.4	2.85
较高收入户（10%）	793.4	3.08
最高收入户（10%）	1 187.2	3.15

一定的文化需求，作为人们一定的文化消费欲望的表现，它是人们在物质生活得到满足之后，享受余暇时间的一种存在方式。对这种时间拥有的多少，直接影响一定时期一定收入下人们对文化需求的数量。一般来说，随着人们余暇时间的增多，对文化需求的数量也会相应增加。文化需求同余暇时间的关系与文化需求同可支配收入的关系一样，也是成正比例关系。这种关系在节假日表现尤为明显。这样，文化需求的基本规律主要表现为：在影响文化需求其他因素不变的情况下，文化需求与人们可支配的收入水平和余暇时间成正比，与文化商品的价格成反比。由于余暇时间与文化需求构成正相关关系，余暇时间的多寡在某种程度上影响和决定了文化需求的量的变化，因此，当余暇时间和文化需求之间构成一种正相关关系后，休闲和休闲产业作为这种关系的一个结果，就成为衡量一个地区和国家文化生活与文化生活质量的一个重要标志，成为社会文明程度发展的一个标志。尤其是当所有这一切转变和转化成一种文化生态环境和文化资本形态之后，它就成为影响文化发展的一种重要力量和动力形态，因而也就构成了现代文化经济学研究的一个重要命题。[②]早在 1862 年马克思在他完成的《剩余价值理论》草稿中就指

[①] 中国统计年鉴（2013）[M]．北京：中国统计出版社，2013．
[②] 马惠娣．走向人文关怀的休闲经济[M]．北京：中国经济出版社，2004．

出："可以自由支配的时间，也就是真正的财富，这种事件不是被直接生产劳动所吸收，而是用于娱乐和休息，从而为自由活动和发展开辟了广阔的天地。"[①]因而一个国家真正富裕的标志是劳动时间的减少，闲暇时间的增多。马克思是预见到闲暇在文明发展中的重要性的最早的思想家。因此，恩格斯特别指出："人类的生产在一定阶段上适合到这样的高度：能够不仅生产生活必需品，而且生产奢侈品……这样，生存斗争——就变成为享受而斗争，不再是单纯为生存资料斗争，而是为发展资料，为社会的生产发展资料而斗争，到了这个阶段，从动物界来的范畴就不再适用了。"[②]因此，所谓"休闲"，就是消费空暇时间。一般来说，休闲有两种方式：积极休闲和消极休闲。消极休闲就是喝酒、睡懒觉、打麻将赌博之类；积极休闲就是一种有意义的休闲、有境界的休闲。既玩得高兴又有益于身心健康的休闲模式，将成为未来全社会的文化消费主流。

2. 文化需求弹性

在影响文化需求变化的各种因素中，任何一个因素的变化都会引起文化需求量的变化，这种反应现象就叫做"文化需求弹性"。

文化需求弹性分为需求的价格弹性和需求的收入弹性。文化需求的价格弹性反映的是需求量与文化商品价格之间的变化关系；文化需求的收入弹性反映的是文化商品需求量与可支配收入之间的变化关系。测量它们之间变化程度的尺度叫弹性系数。文化需求的价格弹性系数，就是文化需求量变动的百分比与价格变动的百分比之间的比率。其计算公式为

$$E_P = \frac{需求量变动的百分比}{价格变动的百分比} = \frac{\Delta Q}{Q} \div \frac{\Delta P}{P} = \frac{\Delta Q}{\Delta P} \cdot \frac{P}{Q}$$

式中，P 为文化商品的价格；ΔP 为文化商品价格的变化程度；Q 为文化需求量；ΔQ 为文化需求量的变化程度；E_P 为文化需求的价格弹性系数。由于文化商品价格的变动将引起需求量的逆运动，需求的价格弹性系数就为负数。弹性系数的大小，一般取其结果的绝对值。绝对值 $E_P>1$，则表示需求价格弹性大。如图 4-4 所示。不同斜率的需求曲线反映了不同的价格弹性。人们对不同的文化商品有不一样的需求，需求曲线的斜率也不一样。需求曲线的倾斜度大，其斜率也大。在图 4-4 所示的情况下，文化商品价格的一定幅度的变化便引起需求量更大幅度的变化。报纸、杂志等就属于这种情况。

需求价格弹性系数的绝对值 $E_P<1$，则表示需求价格弹性小，如图 4-5 所示。

---

① 《马克思恩格斯全集》第 26 卷第 3 分册，第 280～282 页。
② 《马克思恩格斯全集》第 34 卷，第 163 页。

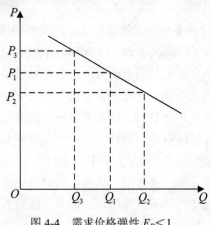

图 4-4　需求价格弹性 $E_P < 1$

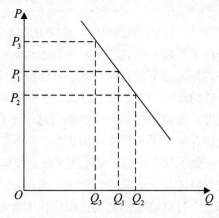

图 4-5　需求价格弹性 $E_P > 1$

　　需求曲线倾斜度小，其斜率也小。在这种情况下，文化商品价格发生较大幅度的变动，只会引起文化需求量较小幅度的变化，说明此时文化需求价格弹性小于1。字画、古玩、特种工艺美术品等一些具有相当层次且具有一定收藏或保值价格的文化商品等，就属于这种情况。

　　需求的价格弹性系数的绝对值 $E_P = 1$，则表示在这种情况下，文化商品价格一定幅度的变化，将会引起需求量发生相等幅度的变化，如图 4-6 所示。

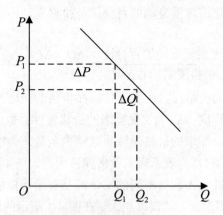

图 4-6　需求价格弹性 $E_P = 1$

　　上述三种情况是就文化需求与价格之间变动关系的一般规律而言。文化商品的构成相当复杂，且每一种构成成分都有特殊的价值规定和价格体现，有的价格并不一定就是价值的货币表现，因此，不同的文化商品的价格弹性是不一样的，即便是同一种文化商品在不同时期由于影响价格走向的其他因素的差异或作用力大小的不同，其价格弹性也会有不同的表现。价格对需求量变化的影响，有时能够比较纯粹地表现出来，有时则由于其他因素的交互作用使价格作用本身发生扭曲。把握文化商品需求的价格弹性，关键在于掌握文化商品的价格与需求量之间变动的最一般关系。然后，根据不同文化商品的市场情况，区别对待，通过对各种因素的综合分析，预测价格变动将会引起需求量在多大程度上的变化，从而为科学、合理地制定文化商品的价格，调节供求平衡，提供决策依据。

文化需求的收入弹性系数，即人们可支配收入变动的百分比与需求量变动的百分比之间的比率。其计算公式为

$$E_I = \frac{需求量变动的百分比}{收入变动的百分比} = \frac{\Delta Q}{Q} \div \frac{\Delta I}{I} = \frac{\Delta Q}{\Delta I} \cdot \frac{I}{Q}$$

式中，E_I 为文化需求的收入弹性系数；I 为可支配收入；ΔQ 为文化需求量的变化程度。由于文化需求量随人们的可支配收入的增减而增减，表现为正比例变动关系，文化需求的收入弹性系数就为正数。当需求的收入弹性系数 $E_I > 1$，则可支配收入发生一定程度的增幅，会引起文化需求量更大程度的变化；当需求的收入系数 $E_I < 1$，则可支配收入发生一定程度的减幅，只会引起需求量发生较小幅度的变化；当需求的收入弹性系数 $E_I = 1$，则可支配收入同需求量之间弹性一致，两者按同比例变化。

文化需求是人的享受和发展的需求。为了实现更高层次的生存，随着人们收入水平的提高，人们追求需要的层次也将不断提高。正由于是为了实现人的更高层次的生存，从长远看，即便一定时期的收入会由于某种原因而减少，人们也还可能会"节衣缩食"，宁愿舍弃某些物质消费也要满足自己对文化的追求和精神享受的需要。文化需求的收入弹性也会在总体上呈增大态势。

3. 文化需求规律构成的多样性与需求弹性的非确定性

文化需求规律构成的多样性导致需求弹性的非确定性。一般来说，价格是其中起决定性作用的因素，但是，由于价格常常是被扭曲的，未能准确反映价格与价值之间的关系，因此，即便完全可能是一个非常好的文化产品，以及一个非常恰当的价格，未必一定就能形成一个较好的消费需求。这就是在文化市场领域里经常出现的所谓"叫好不叫座""叫座不叫好"的现象。这也常常导致文化生产投资预期与这个预期不能实现之间的矛盾。还有一种现象：量价运动成正比例关系，而非如一般商品需求规律所表现的那样成反比例关系。即需求并没有随着价格的上涨而下跌，相反，是随着价格的上涨而增加。这一现象集中表现在艺术品和古董文物市场。如果说古董和文物表现为量价同步增长是因为稀缺性的原因，那么，导致艺术品市场需求和价格之间的量价运动关系的原因又是什么呢？这种文化需求规律多样性与需求弹性之间的非确定性，是文化需求研究中的重

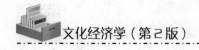
要问题，值得深入研究。

四、不同文化需求的产生及其动力系统分析

作为一种享受和发展的需要的存在形式和文化经济现象，文化需求的社会整体形成和运动并不是一个简单的议程式，而是在各种因素的综合作用力影响下形成的结果。既有经济的、文化的因素，也有政治的、历史的、社会的、家庭的、心理的、环境的乃至宗教的因素。尽管在不同的历史时期和不同的地域，这些因素所发生的作用力的大小是不一样的，但它们也都对文化需求的内容构成和取向发挥影响，并且在某种情况下会影响一定时期和一定地区人们文化需求的宏观走向。

1. 人口的构成和流动

文化需求是一种处在不断运动和变化中的多元构成。它的结构构成和运动方向，在一定的主体构成不变的情况下，随着人口结构构成的变化和人口流动状况的变化而变化。人口结构包括人口的年龄结构、性别结构和职业结构。不同层次的年龄、不同的性别和不同的职业的人们，对文化需求内容和形式的选择是不一样的，而人口的流动也由于这三种不同的构成而分别呈现不同的流向，并对文化需求的整个运动状况产生不同的作用力，形成不同的层次和结构。

就年龄构成而言，年龄不同、阅历不同、文化兴趣不同，对文化需求的目的、内容和形式也不同。京剧是我国的国剧，民族文化的精华，但对它的需求却在中老年，尤其是老年为主的年龄层次上；现代引进的动画片，其内容和影响虽曾多次引起教育舆论界和家庭的讨论，但始终是少年儿童乐此不疲的文化需求，从"变形金刚"到"奥特曼"，从电视动画片到各种玩具、游戏纸片，多少年来，经久不衰；而热衷于流行歌曲以至近乎迷恋的"追星族"和"发烧友"，则年龄构成成分主要是青年人；中年人是社会的栋梁，承上启下，无论在家庭负担、社会义务还是国家责任方面，都有其他年龄层次的人们所缺少的那种历史负重感，他们在文化需求上始终是"文化反思主义者"和"历史反思主义者"，稳健、深沉，注重文化对象的历史含量和文化厚度，是他们对文化需求的主要特征。这种不同年龄层次对文化的不同需求，构成了文化市场此消彼长的潮汐现象。由于青年人是社会文化需求中最活跃的一群，从 20 世纪 80 年代以来文化需求的发展走势来看，这个年龄层次的人们文化需求的价值取向和审美取向如何，直接影响着社会文化需求的生长点。从这个意义上说，掌握了青年人文化需求的特点，也就掌握了文化生产和市场运作的主动权。

职业结构是人口因素中对文化需求发挥影响的又一重要方面。一定职业是人们一定的社会角色的确认，一定的职业分工是人们所受一定程度文化教育的体现。职业的不同，不仅意味着人们的经济收入、余暇时间的不同，而且还由于一定的职业要求所形成的文化程度的差异，不同职业人们必然会有不同的文化需求。一般来说，职业的文化程度要求越高，构成该职业人群的整体文化程度也越高，这个职业人群对文化需求的质量要求也越高，满足这种需求的数量也越大。所以，职业结构的不同，构成了文化需求的质和量的差异及运动样式的差异。整个社会对文化商品需求量的大小和质的高低的曲线运动，与一定社会的职业结构以及由这个结构所反映的人们的文化程度的高低成正相关关系。

性别构成对文化需求的影响，主要表现为女性在一定社会和一定历史时期的社会参与程度。女性的社会参与程度高，对文化需求的量就大；参与的程度低，则对文化需求的量就小。这种影响又主要反映在对文化商品种类选择上。一般来说，主要是影响文化商品的需求结构，相对于需求结构的影响而言，对需求走势的影响则要小得多。

人口流动是影响文化需求的数量、结构和运动方向的重要因素之一。一定地区人们的文化需求，是以一定地区人口的数量和质量的一定的流量和流速为其常态基因的。当这种常态基因呈现匀速运动时，该地区整个社会的文化需求的一般运动状态则表现为如前所述的规律。一旦某种外来力量的作用导致这一地区外来流动人口流量和流速的激增和突变时，那么，维系这个常态基因的结构和运动就会出现文化需求状况的紊乱。因此，为要求得新的文化需求的平衡，满足由于大量外来人口的流动而带来的新的文化需求，就必须在原来的结构基础上实现文化需求结构的重组，并通过市场调节以逐步求得在一个新的层面上文化需求的总平衡，从而形成新的文化消费市场和文化生产结构和规模。以上海为例，如果说 20 世纪 80 年代初，录像放映热的兴起主要还是满足当时上海市民特别是年轻人的文化需求，那么到了 90 年代初，这一文化消费形式的服务对象则主要被参加上海各种建设和服务行业的大量外地民工所代替。而高尔夫球场、网球场、保龄球场等一大批新兴文化体育设施的建设，爵士乐的出现，则又主要是为了满足外籍在沪人员的文化需求。从文化需求的历史变迁来看，移民人口大量流向一个地区，不仅会给这一地区的经济状况和社会面貌带来极大的变化，而且也会对该地区的文化需求的质量结构和运动节奏、方向带来根本性的变化。因此，无论是组织文化生产、调整产业结构，还是组织市场，都必须重视和研究一定数量和质量的人口流动和流速对一定地区文化需求的影响。

2．地理环境

地理环境是人类生存的空间和自然基础，也是各民族、各国度文化机体的构成成分。不同的地理环境和自然产品，造成了各地域、各民族物质生产方式的不同类型，也在这个基础上造成了不同的文化性格和社会文化需求的不同的内容和形式。早在"五四"时期，我国著名学者杜亚泉在比较东西方文化差异时就指出：西洋文明发源于地中海沿岸，这里"交通便利，宜于商业贸迁远服，操奇计赢，竞争自烈"；而中国文明发达于黄河沿岸，这里"土地沃衍，宜于农业，人各自给，安于里井，竞争较少"。这种差别导致了两种文化的不同价值取向和形态存在：西洋"以自然为恶"，"注意人为"，中国"以自然为善，一切皆以体天意、遵天命、循天理为主"。并进而派生出西洋的"主动文明"、中国的"主静文明"。"两种文明，各现特殊之景趣与色彩。即动的文明，具都市的景趣，带繁复的色彩，而静的文明，具田野的景趣，带恬淡的色彩"。①这种区别，不仅表现在两大文明类型之间，而且也表现在同一文明的背景下，并直接赋予某些文化产品以鲜明的地理环境色彩，如藏歌的雪域风情、蒙古民歌的草原韵味、江南丝竹的水乡意境，从而构成一地区一民族的文化需求鲜明的个性特征。

地理环境对人们文化需求的影响，不仅表现为对需求对象的内容和形式的要求，而且也表现在对文化商品需求的量的要求。通常城市居民的文化需求要比农村的高，沿海沿江大城市居民的文化需求比内地和偏远地区的中小城市的高。因为，就一般情况而言，城市居民的经济收入、余暇时间和文化程度要比农村高。比较农村和内地偏远省份而言，城市，尤其是沿海沿江的大中城市交通发达，文化消费和生产的市场发育较好，满足人们需求的文化硬件设施也较丰富，而且城市，尤其是文化中心城市人口流量大，信息传播、观念更新快，人们的文化需求不断追求新满足的运动频率也高。因此，在文化需求的总量控制中，城市的要求比例总是高于乡村。但这并不意味着可以不注意农村的文化需求。中国是有十多亿农业人口的大国，满足这么庞大的人群的文化需求，开拓和发展广阔的农村文化大市场，依然是我国文化发展战略的重要和长远的目标。

3. 政治因素

文化需求是人的精神享受和发展的需求，包含政治、历史、宗教、文化、艺术、道德等多方面的内容，因而是一个综合性的指标。由于政治是经济的集中表现，集中反映了国家利益和人民意志，政治因素成为对人们的文化需求产生重大影响的重要因素之一。政治因素主要包括文化政策和舆论宣传导向，在对社会文化需求的宏观调控中，表现为政府对一定时期文化精神的倡导和消费取向的引导。人们一定的文化需求是在一定的文化土壤中培育起来的，在它所有的生长过程中，由于吸收的养料不同，就构成了在一定历史文化背景条件下人们的文化需求的多样性和复杂性。同时，文化需求包含多种不同的价值观念和精神取向，其中，既有低级的文化要求，又有高级的文化追求，既有宗教的，也有世俗的，而每个社会阶层和社会群体都希望自己的文化需求得到最大程度的满足，因此，当一种文化需求破坏了原来文化需求的"生态平衡"，尤其是影响到国家和民

---

① 伦父. 静的文明与动的文明[J]. 东方杂志，第13卷，第10号。

族文化的发展走向，影响到整个社会人群素质的构造时，除了运用市场手段进行调控外，政府还将运用一定的行政乃至法律的措施，明确提供和扶持一种文化需求，淡化和消解另一种文化需求的过度膨胀。例如，1994 年对高雅艺术的倡导和对港台歌星演出的适度控制，从而形成"94 高雅艺术年"就是一个明显的例子。如果在社会大动乱时期，例如战争时期，当国家和民族的利益高于一切时，毫无疑问，政治会要求文化服从国家和民族的最高利益，并引导大众的文化需求。当某一时期形成一个社会的政治热点时，也会引起文化需求注意力的转移。例如 20 世纪 90 年代初出现的"领袖人物传记热"，第二次世界大战结束五十周年纪念引发的对"二战"作品的需求等。政治因素的重大变化必然会引起文化需求内容、形式和方向的重大变化。我国"文革"时期人们的文化需求的注意点和中共十一届三中全会以来，实行改革开放后人们的社会文化需求的生长点，是最能说明这种影响的。

第二节 文化供给

文化供给是社会运动与发展的基本功能，是政府与文化企业存在的全部合理性依据。文化供给的能力与形态，一方面反映了一个社会文化生产力发展的水平程度，另一方面还反映了一个社会文化制度发展的完善性程度。文化供给能力是衡量一个国家综合文化国力的重要指标，同时也是衡量文化生产部门市场竞争力和国家经济结构与产业结构现代化程度的重要指标。

一、文化供给及其类型

文化供给是指文化生产部门为了满足社会的文化需求而在一定时期内向社会和市场提供的文化产品和商品的数量。它与文化需求相对应。它作为文化经济活动的一个重要内容，与文化需求共同构成文化经济的基本矛盾运动。

文化供给一般可分为商品性供给和非商品性供给两种类型。

商品性文化供给，是指文化生产部门在一定的时期以一定的价格向文化市场提供的文化商品的数量，内容主要有图书、报刊、杂志、音像制品、美术品、电影、文艺演出等。人们要获得文化商品和精神享受的满足，只有通过支付一定的价格，以货币交换形式才能实现。作为一种市场行为，文化供给的基本运动必然要受文化经济的一般规律所制约。这也是文化经济学研究的主要内容。

非商品性文化供给，是指文化生产部门向社会无偿提供的文化产品的形式和数量。主要表现为社会公益性文化供给和为营造社会文化环境而提供的文化供给，例如街头雕塑、街头画廊、广场音乐会、广播、无线电视等。这类文化供给以整个社会为对象，社会的任何一个成员都可以无偿获取以满足自己的文化需求。这种类型的文化供给与需求者之间不发生经济上的主体行为，不带有经济交换关系，因此，非商品性文化供给通常不作为文化经济学研究的主要对象。但是，非商品性供给对社会文化生态环境的营造，对人们文化需求质量的提高具有特殊的作用和意义，是整个文化供给构成中不可缺少的组成部分，并且在这非商品性的背后依然联系着资金在公益性社会文化生产投入中的比例，在总的文化资金的运动过程中有不可忽视的作用。因此，在整个文化供给系统中，如何正确处理有偿的商品性供给与无偿的非商品性供给的关系，特别是着眼于物质文明和精神文明的建设，加大公益性文化供给的投入，从公共文化经济学意义上来说，对非商品性文化供给状况的研究仍然具有特殊的意义。尤其是在政府建设公共文化服务体系的过程中，公共文化产品的提供是一个非常重要的课题。

随着文化消费市场的细分，以及环境的文化意义程度越来越成为影响人们行为的重要因素之一，因此，通过举办一系列免费艺术活动——画展、音乐会、摄影展等来作为商品营销手段，也越来越成为现代许多大商场的经营模式之一。在这里，非商品性文化供给就超越了原有构成的主体性，商家通过购买艺术家的艺术活动而提供给社会公众的商场购物时免费消费，也就丰富了非商品性文化供给的意义范畴。

文化供给包括两种存在形式：实物形式和非实物形式。以实物形式表现的文化供给，有图书、报刊、音像制品、美术品（字画、雕塑）等；以非实物形式表现的文化供给，有电影、电视、广播、文艺表演、文博展览等。在商品性文化供给中，前者一般属于对象的占有性供给，即被供给的文化商品被购买者以货币形式购买后永久占有；后者通常表现为有限占有供给，即购买者虽然支付了一定的货币，但也只能在有限的时间和空间里占有，而供给者却可以不断地把同一商品在同一空间的不同时间里提供给不同的需求者消费，以满足文化需求。当然，这种区别和需求者支付的一定的货币量有关。购买一幅美术品可以是永久性占有，观看美术作品展只能是有限占有，两者不仅占有形式不同，支付的货币量也不同。因此，在各种经济因素中，影响商品性文化供给最主要的就是文化商品的价格。

二、文化供给规律和弹性

文化供给规律主要是指商品性文化供给规律。同其他商品的供给规律一样，文化商品的供给规律主要表现为供给量与价格之间的关系。在其他条件不变的情况下，文化供给与文化商品价格的变化成正比。即市场上文化商品的价格越高，供给者获利越多，文化商品的供给量就越大；相反，价格低，获利少，供给量也就下降。文化商品的供给量这种随价格上扬而递增，随价格下落而递减的运动规律，用函数形式来表示，就是文化供给量是文化商品价格的函数：

$$S=f(P)$$

式中，S 表示供给量；P 表示文化商品价格；f 表示函数关系。如图 4-7 所示为文化供给曲线。

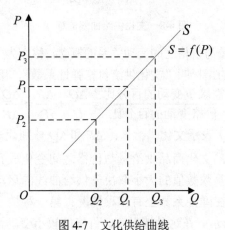

图 4-7　文化供给曲线

从图 4-7 中可以看出，当文化供给价格在 P_1 时，文化供给量在 Q_1；当文化供给价格上扬至 P_3 时，文化供给量也增长至 Q_3；当文化供给价格下落至 P_2 时，文化供给量也减少至 Q_2。供给的运动曲线呈左下方向右上方倾斜。表明在其他因素不变的情况下，文化商品供给量随文化商品价格的变化而变化。如果其他因素发生变化，那么文化供给量也会随之而变动。例如文化商品生产的成本价格的变化。在文化商品价格已定的情况下，文化商品生产成本价格的上扬或下落所产生的力，会使文化供给量在这种力的作用下发生减少或增加的相关运动，如图 4-8 所示。

从图 4-8 中可以看出，当成本价格不变时，价格 P_1 与供给曲线 S_1 所对应的供给量为 Q_1；当文化商品生产的成本价格提高，则供给曲线便上扬到 S_3，其与价格 P_1 相对应的供给量为 Q_3，成本价格提高，供给量减少，$Q_3 < Q_1$；反之，生产成本价格降低，供给曲线便下落至 S_2，其与价格相对应的供给量为 Q_2，成本价格降低，供给量增加，$Q_1 < Q_2$。这种情况以图书和激光唱片供给较为典型。

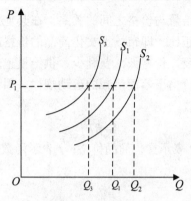

图 4-8　文化供给曲线的移动

　　反映文化商品的供给量与价格之间变动关系的概念，称之为"文化供给价格弹性"。测试它们之间变动程度大小的指标叫"文化供给价格弹性系数"，用 E_S 表示。其计算公式为

$$E_S = \frac{需求量变动的百分比}{价格变动的百分比} = \frac{\Delta Q}{Q} \div \frac{\Delta P}{P} = \frac{\Delta Q}{\Delta P} \cdot \frac{P}{Q}$$

　　式中，P 表示价格；Q 表示文化供给量；ΔP 和 ΔQ 分别代表价格变动量和相应的供给的变量。根据供给规律，文化商品供给量与价格之间变化成正比例，所以文化供给价格弹性系数为正数。弹性系数数值的大小取决于供给曲线的运动形状，即曲线斜率。供给曲线的不同斜率，反映在弹性系数上有三种情况：第一种情况是文化商品供给价格弹性系数 $E_S>1$，如图 4-9 所示。在这种情况下，价格的较小变动都将引起文化供给量较大幅度的变动，它表明文化供给是富于弹性的，数值越大，弹性越大。第二种是文化供给价格弹性系数 $E_S<1$，如图 4-10 所示。在这种情况下，价格的较大变动只能引起文化供给量较小幅度的变动，说明供给弹性小。第三种是文化商品供给的价格弹性系数 $E_S=1$，如图 4-11 所示。在这种情况下，供给量变动幅度与价格变动幅度相同，两者之间同比变化。

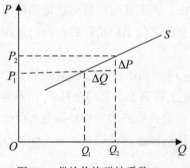

图 4-9　供给价格弹性系数 $E_S>1$

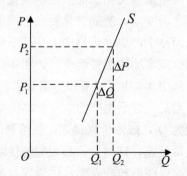

图 4-10　供给价格弹性系数 $E_S<1$

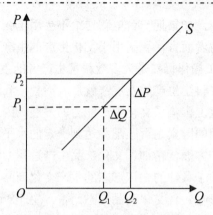

图 4-11　供给价格弹性系数 $E_S=1$

三、影响文化供给的其他因素

如同文化需求一样，除了决定于价格因素之外，文化供给运动变化还受其他因素的影响，如生产能力、生产周期、文化经济政策等，并且随着这些因素的影响力作用于供给运动大小程度的不同，呈现不同的运动曲线。从这个意义上说，文化供给也是在多种综合因素影响下发生的文化商品的特殊运动形式。

1．文化商品的生产能力

文化商品的生产能力是包括文化商品生产者、生产资料和生产对象在内的一个综合概念。它是对一定时期文化供给状况产生基础性影响的因素。这时期和那时期、这地区和那地区文化供给的差异，除了价格因素外，文化商品生产能力的高低、大小是一个重要的原因。文化商品生产主要是精神生产，是人的主体行为，因此，作为生产能力起决定作用的方面，人力因素与文化商品生产所需要的精神力因素是否相适应，即文化商品生产者（精神生产者）的智力水平、结构与文化商品生产过程中所使用的知识形态的生产资料和生产对象是否相适应，不仅影响着文化产品的产业能否发展，而且直接规定着某一文化商品能否实现有效的供给。在我国，这方面呈现差异的情况，主要表现在各地区文化生产部门精神产品生产者的数量和质量构成的不平衡，即文化人力资源的不平衡。同沿海大城市和中心城市相比，偏远地区和一些内地省份无论是精神生产者的质量还是数量都相对弱一些，在文化供给的数量和质量上也就相应落后一些。作为这种能力因素表现的第二个方面，就是人力因素与物质力因素是否相适应，即文化商品生产者的智力水平与精神产品生产过程中所使用的物质形态的生产资料和生产对象是否相适应。例如，如作家已经掌握了用电脑写作的技术时，如果没有相应的电脑设备，那么提高创作速度

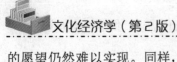

的愿望仍然难以实现。同样，如果把一台电脑送给不会用电脑写作的人去使用，也不可能提高他的写作速度。就前者而言，我国用于文化生产的生产手段还相当落后，尤其在文化生产的"原创期"，手工操作仍然是大多数精神生产者的主要生产形式，严重影响了我国精神生产，尤其是人文科学生产的发展；就后者而言，我国精神生产者智能结构更新速度不快，也在一定程度上影响了文化生产能力的发展。因此，作为文化生产能力的重要组成部分，这两个方面的因素是否匹配并达到一定的水平，对于能否提高整个文化供给能力十分重要。第三个方面，精神、文化产品生产过程中的人力因素、物质力因素与生产对象是否相适应，即于具体的知识形态的生产文化商品形态而言，也会对文化供给的对象内容造成很大的影响。就文化商品形态而言，生产对象究竟是小说还是电影、电视剧，是油画还是国画，涉及"这一个"精神生产者，那么他对对象把握的能力直接制约着他的生产能力，并对供给带来影响。因此，一定的文化商品生产能力和不断提高这种能力，是确保文化供给的基础性因素。

2．文化产品的生产周期

精神文化产品的生产是以特殊的形式——脑力劳动，和特殊的生产结果——无形的产品，与物质生产相区别的，在一定的生产能力和一定的时间内，绝大部分文化商品不可能像物质商品那样，在短期内可以迅速增加供给量。文化商品的生产，如电影、电视、戏剧、图书等的生产，都需要一定的周期。因此，在短时期内，这一部分文化商品的价格确定之后，一般不会有较大的变化；价格的变动对一般文化商品供给量变化的影响，同其他商品相比也较小。但从长期来看，其供给弹性要大于短期。在这里，价格因素或者其他因素对文化供给量变化的影响程度会因生产周期长短而不同。在短期内各种因素（包括生产能力）的变化难以使供给量发生较大的变化，因此，在短期内不能达到预期的效果，往往可以在长期的运动过程中反映出来。从这个意义上说，无论是文化供给，还是文化生产和能力的提高，都应当着眼于长远的观点，要把增加文化供给看作是长期的行为，这样才能使整个文化经济在良性的并且充满发展后劲的轨道中运行，从而实现有效的文化供给。

3．文化经济政策

文化经济政策是国家通过一定的立法程序而制定的，以求在文化工作中体现国家管理意志，调整文化经济利益，形成合理的生产、经营管理机制的政治经济手段。它本质上是政府行为，对文化的生产、经营起宏观引导和调控的作用。文化经济政策通常包含三个方面的内容：一是国家对文化艺术产业所给予的必要的财政支持，包括国家对文化产业基本建设的预算和投资，以及对文化事业单位的财政补贴；二是国家专门为文化产业发展制定的优惠的经济政策，包括文艺工作者的物质待遇、稿酬制度和税收政策等；三是国家主管部门运用经济手段对文化艺术产业进行宏观调控的各种具体措施，包括对文化产品的生产者、经营者所实行的奖励和惩罚。这三个方面的内容如果都能最优化地实施，如对文化商品生产实行低息、低税、高稿酬、高待遇的经济政策，就会给文化生产以很大的刺激，推动文化供给的增长。相反，如果过多地强调文化生产的意识形态性，而对文化商品生产的鼓励、扶持不够，就会延缓甚至抑制文化供应的增长。

第三节 文化供求的均衡与调节

文化商品供求的均衡与调节是文化商品的基本运动规律之一。文化供给和文化需求是文化商品流通领域中的两个重要方面。它们既互相对立又互相联系，各以对方的存在为自己的依存条件。供求双方在量上互相适应，就实现了文化供求关系的均衡；供求双方在量上不相适应，就造成了文化供求关系的失衡，即不均衡。在文化商品的流通领域中，文化供求关系的这种均衡和不均衡，是循环往复以至无穷的运动过程，这种过程构成了文化供求的全部矛盾运动。

一、文化供求的矛盾运动

文化供求的矛盾运动是文化商品矛盾运动在文化供给和文化需求关系运动中的反映。反映的是文化商品在供给和需求的运动过程中不同的文化力相互作用的一种结果形态，正是这种结果形态所构成的一种互为因果关系的力量形式，推动了文化商品的运动。

影响文化供给与需求的矛盾运动的因素很多，价格是一个极为重要的因素。不同的价格水平下，文化商品的供给量是不同的；同样，相对于不同的价格，人们对文化商品的需求量也是不一样的，文化供求的均衡变化依存于文化商品一定的价格水平，如图 4-12 所示。

图 4-12 中 S 是文化供给曲线，D 是文化需求曲线。当价格为 P_E 时 S 与 D 相交于 E，文化供给与文化需求在量上相平衡。对应于交点 E 的供求量为 Q_E。这就是说，在供给曲线和需求曲线已定的情况下，文化供求均衡的条件是价格，为 P_E。这一价格就称为一定时期内文化供求的均衡价格，与之相对应的供求量 Q_E 是均衡供求量。

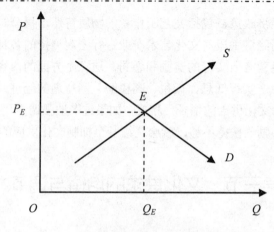

图 4-12　文化供求曲线

　　文化商品的量价均衡关系是由文化市场供求规律的内在运动自发形成的，其运动形态如图 4-13 所示。当文化商品的价格高于均衡价格 P_E，而表现为 P_1 的情况时，这时对应于 P_1 的价格，需求量为 A 点所对应的 Q_1，供给量为 B 点所对应的 Q_2。这说明，在价格为 P_1 时，文化市场上文化商品供大于求，价格的上扬对供给者有利，而对需求者不利，于是引起供给的增加和需求的减少的逆方向运动。由于供求规律和市场竞争机制的共同作用，供大于求，即需求的减少必然导致价格的回落、下降，而价格回落又对供求双方产生新的逆方向运动，即价格下降使供给减少，使需求增加，两者的变化方向都向均衡点 E 运动。当文化商品的价格低于均衡价格 P_E，即表现为 P_2 时，这时对应于 P_2 的价格，供给量为 G 点所对应的 Q_1，需求量为 F 点所对应的 Q_2。这表明，在价格为 P_2 时，市场上文化商品供不应求，需求量大于供给量。同样，在供求规律和竞争机制的作用下，需求的增加必然导致市场价格的重新上扬，从而出现又一轮供求关系的逆方向运动，以寻求新的量价均衡。因此，不管价格是高于还是低于均衡价格 P_E 运动，供求量也由于同样的引力作用向均衡点 E 所对应的均衡供求量 Q_E 运动，以求文化商品的供求由不均衡达到均衡。文化商品供求关系这种由不均衡到均衡的循环往复的矛盾运动，是文化商品的流通领域中的基本规律和发展趋向。形成这一基本规律和发展趋向的原因有两个：一是文化生产和消费相制约规律，任何生产都是为了消费，没有消费也就没有生产。在供求关系的矛盾运动中，如果说供给联系着生产，那么需求则与消费相联系。需求是消费的表现形态，而供给又体现着生产的基本状况。生产与消费的矛盾运动是制约着现代文化艺术生产发展的主要的矛盾运动，这在客观上就要求文化商品的供给与需求的总体发展水平上必须相适应，呈均衡运动态势。否则，要么造成文化生产过剩和空耗，要么不能满足市场的要求而导致文化经济运动的失衡。二是文化商品供求双方自身的矛盾运动，也要求两者趋于均衡，以形成良性循环机制。文化供求双方都以对方为依存条件，这种关系反映到市场上就是文化商品的销售与购买行为之间的对立统一。在这当中，供求关系的任何失衡都会造成市场的震荡，而供求双方为要确保自己的利益也就必然地会在价值规律的作用下，自发地去寻求两者之间的均衡。

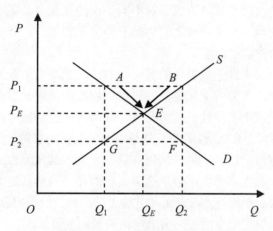

图 4-13　文化供求均衡实现过程

必须指出，虽然文化供求矛盾运动的总的趋势是发展均衡，但是，在实际中供求矛盾的基本形态总是不平衡的，区别只是在不平衡的量上表现的大小。因为影响文化供求关系的矛盾运动中，价格因素虽然是个重要因素，但并不是唯一的因素。因此，当我们充分认识到价格因素在文化供求关系矛盾运动中起主导作用的因素的同时，还必须充分注意其他方面的因素对文化商品供求均衡的影响，从而最大限度地实现文化供求的均衡发展。

二、文化供求矛盾的主要体现

文化商品的供求矛盾在市场行为中主要表现在以下三个方面。

1. 文化供给与需求的层次性矛盾

文化供给与需求的层次性矛盾，是指文化商品供求之间在内容与形式构成层次方面的不均衡状况。文化需求是人的精神需求的表现，主体精神构成的层次性，规定了主体精神需求和价值取向的层次性。一些需要有较高的文化素养、专业知识和审美能力才能接受的文化商品，如交响乐、芭蕾舞、歌剧、学术著作等长期以来之所以在供给与需求方面的矛盾都比较突出，一个重要的原因就是主体精神构成的高层次性需求不足带来的市场局限。这些文化商品相比较于一些通俗艺术和通俗读物，无论是在生产（创作）能力、生产周期、投资规模，还是在市场需求方面，都很难形成批量规模和大众化。而一些被称之为"下里巴人"的通俗文艺商品，却由于一定的娱乐性、消遣性、通俗性，往往成为主体精神构成的文化层次不很高的文化消费者的需求对象，并形成市场规模。因此，主体精神构成的层次性差异，造成了对不同层次的文化商品需求的差异，并造成供给能力和供给取向的差异。如果两者之间的差异构成不相适应，就会导致供求关系的失衡，影响供求关系的均衡运动。

文化供给与需求的层次性矛盾表现的另一个方面，就是人们收入水平的差异带来的需求选择的层次性差异。人们对文化商品的质量、层次的需求，很大程度上取决于可支配收入的多少。在收入水平普遍较低的情况下，高层次的文化商品，尤其是高档次的文化娱乐消费，如豪华舞厅、KTV 包房等，是难以形成大量需求的。即便像字画、古玩、特种工艺美术品等具有一定投资价值的文化商品，也由于其风险性而使得一般的工薪阶层难以把有限的可支配收入部分集中用于这类文化商品的消费。这就是现阶段我国美术品市场一方面出现艺术品投资热，一方面又出现大批画廊纷纷关门歇业的重要原因之一。同时也是造成不同层次的文化商品之间供求结构失衡的重要原因。

这种层次性矛盾表现的另一个方面，就是人们不同的年龄、性别、职业、文化习惯等构成的对不同种类、层次的商品需求的差异。社会角色的不同，决定了人们对文化消费内容、等级的选择不尽相同。因此，文化商品供给的各个部分同文化消费者需求构成之间的矛盾就不可避免，从而影响了文化供求的总平衡。

2. 文化供给与需求的地域性矛盾

文化供给与需求的地域性矛盾，是指文化商品供求在不同地区之间的不平衡状况。这种矛盾主要表现在城市与农村、经济发达地区与经济落后地区、中心地区与偏远地区文化商品的供求的质、量与"贫""富"的差异。在农村、经济落后地区和偏远地区，这种矛盾的突出表现就是文化供给不能满足文化的需求。造成这种矛盾的原因主要是：文化产业结构与文化经济发展的不平衡。作为政治、经济、文化的中心，城市、经济发达地区或中心地区由于优越的地理位置和经济历史背景、文化产业结构（包括人才结构）和文化经济发展相对比较合理和繁荣，各种文化商品的生产、供给能力也大。因此，尽管这些地区居民的人均文化需求量大于其他地区，但是，由于比较齐全的产业结构所提供的较大的生产能力和文化商品货源，还是可以保持供求的大体平衡，基本上满足人们对各类文化消费品的需求。而在农村、经济落后地区和偏远地区，由于经济发展相对落后，文化产业结构构成发育不成熟，各种文化商品的生产能力低，这就限制了这些地区的文化供给能力，难以满足人们日益增长的文化消费需求。所以这些地区的文化供给在相当程度上是依靠城市、经济发达地区或中心地区的。如果城市的提供有限，那么供求失衡的矛盾就会更加突出。另外，城市人口集中，各种文化设施比较完善，这就为文化的供给和需求提供了有利的条件，使供给与需求都能得以实现。农村的人口居住分散，各种文化设施严重不足，功能不全，再加上交通不畅、信息闭塞，这就直接制约了农村的文化供求。中国是个农业大国，农业人口占总人口的极大多数，农村文化市场是一个潜力无限的大市场，因此，如何克服文化供求的地域性矛盾，解决农村文化商品长期供求失衡，就成为我国文化经济发展的重大课题。

3. 文化供给与需求的价值取向背反性矛盾

文化供给与需求的价值取向背反性矛盾，是指文化商品供求关系在经济效益和社会效益、经济的商业票房价值和社会的文化审美价值之间的不平衡状况。这种不平衡状况主要表现在由文化商品的特殊构成而形成的两种不同的价值评价指标，在引导文化生产和消费过程中造成的两种效益的分离和两种价值的倒挂。例如，文化商品社会效益高低与经济效益的大小呈倒挂；经济效益与负值社会效益同步增长；某些本应提倡的文化产品的生产，在经济上陷入了"生存危机"，而某些本应限制的取缔的文化产品，却因能为制作者、传播者赚大钱而泛滥成灾。一方面，是大量的文化产品由于这种矛盾运动未能进入流通领域而成为社会财富，形成供大于求；另一方面，成为商品进入文化市场流通的文化产品，却又因质量、品种、风格等原因，不能满足社会需求，造成泡沫下的供低于求。这种由效益的分离和价值取向的背反性而形成的供求关系非均衡运动，在影视、戏剧、图书、音像制品等文化商品的供求过程中表现得尤为突出。因此，如何消除两种价值和两种效益相互矛盾、相互分离，背反运动的状况，已经成为影响我国文化供求均衡发展的一大难题。合理解决这一问题，是文化经济学研究的一个重要课题。

三、文化供求均衡的调节

文化供求的调节，是指根据文化供求关系的矛盾状况，运用一定的手段进行调整，以保持基本平衡的行为。这一行为因其发生的机制不同和性质的差异，可以分为自发的和自觉的两大类。所谓"自发的"，就是由市场调节，即文化商品的生产和供给，随市场需求和价格的变化而变化。它是价值规律调节商品生产和商品流通的表现形式。所谓"自觉的"，就是市场主体根据价值规律和供求规律运动的一般特点，自觉地通过某种手段对供求矛盾运动实行干预的宏观调控行为，从而使供求关系成为受人们控制的经济运动。这种自觉调节又可以分为经济性调节手段和非经济性调节手段两大类。前者是指运用经济杠杆来进行调节，后者主要是指采用行政措施来进行调节。这两大调节手段主要包括以下四个方面。

1. 价格调控

价格是市场机制的中心环节。在各种经济杠杆中，价格是调节文化市场供求关系最重要的杠杆。文化市场经济的运行，实际上就是价格与供求相互影响，使两者不断由平衡到不平衡，再由不平衡到平衡的不断循环往复的过程。在充分竞争的市场经济中，市场价格的形成就是供给和需求两种相反力量相互作用的结果。由于价格变动能同时调节供给量和需求量朝相反的方向变动，比其他经济杠杆更能有效地调节供求的平衡，尤其是对一些像电影制作、图书出版、报刊发行等文化企业以及实行企业化管理的文化事业单位的文化商品供求，这种调节作用更为明显，因此，在现代文化市场经济中，社会自觉地要对文化经济运动进行干预或调控，其手段之一就是政府实行价格调控。例如，政府为了支持某一行业的发展可以实行支持价格，或者为了防止价格上扬而造成对需求的误导而对某种商品实行限制价格。通过支持和限制，可以分别根据文化商品的不同市场情况而对供求实行有效的调控。但是，对价格的这种干预、调控只能是暂时的。即便是暂时的行为，也应当在整体上遵循价值规律和供求规律的基本原则，并控制在适当的"度"之内，否则会造成极为不良的后果。

2. 税收杠杆

通过对文化生产和供给的分析，根据不同性质和档次实施不同的税率，以达到保护、鼓励、促进或限制不同文化商品的供给目的，是调节文化供求矛盾的又一重要手段。例如，出版物的税收，对一些学术价值、艺术价值高和社会效益好的著作，可以实行低税、减税或免税；对那些大量出版和发行的、学术和艺术价值不大的通俗性和娱乐性作品，则课以重税。在艺术演出方面，凡是社会、个人组合进行营业性演出，应施以重税，而属社会公益性演出则应实行减税和免税。同时，适当调整各文艺部类、样式、品种的稿酬标准，征收个人调节税。电影制片厂、出版社、新华书店等文化企业缴纳的税种和税率，也应当与其他工商企业有所区别。总之，对于文化供给、文化生产，应根据不同的性质、不同的层次区别对待，实行不同的税收政策。通过税收杠杆对文化生产和供给的不同利益的调节作用，引导生产和消费，从而使文化供求关系实现有效的均衡。

3. 财政资助

财政资助是社会自觉调节文化供求关系的又一重要经济手段。它包括政府直接财政拨款、间接资助手段和民间赞助等形式。根据投入与产出关系的一般原理，财政部门对文化投入的多少在很大程度上决定了文化生产和供给状况。以上海为例，从对政府文化拨款总量的历史分析中，可以清楚地看到财政资助力度的大小给上海文化供给能力带来的深刻变化。在建国后的前三十年中，上海地方财政的文化支出仅占地方政府全部财政支出的4%，这一状况导致了上海文化事业固定资产投资在城市的整个固定资产投资所占的比重，在全国100万人口以上的大城市中排名倒数第一，导致了30年中上海的文化设施只维修、少建设。上海文化设施的不足，严重影响了文化供给能力和供给水平。20世纪80年代改革开放后，特别是进入90年代，上海对文化资助的力度迅速加大。1992年，市政府用于市属文化系统的财政拨款比1989年增长了13.28%，此后每年的增幅都在13%～14%之间。市政府用于市属文化系统固定资产拨款部分的增长幅度大大高于行政事业拨款，这显著增强了上海文化供给的生产要素实力。此外，市政府还通过一定的行政程序给予文化事业以间接资助，如建立文化发展专项基金，建立上海文化发展基金会，对电影系统和印刷系统的技术改造和更新实行贴息贷款，同时，支持和鼓励民间资助文化，建立民间的文化艺术基金会，从而对优秀文艺剧目的创作演出、社会科学研究活动、优秀影视片的创作和拍摄、马列主义学术理论著作的出版都提供了有力的财政保障。世界上许多国家都是通过财政资助文化艺术对文化供求进行调节的。这就说明，对文化实行一定的财政资助，是满足社会各类文化需求，保证文化供给，提高市场整体供给能力，缓解需求压力，调节文化供求平衡的一个重要方面。

4．行政立法

行政立法是政府运用法律形式对文化供求进行调节的文化行政管理手段。它通过立法对文化艺术生产和供给实行禁止或提倡，体现国家关于文化的管理意志，保证文化供给的国家利益和人民利益。我国已建立的文化方面的法律、法规文件有《中华人民共和国文物保护法》、《中华人民共和国著作权法》（以下简称《著作权法》）、《关于严禁淫秽物品的规定》等。从禁止有害于人们身心健康的文化产品的生产、制作和控制消遣性、娱乐性产品的过多过滥来说，文化行政立法具有限制、控制、监督的性质。尤其执行《关于严禁淫秽物品的规定》，能有效地制止有害于人民，特别是青少年身心健康的文化商品进入流通领域，从而确保整个文化供给的社会效益和消费的民族利益。从鼓励有益于民族文化和民族精神的优秀作品的创作和传播，繁荣国家的文化科学事业，促进文化的对外开放和交流来说，文化行政立法又具有保护的性质。《中华人民共和国著作权法》不但保护文学、艺术和科学作品作者的著作权，同时也保护出版者、艺术表演者、音像制作者和广播电视组织所享有的与著作权有关的权益（即所谓"邻接权"），这就不仅在整体上使文化事业得到保护，而且还使优秀文化艺术产品生产得到保护，从而使广大群众在文化消费上的根本利益得到保护。禁止有害的，保护有益的，实现文化供求均衡、社会整体调节，从而确保文化供求关系的健康发展，这就是文化行政立法的不可替代的重要作用。

本章小结

▸ 文化需求与供给是现代文化经济运动中一对最基本的矛盾关系，也是文化经济学研究中一对基本范畴。文化需求与供给不仅一般地影响和决定了文化商品生产和消费的矛盾运动，而且还影响了一般商品生产和消费的矛盾运动。研究文化需求与供给的运动形态及其相互关系，是研究文化市场的基本前提。

▸ 文化商品价格是影响文化需求的基本因素，在其他情况不变的条件下，文化需求总是随文化商品价格的变化而变化。文化商品价格上升，文化需求量就会下降；相反，文化商品价格降低，文化需求量就会增加。文化需求规律具体表现为需求量随价格上升而递减，随价格下降而递增的逆向运动关系。

▸ 同其他商品的供给规律一样，文化商品的供给规律主要表现为供给量与价格之间的关系。在其他条件不变的情况下，文化供给与文化商品价格的变化成正比。文化商品的供给量随价格上扬而递增，随价格下落而递减的运动规律。

思考题

1. 文化需求与供给的基本规律是什么？
2. 文化供求矛盾运动的形成机制是什么？
3. 怎样才能实现文化供求关系的基本均衡？

第五章

文化消费

 学习目标

通过本章学习，应了解和掌握以下内容：

1. 文化消费的性质、特点与作用；
2. 文化消费关系的基本内容；
3. 文化消费结构的构成内容及其相互间的关系；
4. 文化消费水平运动与变迁的主要内容；
5. 文化消费实现与文化消费安全。

文化消费是人的价值实现方式和文化商品的价值实现方式的统一，是社会文化生产过程的一个重要环节。没有消费，也就没有生产；没有消费，生产就没有目的。任何一件文化商品只有当它是可消费的，可满足人们的精神生活需求的，或者说，只有当它是能够转化成人们的自我文明提升的文化力量和文化要素时，它才是有意义和可存在的。文化产品只有在文化消费中才能成为现实的文化产品。

第一节　文化消费的性质、特点与作用

文化消费是社会发展的重要驱动力，也是人类社会特有的社会运动形态和社会存在的文化方式。它是标志人类文明的存在的一种尺度，因而也是人类文明社会发展的一种基本动力形态。文化消费内容和消费方式的选择，不仅一般地规定了一个国家和社会的文化精神秩序建构所达到的文明高度，而且还深刻地揭示和反映了文化发展在社会发展

中的价值作用。

一、文化消费的定义、特点与作用

1．文化消费的定义

文化消费是人实现精神心理满足的社会行为过程。文化消费有广义和狭义之分。广义的文化消费是指人的一切精神心理满足的社会实践。"游山玩水"是一种以自然为对象的精神心理满足的社会实践，所谓"登山则情满于山，观海则意溢于海。"孔子的"仁者乐山，智者乐水"揭示了山水之于不同人格建构中的精神心理特点。在中国古代社会，当可供人们精神文化消费需求的文化产品还不是非常丰富时，把山水自然作为人的文化消费对象，则是一种普遍性的存在。今天的人们所谓"旅游"就属于这种广义上的文化消费。狭义的文化消费主要是指人们对一切关于以文字和其他表达形式为载体的意义符号的消费，包括对一切文化消费品和文化劳务的满足和享受。其中最主要的形式是阅读（观看和"听戏"在这里可以被理解为另一种形式的阅读）。所谓孔子闻韶乐而三月不知肉味，所描述的就是这样一种精神心理得到满足程度的生理体验。

人们为了满足精神生活的需要，通过一定的方式（主要是购买方式）享受文化消费品和劳务的过程，简单地讲，即是对以一定物质或服务劳动为载体的精神获取行为。正是这种获取行为，历史地使得文化消费成为人类社会得以存在的合理性依据，成为文化的社会运动和文化再生产的基本动力。因此，文化消费是一个与"文化生产"相对应的概念，与文化生产一道共同构成文化经济学的基本范畴。与此相关联的另一个概念就是"文化消费力"，即文化消费能力，这是一个与"文化生产力"相对应的概念，同样与"文化生产力"一道构成了文化经济学又一对基本范畴。发展文化生产力，就必须发展文化消费力，没有消费需求的拉动，供过于求，产能过剩，就不可能发展文化生产力。文化消费力和文化生产力的关系性问题需要做许多专门的研究才能获得科学解决。

由于任何一种意义上的文化消费都与人的本质及其精神世界的建构与再造密切相关，或者说就是人的本质与精神世界建构与再造的社会方式，因此，文化消费的本质是人的再生产与人的精神世界和社会精神秩序再生产。一般来说，文化消费品因其内容和表现形式的差异性而表现出文化消费层次的差异性。"下里巴人"和"阳春白雪"所反映的就是这种差异性。这种差异性不仅是文化消费品的差异性，而且也是文化消费者的差异性。正是这种差异性建构了两种不同的社会精神秩序，即所谓"精英文化"和"大众文化"的社会精神秩序结构。他们分处在不同的社会的政治、经济、社会和文化层面上，参与社会分工和被社会分工，这种分工的结果，不仅一般地制约了他们的政治、经济和社会能力，而且也制约了他们在社会文化秩序建构上的能力，并且通过文化消费反映出来。因此，消除这种在社会精神秩序建构上的不平等性常常是一个文明社会的标志。中国中央电视台的"星光大道"定位在"百姓舞台"，打破了传统选拔文艺人才的单一的"学院制"模式，从而使得来自于社会各个阶层的"百姓"可以通过公平竞争的方式参与社会精神秩序的重建，并且通过自己的能力改变一种精神秩序现状。此后，以引进电视节目"中国好声音"为代表的大众选秀节目，使得一大批来自于社会各阶层的表演艺术人才登上了中国音乐舞台。

不仅表演艺术秩序建构是如此，即便是社会科学的秩序建构也是如此。由于社会教育水平的普遍提高，社会正日益专业化。以往只有专门社会科学家从事适合拥有话语权的领域，互联网的诞生使得网络舆论成为一种非常重要的参与社会精神文化秩序建构的力量。文化消费与文化生产在这里直接成为统一。

2. 文化消费的特点

文化消费的特点作为一种精神心理过程是相对于经济消费，即物质消费的特点而言的。经济消费是以物质资源消耗为主要特征，文化消费主要以价值（真、善、美）消费为主要特征。作为一种精神行为和活动，文化消费又是相对于物质消费而言的。人们的物质消费特点是要通过改变对象的物理形态而满足生理消费需求，而作为一种精神消费的文化消费，则可以通过不改变对象的物理形态而满足自己的心理消费需求。并且消费需求的满足感及其满足程度因人而异。所谓"有一千个观众就会有一千个哈姆雷特"。人们选择文化消费对象和消费方式除了与人的可供支配的收入能力相关，最重要的是和人们的价值选择相关，是人的价值选择的一个结果。所谓"近朱者赤，近墨者黑"，同样也是文化消费的重要特点。因此，文化消费是人的精神行为和活动的表达。由于人的精神消费行为和活动总是服从于人的内在的需求而产生的，因此，这种人的内在的目的性便构成和决定了文化消费的特点。

（1）文化消费对象的超时空性。例如人们对出土文物的消费满足。人的精神世界与历史之间具有一种天然的联系，这种联系并不因时间和空间的变化而失效。相反，由于在人的心理结构中总是存在着"我是从哪里来的？"永恒之问，因此，对历史的追溯和向历史打听，就始终是人们共同的精神心理结构，是这种精神心理结构缔造了人们的文化消费行为。这就是无论是故宫还是卢浮宫，无论是秦始皇陵还是金字塔，为什么具有永久的文化消费魅力的原因，并且与文化消费者身份无关。历史可以构成消费对象，并且通过复制与现代人的生活相联系，成为现代人的精神生活的一部分。而物质产品则很难。今天人类社会的物质消费是一个以熟食为主的消费时代，尽管有些人群还保持有"食生"的习惯，例如"生鱼片"之类。但是，人类的生物性向社会性进化已经使人类整体性告别"生食"时代，因此，即便人们在考古挖掘中仍然可以发现远古人类的食物，但也只能成为人类科学研究的对象，而很难成为人们的消费对象。

（2）文化消费内容的超认同性。人类存在着巨大的差异性，同时也有着许多共同的终极之问。对这些终极之问的探索与回答即构成了人类思想史的"轴心时代"，也构成了他的全球化时代。人们只要有追问的需求，就会有关于它的消费的需求与欲望的满足。由于所有这些人类存在的终极之问具有普世性和普适性，因此，和任何一种关于终极之问的接近于科学的回答都会超越人种和人群，乃至社会和阶级、阶层的局限性，成为人类认识自己共同的思想资源。这就是为什么诞生于两千多年前的中国的孔孟老庄和古希腊的柏拉图、亚里士多德的著作和思想仍然是我们精神文化重要源头的原因，因而具有永恒的消费价值。在这里，消费内容选择某种意义上与文化认同和意识形态无关，而只与人们所关心和解决的问题有关。

（3）文化消费的象征性。消费具有象征性。不同的消费对象选择和消费行为方式，不仅一般地反映了消费者的消费能力，而且还进一步反映了在这消费能力背后所蕴含的消费者的社会关系：社会身份、地位、职业以及受教育程度等。这就是消费的象征性。文化消费属于典型的象征性消费。所谓精英文化与大众文化的划分，某种程度上就是基于对这种文化消费象征性的社会认知的产物。但是，处在同一阶层的文化消费依然还会存在不同的文化消费者个性化选择的差异与文化消费偏好。文化消费的象征性不仅表现在文化消费者群体行为当中，而且还会表现在同一文化消费者群体中的不同的消费者个体身上，从而使文化消费的象征性具有普遍性特征。因此，不仅消费什么体现出消费的象征性特点，而且能消费什么才能体现文化消费的象征性特点，即象征性文化消费。一个亿万富翁没有文化消费能力，并不是因为他没有钱，而是因为他没有能够实现象征性文化消费所需要的文化消费能力，如审美欣赏能力、知识储备能力等。在这里，能消费什么是象征性文化消费的本质。它所反映的不仅是收入，而且更重要的是消费者是否具有能消费什么的文化资本，即个人文化素养，包括价值取向和审美品味等。只有具有这种能力的文化消费才是一种象征性文化消费。

（4）文化消费方式的多文明性。农业文明的文化消费方式、工业文明的文化消费方式与后工业文明的文化消费方式并行不悖。

3．文化消费的意义与作用

消费是人的存在方式。消费是为了满足需求：肉体的需求与灵魂的需求。肉体的需求体现在生理对于物质消费的满足，灵魂的需求体现在心理对于精神消费的满足。但是，无论是生理消费的满足还是心理消费的满足，本质上都是为了实现人的再生产的需求满足。人的再生产需求满足除了人的生育以满足种群繁衍，人的另一方面的再生产需求便是人的精神心理需求以实现人的族群的繁衍。种群繁衍是人与其他动物种群的竞争性需求，族群繁衍则是人与人之间的竞争性需求。人通过消费生产着自己的存在方式，物质消费是如此，精神文化消费也是如此。再生产人是一切消费的本质。正因为如此，文化消费是社会再生产过程中的有机组成部分。同时，也正因为如此，引导消费、控制消费也就成为配置社会资源和控制社会资源以掌握社会竞争主动权的重要社会目标。文化消费正是在这个意义上具有选择性与竞争性。控制了文化消费，也就控制了文化的再生产与人的再生产。文化消费背后是文化的竞争。1857—1858年，马克思在《〈政治经济学批判〉导言》中提出了原创性的消费理论，并且阐述了为什么"消费生产着生产"、"消费的需要决定着生产"①的原因。

一切生产的最终目的都是为了满足消费。作为人类生产的最终目的，文化消费在整个社会再生产过程中具有十分重要的作用和地位。文化投资拉动和文化产业振兴，最终要建立在文化市场需求的基础上。创造和发展终端文化市场是一切文化经济发展的战略基点。从经济规律来分析，拉动内需包括要素市场、中间市场、终端市场，但是最终取决于终端市场和终端消费。没有终端文化消费需求，不能形成终端文化市场格局。没有这两个"终端"的有机运动，文化投资、文化产业以及所有的文化中间市场、中间消费等都会受到影响和制约。中国的文化市场结构存在着明显的"二元结构"，文化消费群体跨度很大，城市和农村落差很大，外需和内需很不平衡，从中间市场到终端市场的转化和传导机制尚未形成，有效供给和有效需求处于非关联受控状态。2008年国际金融危机的发生，以及在这个过程中普遍存在的一种对于文化消费拉动内需、发展文化产业克服经济危机的整体性诉求，对于建立我国文化内需市场依存度的弹性机制，实现文化内外需两个市场的互补发展，具有特别重要的价值。扩大文化内需尤其是文化消费需求，建设文化内外需市场自适应的转换平台，不仅可以完善中国经济结构的柔性化程度，增强弹性度，而且在发展文化经济、发展文化消费市场的同时，提高国民经济的整体抗震性。因此，建立以终端文化消费为导向的积极的文化消费对于国民经济和社会发展具有不可替代的作用。

消费拉动内需，调整产业结构，促进经济发展，既是一个重要的经济学原则，也是对发展文化经济的一种想象。文化消费不断地创造出生产新文化产品的需要。消费的不满足和消费饱和度会形成消费疲劳而要求提供新的文化消费产品。当原有的文化生产能力与结构不足以提供这样一种新文化产品供给时，新的文化生产能力便出现了，由此带动和拉动新的文化内需的出现。由于新文化产品消费需求是需要通过新的文化生产力革

---

① 马克思，恩格斯. 马克思恩格斯选集[M]. 第2卷. 北京：人民出版社，1995：9-17.

命才能实现的，尤其是新技术革命，在这个时候，文化消费拉动的就不仅是文化本身，而是新经济革命和新技术革命，从而带来社会系统的革命。文化消费具有拉动内需、促进经济发展的作用，有以下几种表现形式：直接表现为对 GDP 的贡献（即增加值）和对就业的贡献（即就业率）。前者可以通过文化消费品购买力所创造的利润来表现，后者可以通过就业人口量来表现，这也是常常用来衡量文化消费社会作用的两项重要指标。然而，很少有关于文化消费对于影响和提高文化创新、创造能力贡献率的指标，也没有把它看作是消费拉动内需最核心的指标。消费力转化为社会创新力和社会创造力可以形成持久的创造性社会生产力，从而改变社会生产力结构，这才应该是我们衡量文化消费拉动内需最核心的指标。也是文化消费促进社会发展和人的全面发展最核心的作用。

文化消费拓宽文化市场，扩大文化生产规模。社会生活水平的不断提高和新生人口的不断增加，文化消费总人口的不断提高，导致文化消费者对文化产品需求总量的不断增加和对文化产品质量与产品多样性要求的不断提升，必然要求和导致文化商品流通扩大，进而导致文化市场扩大。"当市场扩大，即交换范围扩大时，生产的规模也就增大，生产也就分得更细。"①文化商品市场的不断扩大和文化生产能力的不断提高，就是随着文化消费总量规模的不断扩大而发生的。由于文化消费本身具有社会文化分配的意义，因此，随着分配的变动，如文化资本的积聚、城乡文化分配的差异，一方面扩大文化再生产，一方面寻求城乡文化分配公平，文化分配的矛盾运动导致了文化生产的再变动。文化消费公平的需要决定着文化生产的公平性。

二、文化消费的主体与对象

1. 个人文化消费与文化消费者群体

文化消费首先是个人精神文化心理行为。一切消费只有首先满足了个体的需求，才能满足群体需求。物质消费是如此，文化消费也是如此。这是造成文化生产多样性、文化形态表现多样化的根源。但是，由于任何一种文化消费行为都是属人的文化消费，因此，物质与精神生活的共通性，必然产生消费者行为的相似性，从而形成消费者群体。在物质消费上，由于所处的共同自然环境，以及由这一自然环境所提供的人们的共同的生活资料，使生活在同一环境下的人们养成了同一种物质消费结构以及由这一种物质消费结构而形成的消费者群体。在中国不同地区的人有不同的饮食消费习惯，并且彼此相区别，就属于这一种情况。例如，江南地区的人饮食喜清淡，而成渝地区的人则喜麻辣。

---

① 马克思，恩格斯. 马克思恩格斯选集[M]. 第2卷. 北京：人民出版社，1995：9-17.

文化消费也是如此。英国牛津大学国际研究学者约翰（John Goldthorpe）曾在一份研究报告中将文化消费者分为四个群体。这四类群体是"独专型（Univores）"、"杂食型（Omnivores）"、"偏激型（Paucivores）"和"消极型（Inactives）"。约翰认为，四个群体中最大的"独专型"，对绝大多数流行文化感兴趣，如电视、流行音乐、好莱坞大片和一小部分其他内容；"杂食型"是位列第二大的群体，这个群体消费者会偶尔看看芭蕾、听听交响乐和歌剧，同时仍会消费许多流行文化；"偏激型"是一个小群体，其活动大概开始并终结于一个博物馆开馆的轰动时刻，他们并不非常关注当代艺术；而"消极型"在该研究的表述中是指那些整天呆坐在电视机前的人们，存在于每一种文化之中。这四种文化消费群体对于无处不在的艺术支持将产生深远的影响。[①]年龄和文化阅历的相似性往往是它的重要成因。

2. 国家文化消费与社会文化消费

在文化消费主体构成中，国家文化消费是一种特殊的文化消费形态。在以往关于文化消费主体的研究中，很少把国家作为一个文化消费主体单列的。把国家作为文化消费主体，一个最直接的原因就是：任何一个国家的建立及其生命运用都在根据其滋生存在的需要而有选择的消费文化，既包括本国的文化，也包括外国的文化。在这里，既有对文化理念的消费，也有对文化制度的消费。在所有国家文化消费行为中，最主要和最核心的是对意识形态与价值观的消费。在过往的历史中，社会主义国家的文化消费集中体现在对马克思列宁主义和社会主义、共产主义理想的文化消费，正是这种文化消费导致和造成了这些国家在国家发展道路选择和经济发展方式的选择上，实行无产阶级专政和计划经济体制，以及对整个资本主义制度和资产阶级意识形态的排斥与抵制。对这样一种文化消费选择的放弃，导致了社会主义阵营的解体。

社会文化消费是相对于国家文化消费而言的群体文化消费系统。它以某种社会群体所形成和建构的特殊文化消费对象、内容和方式为主要特征。这种消费，它既可以表现为年龄，也可以表现为性别，例如，儿童就是一个恒在的特殊文化消费群体。儿童文化消费群体作为特殊的文化消费主体所构成的特殊的文化权益，受到国际社会普遍保护。童话类文化消费品是这一类社会消费群体永恒的消费种类。除此之外，还包括女性群体、老年群体、城市文化消费和农村文化消费等；民族文化消费是构成社会文化消费最重要的内容。不仅不同民族有着不同的文化消费内容和对象，而且不同的民族作为社会消费群体的存在还有着不同的文化消费习性，例如，某种文化禁忌。在更广泛的意义上，社会文化消费还指在不同社会环境下的文化消费。关于这一类文化消费的研究属于人类文化消费史研究范畴。由于人们的文化消费常常会发生"怀旧消费"，因此，不同社会历史

---

① 转引自：界定文化消费的四个群体[N]. 社会科学报，2008-03-20.

发展阶段上的消费思潮，会在另一个历史发展阶段上被"复制"，从而构成社会文化消费思潮的所谓"时尚性"。

3. 文化消费对象的有形与无形

文化消费对象具有多样性特征。其基本类型大致有两类：有形与无形。所谓有形，是指文化消费对象的物理性存在。例如，所有的历史文物景点与山川大河等，直接作用于人们的感官，对象的对象性存在形态和方式直接成为人们的文化消费对象。在这些消费对象前摄影留念，是表征其以存在方式构成消费对象的直接依据；所谓无形，是指文化消费对象的非物理性存在，例如，所有的文学作品等，人们消费的不是那些作为物理性存在的纸张，而是由语言符号所建构起来的意象世界，只能意会，而难以言传，必须通过想象和联想，以个人不同的生命经历体验精神世界的存在方式。

4. 文化感官消费与文化精神消费

文化感官消费是以人的生理性感受为主要特征与目的的文化消费行为，例如色情文化产品消费。文化精神消费是以人的心理性感受为主要特征与目的的文化消费行为。虽然前者也会有心理反应，后者也会有生理表现，但是，就其消费的动机和目的来说，二者是有着明显的区别。正是有着这样的一种明显区别，因此，在对文化消费行为管制的制度设计过程中，政府文化行政建构了两种不同的文化审查制度。前者主要表现为对不同文化产品流通实行"分级制度"，例如对色情影片的限制性放映的安排，对网络游戏等文化消费行为的限制等；后者主要表现为对不同文化产品实行的"国家文化安全"管制，例如对涉及煽动颠覆国家等的内容审查等。

三、文化消费的解构性与建构性

任何一种文化消费都具有解构性和建构性。文化消费的本质是人的主体精神世界的再造，是对对象世界的再认识，并且在这个过程中实现人的自我超越。所谓文化消费的解构性，是指一切文化消费行为的结果都构成了对以往文化消费结果的加强或者削弱，都是对以往文化消费结果所构成的结构的调整乃至破坏；所谓文化消费的建构性，是指一切文化消费行为的结果都重新提供一种新的生命体验，并且以这种新的生命体验来重构以往的经验系统，以为未来行为的依据。

1. 主体精神世界的解构与建构

人的主体精神世界是在不断地解构与建构过程中存在的。任何一次建构意味着对已有的精神世界构成方式和构成内容的解构，同样，任何一次解构也都是一次建构。人的主体精神世界不存在一个完全意义上的解构空间和建构空间。在这个过程中，文化消费，也就是说，内容接受的过程和对消费内容接受的程度，将直接规定和决定了人的主体精神世界解构和建构的程度以及占主导地位的程度。未成年人的性犯罪与消费色情文化消费品具有直接的关联性。未成年人由于其生理和心理发育尚未成熟，一般来说，自我控制能力较差，世界观尚处在形成阶段，缺乏完整的识别能力，因此，处在这一阶段的未成年人的主体精神世界的脆弱建构极易遭到破坏性色情解构，从而由文化消费行为走向社会实践行为，导致未成年人性犯罪。许多法治国家之所以设置分级制度，就是源于对未成年人文化消费特点以及文化消费对人的主体精神解构与建构作用的认识，而构筑的国家保障机制。

对人的主体精神世界的解构与建构同样也会发生在成年人身上。其中最典型的莫过于对信仰的建构与解构。许多革命者，不论是资产阶级革命者还是无产阶级革命者，往往都有一个相似的经历，就是对原有阶级和意识形态的背叛。有不少出身于贵族的资产阶级革命者，就是因其接受了资产阶级的思想理论和价值观，而投身于推翻封建贵族的革命；同样有不少出身于资产阶级的无产阶级革命者，就是因为接受了无产阶级理论与价值观而投身于推翻资产阶级的革命。对进步的革命书籍的阅读及对其中理论信仰的接受，是他们重建自己价值观体系的共同特征。在这里，通过阅读消费而实现自己的意识形态革命和价值观革命，重建信仰体系是其直接动因。

2. 对象世界的解构与建构

对象世界的解构与建构包括两个方面：有形对象世界和无形对象世界。对有形对象世界的解构与建构，最主要的表现为对构成文化消费对象世界的景观系统的破坏与再造。景观是具有思想的文化产物，而且是非常复杂的文化产物。人们总是在不同的历史阶段和社会发展时期营造不同的文化景观，以寄托自己的某种理想和追求，表达对于某种生活的愿望：祈福或者消灾等。因而，营造景观是人们心灵诉求和心灵寄托的需要。即便是人们最为必需也最为简单的"屋"的构造，也是为了营造一个"家"归属性景观标志，而使自己有所依归。不同的景观表达了不同的心理意义。不同的景观是不同的世界观的对象化。①但是不同的景观所体现的心理结构和思维模式是一样的。尽管在作为景观存在形态的可视符号上完全可能存在着根本区别，例如人们把毛泽东当作崇拜对象和把释迦牟尼佛作为崇拜对象在符号形象上是不一样的，但是，在寄托人们的某种心理和精神上则完全可能是相同的。这就是为什么"山"会有"神山"、"水"会有"圣水"的原因。因此，景观的营造和生产的实质不是要建造一个符号系统，而是人们的精神心理结构。②而正是这种精神心理结构构成了文化消费最为基本也是最核心的要素。

① [法]居伊·德波. 景观社会评论[M]. 梁虹，译. 桂林：广西师范大学出版社，2007：4.

② 胡惠林. 文化产业正义：文化产业发展的历史地理学问题[J]. 上海交通大学学报，2009（5）.

对无形对象世界的解构与建构，最集中的表现为对文学艺术作品所构成的意义世界的破坏与再造。其中最典型的就是对经典的改编和再创造。无论是人们对《红楼梦》的阅读，还是对《西游记》的阅读，大众阅读和精英阅读不仅可以呈现出两种差异很大的文化消费状态，而且即便同为精英阅读，也会出现很大的分歧。这也是为什么对于《红楼梦》《西游记》的阅读会形成"红学"、出现《大话西游》的原因之所在。都是在解构过程中重构对象世界。

无论是对有形对象世界的解构与重构，还是对无形对象世界的解构与重构，二者的运动有一个共同特点，都是随着消费主体的消费选择的转移而转移。

3. 文化时空的解构与建构

文化产品作为文化产业具体的生命表现形态与历史的关系。任何文化产品都是与历史有关的。文化产品利用历史、陈述历史、记录历史、表达历史和创造历史。历史的消费与满足，文化产业发展的历史观和历史感，消费历史几乎是所有电影大片永恒的题材。然而，电影大片在消费历史的过程中也在重塑历史，甚至是篡改历史，按照他所理解和要求的那个样子来重新安排历史，从而为自己的行为获得历史的合法性。2004 年 8 月 1 日，英国《独立报》发表了专题报道，英格兰遗产委员会负责人指责好莱坞篡改历史。[①] 当历史成为文化产品，进而文化产业的消费对象时，谁在讲、谁来讲和怎样讲历史就变得很重要：是还原历史？展现自己的历史？还是重构历史？还原真实？让国民看到是怎样的一种国际形象？谁在消费历史？谁在创造历史？历史的天使飞向未来时，我们的面孔是面向历史的还是消费历史的？文化产业不是消耗历史——文化资源的机器，而应该是创造历史——文化资源再生的工作母机。

文化产业不只是在历史中生产和建构历史，而且所有的文化产业也都在空间、在一定的地理中发展。由于任何形态的文化产业都是一定地理中的人们的文化生产实践和社会文化生产力发展的结果，因此，就文化产业生命运动的自然历史来看，一定地理条件下的文化产业无不打上它的地理标志。尤其是依托于或者借助于地理自然条件发展起来的以景观文化表达为主要实现形态的文化产业样式，对于改变地理空间、地理面貌产生了深刻的影响，改变了原有地理地貌的生命形态。现阶段中国普遍的文化产业发展战略规划运动，在本质上都是对人们和社会赖以存在的地理空间的人文生态环境的解构，是对原有的地理生态链的重组。由文化产业而新建的地理景观，不仅改变了人们的文化生活中原有的视觉符号和视觉空间的时间存储，而且导致了一定地理范围内的人的生活习性和文化消费习性的迁移。

---

① 英专家指责好莱坞篡改历史. 参考消息，2004-08-12.

在当代社会，资本与消费需求的关系具有两重性：资本既诱导和控制消费需求，也追随和迎合消费需求。在 2007 年后出现的所谓"国学热"和"于丹现象"，很大程度上是图书市场、教育市场对消费者消费需求的迎合。因此，重要的不是消极地提防与抵制资本的诱惑和控制，而是积极地利用资本对消费需求的追随与迎合。

第二节　文化消费关系

文化消费关系是由影响和规定文化消费运动发展的各个方面因素的相关性形成的。它包括文化消费与文化生产、分配和交换的关系，文化消费与人的发展的关系和文化消费与社会文化环境的关系等。

一、文化消费与文化生产、分配和交换

生产、分配、交换和消费是社会生产过程中的四个环节，也是文化经济活动中的四个环节。马克思曾经就它们之间的相互关系做过一个清晰的阐述："生产创造出适合需要的对象；分配依照社会规律把它们分配；交换依照个人需要把已经分配的东西再分配；最后，在消费中，产品脱离这种社会运动，直接变成个人需要的对象和仆役，被享受而满足个人需要。因而，生产表现为起点，消费表现为终止，分配和交换表现为中间环节。"[1]因而，这是一个文化经济过程的完整系统，在这个系统中的任何一个环节，都由于和其他环节的关系性而存在。同时也是我们认识、理解和把握文化消费与文化生产、分配和交换相互关系的基本原则。

（1）没有文化生产就没有文化消费；（2）文化消费的实现有赖于社会的文化分配，没有合理的与公正的文化分配，就没有文化消费和基本的文化消费，在这里，文化分配涉及文化权利的"分配正义"；（3）文化消费过程是一种劳动与另一种劳动的交换过程，它可以是文化劳动与文化劳动的交换，也可以是物质劳动与文化劳动的交换，交换的实现就是文化消费的满足。没有交换也就没有消费实现。在这里，涉及交换的"公平正义"和文化交换的"公平与正义"。关于消费与生产的关系，马克思有一个基本观点：消费生产直接统一。马克思认为，生产直接也是消费媒介，消费直接也是生产。从这个意义上说，文化消费在本质上具有文化生产性，区别仅仅是在过程和程序上的表现序列。

---

① 马克思，恩格斯. 马克思恩格斯选集[M]. 第 2 卷. 北京：人民出版社，1972：91.

文化消费不仅直接与文化生产相联系，而且也是社会文化分配的反映。由于在现代社会条件下，人们的社会存在是和人们的经济存在相联系的，因此，当作为社会公共机构的政府并不完全拥有社会文化资源的配置能力，市场在文化资源的配置过程中起决定性作用的情况下，社会文化资源的配置总是朝着效用最大化方向进行的，这就导致了文化分配的非公平性，文化分配的非公平性直接导致了文化消费实现的社会差异性和非均衡性。文化资源的分配不公直接导致了文化消费作为文化权利实现的非正义性。然而，只要社会还不能提供充分的文化资源，文化资源的稀缺性还存在，那么，关于文化分配不公的现象就将依然存在，因此，充分地满足人们的文化消费需求，就需要最大限度地提高文化生产力，为社会提供丰富的文化消费品，以满足社会文化消费需求，从而消除文化分配不公。

由于文化消费本质上是一种劳动与另一种劳动相交换，因此，交换的实现与一种劳动和另一种劳动能否实现交换的能力相关，而与文化分配无关。等价交换原则在实现过程中，则完全可能是不等价的。也就是说，当一个农民一年的劳动收入与一个工人一年的劳动收入存在着社会分工和劳动价值的差异点时，也许一个工人用一个月的工资就能够实现观看一场音乐剧，而农民则要花费他一年的收入时，他们的文化消费的实现作为一种劳动与另一种劳动（演员演出）相交换的交换能力差也就体现出来了。这就是为什么在中国虽然有着广大的农村文化消费市场，但文化市场的消费主体依然在城市的原因。

二、文化消费与人的发展

文化消费是人的行为，是人的精神行为。人之所以为人就在于人有文化生产与文化消费行为。文化消费是与人的发展需求相联系的。一个没有文化消费的人是无所谓"人的发展"的。人的发展的本质是人的文化发展。而文化发展获得的最重要的机制就是文化消费。人的文化消费是多样化和多渠道的。人的文化消费并不以一个人是否具有文字阅读能力为标准。一个盲人可以是一个很好的音乐欣赏家，同样，一个耳朵失聪者也可以是一位非常了不起的画家。即便是一个智障人，由于某些方面特异功能也可能是一位出色的艺术家，在这方面中外都有这样的案例。而所有这些都只有通过文化消费行为和实践才能养成。对自然精神消费是属人的文化消费的一种，而且是非常重要的一种。精神地占有对象是文化消费的重要甚至是最核心的文化消费形态。能否精神地占有对象直接影响到一个人的发展是否达到某种人类精神发展的高度。一个没有文化精神消费史的人，他的作为"人的发展"的质度也就缺乏可"刻度"。这并不等于说，一个拥有较长的文化精神消费史的人就一定是一个作为"人的发展"完美的人。

三、文化消费与环境

文化消费与环境的关系主要表现为内外部文化生态对文化消费生成与演变的作用与反作用。就内部文化生态环境而言，主要表现为两个方面：一方面是指文化消费习性生成的初始文化环境：城乡、家庭、地区。这三个环境条件的任何一个方面的差异都会导致文化消费习性（偏好）的差异，尽管随着后来这三大条件的改变，人们的文化消费观念和行为也会发生改变，但是，任一初始条件的再现都会激发起他们更强烈的文化消费情绪反应。另一方面是指文化消费生成的社会政策环境：国家文化政策。国家文化政策作为一个国家文化主体意志和价值观的集中体现，它会因执政党的政党信仰的不同而不同。不同的政党信仰会制定不同的文化政策，不同的文化政策会直接地影响到一个国家文化生产和人们文化消费倾向和取向的变化。一般来说，在一个国家对文化实行比较严格的文化管制时期，严格的文化审查会限制和约束人们和社会的文化消费选择，从而影响文化消费激情和造成文化消费的单一化；相反，在一个国家对文化实行比较开放的文化发展时期，宽松的文化审查机制和开明的文化消费主张，会提供给一个繁荣的文化消费市场，文化消费产品和消费形态的多样性带给人们和社会多样化的文化消费选择。

第三节　文化消费结构

一、文化消费结构的含义及基本类型

任何事物都有一个构成的样式，这种样式包括外部和内部两个方面。这种构成性就是结构。文化消费结构就是指的这样一种构成关系。物质消费结构反映和表现的是人们与物质生产与分配之间的关系以及由这种关系建构的人们的社会生产关系，文化消费作为精神消费的一种主要存在方式和表现形态，反映的是人们与精神生产和分配之间的关系，以及由这种关系建构的人们的社会精神生产关系。从这个意义上说，一定的文化消费结构实际上是一定的社会精神秩序的反映。文化消费结构就是社会精神秩序体现在人们的社会精神活动的表征，揭示的是人们之间的社会精神关系。

文化消费结构主要由文化消费品、文化消费者和文化消费社会构成。人们之间的社会精神关系主要就是由这三个方面构成的，形成了文化消费结构的基本类型。

文化消费品指所有能成为人们精神消费对象、满足人们各种精神心理需求的事物，包括人们通过精神生产所创造出来的一切符号系统、图像系统和声音系统以满足人们精神愉悦的载体，例如图书、报刊、影视、戏剧、音乐、舞蹈等；包括所有的物质与非物质文化遗产，例如历史文化遗址（长城）、民俗（端午节）、节日（国庆节）等；还包括所有构成人精神消费对象以旅游的方式表现出来的自然景观，如高山峻岭、大江大河、沙漠海洋（所谓"仁者乐山，智者乐水"）等。

文化消费者指所有具有精神消费需求、能力和行为的人和群体。他们构成了文化消费结构最为丰富复杂的结构形态。依据不同的文化消费偏好，可以划分为传统与现代两大类型。传统型的文化消费者在中国主要集中于农村，以及基于传统乡村文化基础所形成的城镇，文化消费品主要表现为地方戏曲和民间文艺；现代型的文化消费者主要集中于大城市和特大型城市，文化消费品主要表现为话剧、歌剧、音乐剧、画展等现代艺术对象。而电影和电视则由于传播渠道的便利性，则形成了城乡同步消费，即便如此依然表现出明显的消费者文化偏好选择。形成这样一种文化消费者结构的原因很多，但主要受制于文化消费者构成的文化消费能力包括可供支配收入和受教育程度，尤其是后者，在文化消费者文化消费行为选择中起决定性作用，从而形成文化消费者层级结构。这种层级结构与一定社会中人们所拥有和享有的文化权利和权力成正相关关系，即后者拥有和享有比前者更多和更大的权利和权力。正是这种文化消费者文化消费能力的差异性，造成了文化消费的不平等。

文化消费社会是指在时间和空间形态上表现出来的整体性文化消费行为构成，由于这种构成主要是由不同的生存和生活方式建构的，反映和表现了整体性社会精神秩序构成的差异性，因此，称之为文化消费社会，例如城市文化消费和农村文化消费。现代城市文化消费更多的是与工业文明相联系，而农村文化消费则更多的是与农耕文明相联系。这在中国文化消费社会构成中最为典型。城乡二元结构构成了中国文化消费社会的主要结构形态。城乡二元结构不仅一般地反映了物质生产力发展水平的社会构成关系，而且也反映了精神生产力发展水平的社会构成关系，以及在这样结构中所建构的社会精神秩序中所占的比重。而在全球化文化格局下，发达国家和发展中国家文化消费比重的差异性，不仅反映了现代世界格局下西方主流文化生产在全球化进程中占统治地位的现实，而且也反映了在这一条件下发达国家与发展中国家文化消费社会的巨大的不平等。在这中间，由于不同国家地区还涉及不同的社会文明形态，其所构成的文化消费社会结构的差异性就更大。例如文化禁忌就是构成和造成文化消费社会差异化的重要建构力量，而正是这种建构性力量，才构成了"文明冲突"：在一种社会形态下被允许甚至欢迎的文化消费品，可能在另一地区被禁止，有的甚至还会由文化消费品在不同社区的销售而引发族群冲突。

因此，就其本质来说，文化消费结构是一定社会条件下人们的社会精神秩序的表现和反映。

二、文化消费结构的形成与变化

文化消费结构的形成与变化也同样包括文化消费主体与文化消费客体结构的形成与变化两个方面。

1. 人的需求层次决定人的需求结构

首先，就人的、主体的文化消费结构的形成而言，人的需求结构建构了消费结构。按照马斯洛的需求层次理论的"金字塔模型"，人的需求是由从低级到高级五个方面构成：生存、安全、社交（爱情）、尊重和自我实现。[①]自我实现主要是指审美需求，被认为是人的最高需求，属于精神文化层面。

其实，这仅是就人的一般需求而言。如果从人的属性来说，这五个方面都是文化性的。人较之于动物的生存，除了他的自然性之外，最根本的就是他的社会性及文化性。人的社会属性和社会身份是由文化来区别和建构的，失去了文化的身份，人也就失去了他存在的合理性与合法性。因此，对这种属人的文化性的确认，对于每一个人来说，首先是他生存的依据。作为这种生存依据的表现就是他的文化认同，以及建立在这种文化认同上的文化消费选择性取向。是这种不同的取向把生活中的人相区别和相识别，从而在文化上相沟通。文化的多样性就是由这种基于生存需求的多样性产生的，并且由这种多样性建构了文化消费行为的多样性。不同的宗教和文化建构了人们不同的社会认知态度和方式，产生了不同的对世界的不同行为方式。文化消费本质上就是这样的人对于世界不同的行为方式。

既然文化是人的存在的依据，那么，对任何这一依据的威胁都会构成生存安全，于是，实现对自己生存的维护和捍卫，也就自然地构成了人的安全需求。物质上是如此，精神文化上也是如此。文化安全需求正是在这个意义上建构了人对"安全"这一公共物品的消费。这种关于文化安全的消费是通过对安全标准的建立实现的。几乎所有民族文化都建有自己的图腾，也都有各自的禁忌。无论是图腾还是禁忌，都是关于文化安全的消费品。人们消费它们并且在这个过程中建立起了属于自己的文化消费的精神领空和领土。后来的书报检查制度和影片审查制度以及一系列文化准入制度都是在此基础上建构起来的，从而建构了"什么是可以消费的"和"什么是不可以消费的"社会文化消费尺度。

---

① [美]马斯洛. 人类动机理论[M]. 北京：中国人民大学出版社，2007.

人不仅要安全地生存，而且还要发展。要发展就需要交往，就需要沟通，就需要在交往与沟通中实现对彼此的尊重。这一方面是由于在一定的生存空间范围内，资源总是稀缺的。要满足自己发展的需求，就必须克服与解决资源稀缺问题，而这只有通过与他者建立交往关系，实现资源优势互补才能实现。通过经济交往而实现自我发展能力的提升，这就需要实现从经济交往向文化交往的发展。于是扩大文化交往就成为人的发展的消费需求。通过交往提升自己的文化能力，把文化交往作为一种文化需求的消费对象也就历史地生成了。

根据需求决定消费的判断，可以划分出五个消费生成的场域，这五个场域在关系上构成由低往高的逐层递进性。

（1）生存需求→文化生存，生成最低文化消费需求——文化认同和身份确认消费。

（2）安全需求→文化安全，生成"安全"消费需求，建立文化消费尺度，关注文化消费品对自身文化的影响。

（3）交往需求→文化交往，生成文化交往消费，建立文化交流与交换机制，注重提高自己的文化生产能力和文化影响能力以及文化交往形象。

（4）尊重需求→文化尊重，生成文化平等消费，建构文化市场的公平与正义，消费者关注文化交往权利平等的象征意义，文化市场的公平与正义成为文化消费对象。

（5）自我实现→文化价值，生成文化价值实现并建立自己的标准，把标准作为文化价值的识别标志，从而在竞争中实现自我价值。于是缔造经典和偶像，建构话语权便成为人的、社会的和国家的消费需求的对象，成为消费的对象，对这一对象的生产便成为人的、社会的和国家的最高消费。

2. 文化消费结构的形成与变化是人类社会历史发展的产物

人的需求层次并不是一下子形成的。根据马斯洛的层次理论，这种需求的形成可能也经历了五个不同的发展阶段，而这五个不同的发展阶段是和社会生产力的发展水平和发展阶段相一致的。人类只有首先解决了生理的生存需要，而后才能发展出人类的社会的生存需要。而社会的生存需要，则有赖于社会生产力的发展。只有社会生产力的发展发展了人的感觉能力和思维能力，生产了人的文化消费能力，社会劳动分工才会出现精细化、专业化，才会进一步导致社会精神生产分工的专业化和精细化，进而造就了人们的社会文化消费分工。不仅处在不同发展时序上人的消费需求形成是不一样的，而且处在同一时序不同空间的人的文化消费需求也是不一样的，正是这种不一样导致了人的文化消费选择的差异性。从某种程度上说，有什么样的社会生产力结构，就有什么样的文化消费结构。社会生产力不仅生产和提供了可供消费的文化消费产品，而且也在这个过程中造就了人们的社会消费偏好。在电影尚未出现之前，人们不会有关于电影消费的偏好与倾向，更不会有什么"影迷"，同样正是由于电视的出现，给予了电影消费以极大的冲击。是电视的出现改变了人们的文化消费方式并造成文化消费选择的多样性，从而也形成了影和视的竞争。这就是工业文明发展的结果。工业文明不断地缔造着人们的文化消费的审美偏好，同时又在不断地改变所有这一切。社会文明的历史进程随着社会生产力的文明进程的不断变化而变化，正是这种变化不断地建构着文化消费的结构。

影响文化消费结构变化的因素主要有经济发展、政治变革、社会变迁、文化转型和科学技术等变量。经济发展水平规定和影响了文化生产发展水平和能力及其文化消费品提供的丰富性，导致文化消费水平与能力的分化；政治变革影响和造就文化生产与选择的开放性，一个时期的政治倾向影响一个时期的文化消费倾向；社会变迁在造就新社会形态的同时，也在造就新的代际差异，进而形成代际消费选择差异。根据罗纳德·英格尔哈特的研究①，经历了第二次世界大战的一代人更倾向于安全消费的物质主义选择，而在第二次世界大战后出生的一代人，则更倾向于实现自我价值的后物质主义消费选择。这样的文化消费选择的层次差异恰恰是由像第二次世界大战这样的巨大的社会变迁造成的。这与今天中国的所谓50后与80后、90后在文化消费选择上出现的代际差异有着惊人的相似之处。社会变迁造成文化消费变迁可以看作是文化消费变化的一个规律。文化消费的变化终究是文化变化的一种反映，因此，文化转型是造成文化消费变动的一个更深层次的内因。中国的五四运动倡导白话文，不仅从人们的文化认知结构的思维形态上与新文化运动所倡导的新思想、新观念、新话语表达相一致，而且造就了新文化思潮，这种新文化思潮就是对新文化产品所提供的新文化内容的消费和新精神的消费，并且把这种新消费与以文言文为载体的旧文化消费相区别，从而在这个过程中建构自己的新文化身份。科学技术发展是造成文化消费结构变动的又一个重要变量。造纸术和印刷术的发明使文化成果大规模的生产与传播成为可能，从而改变了文化消费只是少数人专利的历史现象；电影技术的发明有赖于现代工业文明推动的科学技术发展，使得文化消费方式从符号文化时代进入到了视觉文化时代，而互联网技术的发明和应用于文化生产、消费与传播，则进一步推动了文化消费从单向活动向多项互动的发展。科学技术的每一次重大发展应用，都在更广的社会文化层面上推动了文化消费形式与结构的转型与重组，从而使得社会文化消费结构呈现出更加多元和更加多样。在这里，文化消费结构的变化常常是文化消费主客体的融合与结合。

3．不同文化消费主体间的文化消费结构变动

个人、社会、国家构成了文化消费的主体结构，全部文化消费运动就是围绕着这三

---

① [美]罗纳德·英格尔哈特．现代化与后现代化[M]．北京：社会科学文献出版社，2013．

者之间的相互关系和矛盾展开的。

文化消费在一般意义上总是被理解为是一种个人行为，是一种个人性的精神心理需求的满足与实现。这种个人精神心理满足与实现仅仅局限在自给自足的层面上是不可持续的，而且也不符合人的生命发展周期对精神心理满足与实现在不同发展阶段上的不同要求。一个人在儿童阶段的文化消费与这个人到了中年阶段和老年阶段的文化消费需求是不一样的。无论是人的精神心理发育成长程度，还是在后天的"习得"的发展与积累，存在着很大的差异。因此，人的精神心理需求满足的消费实现是在与他人和社会的精神交往和交换中实现的。这就使得个人的文化消费行为与他人发生了社会关系，一个文化消费主体与另一个文化消费主体发生了关系，并且受这种社会关系的影响。

这就是个人与社会的文化消费关系。一方面，个人的文化消费实现受社会文化产品供给能力的局限，另一方面，个人文化消费倾向与偏好又是这个时代文化发展与文化规范的一个结果，是社会文化精神的反映，因此，社会文化消费倾向就不可避免地要给予个人文化消费选择与偏好带来巨大的影响。所谓"赶时髦"，就是社会文化消费症候对个人文化消费选择心理倾向的集中表现。这在年轻一代身上表现尤其明显，或者说，就是年轻人的社会文化消费特征。然而，社会文化消费具有倾向性和群体性特征。一个时代，在一种社会条件下具有倾向性的群体文化消费并不一定有适合每一个人的文化消费偏好，于是便产生了个人文化消费与社会文化消费的矛盾和冲突，进而产生所谓"大众文化消费"与"精英文化消费"之间的矛盾和冲突。一种所谓"先锋文化消费"更是常常以"反潮流"，即反社会的形态出现。社会文化消费具有多样的意义。当我们把城市和乡村看作是两种不同的社会形态，那么，一般来说，城市文化消费具有先锋性和文明发展导向性，而乡村文化消费则具有保守性和文明发展的滞后性。前者指向未来，后者指向过去。因此而导致的文化消费矛盾运动是不一样的。由于人们总是对未来充满着浪漫主义的预期，因此，城市文化消费总是要比乡村文化消费更能给人带来关于个人发展的想象。正是这种集体性想象，在接受城市先进生产力的同时，也接受了城市文化消费的趋现代性改变。这在 20 世纪 80 年代后的中国农民工一代身上表现得尤其明显。

国家是影响个人和社会文化消费结构变动的起决定性作用的力量。不仅一个社会的政治制度选择是通过国家的政权形式而集中地体现出来的，而且一个社会的文化规范选择也是通过国家的价值观与意识形态选择而集中地体现出来的。国家一经形成它就成为一种对个人和社会产生巨大影响力的独立的力量。这种独立的力量作用于个人和社会的文化消费选择的运动，因不同的执政主体的价值观和意识形态的变动而变动。这种变动集中表现在两个方面：一方面是对文化消费的意识形态规制；另一方面是对文化市场准入制度的建制。前者直接构成了对个人与社会文化消费内容选择的结构性；后者直接构成了个人与社会文化生产权利选择的结构性。由于生产总是另一种形式的消费，因此，文化市场准入制度的建制结构实际上也就前置性地设置了个人与社会文化消费选择的构成结构：制度性的文化消费选择。由于任何国家的制度都不是一成不变的，因此，政治制度的变革必然导致国家文化制度的变革，导致国家文化消费选择的制度性变革，这种政治与文化变革性程度直接规定和影响了个人与社会文化消费结构的弹性化程度。一般来说，国家文化消费选择的开放弹性系数越大，则个人与社会文化消费选择的自由弹性系数越大；反之，则相反。个人与社会文化消费结构随着国家文化消费结构的变动而变动。当然，个人与社会的文化消费选择也不是完全被动的，当一种个人和社会文化消费选择发展成为某种社会倾向，并且随着这种社会消费倾向的政治化，它也会对国家文化消费政策带来巨大的反作用。在这种作用下，国家文化消费政策的变革就不可避免了。国家文化消费政策的转变与调整，很大程度上就是对个人与社会文化消费选择的国家回应。因此，如何面对个人、社会与国家三者主体间的文化消费矛盾，建立一种对于三者来说都是一种积极的文化消费平衡，这就需要实现文化消费结构的合理化。

三、文化消费结构的合理化

怎样的文化消费是合理的，以及怎样的文化消费结构是合理的。这就是文化消费结构的合理化问题。对于这个问题的回答，不仅不同的国家和社会有不同的回答，就是在同一个国家和社会的不同消费人群中也会有不同的回答。所以，关于文化消费结构的合理化就会有许多选项。

在诸多的选择中，人的文化消费结构的合理化、社会文化消费结构的合理化和国家文化消费结构的合理化，应该成为我们关于文化消费结构合理化选择的三个维度。

对个人来说，文化消费结构的选择应该是有助于人的全面发展，任何有损于和不利于人的全面发展的文化消费结构，都不是一种合理化的消费结构。这种文化消费结构的合理性应该与文化消费主体所处的社会文明环境相适应，和整个人类文明进程相一致，与社会的文化、文明进步对人的精神心理结构需求相一致。国际社会为什么对毒品消费都建立了禁毒和打击毒品犯罪制度，就是因为毒品消费在本质上是反人类文明的。任何个人的毒品消费都不仅仅是个人行为，都不是个人权利。本质上不利于人的发展和有害于社会。正是基于这一人类社会的共同文明价值观，国际社会才普遍建立了关于淫秽色情文化物品的查禁制度。

对社会来说，文化消费结构的合理化应该体现为对社会文化消费的公平正义。社会文化消费结构的不公平体现和反映的是社会文化资源分配的不公平。由于购买力的强弱之差，处在不同可供支配收入层面上的文化消费者存在着消费能力不平等问题。对于可供支配能力较弱的社会群体而言，不是没有文化消费需求，也不是没有文化消费欲望，而是可供支配收入的能力限制了他的消费实现。这样的社会文化消费结构的非均衡现象，一定程度上是社会文化竞争所需要的，但是，当这种非均衡状况超过了社会自我协调能力的可控性，那么，要求实现社会文化消费公平的力量就可能发展成为社会改革的力量，一直到社会文化消费不公平现象得到有效平衡为止。新的社会文化生产力的出现，常常是改变社会文化消费结构的重要力量。电影作为一种全新的社会文化消费品的出现，以及它的大众化消费特性，不仅一般地改变了社会文化消费格局，而且成为社会型文化消费结构合理化的重要动因。当然，社会组织，尤其是文化社会组织，常常也是实现社会文化消费结构合理化的重要力量。

国家文化消费结构的合理化需要解决的最大问题，是建构一个国家意识形态消费与社会文化消费多样化的均衡。国家意识形态消费的单一性是由国家执政主体的执政理念和政治文化决定的，而社会文化消费的多样性则是由这个国家的历史文化传统形成的。由于在传统的历史形成过程中不同历史发展阶段积淀而形成的"文化年轮"构造形态与质量的差异性，因此，传统文化形成过程中的遗传性和变异性都会构成社会文化消费的多样性；不仅如此，空间的文化差异性也是构成社会文化消费多样性的另一种机制。不同的时空形成的文化消费习性是不一样的，强行要求社会文化消费服从于一种国家意识形态消费，只有在国家遭遇外敌入侵，国家和民族社会陷入危亡之际才是可能的。并且只有把全民族、全社会的精神意志集中到国家消费需求，才能实现每个人的文化消费满足时，实现国家文化消费政策需求的满足，而且是以满足人的、社会的文化消费的多样性实现的。因为只有这样的文化消费政策所建构起来的合理性，才能够满足建构与提升国家文化软实力的文化消费需求。

因此，实现人的、社会的和国家文化消费结构的生态系统平衡，应该是文化消费结构的合理化的根本价值取向。

四、文化消费结构与文化产业结构

文化消费水平、消费质量的不断提高以及文化消费内容的多元化，必然同时提出对相应的文化消费产品与服务更高的选择要求和质量要求。文化消费结构的优化、升级，必然同时提出调整和优化文化产业结构的要求。

文化消费结构是指文化消费构成的比例关系及其动力关系。文化消费构成的比例关系在很大程度上是与一个地区的文化构成与人口构成的比例关系密切相关的。这种文化构成从生产力发展水平来说主要有农耕文化构成、工业文化构成以及后工业文化构成三个主要方面。与其相对应的主要表现为农村文化消费和城市文化消费这样一种二元文化消费结构。后工业文化构成以互联网为主要载体，一定程度上消解了在文化消费上的城乡二元结构，客观上建构了第三种文化消费模式，但是，基于主要生活方式和生存方式以及在此条件下养成的文化消费习惯和习性还是支配着现代社会占主导地位的文化消费结构，并且正是这种结构制约和影响着文化产业结构的运动：农村的文化产业发展以传统文化产品的生产和服务提供为主要内容，城市的文化产业发展以现代文化产品的生产和服务提供为主要内容。农村文化产品的生产和服务结构更多地以手工业为主要生产方式，而城市文化产品的生产和服务提供则主要的是以大规模及其复制为主要生产方式。这就决定了城市文化消费形态相对丰富多样性，而农村文化形态相对贫瘠单一性。这是和城乡生活的空间形态和空间方式相一致的，同时也是和文化产业空间布局的结构相一致的。虽然，以互联网为主要文化消费载体和对象的文化消费形态正在为消除和克服城乡文化消费的二元结构创造和提供着第三种文化消费的结构形态，但是，只要是这种结构形态没有从根本上消弭城乡文化消费结构的二元性，改变文化产业结构的空间形态，那么，城市就只能是占主导地位的文化消费方式，并且，一般来说，是支配并引导农村文化消费的生产、演变与再建构，由此而形成的文化消费的动力结构将不断地推动着城乡文化消费与文化产业结构运动，直至人类社会完成对自己整个的包括精神生活方式在内的生活方式和生存模式的整体性再造。这个整体性再造就是城乡作为人类社会不同生活方式和生存方式的空间形态的消亡。在此之后形成的文化消费结构就是实现了每人的全面发展自由的精神存在方式，而不是由生产力发展的差异性和生产关系的统治与被统治性所建构的文化消费结构。

城乡文化消费结构是现代文化产业结构及其空间布局的重要依据。城市与乡村作为人类生活方式两种最主要的聚落方式，城市有着乡村不可比拟的集聚性。这种集聚性集中体现在以下几个方面：人才集聚、知识集聚、技术集聚、资本集聚、市场集聚和创新集聚，因而，比起乡村的分散性而言，城市是最大的文化消费市场。由于城市在文化创新方面有着乡村所无法比拟的先进性和巨大的消费需求，不仅几乎近代工业革命以来所有的文化创新都集中于城市，而且所有的新文化产品形态也都诞生于城市。市民阶层的多样性不仅建构了城市文化消费市场的多层次性，而且正是这种消费结构与层次的多样性，使得各种文化产品形态都能在城市找到自己的市场定位。乡村生产形态的单一性同时也规定了乡村文化消费的单一性。单一的文化生产结构无法适应和满足文化消费多样性的需求。在现代性的条件下，一方面，农村是一个广大的文化消费市场；另一方面，乡村的文化消费市场又只能是城市文化消费市场的一个补充，而无法占据主导地位。现

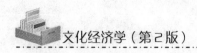

代工业文明在不断改变文化生产结构与形态的同时，也塑造了人的文化消费结构，而人们的文化消费结构的形成又进一步促进了文化产业结构的完善与发展。在这一进程中，传统文化消费只能向现代文化消费结构转型，传统文化产业结构也在这个过程中实现自己的现代转型。当不转型便不能实现文化及其产业的可持续发展，产业的转型在文化的转型进程中的结构性调整就成为历史发展的一个必然。

第四节　文化消费的水平运动与时尚变迁

一、文化消费水平及其差距

1．文化消费水平的划分

文化消费水平主要是指实际文化消费能力所达到的某种程度。文化消费水平就个体而言主要包括可供支配的收入、文化程度，这两项指标直接决定了人们的文化消费可能，以及这种可能所能达到的一种高度。

文化消费传统是一种文化消费习性构成的集体无意识，它和一个地区人们的文化传统和文化生活方式密切相关，甚至和一个地区的地理环境，包括气候条件密切相关，例如，我国东北的二人转。因此，不同的文化消费传统所表现出来的文化消费态度和取向成为衡量文化消费水平的重要尺度。文化消费传统在一般条件下往往表现出低水平性，尤其在农村，整体文化消费水平低于城市，然而，在传统的文化消费时节期间，例如春节，农村传统文化消费水平在瞬间能够产生出高于城市的文化消费水平和能力，对年画和对联以及其他春节文化消费，它又可以表现为内在消费群，即传统文化消费群。这种文化消费表现为时间上的间歇性与周期性，空间上的一致性与多样性。在这里，文化消费能力构成潜在的投资需求。不同的文化消费观对发展文化经济具有重要影响。

2．文化消费水平的差距

文化消费水平的差距主要表现在以下两个方面。

其一，表现在国别之间。国际货币基金组织统计显示，发达国家最终消费支出占GDP比例平均在80%左右，发展中国家平均在70%。而2007年我国消费率在48.8%，比世界平均水平低约30个百分点。[①]

其二，表现为不同收入人群之间。2008年我国城乡居民储蓄总额逾20万亿元，但从

---

① 转引自：给消费预期添把柴[N]. 人民日报，2009-03-16.

其持有者分布来看，绝大部分属于中高收入阶层，占人口 70%以上的农民、城镇困难职工等低收入者所持储蓄很少。[①]

文化消费水平的差距表现在消费者本身构成的文化能力上。占有较高水平收入的人群倘若没有相应的较高水平的文化素养，特别是接受教育水平的程度，那么，一个拥有较高收入的人未必具有较高的文化消费能力。

文化消费水平的差距在集体上还表现为不同地区所处的文明发展阶段的差距。一般来说，处在较高文明发展阶段上的文化消费水平较高，而处在较低文明发展阶段上的文化消费水平较低。生产力的发展水平和发展阶段在这里成为深刻影响人们文化消费水平的差距最重要的原因。

二、消费生命周期与代际文化消费

人们的消费行为存在着短期消费与长期消费两种类型。短期消费主要是指在一种可见时间长度中的消费。长期消费则是指以人的一生为时间长度的消费选择。消费生命周期理论最初是由美国经济学家欧文·费雪（Irving Fisher，1930 年）和英国剑桥大学经济学教授弗兰克·拉姆齐（Frank Ramsey，1928 年）提出的，后来被美国经济学家弗兰科·莫尼迪利亚尼进一步发展，形成了消费生命周期理论。消费生命周期理论认为，人们会在相当长时期的跨度内计划自己的消费开支，以便于在整个生命周期内实现消费的最佳配置。从个人一生的时间发展顺序看，一个人年轻时的收入较少，但具有消费的冲动、消费的精力等消费条件，此时的消费会超过收入；进入中年后，收入会逐步增加，收入大于消费，其收入实力既可以偿还年轻时的债务，又可以为今后的老年时代进行积累；退休之后步入老年，收入减少，消费又会超过收入，形成负储蓄。家庭可供支配收入决定消费波动曲线，确立了消费者一生在一个时期接一个时期中将尽可能最佳的消费。虽然，这一理论着重在解决收入与消费、储蓄与消费的关系以及消费与投资的关系研究中提出来的，但是，这一理论对思考和研究文化消费周期具有重大理论价值。那就是关于"文化消费生命周期"的理论想象与思考。

依据消费生命周期理论，消费是与家庭收入密切相关，同时也与人的生命周期长度相关。在这里，人的生命周期长度，以及由这种长度而形成的人之间的代际转化和代际文化变迁则与文化消费生命周期波动密切相关。这种文化消费波动周期形成了文化消费所特有的"代际文化消费"现象与规律。

---

① 转引自：给消费预期添把柴[N]. 人民日报，2009-03-16.

代际文化消费最集中地表现了人口结构的文化构成与文化消费结构之间的关系和文化产业结构之间的关系。代际消费在漫长的人类文化消费史的发展过程中进化是相当缓慢的。城市的形成在为建构城乡文化消费结构的同时，也为建构代际文化消费结构的形成创造了条件。一般来说，城市代表了文化的"现代性"、"时尚性"和"等级性"、"身份性"。一般来说，由于年轻人总是最富于创造力和想象力的人群，追求新生事物以及新生事物对他们的吸引，在很大程度上决定了在这个阶段上的年轻一代的全部生命特征。而老年人随着生理机能的衰退，不可避免地整体性影响到他们的心理性衰老，这种衰老集中地表现为他们对时尚文化消费的排拒和对往日文化消费的缅怀。青年一代的追求时尚和老年一代的崇尚怀旧，构成了代际文化消费的主要特征。这和年轻人代表未来和老年人代表过去的历史序列是相一致的。这并不等于说，年轻的一代就没有对京剧的喜好者，也并不等于说老年一代就没有网上冲浪爱好者。就人口构成结构的总体性而言，代际差异构成和决定了代际文化消费的差异性。正是这种差异性影响和构成了又一种文化消费结构的普遍性形态，并且同时体现在城乡文化消费结构的构成之中，成为影响城乡文化消费结构的重要动因之一。正是这种代际文化消费的差异性建构了文化消费的市场细分，并且影响到文化产品生产和服务提供的产业结构的构成比例和构成形态，并且呈现出周期性运动的特征。社会进步和新一代消费者的成长，使得代际文化消费呈现出此消彼长的态势。一方面，新一代步入社会，逐渐成长成为文化消费主力军，他们追求个性、时尚，倾向于超前消费，因而不断引领文化消费思潮，刺激文化产品和服务的不断升级换代，文化产业结构因此也不断进行调整以适应文化消费市场变化了的巨大需求；另一方面，生活水平的提高和人均寿命的延长以及城市化进程带来的人口老龄化进程加速，老龄人口总量的不断增加不但迅速地提升了社会老龄化的程度，而且老龄人口总体文化结构的知识化比重的不断抬升，使得这一代人的文化消费需求满足成为实现社会幸福指数的重要内容。由于在这一代人身上保持和记载着传统文化精神和文化消费审美特征的巨大信息，是一个国家和民族文化传承的重要生物载体，因此，满足这一部分的文化消费需求实际上就是延续历史文化传统的传承，是以实现这一代人文化消费满足的形式实现民族文化传承与创新。老年人的文化消费是历史文化资源最为丰富的蓄水池和涵养地。因此，满足这一代人的文化消费需求不能仅仅解释为是文化消费的市场细分刺激着关于文化产品与服务提供的文化产业结构运动，而应当同时理解为，甚至更重要的是实现文化传承的需要。满足他们就是满足一个国家和民族文化传承的需要。从这个意义上说，它从根本上调节着文化产业结构调整与结构创新的运动。

文化消费生命周期是一个需要深入研究的理论与现实问题，怎样确定人的一生中的最佳文化消费，不仅对于一个人的文化消费选择具有重要价值，而且对于整个社会与国家的文化消费波动与政策研究具有重要价值。

三、文化消费的时代变迁

1．文化消费方式与文化消费习性

消费方式所体现的是人的自身的存在样式、社会的整体状况以及人与自然和社会之间的关系状态。文化消费方式则是这样一种关系在人的精神心理活动和行为中的表现和反映。由于人的自身存在样式具有规定其他所有方面状况的决定性意义，从这个意义上说，人的自身存在样式是决定着人的文化消费方式的形成和选择的。这也就是为什么在当今世界上不同的民族、不同的国家的人们会有不同的文化消费方式，即便是同一个民族、同一个国家的人们处在不同的生态条件下也会由于环境而造成的生存方式的差异而形成文化消费方式的差异。在这里，人们的文化消费习性具有特别重要的意义。

文化消费方式的选择与人们的文化消费习性有着很高的关联度。由于可供支配的收入决定了文化消费的支出规模，因此，一般来说，文化消费的支出规模造成了文化消费群体的高低之分。而处在不同消费规模上的消费者的消费模式也因此而形成了差别。例如，由于高端消费群的消费模式已经从比较纯粹的购物逐渐向体验式、社交性的消费方式转变，因此在商场举办画展等艺术活动，让平时无暇走进美术馆的人们有机会近距离接触文化艺术，就像免费的星期天音乐会一样，对于艺术起到了大众化的普及作用。

与制造业不同，文化服务业要维持营业额并不需要用户不断地购买新的服务，而是要用户维持其文化消费习惯即可。在这里，文化消费者的消费习性具有特别重要的意义。

2．社会潮流与文化消费的时尚构成

社会运动是建构人们消费方式选择的重要原因。社会潮流是社会运动变化进程中的一种阶段性特征。这种阶段性特征不仅突出地反映在人们的社会革命实践中，而且还集中地体现在人们对这一实践的精神认同与表达中。五四时期崇尚新文化，北伐时期崇尚大革命，新中国成立之初崇尚新社会，于是，不仅人们的精神面貌发生革命性的变化，而且在文化消费行为上也发生激烈变动。这种文化消费时尚在表现形式上的一个最突出的社会表达就是人们的外观装束，例如发型、服装等。其中最典型的莫过于 20 世纪 50 年代初期在中国女干部和女学生中盛行的"列宁装"。阅读消费时尚在任何文化消费时尚中是最典型的。阅读新小说、观看新电影、手捧新杂志等，往往是文化消费时尚性的社会标志。一般来说，这种文化消费时尚的变迁往往和一个时期占社会主导地位的阶级和阶层所拥有的话语主导权相关。这种社会潮流过去了，这一消费时尚也随之消失。

3. 文化消费品的载体变化与文化消费时尚变化

文化消费时尚变化的一个重要特征是随着文化消费品载体的变化而变化。追逐新潮是年轻消费者的特点，因而也是文化消费时尚变化最主要的体现者和表达者，唱片、电影、杂志、便携式收录机、随身听、MP3、iPad 等，都与文化消费时尚的出现与消失成同步起伏的波浪型运动关系。当文化消费产品在形式与内容上更能给人们带来新的话语空间和交际语词与话题，成为人们之间，尤其是占社会主流人群之间的沟通载体，并且同时成为能够展示人的新精神面貌的一种符号时，对于这一类文化产品的消费会非常迅速地形成一种时尚。消费者往往以是否消费过这一类文化产品作为衡量和识别不同人群之间社会文化身份的一个尺度。所谓社会上人人竞相言说《渴望》，甚至成为社会流行语，成为人们竞相仿效的身体语言对象（服装）和文化思想的争论。直至一个新的文化消费时尚倾向的出现而不会消失。茶余饭后、街头巷尾。2008 年的《品三国》；"重读经典"，是否阅读了《品三国》一时成为时尚。

4. 文化消费品的内容构成与文化消费时尚变化

载体的时尚性是引发文化消费时尚变迁的重要诱导机制。对于载体的物理形态的时尚新追求往往反映了人们对新事物的特殊的好奇性。由于在能否接受和欣赏文化消费品新的载体形式上深刻地反映了一个人已有的文化水品，而且更加重要的是还反映了一个人的生活质量和生活水平，这在年轻人的价值观构成中尤其明显，因此，对文化消费品物理载体的追求往往超越了对内容的追求。这在视觉文化消费行为和时尚消费倾向中表现得尤其明显。但是，文化消费永远都是对于文化内容的消费，这是文化消费的不变的规律。因此，影响文化消费时尚变迁的内在机制还是文化产品的内容构成满足社会精神文化建构需求的契合性程度。2009 年中国的影视文化产品之所以占据了社会文化消费思潮的中心，在很大程度上就是以《潜伏》、《人间正道是沧桑》、《解放》、《建国大业》等为代表的一大批影视产品在面对"娱乐至上"的消费主义思潮的情势下，满足了人们对新的精神建构的理想主义和英雄主义的消费需求，从而使之在新中国建国 60 周年的大环境下形成了一股鲜明的新英雄主义和新历史主义的文化消费思潮。这就超越了文化消费时尚对于文化消费产品的物理性偏好。

第五节　文化消费实现与文化消费安全

文化消费实现是指文化消费满足的程度，文化消费安全是指文化消费满足的实现状况。

一、消费构成定律与文化消费运动

人们的社会消费行为的发生与一定社会人们消费能力的构成密切相关。它包括消费层次、消费支出、消费形态、消费主体等四个方面。其中的任一构成的变化都会导致消费者消费行为的更大变化。消费者消费行为的变化随消费构成条件的变化而变化。不仅人们的一般物质消费要受这一构成规律制约，而且人们的文化消费运动也受这一规律制约。尤其是文化消费作为非物质消费具有某种程度上的奢侈性，因此，文化消费层次的构成和文化消费层次的选择，直接与消费者可供支配收入相关。也就是说，消费者消费支出能力决定了文化消费层次的选择。一般来说，消费支出能力低的文化消费者不会选择消费层次较高的文化消费品。一场中间票价在 500 元左右的音乐剧，对一个一家三口的人来说，在全年可供文化消费的支配收入只有 1 500 元情况下，绝对属于"一次性奢侈性消费"，而不可持续。这就涉及文化消费形态的选择。消费支出能力强的可以选择去大剧院现场直接实现消费满足，而消费能力不足的消费者，则往往选择通过电视收看，或通过广播收听等不在场的间接形式实现消费满足。在这里消费形态选择与消费层次和消费能力密切相关。而前三项的任何一项条件的变动都是发生在消费主体身上的，都是消费者主体行为的结果。因此，最终是消费者主体的内在构成，影响和规定了文化消费行为运动变化其他三个方面的构成，而消费者主体也是由这三个其他方面构成的。这四个方面共同构成了文化消费运动。

任何一种消费运动本质上都是一种需要和欲望的满足，满足实现的程度性，构成了消费运动变化的峰值运动。也就是说，当人们具有强烈的消费需要与欲望时，消费需求曲线处在峰值运动的最低点上，随着人们的消费愿望的不断满足与实现，消费满足曲线运动不断呈上升态势，当这种消费欲望实现达到最高峰值，即达到消费饱和时，人们的消费欲望便出现递减运动，需求曲线呈下降运动态势。这就是"需要和欲望递减定律"，因其发现者是戈森而被称之为"戈森第一定律"。戈森是通过对人的享受体验的分析阐述这一定律的："如果仔细考察一下享受是怎样发生的，那么我们就会发现，在所有享受中有下列一些共同特征：（1）如果我们连续不断地满足同一种享受，那么这同一种享受的量就会不断递减，直至最终达到饱和。（2）如果我们重复以前已满足过的享受，享受量也会发生类似的递减；在重复满足享受的过程中，不仅会发生类似的递减，而且初始感到的享受量也会变得更小，重复享受时感到其为享受的时间更短，饱和感觉则出现得更早。享受重复进行得越快，初始感受到的享受量则越少，感到是享受的持续时间也就越短。"[①]

---

① [德]戈森. 人类交换规律与人类行为准则的发展[M]. 北京：商务印书馆，1997：9.

戈森在论述了需要、欲望和快乐递减定律之后，接着论述到："由此便形成一个普遍使用的定理：同一种享受资料的各个原子具有极为不同的价值。一般地讲，对每一个人来说，只有一定个数的原子，即只有一定的量才有价值；这种量的增加超过了上述范围，便对这个人完全丧失了价值。但是，只有在价值逐渐透过量的不同阶段之后，才会达到这个价值丧失的点。因此，如果我们从这种观点来考察其原子量在一个人手中逐渐增加的享受资料，那么便可以由此得出结论：随着量的增加，每一个新增的原子的价值必然不断递减，直至降之为零。"[①]这就是戈森第二定律——"消费需要递减定律"。

戈森所谓的享乐，实际上是指消费需要和欲望得到满足的心理体验，所谓原子量，是指商品的数量。文化消费属于典型的消费心理体验，从这个意义上说，戈森二定律不仅一般地揭示了一般物质消费的规律，而且同时也揭示了文化消费运动与文化消费实现的重要特质。然而，问题是，如果商品的数量是一定的，单位商品的使用价值的大小也是一定的，那么，在这种情况下，单位商品的使用价值究竟是其最大效用还是其最小效用抑或平均效用？不仅如此，由于文化商品使用价值的大小存在着因人而异、因时空而异的特点，因此，即便是同一件文化商品在不同的文化消费者的需要、欲望和快乐满足过程中也是不一样的。所以，一方面，戈森定律解释和反映了消费定律构成的一般规律，揭示了文化消费运动规律的某些方面；另一方面，戈森定律又不能完全解决文化商品价值量因人而异所体现出来的"文化消费需求递增"现象。

二、边际效用论与文化消费

边际效用价值论是戈森定律的基础上完善发展而来的。戈森发现并证明了"需要和欲望递减规律"和"消费需要递减规律"这两大定律，但是，他没能发现价值决定于边际效用这一规律，即边际效用原理，亦即边际效用论。杰文斯、门格尔和瓦尔拉斯三人几乎同时独立发现并系统论证了价值决定于边际效用原理，完整地提出了"边际效用论"，从而引发了边际效用革命。

边际效用论是继劳动价值论之后经济学领域里关于商品运动的一次最重大的理论发现。根据这一理论，单位商品的使用价值是商品的边际效用，是商品的最后单位增量的效用；商品的边际效用随着该商品的增多而递减，因而单位商品使用价值便随着该商品的增多而递减。例如钻石交换价值大，是因其数量小，因而边际效用大；水的交换价值小，是因其数量大，因而边际效用小，从而使用价值小。使用价值与交换价值成正比。

[①] [德]戈森. 人类交换规律与人类行为准则的发展[M]. 北京：商务印书馆，1997：36.

在边际效用论看来，商品的价值并非实体，也不是商品的客观属性，而是消费者的一种主观心理感受。价值无非是表示人的欲望同物品满足人的这种欲望能力之间的关系，即人对物品的感觉与评价，亦即消费者在消费商品时所感受到的满足程度，并以稀缺性为条件，只有稀缺性与效用相结合，才是价值的充分必要条件；价值尺度为边际效用。效用随着人们消费的某种商品的不断增加而递减；边际效用就是某物品一系列递减的效用中最后一个单位所具有的效用，即最小效用，是衡量商品价值量的尺度。根据这一理论，文化消费中出现的"审美疲劳"现象就是典型的"边际效用递减"规律的呈现。

边际效用理论不仅一般地揭示了消费者与消费品之间的价值关系，而且对于认识和研究文化消费具有特别重要的意义，尤其是文化创新在文化消费选择中的价值关系。人们对时尚文化消费的追求最典型地反映了边际效用价值的本质：文化时尚商品的边际效用随着该商品的递增而递减，因而单位时尚文化消费品的使用价值便随着该商品的增多而递减。时尚文化消费的特点是短期文化消费。一般条件下，短期文化消费对象往往具有瞬时性，无论是追星还是追潮，都具有这种特点，年轻消费者往往构成了这一消费群体的主体。

然而，文化商品具有一般商品所没有的经典性。这种经典性与人的关于人和世界关系的阐释及其终极关怀相关，因此，越是对此作出了并给予了超出他那个时代的阐释与揭示的文化作品，越是给人们带来永久的价值，这种价值并不会随着时空的转换而改变，也不会随着人们对它消费的增多而递减。恰恰相反，这一类文化商品的边际效用却会随着对它的消费的增多而递增。这就是所谓的"百看不厌"。凡是这一类作品，无论是文学艺术，还是哲学、社会科学，它们的永久性价值均来自于它们在那个时代的创造。真正的精神文化创造是超越时代的，并不因时空转移和消费次数的增多而使其边际效用递减。

边际效用理论的提出是基于一个基本的前提，即商品中所凝结和耗费的生产要素是劳动、资本和土地，这三者是构成商品使用价值产生的源泉和实体，因而也是构成交换价值的源泉和实体。虽然只有使用价值是边际效用，而交换价值并不是边际效用，但是交换价值实体却是边际效用，因而交换价值量的大小与使用价值量的大小一样，都完全取决于边际效用量：商品的交换价值量与其边际效用量相等。在这里，商品生产三要素具有重要意义。问题是文化商品的生产要素并不与一般商品的生产要素等同。其中，个人的创造性劳动及其所产生的价值和使用价值、使用价值和交换价值均存在着非量化规律。如何认识和看待不同商品生产要素构成在使用价值和交换价值中的关系？在文化消费领域里为什么既存在"审美疲劳"，同时又存在"百看不厌"两种完全不同的消费现象？这或许是文化经济学值得深入研究的一个问题。

三、文化消费运动中的文化消费安全

文化消费安全是由文化消费的不安全性提出来的。这是由于可供消费的文化产品与可供消费的粮食产品所具有的安全要求的一致性决定的。2008 年底至 2009 年上半年，中国开展了一场全国性的整治互联网低俗之风专项整治行动。2009 年 3 月 8 日，一项名为"净化网络护卫孩子——万名母亲网络护卫行动"的活动在广东展开。组织者广东省妇联原本希望万名妈妈参与的活动，没想到到截止签名时参与人数已经超过 10 倍；原本针对本地开展的活动，没想到一下子跨越地域限制。活动开展十多天，上网签名支持该活动的人数达到 117 585 人，母亲们举报的信息达 8 680 条。[①]这项活动的反响如此之大，不仅说明净化网络环境、护卫孩子健康成长，已经成为全社会的共同心愿，而且更重要的是提出了一个文化消费安全的重要命题。自从互联网大规模普及之后，网络文化消费作为一种全新的文化消费形式便成为未成年人的最主要的文化消费行为和对象。据有关方面的不完全统计，在我国近 3 亿的网民中，未成年人占 1/3 以上，他们是网络文明的受益者，也是网络低俗文化最大的受害者。未成年人由于缺乏必要的自我识别、自我保护和自我控制能力，再加上儿童的模仿天性，使得在面对网络严重损害未成年人的精神心理健康的低俗内容时，不能建立起有效的文化消费安全预警系统，从而把虚拟当现实，未成年人的精神心理健康与否，不仅直接关系到未成年人的健康成长，而且还广泛涉及家庭安全和社会稳定。因此，在整个文化消费运动中实行安全的文化消费，维护文化消费安全，就成为文化市场和文化经济发展的重要内容：公共文化消费安全。

许多发达国家在电影放映领域实施"分级制度"，一个基本的前提就是维护未成年人的精神心理健康安全，而造成这种不安全状况的则是在文化的消费行为过程中形成的。因此通过文化市场分级管理制度的设计，就可以有效地防范"儿童不宜"的文化消费内容对未成年人的不良影响。尽管不同的国家和民族有着不同的文化消费安全观，以及由此而建立起来的文化管理制度，但是，由于未成年人的成长状况集中体现和代表了一个国家和民族未来的希望，因此，通过文化管理制度设计，健全并严格执行文化产品质量安全标准，实行严格的未成年人文化产品市场准入制度，维护未成年人的精神文化消费健康安全，则是人类社会普遍的行为准则和价值观。

"消费问题是环境问题的核心，人类对生物圈的影响正在产生着对环境的压力，并威胁着地球支持生命的能力。"[②]其实，这不只是一般意义上的人与自然关系的消费文明

---

① 广东开展万名母亲网络护卫行动[N]. 人民日报，2009-03-25.

② [美]施里达斯·拉夫尔. 我们的家园——地球[M]. 北京：中国环境科学出版社，1993：152.

问题，而且也是人与自然和社会关系的消费文明问题。因此，文化消费安全不只是一般意义上关乎个人或某个人群的公共文化安全，而且在更深的层次上直接涉及整个人类社会的存在与发展安全。由于因极端文化消费所构成的对人类社会赖以存在的全部合法性的肆意破坏，人类对文化生物圈的影响正在构成着文化环境的压力，并威胁着整个地球的文化生态系统支持人类社会生命的能力。正是由于人类文化社会面临着和自然环境一样的压力，因此为了人类社会的整体利益，这才有关于人类社会发展的文化多样性保护的呼吁和宣言。

四、文化消费需求满足的程度与消费需求实现的时空距离相关

文化消费的满足是人的一种权利，也是自由自主选择个性化生存的一种方式。然而由于任何意义上的消费的满足都只能是在一个具体的时空范围内的存在和实现方式，因此，任何意义上的文化消费满足都只能是有限满足。一方面，每个人的文化消费方式都只能在特定的社会关系和时空条件下才能得到解释和说明，另一方面，由于每个人作为人的个体性存在是始终处在不断地变化之中的，关于文化消费需求的满足也是随着这种变化而不断变化的，因此，任何意义上的文化消费需求满足都只能是有限程度的满足，而不是无限程度的满足。这就使得文化消费需求的满足程度与这种满足的实现之间存在着一种距离关系，即个人消费的合理性与这种消费实现的历史必然性之间的关系。

文化消费是一种人权，体现着人的尊严和生命价值，理应得到尊重和保护。但是，正如任何其他权利和自由一样，每个人的文化消费权利的满足和实现，同样也是不能妨碍其他人的文化消费权利的满足和实现为前提的，不以损害社会公共文化利益和伦理道德为前提的，因此，文化消费的满足与实现以及这种满足与实现的程度，是同这种满足的实现与其他人的满足与实现，以及社会需求的满足与实现之间存在着正相关关系的。也就是说，在个人的文化消费需求得到满足时，也能够同时使得其他任何社会的文化消费需求得到满足，那么，这样的文化消费需求的满足就构成了与历史文明发展的必然性的关系，也就是说，它是历史必然性的结果和产物，充分地体现和包含了历史的合理性与合法性，这样的文化消费需求满足的程度是与人类文明进程相一致的最大化；相反，如果一个人的文化消费需求的实现是以妨碍甚至牺牲他人的文化消费需求的满足为代价和以损害社会公共文化利益和伦理道德为代价的，那么，这种文化消费需求的满足就必然的会遭遇到他人和社会的抵制和反对。因为每个人都有享受文化消费满足的权利，维护每个人的文化消费需求满足的正当性与合理性是社会公理，通过建立与设置国家制度来保护每个人的文化消费需求满足的权利，便是这种社会公理的自我保障系统，从而使

得个人文化消费需求的满足与这种满足不可实现之间构成了历史性的矛盾和冲突。因此，任何意义上的文化消费需求的满足都应当是一定的文化消费习俗、消费文化、消费环境和消费制度的合规律性与合目的性的结果，任何意义上的文化消费需求满足的程度与这种消费需求实现的时空距离相关。

文化消费需求满足程度与这种满足的实现之间的另一种时空关系，就是表现在具体的文化消费对象之间的距离关系。消费需求主体与时间和空间的关系是被先验的规定好了的。人不可能为了实现对往日历史文化消费需求的满足而重返时间隧道，回到过去，同样人们要实现对今日现实文化消费需求的满足，也只有克服了地理空间意义上的障碍和社会空间意义上的障碍才能实现，只要这两个障碍中的一个没能克服，那么，这种文化消费需求的满足同样也会因为距离问题而难以实现。例如跨境文化旅游的实现就属于这一类。

 本章小结

▻▻ 文化消费是人的价值实现方式和文化商品的价值实现方式的统一，是社会文化生产过程的一个重要环节。文化消费是社会发展的重要驱动力，也是人类社会特有的社会运动形态和社会存在的文化方式。文化消费内容和消费方式的选择，不仅一般地规定了一个国家和社会的文化精神秩序建构所达到的文明高度，而且还深刻地揭示和反映了文化发展在社会发展中的价值作用。

▻▻ 文化消费是人实现精神心理满足的社会行为过程。文化消费有广义和狭义之分。广义的文化消费是指人的一切精神心理满足的社会实践。狭义的文化消费主要是指人们对一切关于以文字和其他表达形式为载体的意义符号的消费，包括对一切文化消费品和文化劳务的满足和享受。

▻▻ 文化消费主要以价值（真、善、美）消费为主要特征，是人的精神行为和活动的表达。人的内在的目的性便构成和决定了文化消费的特点：对象的超时空性、内容的超认同性和象征性；对社会的精神秩序具有鲜明的解构性与建构性。

▻▻ 文化消费结构是指文化消费构成的比例关系及其动力关系。文化消费结构实际上是一定的社会精神秩序的反映。文化消费结构就是社会精神秩序体现在人们的社会精神活动的表征，揭示的是人们之间的社会精神关系。文化消费结构的矛盾运动是推动文化经济结构矛盾运动的主要动力机制。

▻▻ 代际文化消费最集中地表现了人口结构的文化构成与文化消费结构之间的关系

和文化产业结构之间的关系。人口构成结构的代际差异构成和决定了代际文化消费的差异性。代际文化消费的差异性建构了文化消费的市场细分，并且影响到文化产品生产和服务提供的产业结构的构成比例和构成形态，并且呈现出周期性运动的特征。社会进步和新一代消费者的成长，使得代际文化消费呈现出此消彼长的规律。

▸ 边际效用理论不仅一般地揭示了消费者与消费品之间的价值关系，而且对于认识和研究文化消费具有特别重要的意义，尤其是文化创新在文化消费选择中的价值关系。人们对时尚文化消费的追求最典型地反映了边际效用价值的本质：文化时尚商品的边际效用随着该商品的递增而递减，因而单位时尚文化消费品的使用价值便随着该商品的增多而递减。

思考题

1．文化消费的本质是什么？如何理解文化消费与社会发展之间的精神关系？
2．怎样理解文化消费与文化生产、分配和交换之间的关系？
3．个人、社会、国家间的文化消费关系是什么？
4．简述你对文化消费结构的合理化的认识。
5．结合自己的经验分析代际文化消费对自己的影响。
6．边际效用理论能否用来分析文化消费现象？

第六章

文化市场

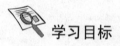 学习目标

通过本章学习，应了解和掌握以下内容：

1. 市场的内涵和意义；
2. 作为公共领域的文化市场理论；
3. 文化市场构成的内容；
4. 文化市场的形态与结构；
5. 政府与文化市场的关系。

文化市场是一切文化经济活动的存在方式和空间形态。没有文化市场无所谓文化经济活动，文化经济只有存在于和表现于文化市场才是有生命的。文化市场不仅一般地规定着文化经济活动的存在方式，而且还规定和影响着文化经济的社会分工，调节资源配置的供给和需求的平衡。因此，文化市场的运动及其规律，不仅一般地规定了文化商品的运动形态，而且正是由于文化市场发展和运动的客观规律性，也才影响和规定了文化商品经济的运动形态和存在方式。研究文化市场，是深入研究文化经济运动的不可或缺的重要组成部分。

第一节 市场的诸种意义

文化市场是市场存在的一种特殊形态和存在方式，是整个市场体系的重要组成部分。市场不仅一般地影响和决定了文化市场的发生、发展，而且还影响和决定了文化市场选

择自身发展的特殊性。由于市场体系在系统方面表现出来的丰富复杂性和增生性，因此，市场的意义构成也是丰富复杂的。了解这种丰富复杂性，对于认识和研究文化市场的，尤其是现代文化市场体系的运动规律，具有特别重要的理论和实践价值。

一、作为剩余与需求交换的空间

市场的出现是社会生产力发展的产物。劳动产品的剩余与对劳动产品的需求是市场产生的原始动力。在漫长的原始社会，人类的主要活动是获取生活资料。工具的利用和使用以及工具的制作，使得人类通过自己的劳动获得超过自己生活必需的资料成为可能。劳动生产力的发展以及人对物质生产规律认知的深化和掌握，使得人的劳动生产的集体化成为可能。于是在满足了人们的生活必需之后，出现了剩余产品。剩余产品的出现给整个人类社会带来了巨大的进步和麻烦：如何处理剩余产品成为问题。于是通过和利用剩余产品与其他人群交换他人的剩余产品以改善自己和丰富自己的生活结构，以提高生活和生产水平便成为一种需求。于是以货易货的交换出现了。这是人类社会生产力的一次巨大进步和革命。这种交换行为的定期化便发展成为"集"或"市"这样一种自然界没有的空间存在形态。因而，市场的出现乃是一种"社会形态"的出现，这种通过"集"或"市"的方式实现彼此剩余产品的交换以实现生活必需品的优化和提高，进而生产手段和工具的能力优化和提高，不仅迅速地促进了生活和生产，而且正是由于这种交换使得人对世界的认识扩大了：从人与自然的关系扩大到了人与人的关系和人与社会的关系。而人类社会后来发展起来的各种能力和所有关系都在这种空间形式的不断变化的进程中得以进化和提升，包括人的所有的恶、善的行为。人成为生物界唯一能够进行剩余与需求交换的物种。

二、作为社会进步的力量形态

从自给自足的生产走向为了交换的生产，于是市场便成为推动生产发展、工具进步、生产力革命的力量：改变现状以实现利润的最大化，从而使市场具有战略性。所谓"看不见的手"便是对这种力量形态的形象性比喻。竞争性是市场的本质属性之一。优胜劣汰使得产品的市场竞争具有丛林法则特性，于是为了使自己的产品在市场中不断实现利润的最大化，当原有的产品已经失去了竞争能力，创造与开发新的产品以赢得新的市场份额与市场利润，便成为推动市场进步与发展的巨大力量。正是这种力量推动了原始文明向奴隶文明发展，又推动着从奴隶文明向封建文明发展，再进而向资本文明发展。社会进步形态便在这一过程中不断地随着生产力的发展进步实现和完成了社会生产关系的转变。从这个意义上说，市场就是生产力，一种生产力的实现和表现形态，是社会生产力形态的交替与转变机制。没有市场力量的推动，就没有人类社会的生产力革命。这尤其是在工业革命之后资本迅速地在全球开拓市场而得到了显著的表现。现代世界市场的形成便是资本市场出现的产物。于是，资本便成为市场力量的象征影响着人类社会的发展、进步与革命。互联网以及由互联网而建构起来的虚拟市场则是在资本市场出现之后又一个深刻影响人类社会文化进程的力量形态。以互联网技术为核心的力量正在缔造一个全新的社会——"虚拟社会"和"虚拟市场"。这一全新社会的出现正在改变与重建社会结构，网民间的互动不仅重构了人们的社会生活方式、创新了人们的利益诉求方式，而且还改变了人们的价值观念。网络以及由网络中的人们之间的交往行为建构的市场正在改变传统的市场形态和市场边界，改变社会进步的动力机制。

三、作为制度建构的一种机制

无政府是市场的生命特征。它具有孕育一切新生命力量的可能，同时也具有随时可能摧毁自身的盲目。自从市场诞生的那一天起，对于市场的规范性需求也就同时产生。等价交换原则产生于交换的原始冲动。于是公平交易、诚实交易等一系列便作为与市场的无政府相对应的约束力量、驾驭力量、主导力量诞生了，也成为与市场共生的发展方向，实现利益自我实现的最大化，于是市场便成为一种制度：在满足自己需求的同时满足他人的需求，在实现自己利益最大化时，不能以牺牲他人的利益最大化为代价。以垄断代替竞争，必然导致垄断与垄断的竞争，最终以战争的非市场方式结束垄断，重建市场秩序。于是，作为市场交换机制的一般等价物出现了——货币制度的建立，价格机制出现了，市场组织出现了——行会、同业公会、商会等——保护自己，规范市场交易，进而政府组成机构中的经济与市场监管部门出现了——市场经济政策与制度。市场经济是它最典型的实现。

四、作为人的交往行动的一种社会结构

任何交换都是有选择的。需求是选择的原则。没有需求就没有交换，而交换是有选择的，于是选择什么和不选择什么，便构成交换的内在价值判断，再者，交换的过程行为便成为对人们基于对某种价值认可交往行为的一种表达。不认可便不交换，交换是认可的结果，认可是交换的前提。于是便发展成为一种原则，市场交换原则。市场成为人的交往行为的一种契约媒介。正是这种媒介把处在不同位置上的人们联系起来了，结成了一种网络，这种网络是在商品交往的过程中诞生的，不同的商品交换以及在商品交换过程中遵循的原则，反映了不同的交换方之间所处的经济地位和经济力量。这种不同的

经济地位和经济力量使得他们在商品的交换当中拥有不同的关于商品价格的定价权。正是这种定价权反映了人们在商品交换中的经济关系、社会分工与分配关系。这种分工与分配关系具有支配与被支配关系，进而统治与被统治关系，在这种关系中社会被建构起来了，形成了社会结构。

在市场理论上，市场历来被认为是很难定义的对象。亚当·斯密认为市场是劳动分工的调节，是"看不见的手"通过对供给和需求的价格控制形态来获得市场平衡的存在方式。传统的社会主义政治经济学给市场的定义一般表述为：市场是商品买卖的场所，是商品交换关系的总和，是商品经济的集中体现。历史学家布罗代尔则认为："市场是一种解放，一种开放，是进入另一个世界，是冒出水面。人的活动，人们交换的剩余产品从这个狭窄的缺口慢慢通过，其困难程度最初不亚于圣经故事所说的骆驼从针眼通过。针眼后来扩大了，增多了。这一演变的过程的终端将是'市场遍布的社会'"。① 布罗代尔在这里所描述的实际上是社会生产力不断解放的一个历史过程，是社会结构不断发展与转型的过程。正是因为有了市场，社会结构的运动变化才拥有了动力机制。市场反过来又成为社会结构扩张演化这一历史过程在空间上的一种表现形态。由于这种解放在本质上是社会生产力的不断解放，是文明形态的不断发展和解放，因此，市场的发育程度和成熟性程度，即市场的开放性和互融性程度，实际上也就表征了人类的社会生产力发展所达到的"另一个世界"的程度，一种新的社会结构。同样，也正是因为一定的市场形态与一定的社会结构之间存在着同构关系，这就使得由不同社会所建构起来的不同市场之间的交换变得困难起来，出现了"市场壁垒"和"市场保护"等非市场问题。所有这些"非市场问题"，实际上是由市场所建构起来的社会结构的力量作用的产物。因而，反映在不同市场之间的矛盾和冲突，实际上是不同社会结构所代表的不同社会力量之间的冲突。这种冲突是不可避免的，于是，基于市场的需求，不同社会结构之间寻求第三种力量作为一种调节机制架构于不同的市场之上，从而实现世界市场的有序发展。这就是基于市场需求与问题解决的国际经济组织的出现，例如世界贸易组织（WTO）。于是一种社会结构便演化发展成一种更大的社会结构——国际社会结构：国际市场。

第二节　作为公共领域的文化市场理论

市场配置资源是关于市场的最一般的原理。文化市场在文化资源配置中究竟起基础

---

① [法] 布罗代尔. 15 至 18 世纪的物质文明、经济和资本主义[M]. 第二卷. 北京：生活·读书·新知三联书店，1993：2.

性作用还是起决定性作用，都包含着这样一个问题：究竟是文化市场的什么（东西）起这种作用？ 如果仅仅把文化市场看作是一种空间形态，那么这种空间形态又是怎样起作用的呢？如果把文化市场看作是一种力量，那么这种力量又是从哪里来的呢？这种力量本身又是从哪里来的？它本身作为一种文化资源又是被怎样、被谁配置的呢？也就是说，在市场这只"看不见的手"的背后，究竟又是一种什么样的神奇的"中枢神经"在控制着"这只手"，这就涉及关于文化市场本质的定义问题。在这里，哈贝马斯的"公共领域"理论可以给我们分析这一问题提供一个概念性分析工具。

任何一种形态的市场都有它规定的边界系统，并以此与其他市场相区别。这种对于一定市场的定义范围的规定，既是对该市场特征的把握，同时也是建立该市场规则的依据。文化市场与一般市场最根本的区别就是它作为一种公共领域的存在。这是我们分析研究文化市场，认识和掌握文化市场规律的最基本的理论基础。

一、文化市场作为公共领域存在方式的本质

市场是由人的、社会的经济活动和经济行为生成的。没有人的经济活动，没有人的经济交换和交往的需求，就没有市场。因此，市场是由人建构的。人们选择经济活动和经济行为交往方式，当这种交往方式在长期的演化过程中固化为一系列约定俗成集体无意识时，这些约定俗成便成为大家共同遵守的市场原则。就其本源意义上说，一切市场原则都是公共的、人的、社会的选择的结果，集中体现和反映了人们之间的社会关系。什么样的市场及其市场经济实际上就是它那个生成机制间的相互关系的反映。因此，市场不是什么一种先验力量存在，而是人的经济行为和经济活动选择的结果。市场的本质就是人的本质，是人的本质力量的对象化。一般市场是如此，文化市场也是如此。

文化市场与其他市场最根本的区别就在于：人们在文化市场通过买卖相交换的是思想、观念、感情、信仰、审美、价值观等一切非物质形态的精神事物。人们通过并借助于这种方式来增进彼此了解、沟通文化信息、进行思想和观念辩驳，以达到沟通与交流，很多时候，还是一种精神文化的博弈和竞争。总之，文化市场在本质上是思想观念、情感信仰等一切意义的竞技场。情感和感情是属于最私人化的领域，但是，当情感一旦表现为符号系统和意义系统，并且通过文学艺术、哲学社会科学等载体，通过市场这个中介而进入人们的精神消费领域，并且成为公共精神消费与议论和讨论的对象时，所有的私人性话题便进入了公共空间，进入了公共领域。在这里，市场只是一个形式，一种让人们的精神文化产品，即人们的精神文化思想得以交流、交换，并在交流和交换中论辩和批判，是这种内容的东西，不断地催生着各种思想文化和艺术创作的生产。思想文化

和艺术生产的这种批判性、论辩性越是强烈，市场的空间形态便不断生长扩大。当一种思想文化和艺术形式不足以在论辩的生产和批判的生产中发挥工具的作用时，一种新的思想文化和艺术载体形式便诞生了。于是，一种新的文化市场样式出现了，一种新的文化市场空间出现了，围绕着新生的文化市场新的竞争和竞技又开始了。文化市场的发生、发展就是在这个过程中循环往复，以至无穷。

因此，真正在文化市场中无论是起基础性作用，还是起决定性作用，其实都是由文化市场作为社会的公共领域的作用决定的。在这里，公共领域的发育发展的现代化程度，直接规定和影响了文化市场发展的现代化程度。一般市场反映的是人的一般经济关系，文化市场是反映人的文化经济关系，以及由这种关系派生出来的其他关系，包括人们的社会政治关系等。一般来说，所谓文化市场是指文化商品和服务交换的场所，即一种空间形态。但是，这个场所范围的大小并不是一成不变的，而是随着文化的社会分工和商品交换的扩大而不断生长和变化。场所作为一种文化存在方式的空间形态所表现和反映不同社会生产关系。场所的运动变化揭示了这种社会生产关系的运动变化。高尔夫球场与棋牌室所存在着的场所等级，是人们的社会文化关系等级的反映。所谓由精英文化消费所构成的高端文化市场和由大众文化消费所构成的低端文化市场，在可供支配的文化消费能力背后所反映的实际上就是这个社会存在的社会文化生产关系，以及由这种关系所决定的文化权力与权利关系。因此，文化市场竞争的背后是关于文化权利与权力的竞争。赢得市场并垄断市场后，经济力量便转化为政治力量，并直接导致了关于文化市场的制度设计从而在改变市场规则的同时，改变了文化资源分配与配置的结构。这就是文化市场作为公共领域的本质。

在哈贝马斯的理论里，文化市场是"资产阶级公共领域"得以形成与发展的重要机制，也是沟通私人领域与公共权力领域的终结。在哈贝马斯的讨论中，"国家和社会分离是一条基本路线，他同样也使公共领域和私人领域区别了开来。公共领域只限于公共权力机关。"但是，在"私人领域当中同样也包含着真正意义上的公共领域；因为它是由私人组成的公共领域。"这个由私人组成的公共领域就是市民社会及其他的体现方式——商品领域和社会劳动领域。政治公共领域介于私人领域与公共权力领域之间。"它是从文学公共领域中产生出来的；它以公共舆论为媒介对国家和社会需求加以调节。"而"文化市场"恰恰是"文学公共领域"得以形成的基础。文化市场在这里不仅是"文学公共领域"得以形成的基础和表征，而且也是沟通和调节"私人领域"与"公共权力领域"的空间——公共领域，同时对"私人领域"与"公共权力领域"产生和发挥影响与作用，影响"私人领域"与"公共权力领域"的变化运动。为了系统地阐述他的"公共领域"

理论，哈贝马斯用一个社会结构图来展示它们之间的关系①，如图 6-1 所示。

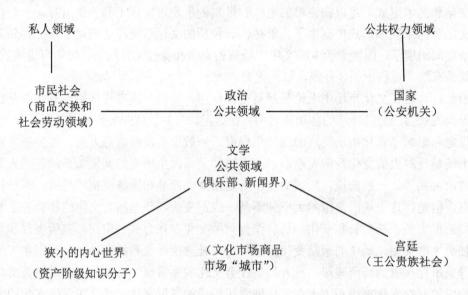

图 6-1　哈贝马斯的公共领域结构图

　　哈贝马斯讨论的是 18、19 世纪欧洲资产阶级公共领域的形成，但是，他对文化市场在资产阶级公共领域形成中作用的发现，却给我们认识和研究文化市场以极大的启发，虽然哈贝马斯本人并未就文化市场作为公共领域的性质与本质给予深刻的阐发，却给我们研究文化市场提供了思想史资料。

　　思想一旦进入市场，一切就都改变了。这个时候，思想不再是某个思想家的思想，而是公共的思想。市场是一种交往和交换的选择机制。不论是什么，只有经过市场才能证明它是什么。一种思想一旦变成市场的产物，成为公共选择对象，它就会发展成为公共的行动，成为公共话语。在很多情况和状态下，人们并不完全清楚自己的心灵需要什么。市场也并不知道人们需要什么。盲目和无序是人和市场最基本的关系和状况。但是，总会有那么几个人、一些人比市场和大众清楚社会需要什么。于是，他们便把这种需要生产出来。这就是精神，一种关于精神的生产，并且把这种生产的结果——作品——出版物投入市场——一个空间，以满足社会和众人（阅读大众）的需要。精神生产的结果是私人性的，他把它投入到了一个完全超出自己控制的另一个空间，于是他和这个作品的关系就发生了变化：他和他的作品以及在这种作品所反映出来的思想便不再属于他个

① [德]哈贝马斯. 公共领域的结构转型[M]. 上海：学林出版社，1999：35.

人——私人，而是属于众人——公共，于是一个新的领域出现了——公共领域。这个公共领域是由关于思想的交换机制实现的。这个机制就是所谓的文化市场。一种由需求和交换建构起来的领域。只不过这一领域与其他一切事物的交换不同，买卖双方在这里交换的是思想精神、文学艺术、哲学和社会科学，是关于真善美的价值认知系统。人们在这里了解知识、接受知识、传播知识以及一切与知识相关的东西，一切关于灵魂的问题解答。印刷品的出现，改变了原来的舆论结构，使得对于舆论的控制变得不可能。一切主流的属于思想和文化的东西，在面对非主流的思想和文化的东西的时候，只有在这样一个领域里才能获得和拥有生命与价值。

而在这一点上，恰恰如马克思和恩格斯在《共产党宣言》中对资本主义的历史作用所描绘的那样："由于开拓了世界市场，使一切国家的生产和消费都成为世界性的了……过去那种地方的和民族自给自足和闭关自守状态，被各民族的各方面的互相往来和各方面的互相依赖所代替了。物质生产是如此，精神生产也是如此。各民族的精神产品成了公共的财产。民族的片面性和局限性日益成为不可能，于是有许多民族和地方的文学形成了一种世界文学。"[①]在市场的交往过程中，人们完成的不仅是商品，而且还包括商品交换原则所体现出来的价值观。交换是要讨价还价的。交换也要入乡随俗的。不同的文化观念、生活方式、存在方式在商品交换的过程中发生冲突，不断磨合，进而达成共识。因此，作为普遍的行为交往准则使得人类之间可以互相理解与融合。不同的文化价值主张和不同的文化机制诉求，在交往过程获得了表达，于是，求同存异，也就使得市场存在既有全球性世界市场，也有本土性地方市场。两种不同的市场完全可能奉行不同的市场交往原则，但可以同时并存。

由于文化市场直接地反映了一个时期人类社会精神生产及其精神产品交换和流通的程度，因此，文化市场发育的成熟性程度和开发性程度也就在这个意义上表征着社会和人的解放与开放的程度。文化市场是人与社会一切文化关系的存在方式和表现形态。

文化市场作为公共领域的发生是随着现代公共出版物——图书与报纸的出现而出现的。政治不仅决定了文化市场作为公共领域的结构以及它与作为私人领域的文化市场的关系，而且决定了这种结构性关系的运动力量与运动方向。资产阶级革命与运动作为新生产力革命的社会文化表现形式，在现代文化市场作为公共领域的发生中发挥了决定性作用。文学往往是社会革命与社会转型的前夜。文学本身不能成为公共领域，文学只有进入思想交换领域，即文化市场才能作为公共领域的实现——文学公共领域。因为在文学中讨论的问题只有进入市场才能进入公共话语、公众舆论，进而产生影响和影响政治

---

① [德]马克思，恩格斯. 共产党宣言[M]. 第1卷. 北京：人民出版社，1972：76.

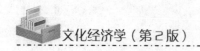

公共领域的建构，并最终引发社会转型与变革。

正因为文化市场所反映的是一定社会条件下人们之间的文化经济关系以及由这种关系建构的社会政治关系，这才有了关于文化商品的市场准入以及关于文化商品生产与服务许可、审查等一系列制度设计与法律规定。并且由不同的人来设定与制定，影响着文化市场的运动方向和选择。从这个意义上说，在市场配置资源的背后，是人的经济关系和文化关系的配置。由于在现代条件下的一切社会经济活动和交往都是人们在一定的社会进程和社会生产力条件下选择的结果，这种选择与人们选择国家制度具有密切的相关性，或者甚至可以说，一定的社会经济活动和交往行为的集体选择与国家制度选择是同构的。区别只在于不同的人群在选择了不同的社会经济交往行为的同时，也选择了不同的国家制度形态。而正是后者把不同国家制度下的人们的经济活动和经济行为分隔开来了。并且通过意识形态和价值观体系人为地把市场和文化市场相分离、相分割。于是，人的经济活动和经济行为便造成了两种后果——"市场"和"政府"——"文化市场"和"文化政府"：市场是政府市场，政府是市场的政府。而这两种后果恰恰都是人的行为的结果与产物。这两个方面都反映了人的意志和人的本质。不同的政府在贯彻不同的价值主张、体现执政主体和社会主体的公共意志，这种公共意志就不仅表现在关于社会经济制度选择的政治制度设计，而且也表现在经济活动选择方面。不论市场经济还是计划经济都是这种选择的结果。人的自私性形成了市场，人的公共性造就了政府，于是造就了人类社会的矛盾运动，由此推动着人类社会的运动发展，推动着文明的演化和文化市场的繁荣与萧条。

二、作为公共领域文化市场的基本特征

文化市场是市场存在的一种特殊形态和存在方式，因此，它既是一种空间概念，也是一种机制概念，同时还是一种力量形态。空间是指其范围系统，机制是指它的运动方式，力量是指它对文化资源配置的作用。文化市场是由文化商品生产的交换需求而发生的。随着文化商品流通的发展，文化市场进一步发展成了文化商品空间运动的产物和形态，在原有的交易空间的基础上，又形成流通空间，这就使得文化市场超越了一般意义上的文化商品交换的场所的意义，而同时包括交易和流通、有形与无形在内的最广泛意义上的关于文化商品生产、消费、分配和流通的总和。因此，从某种意义上说，一切存在着文化商品与服务交易的地方——场所——空间，都属于文化市场的定义范围，构成了文化市场的基本特征。

1. 文化市场的自发性与自觉性

因交换的需求而形成市场，这是一切市场发生的本源性。没有物品交换需求的支配，

无所谓交易或买卖行为，当然也就无所谓由此而形成的、通过某种约定俗成的契约而形成的市场。这是市场出现和形成的自然历史。因此，从这个意义上说，自发性是一切市场最本质的属性和特征。这种特征是由产品生产自给的有限性造成的。在任何一种空间形态中，人们能够利用物质世界提供的资源生产提供给自己的消费需求总是有限的，因此，当人们的社会生产在自给自足的基础上出现了产品剩余时，用剩余产品交换另一种剩余产品，并且把这种交换用一种相对固定的时间和空间形式表现出来，这就是市场。文化市场也是如此。中国古代"买椟还珠"所提供的一种信息就是早期文化市场的自发性生成的原始状态：文化产品的"换卖"，即以一种产品价格购买另一种产品，从而产生了最早的"比价关系"。艺术品价格便在这其中诞生了。这在今天中国广大的农村集贸市场仍然普遍存在。当无意识的文化产品的交换在满足了生存需要的同时还给人们带来了新的发展资本，于是，追逐利益的最大化便成为市场和文化市场发展的基本动机。所谓"看不见的手"就是这样的一种原始的"自发性"。这种自发的市场的一个最显著的特征就是缺乏关于市场交易规则和交易制度的建立。为了维护市场交易和交换的公平和价格与利润的公道，建立市场交易规则，规范市场交易行为，建立市场交易制度，并成为市场运动发展的一种公共选择。于是便出现了以地方商人集体合约的方式开始建立有限空间的交易规则与制度形态，从而开始了市场运动从自发性向自觉性的文化转向。中国古代社会，尤其在明清时期发展成熟的"会馆"形式，例如陕山会馆、湖广会馆、江浙会馆等。后来发展起来的包括文化市场在内的同业公会，也属于这种形式。虽然，这通常被定义为市场组织形式，然而，正是这种市场组织形式，使得市场—文化市场的运动从纯粹自发的自生自灭的状态进入到了一种社会参与可控的一种状态。由于这种状态体现和包含着人们对市场——文化市场的深刻理解，因而具有鲜明的"市场理性"，从而使之具有"自觉性"。这种自觉性具有公共领域特征。

根据某种需要而主要由政府通过某种制度性设计安排形成的文化市场属于自觉性文化市场。2009年6月15日上海文化产权交易所在上海成立。这是一家由上海联合产权交易所、解放日报报业集团、上海精文投资公司联合投资创立，经上海市人民政府批准的"国内首家文化产权交易所"。[①]目的是依托上海的金融优势为文化产业项目对接资本市场创建投融资平台，在文化产业与各类资本市场之间构筑融通桥梁，从而有效缓解文化产业发展过程中的投融资困境，为进一步促进文化产业发展创建市场环境和条件。这样的文化市场就其本质而言属于政策性市场。这是由文化市场发育不规范、不成熟而由政府主导，并且有着明确的政策导向意图而建立起来的。这在文化市场培育期有它存在的

---

① 国内首家文化产权交易所在沪揭牌[N]. 解放日报，2009-06-16.

必要性与合法性。但是，由于这样的文化市场存在着某种程度上对文化市场资源的垄断性，因此，这样的一种文化市场形态如何按照市场规律而不是政府主管意图来发挥它在资源配置中的基础性作用，就成为一个需要研究的问题。

2．文化市场属性的中间性与非中间性

文化市场是一种能够产生竞争的经济机制和文化机制。究其本源性而言，文化市场也同一般意义上的市场一样，本身没有制度属性，没有对和错的问题。用马克斯·韦伯的话来说，市场本身"价值无涉"（Value Free）。这就是邓小平所讲的社会主义也不是不讲市场，资本主义也不是不讲计划的道理。但是，由于不同的社会制度形态所遵循和坚持的价值理性是不一样的，用不一样的价值理性建构与处理市场运动与社会发展的关系，不同社会制度形态所采取和运用的制度规范是不一样的，从而造成市场进而文化市场的非中间性。"社会主义市场经济"的提法就是对市场中间性的一种纠正。同样是实行市场经济，并且同样是世界贸易组织成员方，中国文化市场与美国文化市场之间的一个最大区别就在于：在美国奉行的是自由主义的市场原则及其制度架构，在中国实行的是社会主义的市场原则及其制度架构。在这价值取向的背后，是两种存在很大差异的文明形态。这就决定了，一方面，中美两国可以在市场中性区间开展文化市场的正当交易；另一方面，中美两国又在文化市场的非中性区间存在着文化市场准入限制和准入壁垒。

3．文化市场的空间性与时间性

作为文化商品生产与消费的交易方式与交易形态，任何一种文化市场都以它的空间性特征与其他市场相区别。它包括两个方面的含义：一方面，作为一般意义上的市场形态，任何一种文化市场都只能在一定空间范围内存在，即以地理的空间形态为标志，如中国文化市场、亚洲文化市场等；另一方面，作为个别意义上的市场形态，它又是由它自身的内部构造存在的，这个内部构造所形成的结构的空间性就成为文化市场空间性的具体存在方式，如电影市场、演出市场、娱乐市场和出版市场等。文化市场的空间运动形态和表现方式很大程度上就是由这些具体的文化市场的空间存在实现的。

所谓文化市场的时间性，主要是指文化市场运动在时间形态表现上的周期性，即文化市场的运动发展所呈现出来的波浪式起伏的运动状态。它也包括两个方面的意义：一方面，作为市场经济的表现形态，文化市场会呈现出与经济周期相对应的长波发展形态，即表现为，一般来说，经济危机和经济萧条期，也是文化市场的萧条期，这是经济危机在文化领域里的必然反映和表现形态。2008年由美国次贷危机引发的全球金融危机所导致的美国诸多报业、出版业百年老店的倒闭所造成的美国文化市场的萧条就是一个典型案例。这是由文化市场和资本市场的关联性而造成的。另一方面，是由文化产品生产和市场消费需求所表现出来的时间性结构存在的。电影排片放映有"档期"，演出有"演出季"；更具体的甚至还会表现为某一点的不同"时段"上。

4．文化市场的流动性与固定性

文化市场就其本质而言是始终地处在一个动态过程中的。这里的所谓文化市场的流动性最主要的是指由文化商品的流动性而造成的文化市场形态与结构的变化。文化商品总是朝着最大限度地满足人们的文化消费需求和能够在这个过程中最大限度地实现商品价值运动的。因此，哪里有市场和市场需求，文化市场就会往哪里拓展。这一方面是由需求造成，而另一方面，也许是更为重要的方面，是由资本所追求的利润最大化造成的。20世纪后半叶之后，美国为什么一直要求中国实行更加开放的文化市场准入制度，资本的愿望就是其最根本的动力。而也正是在这个过程中，造成了中国文化市场的流动性，进而造成了中美文化市场和亚洲以及世界文化市场的流动性。所谓文化市场的固定性，一方面是指文化市场的空间固定性，另一方面是指某种特殊的文化市场形态存在形态以物质空间表达而存在的永久性，这种固定性往往以具体的场所存在。例如，电影院、书店、剧院以及由这些市场组织所形成的市场形态；还有一种就是永久性的在一个固定的时间就某一专门的主题而形成的文化专业市场，最著名的要数德国"法兰克福世界图书博览会"。

5．文化市场的多元性与单一性

任何市场都是主权市场。所谓主权市场，也就是说，任何一个市场都是在一个主权国家范围内的市场，都受主权国家的法律管辖和规范。因此，任何他国的文化商品的经营者在一个主权国家从事文化经营活动时，都必须遵守所在国文化市场的法律，依法从业，而不得享受超国民待遇。由于现代世界体系是由不同性质的国家和国家集团构成的，因此，由此而形成的文化市场法律体系也是不一样的，这种不一样造成了当代世界文化市场的多元性，即由不同主权国家形成的现代文化市场体系的多元性，它是由国家主体的多样性造成的。

所谓单一性，也就是相对于主权国家的多元性而形成的在一个主权国家范围内的文化市场的单一性。文化市场的多元性和单一性还包括另一层意义，是指由文化市场本身的多元结构所形成的文化市场，例如电影市场、图书出版市场、娱乐市场、演出市场等。所谓文化市场的单一性，是指某地区只有由某种占主导地位的文化产品而构成的文化市场形态，其他市场形态都是围绕着它而产生的寄生态。也就是说，一旦这种占市场主导地位的某种文化产品不再发挥主导性作用时，依附于其间的其他寄生物由于失去了可寄生性而消亡。这种文化市场由于其过分依赖某种文化产品的市场号召性和特殊的市场空间形态而具有很强的刚性特征。例如，澳门的博彩业作为一种特殊的娱乐市场就具有典型的单一性。

6. 开放性与安全性

开放性与安全性是现代文化市场构成的重要内容和标志。开放性是由商品交易属性规定的，也是现代市场的显著特征。不开放的文化市场一定不是现代文化市场，同样，缺乏安全性的文化市场，不能给一个国家、社会和公民个人提供文化消费安全的市场，也一定不是现代文化市场。几乎所有的法制国家都建有文化市场准入制度。文化市场准入制度的设置实际上就是一个主权国家基于维护和捍卫本国的国家文化利益而建构的国家文化安全保障机制，尤其是关于影视和互联网"分级制度"的设置，都是基于国家文化安全的制度安排。前美国中情局雇员斯诺登所揭露的美国对全世界的网络监控系统"棱镜门"，就包含了深刻的后现代化时代的文化安全特征。不仅国家安全受到威胁，而且公民个人的文化隐私也受到威胁。国际社会对色情网站和淫秽产品的限制和打击，都是基于对开放的条件下文化市场安全性的理性认知。

三、文化市场作为公共领域的作用

1. 文化资源配置

市场是一种力量形态。既具有建构性，也具有解构性。在某种程度上，市场对人类社会发展的建设性与破坏性在力学的意义上是相等的。这是由市场的无政府主义特性所决定的。正是由于市场具有无政府主义特性，因此，周期性的经济危机便成为市场作为一种力量形态的无政府主义作用最典型的表现。要建立起市场在资源配置中的新内容。科学界定在这一前提中的"资源"概念的内涵与外延。

由于市场天然地具有无政府主义特征，因此，必须防止市场在资源配置中的基础性破坏作用。这在文化资源的开发利用中表现特别突出。以市场的名义对有限的文化资源或者对有限的不可再生的文化资源进行掠夺性开发，导致了文化资源再生的不可逆性。

对"发挥市场在资源配置中的基础性作用"这一政策解读维度的随意性，导致和造成了对资源的极大破坏。因此，在这里，对"资源"内涵与外延的科学界定，就显得特别重要。事实上，并不是所有资源适合于通过市场来配置的。当然，既然有一个对"资源"的科学界定问题，也有一个对"市场"的科学界定问题。因为所谓"市场配置"还有一个"国内市场"和"国际市场"的区别。因此，必须建立起"市场配置"的科学机制和理论。

价格是一种资源，资本也是一种资源形态，物质文化遗产是一种资源形态，非物质文化遗产也是一种文化资源形态，同样人力资源也是一种资源。不同的资源属性和资源形态，它们在市场配置中的能动作用是不一样的，主体的政策管制也是不一样的。

制度设计，特别是文化制度设计，很多就是对市场配置文化资源的控制性设计。这就是为什么对已经被列入世界文化遗产名录的物质文化遗产进行超越规定范围的开发会遭受到联合国世界文化遗产组织警告直至撤销的原因。

价值观作为文化资源配置的重要内容与对象。文化市场与一般商品市场最根本的区别，作为公共交往活动，人们在这一领域实现的就是价值实现。无论是文化生产还是文化消费，都是关于价值和意义。因此，在其中所实现的一切资源配置都是围绕价值观表达与竞争的需要而进行的。离开了价值观的表达与竞争及其利益的最大化，文化市场的准入开放与限制都没有意义。价值观是最大的文化资源配置，也是文化市场起决定性作用的地方。

2．文化社会组织

社会构成是一个极其复杂的人的存在系统。依据人类社会自我行为划分，有经济社会、政治社会、文化社会以及生态社会等。不同的社会生成有不同的架构支撑。经济社会由人们的一系列经济活动以及建构在其之上的经济组织和经济制度构成，人们各在其中处于不同的经济阶层和阶级，并且形成了他们之间的不同经济权利和权力关系，并以这种关系建立了彼此之间的经济身份认同和社会分工；政治社会是由人们在社会的政治行为过程中所处的地位、享有的权利以及由这种地位和权利关系所建构起来的政治组织和政治制度形态，人们各自处在不同的权力架构之中，建构他们的权利和权力，并以此建立他们彼此之间不同的政治身份认同和社会分工，构成以政治为核心内容的社会机制；文化社会是由人们在社会的文化活动建构起来的人们之间的相互文化关系，并且由一系列建构其之上以反映这种关系的文化组织和文化制度所构成，并且以此建立他们之间的文化身份认同和社会文化分工。如果说经济社会分工是由资本市场决定的，政治社会分工是由权力市场决定的，那么文化社会分工则是由文化市场决定的。所谓高端文化市场和低端文化市场，所反映和揭示的不仅仅是两种不同文化市场提供的文化消费产品在审美和娱乐层次上的高低，而且，也是更重要的，是在这背后所隐藏经济支配能力、文化生产能力和文化支配能力的高低。在这样的高低面前，人们的社会文化关系，或者说人们的文化社会关系就会发生文化习性的趋同性重组，这种重组不仅进一步强化了这一类社会组织的"集团利益"，而且还会由此而产生"排他性"和"排异性"。为了不使这种社会系统形态遭遇结构性破坏，不断强化自我文化市场和弱化他者文化市场并成为文化市场的自我选择，非到这一结构系统的自我损毁而不会终结。各自都有一种内生的机制不断地强化自我，这就是文化市场的力量和作用。在这里，"组织"是个动词，而不是名词。

3．精神秩序建构

文化市场是人们精神活动和精神交往的载体。市场的交往性和交换性，既建构了人与人之间的不同的文化社会身份，同时也建构了社会的精神文化秩序。无论是文化生产还是文化消费，本质上都是一种文化表达形式，都是对社会、自然以及人与社会和自然间关系的一种态度和看法，都是一种情绪和情感的意义或审美倾诉。在这个过程中，无论是选择什么样的文化生产行为和文化消费行为，都希望自己能获得社会影响力，并占据人们的精神空间，影响人们的社会交往行为，从而实现最有利于自己的精神实现的最大化，于是利用市场和借助于市场的力量来建构自己的"主场优势"，就都成为任何一种精神建构性力量的主动选择。通过市场的力量改变精神世界现状，重塑和重构精神世界秩序，也就成为文化市场的又一种内生机制。因为当不进入文化市场和不利用文化市场便无法影响和改变精神秩序时，文化市场便成为社会精神秩序建构的最重要的力量形态。正因为文化市场对精神秩序具有建构性作用，也就产生了关于文化市场准入的限制和文化审查制度的建立。无论是文化市场准入制度的设立还是文化审查制度的建立，本质上都是基于对一种文化精神秩序的维护。任何对这种文化制度的挑战都将是关于文化市场游戏规则及其现状的改变。于是也就产生了文化市场"管制"与"放松管制"的精神秩序博弈。

4. 文化权利实现

人人生而拥有文化权利，包括言论自由、表达自由、出版自由以及享有政府提供的公共文化产品与服务的自由等一系列文化权利。但是，文化市场的另一种表现形态——文化政府，一种文化既得利益集团常常剥夺人们的这些文化权利。这在大多数人还是文盲的情况下尤其是如此——在大多数人还是文盲的情况下，人们无法掌握、拥有和行使乃至维护自己的文化权利。市场具有公正性、公共性和公开性，当这种公正性、公共性和公开性与人的表达的天性结合时，市场便成为人的表达实现和表达交换的文化权利的实现系统。表达总是要有倾诉的对象，总是要有载体，当原有的载体已经无法有效地实现这种表达欲望和表达诉求等文化权利时，创造新的表达形式和表达载体，便成为人们文化权利实现主动地公共选择。特别是当原有的文化生产力和文化生产权利被占统治地位的那个阶级统治时，创造性地发明新的文化生产力，缔造新文化生产权利以实现对自己文化权利的实现，便成为文化市场新的选择。电影的发明就是一个最典型的以文化市场的方式，通过缔造新的文化生产方式实现文化权利的典型。不仅如此，文化市场还利用其竞争性天性导向对文化权利实现给予最大化关注。当不考虑最普遍的大众文化消费需求，创作和生产满足大众文化消费需求文化产品，并不能有效地实现文化市场的繁荣和文化市场利益最大化时，满足大众文化需求就成为大众文化权利实现最有效的实现机制。尤其是当不解放文化生产力就不能最大限度地激活文化市场的创造性活力时，让各种文化权利形态以资本的所有制为载体形态的文化市场开放也就自然地成为文化权利实现的应有行为。

四、作为公共领域的现代文化市场的建构与转型

现代文化市场是相对于传统文化市场而言的。然而，由于"现代"的概念是因工业革命而建构起来的，因此，"现代"就始终是一个相对于"传统"的"现代"概念，即它始终指向一种新事物。从这个意义上说，所谓现代文化市场的建构与转型，就不再仅仅局限于相对于以农耕文明为基础的"传统文化市场"，而主要是指向在工业文明基础上已经形成的文化市场的现代转型。这种转型是与公共领域的现代转型相一致的。市场的目的在交换与交往中缔造自由。文化市场的目的是在交往与交换中缔造精神自由，并且在实现自由的过程中建构社会合理的精神秩序。公众舆论、思想市场、表达自由、公共选择构成了建构与转型的动因。

社会生产力和社会结构的转型催生了社会变革的需求，是这种需求形成了市场变革与转型的动力。而首先表现为这种动力的是"市民"与"新民"的出现和阶级与阶层的形成。作为公众的市民在哈贝马斯那里是从贵族演变发展而来的，而作为梁启超的"新民"的公众则是从"旧民"脱胎而来的。他们的出现和形成都是社会生产力本身矛盾运动的结果。当这种结果又反作用于社会发展时，希望通过新的思想和新的表达形态来与旧的"私人"领域相脱离，以表征自己属于一种"公众"和"新民"时，与过往所不同的公共领域诞生了。这种公共领域的诞生是以公众舆论的出现及其载体——出版物、新闻媒体的形成为标志的。而作为这种公共领域最重要的存在方式和表达形式，文化市场作为深刻反映这种变革与转型趋势的公共领域的转型也发生了。随之而来的是思想解放的发生及其关于社会实践的论辩而形成的思想市场。表达自由成为思想文化市场最重要的公共选择。20世纪80、90年代中国从政府主导的计划经济的文化市场向社会参与的市场经济的文化市场的转变便发生在这一过程之中。"计划"和"市场"都是"市场形态"。"计划"也要交易，当计划也要通过交易实现时，计划本身也就转变为一种市场形态，成为市场的一部分。所谓"计划"与"市场"的真正区别在于这种交易由"谁"主导。邓小平说：资本主义也不是不讲计划，社会主义也不是不讲市场，阐述的就是这个道理。关键的问题是"什么"在其中发挥主导作用。一般的市场是如此，文化市场也是如此。

和许多其他的市场形态一样，文化市场的原始动力也是盲目的。所谓"盲目"就是不知道被生产出来的文化产品的"市场"在哪里？有没有"市场"？尽管这种"盲目"的本身是有意识的，是自觉的。但是，对于未知的"市场"来说是"盲目"的，是不自觉的。只有当这种"盲目"得到了"市场"的实现——"买椟还珠"，这时再生产"椟"

就变成有自觉的了。也就是说，只有当这种"盲目的有意识"转变成"生产的有意识"，市场才是自觉的。在这里，有意识的生产并不等于自觉的生产。只有当这种盲目成为明确的市场目标和目标市场时，关于产品的生产才是自觉的，市场也才是自觉的。这是因为，在这个过程中，不仅生产是盲目的，需求也是盲目的。在"椟"还没有被生产出来，并出现在"买卖"的空间时，购买者——消费者、需求者并不清楚地知道自己有这种需求。只是当他发现了"椟"这样一种产品存在时，他的潜意识中存在的需求才被激活与唤醒，于是，也才导致了他的"购买"行为的发生。正是在这时"市场"诞生了。生产与消费、供给与需求在信息完全不对称的情况下实现了。生产不仅生产了对象，而且也生产了主体。在这里，文化市场自觉与自觉的文化市场在转变过程中实现了高度的统一与融合。现代文化市场的建构与转型便在这个过程中循环往复，周而复始。在这里，"盲目"是属于一种真正的原创。真正拥有市场和具有永久生命力和竞争力的文化产品，很大一个程度上是被"盲目"生产出来的，也就是说，不是为了市场的生产，而仅仅是为了"自我的生产"。互联网的发明是为了创新现代通信技术，而网络游戏生产以及网络文化的诞生却改变了原有文化市场的格局与结构。"买椟还珠"是一种"事与愿违"，网络文化对于互联网的发明来说，也是一种"始料未及"。而正是这样的一种创造性生产，生产和创造出了文化市场。一切关于市场、文化市场在资源配置中的作用都是在一种产品、文化产品的市场已经出现之后才发生的。

为了文化交易的"市场"是被"生产"出来的。文化市场既然是可以被生产出来的，那么，文化市场就是可被控制的。不是你控制，就是他控制。总之，会有一种力量控制。通过控制形成垄断，以实现其自身利益最大化。但是，有控制和垄断，就会有反控制和反垄断。不仅是市场的需求，而且也是市场的机制。当不打破控制和垄断市场便不能发展、就会死亡时，超越于控制和垄断之外的、不受控制和垄断的"盲目"的生产和新的产品市场便出现了，由这种产品生产的社会化出现了。不仅挑战了原有的文化市场构成，而且生产出了新的"文化消费者"。一种代表社会转型与变革的新生代出现了。于是，文化市场的结构便发生了变革与转型，新的文化市场转变为新的文化市场自觉而形成新的自觉的文化市场。于是，新一轮"为了自我的生产"又开始了。这就是文化市场自觉与自觉的文化市场的发展与转型规律。

文化市场准入是文化控制的一种地方保护主义的表现形态，是一种文化保护主义表现形态。这是因为文化本身天然地具有竞争性和排他性。作为一种文化保护主义形态，文化市场准入往往也是一种弱文化和弱市场的表现形态。正因为弱小，才需要保护，面对一个大人，小孩是保护的对象；然而，有时一个强大的新生事物，当它还没有发展成强大时，还不足以面对在内在质量上比它更强大的对象时，它是弱小的，因此，通过制定和设置市场准入以保护自己的非完全发育的文化市场也就成为一种必然选择。因为对一个比它更大的公共领域而言，它这个公共领域具有典型的"私人领域"特征。精神利益是社会的公共利益的重要组成部分，也是一种公共利益，也要保护。强市场也需要保护，以实现强者更强，从而使弱者更弱。

第三节 文化市场的构成

文化市场是由一系列单元要素组成的社会经济活动系统。这些单元要素的结构状况和构成比例不仅一般地反映了一定的社会生产力条件下经济发展和经济交往活力，而且还深刻地反映了一定社会生产力条件下文化发展和文化交往活力与能力，以及建构于其中的人们的社会文化生产关系，其中最重要的就是文化市场的主体与客体关系、文化市场的分工机制和文化市场的权利与权力。

一、文化市场的主体与客体

1．文化市场主体及其构成

文化市场主体是指从事和参与文化产品与服务买卖活动的经营者。这是文化市场构成的基础。没有文化产品买卖活动就没有文化市场，而文化产品的买卖活动是由从事文化商品交换者实现的。没有文化产品买卖活动者这个文化市场行为使动者，也就没有文化市场主体。从这个意义上说，凡是具备买卖者的这个使动身份就都属于文化市场主体，包括自然人（个人）、法人（企业法人、社团法人、财团法人等）和国家法人（政府），从而构成了文化市场主体的基本结构：三维文化市场主体。

自然人（个人）是一切市场构成最小也是最原始的单元。文化产品买卖、交易最初就是在个体之间完成的，所谓"买椟还珠"就是最为生动的实例。艺术品市场交易主体也主要是画家个人，发展到后来，才有了画廊作为企业法人的文化市场主体生成。但是，迄今为止，艺术品个人间的交易依然是艺术品市场最重要的交易形式之一。尽管它存在着许多不规范之处，例如画家交易完成后所得应纳税收而未纳问题。

法人（企业法人、社团法人和财团法人）是现代市场经济条件下文化市场主体构成的核心部分。文化市场主要的买卖交易活动和行为都是在法人之间实行和完成的。在这里，文化企业法人是文化市场主体中的主体，而社团法人和财团法人则是文化市场主体构成中的辅助性主体，更多的是弥补文化企业法人在文化市场行为过程中的缺陷和不足。

比较多的是参与文化市场投资，而不直接参与文化市场竞争。作为直接的文化市场投资者，它们也会参与文化资本的市场竞争与投资，例如通过证券市场参与文化资本投资以获得回报，或者通过投资艺术品，通过艺术品增值而获得收益。由于它们的行为往往涉及大宗文化投资，资本的进入与退出都会给文化市场价格带来较大的波动，因而，也就成为影响文化市场运动发展变化的重要主体。

政府作为文化市场主体是不确定的。它有双重性。一方面，它是文化市场主体构成的一个重要方面，另一方面，它又是文化市场的监管者。作为文化市场的监管者，是由它的公共性决定的，而市场则是由私人性决定的。然而，当政府作为国家战略资源所有者代表时，它又作为出资人或资本拥有者参与市场竞争，是市场竞争主体的一个构成方面。文化市场不仅也是如此，而且由于文化市场具有"文化例外性"，因此，政府在文化市场中的身份也常常因不同国家的国家制度与体制而同时拥有多重身份。特别是在从事国际文化贸易的行为过程中，政府往往是交易双方甚至是多方谈判的主体，而不是企业和企业集团。从国际文化市场运作的角度来看，政府往往是市场主体构成的重要方面。类似于在国际金融市场的"主权基金"，国家是金融市场交易主体。文化市场的开放没有政府间的协议无法实现。协议就是交易双方达成的买卖合同。企业只是协议内容的执行者。在这里，政府不仅直接用"看得见的手"决定了文化市场之门是否打开，而且还决定了打开的幅度，规定了出入文化产品的数量与结构，规定了文化物品检验的程序，如此等等。正因为是买卖，因此，就必须按照双方都能接受的条约和规定执行。这就是国际文化市场秩序。没有国家间的政府文化市场行为，也就没有国际文化市场。因此，为了拓展市场和占领市场，政府间展开了市场战略的外交博弈。一般商品市场是如此，文化市场也是如此。

在中国，由于国家实施了对地方政府政绩考核政策，GDP 是其中最核心的考核指标，这就使得中国的地方政府不仅是一个行政主管机构，而且是一个经济行为主体，这就是所谓"竞争性政府"。这是中国学者史正富在《超常增长：1979—2049 的中国经济》[①]一书中提出的重要理论概念。在中国，不仅一般经济领域是如此，文化领域也是如此。中国的地方政府不仅是文化市场的监管者、公共文化服务的提供者，而且同时还是文化产业发展的投资者、大型文化投资项目的出资人和产权人。直接参与地方间的文化资本市场与文化产业竞争。中国所特有的"行政文化市场"就是由"竞争性政府"作为文化市场主体参与文化市场竞争造成的。这就是中国文化市场主体构成中的"三维主体"结构形成的原因。

---

① 史正富. 超常增长：1979—2049 的中国经济[M]. 上海：上海人民出版社，2013.

2．文化市场客体及其构成

文化市场客体主要是指文化消费者以及由文化消费者需求而构成的文化消费对象，即文化产品与服务。文化市场的细分主要就是由文化产品和服务建构的文化消费者偏好。

文化消费者是文化市场客体构成的核心，没有文化消费者文化市场的买卖活动就无法产生，当然也就没有文化市场。文化消费者与文化产品与服务经营者共同构成了文化市场运动的动力机制与存在形态与方式。文化消费者既可以是消费者个人，也可以是消费者群体，还可以是政府，所谓"政府购买"或"政府采购"是指政府通过货币支付购买自己所需要的文化产品与服务。例如政府为建设覆盖全社会的公共文化服务体系，需要向社会提供公共文化产品，而政府又不能生产时，就可以通过向市场购买文化产品来实现。再如，政府通过市场招标形式，向社会征集思想理论和学术研究成果以为政府决策提供咨询，满足政府决策科学化需求，政府都是一种文化消费者的身份。

在这里，重要的是要区分不同的文化消费者消费需求与消费内容的差异。一般来说，文化企业通过消费购买满足的是企业盈利目的的需要，例如一家电影生产企业购买电影剧本，或者购买文学作品的改编权和摄制权，目的是通过电影产品的生产和供给实现企业的利润目标和文化企业的发展；个人的文化消费需求则只是满足精神心理需求，当然也还有一部分个人文化消费购买是为了实现资本的保值和增值，例如艺术品购买，收藏的目的除了欣赏之外，另一个方面就是投资。政府文化消费究其实质来说，是满足社会公共文化服务与政府文化治理的需求，特点是公共性。这是政府文化消费与个人文化消费和文化企业文化消费的私人性的重要区别。

文化市场客体另一个最重要的构成成分就是文化产品与服务，直接形成了文化消费者通过购买满足的消费对象。图书、电影、唱片（音像）、娱乐、演出、艺术品、文化旅游等都是文化市场构成的重要部分，并且以各自产品的不可替代性而形成了专业文化市场，以此建构了不同的文化消费者群体，具有鲜明的文化消费行为个性化特征。文化娱乐市场、表演市场、文化旅游市场以及文化会展市场，则具有鲜明的集体文化消费性特征。

文化服务市场是文化市场客体现代构成中的重要组成部分，与文化产品市场相比较，这种文化市场活动形式和交易方式更加灵活多样，市场准入设置条件较低而专业条件较高。文化咨询、创意策划、版权代理、形象代言等是文化服务市场的主要存在形态，具有鲜明的唯一性特征，即这种文化服务由于文化需求主体的唯一性需求，使得这种需求不可复制与转让。

网络文化市场则完全提供了一个虚拟文化市场客体。这种文化市场客体的虚拟性是由文化市场的虚拟性决定的。因此，不仅网络文化产品是虚拟的，具有信息产品的典型特征，而且构成的网络文化消费也具有虚拟性，即在网络文化消费满足中的消费者与现实中的消费者完全可以有着两种截然不同的文化身份。

3. 文化市场主客体关系

文化市场的主客体关系是文化市场最重要的基本关系和构成。这种关系既是社会生产力发展到一定水平的人们之间的文化关系的一种反映，同时也是一定社会历史条件下社会文化制度的文明性程度的反映。

文化市场主客体关系是一种相对性关系，即这种关系并不是固定不变的，而是相互转换的。一定条件下的文化市场主体，在另一种条件下，又可以是文化市场客体，也就是说，它既可以是文化产品与服务的经营者主体，同时又可以是文化产品与服务的消费者主体。文化市场的主客体关系随一定的时间和地点而转换。因此，任一文化经济活动的参与者和活动者都具有主客体的双重市场身份。但是，这并不等于说他们之间的文化市场关系是不可界定的。

一般来说，文化生产决定文化消费。首先是要有文化产品，然后才有文化消费行为的发生和文化交换行为的建构。"买椟还珠"，首先要有"椟"，没有"椟"就没有"买"，文化消费行为与文化产品的交易行为就不会发生，关于"椟"的文化市场也就不会形成。网络文化消费行为的发生以及网络文化消费市场的形成，首先有赖于网络文化产品的生成。没有网络文化产品的生成，就没有网络文化消费行为的发生和网络文化市场的形成。从这个意义上说，文化市场经营者主体的文化生产行为及其结果决定了文化消费者客体的文化消费行为选择。

但是，文化消费者在这个过程中并不是完全被动的，恰恰相反，文化消费行为一旦发生就会对文化经营者主体的文化生产行为以深刻的影响。这种影响并不是通过直接干预文化市场经营者主体的文化生产实现的，而是通过对文化商品选择，尤其是对文化商品的价格选择实现的。实体书店之所以会遭遇经营危机，其中一个最主要的原因，就是通过网上购书可以获得较大的折扣，而且还享受送书上门服务。对一个购书的消费者来说，如果每购买一部书都能够获得平均八折的优惠，等于他每购买一本书可以少支付五分之一的价格，而在实体书店则享受不到这样的价格优惠，于是，在可供支配收入不变的条件下，网上购书的人数就必然超过实体书店的购书人数。因为对购书人来说，少支付五分之一的收入意味着他增加了五分之一的价格。在这里消费者主权理论具有特别重要的意义。消费者主权理论告诉我们：消费者花费的每一分钱都代表一次投票权。"在政治民主中，只有赞成大多数人所支持的候选人或大多数人所赞成的计划投票，才对政府事务产生有效影响。投少数票的人并不能直接影响政策。但在市场里，没有一票是白投的。消费者花的每一分钱都能对生产过程产生影响。出版商不仅仅为迎合大众口味出版侦探小说，同时也顾及少数人的情趣而出版抒情诗和哲学著作。"①因此，"消费者最终决定的不仅仅是消费品的价格，而是所有生产要素的价格。""是消费者而非企业家支付每一个工人和男女明星的薪水。正是消费者花费的每一分钱，决定了一切生产程序的方向和所有商业活动组织的每一个细节。"②这就是消费者主权。这就是文化消费者客体对文化生产经营者主体的反作用。

二、文化市场的分工与机制

有分工就有市场。分工既是市场形成的前提，也是市场发展的结果。文化分工既是文化生产力和文化生产关系社会发展的一个结果，同时也是文化市场构成的前提和动因。依据文化商品生命运动发展的一般过程形成的文化分工主要有文化生产、文化消费、文化流通、文化交易和文化服务。以此为基础形成的文化市场主要有以下几种。

（1）文化生产资料市场，简称文化生产市场。

构成文化生产市场的核心要素是资本市场（文化产权市场、文化证券市场）、人才市场（创意阶层——文化人力资本）、文化产品加工市场（深圳大芬村油画生产基地、观澜版画生产基地）。资本市场在中国主要表现为文化产权市场和文化证券市场，前者如上海文化产权交易所和深圳文化产权交易所，除了一般的文化原创产品的买卖之外，还包括文化系统的动产和不动产交易；后者是一般资本市场中的行业分类，例如在中国证券市场中的"文化与传媒行业"，而并不是说，专门有一个独立于一般的资本市场之外的"文化证券市场"。文化资本市场交易除了上市公司按照国家证券法进行的文化投融资之外，也还包括非证券市场文化资本投融资的"场外交易"。这种非上市公司的"场外交易"也依然要依据国家有关资本并购与交易的有关法律进行，因此，与以证券交易为特征的"场内交易"共同构成了文化资本市场，同属于文化生产市场。

（2）文化消费市场，也称文化消费品市场，主要包括图书市场、演艺市场、娱乐市场、电影市场、唱片市场、游戏市场等。

（3）文化流通市场：书店、画廊、剧院、文化商品物流、文物流通、文化用品租赁。

（4）文化交易市场：版权交易（著作权、艺术品授权）、艺术品交易（艺术品拍卖、美术品、古旧艺术品）、文化博览会（文化产业博览会、图书博览会、专门性文化器材博览会）、交易会（义乌文化小商品交易会）。

（5）文化服务市场：文化中介、文化咨询、文化创意策划、广告宣传、艺术设计。

① [奥]路德维希·冯·米塞斯. 人的行动——关于经济学的论文[M]. 上海：上海人民出版社，2013：298.
② [奥]路德维希·冯·米塞斯. 人的行动——关于经济学的论文[M]. 上海：上海人民出版社，2013：297.

各个不同流程中的文化分工建构了文化市场构成的最一般关系。分工既区分了文化商品生产与服务过程中各个阶段的合理边界与范围，同时也形成了彼此之间的联系，这种联系既是文化商品价值链构成的重要环节，同时也是各自主权关系的基本界定。这就形成了在不同层面上的文化市场机制：合理价格机制、自由竞争机制、公平交易机制、诚实守信机制、公共干预机制（行业自律）、文化安全机制（市场准入、分级制度）。正是这种机制建构了文化市场的构成系统。

三、文化市场的权力与权利

市场一方面具有一种不受约束的扩张自己权力空间的权力本能，另一方面，也正是由于它的无政府主义特性，市场无法自我实现对自己任一权力扩张的保护。当文化市场的权力扩张因无法得到有效的保护而可能被自己扩张了的力量——寡头垄断和周期性经济危机——所毁灭了时，渴望一种足以拯救自己免遭灭顶之灾的需求，便催生了文化市场的另一种权力实现形态——文化市场权利。

市场是一种权利交易的活动。这种交易活动是由人对自己的权利拥有支配权而产生的。从对劳动力的支配权，到对劳动成果——劳动产品的支配权，再到对智慧的支配权，市场随着生产力的发展而不断丰富扩大，于是便形成了不同内容的市场形态，由此而建构的市场结构。自由的交换是所有这些市场的本质，而如何才能使市场的交换公平，现实中常见的则是由市场的无政府主义派生出来的对买卖自由、买卖公平的扭曲。随行就市，是市场应该有的原则，但是，只要有市场就必然会出现"欺行霸市"。古今中外，概莫能外。由于市场的无政府主义和欺行霸市不可避免地会损害极大多数人自由的买卖和公平的买卖的权利，于是，维护这种权利也就自然地成为一种市场的内生力量。这种维权的机制由市场约定俗成，而发展成为交易原则，并且由"会馆"这种自发的市场组织来执行。一方面要维护自己正当的市场交易权利不受侵犯，另一方面为了使这种权利的保护得到有效的实现，就必须让渡一部分权利，以使"会馆"这一类非政府组织拥有某种权利，例如定价权、对违反会馆原则的行为的惩罚权等。当这种普遍性的市场权利要求得到更制度性的规范时，政府作为一种公共力量便开始为维护这种市场的权利而发挥作用。因此，当市场作为一种权利实现方式时，如何才能确保这种自由交换的权利不被侵犯，就需要有一种公权力对此加以保护。这种公权力的行使人就是政府。

文化市场是关于文化产品和服务交易的活动，具有与其他市场形态不一样的特征。意识形态和价值观念生产与交换是文化市场的核心问题。任何一个国家都不会将自己的文化市场拱手让别人。政府也许并不直接干预文化市场价格，但却可以通过对内容的审查和建立市场准入机制，维护和保护本国的文化利益。通过影响文化商品的生产和服务交换行为，进而达到干预文化市场的目的。这就是文化市场权力。市场天然的有一种对市场秩序正当化、正常化和自由化的"良序"需求。这是内生于文化市场的一种"市场权利"。作为这种"良序"需求的表现，就是通过建立各种行业团体、机构和组织对市场行为的自发性"自我规范"。例如演员工会、电影协会、文化商会、剧院联盟、娱乐行业协会等。通过组织和建立这一类"非政府组织"，一是维护自身合法权益，二是规范文化市场（交易）秩序。

第四节　文化市场形态与结构

文化市场形态与结构是文化经济存在的重要表现方式和生态运动方式。它的形态与结构的任何变化，不仅一般地反映了文化经济运动的构造过程，而且还会引起相关市场运动的更大变化。

一、文化市场形态与结构的定义

文化市场形态与结构一般地来说，主要是指文化市场生命存在的空间形式，正如任何空间都是时间中的空间一样，文化市场的形态与结构也有时间问题。这就使关于文化市场形态与结构的定义范围超出了一般意义上的空间性，而是一个时间中的空间形式。因此，我们关于文化市场形态与结构的定义范围就可以有两个意义项。从时间的层面而言，文化市场有"过去"的市场和"今日"的市场的区分。不同时间条件下的文化市场运动的动力机制和生命体征是不一样的，这就使得"今日"与"往日"具有了可比性。文化生产力的发展程度和发展水平成为这种可比性建立的重要尺度。以此为尺度，文化市场存在以下三种形态。

（1）诞生并形成于农耕文明时期，以手工业为主要生产方式和以手工文化产品为主要交易对象的传统文化市场。

（2）以工业文明为基础，以大规模机械复制为主要生产方式和以文化工业复制品为主要交易对象的现代文化市场。

（3）以信息文明为基础，以数字技术和互联网为主要生产方式及其产品为交易对象的后现代文化市场。

这三种文化市场形态同时并存，三者之间的相互关系形成并构成了文化市场的结构及其结构关系。这三种形态在全球文化市场中的结构性关系是不平衡的，这种不平衡结构关系一方面反映了世界文化市场体系文化生产力发展的不平衡，同时也反映了由这种不平衡所形成的在世界文化市场秩序建构和交易体系中的不平衡。

所谓文化市场形态，是指在一定的历史条件下文化市场存在的生命方式和生命样式。有广义和狭义两种形态。就广义范围来说，文化市场就存在着"全球化"的和"非全球化"的两个市场，用马克思的话来说，就是"世界市场"与"地方市场"。而所谓"世界市场"或"全球市场"则是在社会发展到资本主义阶段才形成的，是一个历史性结果。这是最广泛意义上的文化市场形态，也是文化市场的最高形态。文化市场形态的第二种意义是指"国际市场"和"国内市场"，而"国际市场"又包括"区域市场"和"非区域市场"两种形态。所谓"区域文化市场"主要是指"欧盟"、"北美自由贸易区"以及"东盟"等有着明确的区域市场组织形态的文化市场的空间形式，在此之外的就属于"非区域市场"。还有就是以人们居住的社会空间形态来划分的"城市文化市场"和"乡村文化市场"，并且因此而形成了不同的文化经济形态。例如，全球文化经济、区域文化经济、东盟文化经济以及城乡文化经济等。

狭义的文化市场形态也可以划分为多种层次。就形态的存在样式来说，可以分为物质的与非物质的文化市场形态。物质的文化市场形态主要是指以物质形态的文化产品交换为内容的市场形态，例如音乐器材市场。这一类文化市场也可称之为文化设备制造业市场。非物质文化市场主要是指以文化的精神产品交换为主要内容的市场形态，例如节目交易市场、版权交易市场等。就形态的运动样式来说，可以分为流通的与非流通的文化市场。

文化市场结构是指文化市场存在内容与形态构成上的比例关系。它包括两个方面的内容：一方面是指文化市场形态的比例关系，另一方面是指文化市场内容的比例关系，亦即不同文化产业或不同文化经济形态的比例关系，例如电影市场、图书市场、演出市场等，同时还指文化的要素市场结构，例如文化资本市场、版权市场等。在实践过程中，人们关于文化市场结构的认知，往往是指后者。但是，就一个完全意义上的文化市场结构而言，它一定是包括文化市场形态的比例关系的，因为文化市场在形态上的比例关系是构成和反映了文化产业和文化经济在不同的条件下的比例关系的。甚至在一定的条件下，文化市场形态的比例关系正是由文化产业和文化经济形态的比例关系所决定的。例如城乡文化市场的比重，就是由文化产业和文化经济在城乡所占的不同比例所形成的。因此，文化市场结构是一个同时包括上述两个方面内容的立体、多维、网状的空间形态，而不是平面的空间形态。

二、文化市场发展的基本历史形态

文化市场的形态与结构是历史发展的产物，包含着人类社会文明进步与发展的巨大信息。它既是生产力发展形态的表现，也是人类历史文明演化的结果。文化市场发展的基本历史形态一般来说是和文化经济发展的历史文明形态相一致的，大致经历了传统文化市场——现代文化市场——后现代文化市场三个发展阶段和三种历史文化形态。

传统文化市场是以农耕文明为基础，以手工业为主要生产方式，以手工文化产品为主要交易对象形成的初级文化市场。这一类文化市场，由于社会整体生产力比较落后，文化消费群体规模不大和文化消费能力弱小，因此，这一类文化市场除了在比较大的城市，例如中国古代的长安、开封、临安（杭州）等都城会有比较固定的文化市场（如勾栏瓦市）之外，其他的文化市场形态往往具有临时性、分散性的特点，庙会在中国农耕社会是一种比较典型的传统文化市场，既有手工文化产品交易，也有文化服务产品提供，如戏曲表演和各种杂耍娱乐。具有很强的时间间隙性和空间的流动性。因此，农耕社会的文化市场是一种混沌的文化市场，属于初级文化市场形态。

现代文化市场是以工业文明为基础，以大规模机器复制为主要生产方式，以工业化文化产品为主要交易对象形成的高级文化市场。这一类文化市场，由于社会整体生产力的大规模提高与发展，以及随着大规模工业文明的兴起而出现的大城市和庞大的市民阶层，从而使得社会文化消费需求与文化消费能力有了一个质的提高与飞跃。由于工业化进程极大地改变了人们的社会生产能力，从而使得人们的精神生产和创造性想象能力第一次与工业文明的成果结合起来产生全新的文化生产方式。于是，以新文化生产方式生产的新文化产品形态出现了：印刷品、电影、唱片等不仅极大地改变了人类社会的文化生产力形态，而且从根本上重建了社会的精神秩序和精神结构，进而整体性推进了人类文明社会的发展。虽然，源于农耕文明的传统文化产品与服务依然有它的市场，并且是现代文化市场构成的一个重要组成部分，但是，占据文化市场主导地位，并且影响人类社会文化创造、文化发展与文化行为与交往方式的已经不再是传统文化产业，而是由大规模机器复制生产出来的文化产品为主体构成的现代文化市场。不仅如此，作为与传统农耕文明形成的传统文化市场最本质的区别，资本与版权制度和版权市场的出现和形成成为现代文化市场最本质的特征。虽然，在农耕文明时期也有零星的版权交易，但是，作为一种文化市场的交易的制度形态，则是工业文明的产物，而正是版权制度的出现和形成，文化产品的大规模机器复制才从可能转变成制度性现实，从而使自己从根本上与传统文化市场相区别。在农耕文明阶段尚还处在萌芽状态的、潜在的无形文化市场，因版权制度和版权交易的出现而形成。于是便出现了工业文明条件下的有形与无形文化市场形态；以版权交易为主要内容的无形文化市场的出现和形成，是资本主义文明的产物。版权制度的诞生和形成是这一市场形成的最根本的制度性依据。虽然，在封建社会也有一定程度上的无形文化商品的交易活动，但是，还没有现代意义上的无形文化商品的交易制度。

后现代文化市场是以信息文明为基础，以数字技术和互联网为主要生产方式，以信息化文化产品为主要交易对象形成的虚拟文化市场。与前两类文化市场不同，市场行为的交互性和文化产品形态的虚拟性以及文化市场主体隐匿性是它的主要特征。这一类文化市场源于信息技术的高度发达和网络传输系统的高度发达。由于现代工业文明的高度发达和文化生产能力与表达手段的高度分化，传统的与现代的文化生产手段与文化产品已经无法满足信息社会人们普遍的参与性消费需求，因此，打破文化生产与消费的单向性界限，在实现满足文化消费的同时参与文化产品的生产，从而使得文化市场不再是单纯的文化产品与服务的交换市场，而且同时还是即时生产与即时消费在线共存的文化市场。在这一文化市场中每个人的出现都可能是参加一次化装舞会，无论是生产者还是消费者，每个人都隐去了他的本来面貌，展现在他人面前的是另一个他。甚至尚未生产出来的文化产品都可以是文化市场交易的对象。2010年6月14日，美国商品期货交易委员会批准了电影票房期货市场 Trend Exchange，允许电影票房期货产品在线交易。[①]在这里，创意不再作为版权交易的对象，而直接成为文化消费购买的对象。无论是传统的还是现代的，在这里都可能找到它存在的位置。而这恰恰是工业文明发展到了它的转型时代产生的文化成果。

由此可见，文化市场的历史生成与历史发展和转变是社会文化生产力发展的一个结果，只要这个过程不会结束，那么新的文化市场随着新的社会文化生产力方式的革命性变化的出现就不可避免地出现，而并不以文化市场本身的规律来表现。在这里，社会的科学技术变革及其在文化产品生产与服务中的应用，作为一种社会发展和文明进步的生产力对文化市场的发生发展、形成和演变具有革命性的作用。这才是对文化市场在文化资源配置中最后起决定性作用的力量。文化市场的开拓有许多种途径和渠道，而真正属于革命性的新文化市场开拓就是应用新文化生产力的新文化产品和服务的开拓。网络文化市场的出现和盛大网络就是一个最典型的事件。

三、文化市场形态与结构的运动

国际文化市场与国内文化市场的相对性。加入世界贸易组织后，成员方包括文化市

---

① 美批准电影票房期货交易[N]. 参考消息，2010-06-16.

场在内的国内市场就发生了一个巨大变化。根据世界贸易组织的原则规定，世界贸易组织成员方的市场除了根据不同发展程度享有不同的待遇的规定外在世界贸易组织的框架内互相开放。这就使得国内市场同时成为国际市场。根据中国加入世界贸易组织的承诺，中国的图书以及音像制品分销市场对国际开放，在这一制度安排下，中国的图书以及音像制品分销市场就不再仅仅是中国的国内市场，同时也是国际文化市场的重要存在形态；同理，其他国家的文化市场也可以是中国国内文化市场的延伸形态。这就是文化市场形态的运动性。

这种文化市场形态的运动性对于像中国这样一个有着鲜明的城乡差别的国家来说，通过文化市场形态运动互换性来消除城乡文化市场的体制性割裂状态具有特别重要的意义。这就需要城乡文化市场的双向开放。

城市和乡村是两种不同类型的文化市场形态，不仅在文化产品的生产能力上，而且在文化需求的消费能力上，二者有着非常鲜明的差异性和不可比拟性。这两种文化市场是由城乡两种不同的社会文化生产力形态和文化关系建构的。毫无疑问，城市是现代社会条件下文化市场的主要形态，生产并提供现代社会条件下人们最主要的文化消费品，是文化生产和文化消费最主要的集聚地，在和乡村的文化关系上，客观上存在着"文化霸权主义"。城市文化单项度地向农村运动是现代社会条件下文化市场运动的主要形态。但是，农村文化市场对于城市文化市场形态的运动并不是无所作为的。由于农村文化是传统文化的主要承载形态，是城市文化最重要的文化资源的涵养地，因此，农村文化市场不仅是城市文化产品最重要的文化消费市场，而且也是城市文化生产最重要的文化要素市场。农村文化市场的任何变化都会引起城市文化市场的更大变化，在某种条件下，农村文化产品以其传统的流通方式甚至能够引起城市文化市场审美消费形态的转向。多年来，中国中央电视台的春节联欢晚会上的赵本山的节目，就具有这种农村文化及其市场形态对城市文化及其市场形态运动印象的深刻性。而正是这种深刻性，造成了城乡文化市场的双向运动，并且这种运动促进了城乡文化市场形态的交融和转型，那就是城乡文化市场形态存在边界的模糊性。尤其是新兴的网吧市场，市场的统一性消除了城乡文化市场的形态特征。因此，建立统一的文化大市场，克服和消除文化市场的城乡二元性，也就成为中国文化市场的现代建设的一个重要任务。

在文化市场的系统结构中，还存在着间歇性文化市场形态与非间歇性文化市场形态。这是文化市场运动有规律的"季节性"结构变动。例如"图书博览会"、"电影节"、"文化产业博览会"以及像中国哈尔滨的冰雕节等，这一类文化市场往往具有固定的举办时间和空间，在一段时间内举办之后，便"闭幕"，非等到下一个"市场季"而不会"开市"。与中国传统的"庙会"类似。所谓非间歇性文化市场是指常年开市，无间隔期的文化市场形态。间歇性文化市场形态具有"会展"和"节日"的特征，往往是文化产品生产与服务的经营者主体的集中"看样订货交易"，具有影响文化市场发展的巨大影响力，具有文化市场发展趋势的导向性作用。因而，也是文化企业，尤其是文化企业集团最为关注的。

四、有形文化市场与无形文化市场

有形文化市场与无形文化市场是文化市场生命运动的两种最基本的市场形态和主要结构，也是现代文化经济两种最主要的运行方式。深入研究这两种最基本的运行方式，对于更好地认识、培育和发挥这两种文化资源的配置方式的作用，具有特别重要的价值。

1. 有形文化市场与无形文化市场的内涵

有形文化市场是指拥有具体的空间物质形态而形成的文化商品交易与服务系统。其中最典型的就是由书店和各种表演场所等所组成的文化商品的空间运动形态。它以具体的文化商品交易和服务为主要内容，直接通过货币买卖实现文化商品的交易和满足文化消费需求。具有固定的单体空间的显著特征。例如书店、剧场、主题公园等。

无形文化市场是相对于有形文化市场而言的、不以相对固定的物质空间为载体的文化商品空间存在形态，最典型的就是版权市场。版权是一种无形财产权。版权的特性决定了版权市场的特性。也有版权交易是在图书博览会这样比较具体的市场形态里完成的，但是，由于图书博览会具有时间上的规定性特点，而版权交易则是可以不受时间约束在任何时间进行的市场过程，因此，从这个意义上来说，图书博览会不是版权交易的本质形态，构成版权交易的本质形态还是它的无形性，由此而形成的文化市场也自然地构成了它的无形性。其他的还有广告市场、旅游市场、信息市场、劳务市场等。

虚拟文化市场是一种新型的无形文化市场。彩铃——音乐的衍生品，一种简单的电话等待铃声——市场，也称无线音乐市场，是借助于数字移动通信平台，通过直接与大型、优秀的 SP（服务提供商）/CP（内容提供商）以及唱片公司合作提供音乐下载服务而形成的一种特殊的无形文化市场形态。网络游戏市场是典型的虚拟文化市场。

2. 无形文化市场的主要形态及其与有形文化市场的关系

在当下无形文化市场中，除了传统的以版权交易为主要内容的无形文化市场外，还有一种特殊的市场形态，那就是以网络文化市场为表现形式而形成的"虚拟文化市场"。虚拟文化市场与传统的无形文化市场的一个最大的区别就是：传统的无形文化市场是一个真实的文化市场，是人与人的面对面的版权交易，虽然版权这个东西看不见、摸不着，但是交易双方都知道它在法律上的存在形态及其所有者。而虚拟文化市场的一个最大特征，恰恰不知道自己在和谁交易。网上交易空间是虚拟的，交易的产品是虚拟的，甚至是用来交易的充当一般等价物的货币也是虚拟的，被称之为"虚拟货币"。这种货币只能在一定的网络空间使用和交易，而不能在现实市场上流通。2009 年 6 月中国文化部和商务部联合颁布了《关于加强网络游戏虚拟货币管理工作的通知》明确指出，网游虚拟货币只能存在于同一网络游戏或网络游戏运营平台下的多款游戏之中，而不能自由流通于多个属于主体不同的游戏之中，更不能用来购买实际物品。法定货币是一种能够在相当范围内自由流通的一般等价物，而网游虚拟货币只能在特定的网络游戏存在，其流通范围是受限制的。这种虚拟性不仅构成了虚拟文化市场与传统的无形文化市场的区别，而且也构成了与传统的有形市场的本质区别。

传统的无形文化市场是有形文化市场的延伸和补充，而虚拟文化市场则是一种全新的无形文化市场形态。它不是有形文化市场的延伸，而是一种全新的文化市场诞生。从某种意义上来说，传统的无形文化市场还是以现实文化市场空间人与人、面对面的方式来建构的，之所以被称之为无形文化市场，是因为交易对象的无形性。而这一交易对象往往有现实的文化商品形态——作品为依据，交易的是作品拥有者的财产权而不是有形的作品本身。虚拟文化市场与现实文化市场相对应。空间的虚拟性、商品的虚拟性、货币的虚拟性以及财产权的虚拟性构成了虚拟文化市场的全部合法性。据统计，截至 2008 年，中国网络游戏市场规模为 270.8 亿元，同时为电信、IT 业等带来直接收入 478.4 亿元。

网络语言、网络思想等线上文化产品不仅折射了社会变化的进程中的种种深层次的问题，而且对于这些深层次问题的关注构成了人们对现实问题关注的需求满足的程度，因而，由此而形成的无形文化市场正在有力地改变着有形文化市场形态的生存竞争能力与发展方向。更大限度地满足消费者主权的需求正日益改变着有形文化市场与无形文化市场的权力结构与市场治理结构。

五、文化市场形态与结构的价值关系

文化市场形态与结构的价值关系，是文化市场运动中最重要的价值关系之一。它既是社会文化生产力发展水平所达到文明程度的标志，同时也是在这种标志下不同文明间的价值关系。一般来说，以农耕文明为主要文化生产力发展水平的传统文化市场，无论是它的市场关系、交易原则，还是主要文化产品形态所表现和反映的价值观，它都是农耕文明的价值表达，中国传统戏曲和传统戏曲文化市场反映的就是这种价值关系，揭示的是在土地关系上的社会文化价值观。即便在现代市场条件下，中国的农村文化生产所提供的依然是以产生于农耕社会时期的文化内容为产品的根本价值观，即便是作为人们文化消费对象的古村落、古城、古镇表现和反映的依然是人们在那个时期的社会关系。这是这些"文化消费品"的价值所在。今天之所以成为现代人的文化消费对象，是在于它的稀缺性和独特性。提供的是给现代人社会生活和精神文化消费生活的历史参照。人们通过对这些"文化产品"的"消费"，满足和实现了人们对过去社会生活和精神存在的了解，即所谓"外婆家的故事"和"听历史学家讲那过去的事情"。越是处在现代社会发展程度较高水平的人，这一类文化消费品对他的价值越高，而越是处在现代文明发展较低程度的人，这一类文化消费品对他的价值越低。这就是绝大多数生活在农村的人们普遍地对自己拥有的农耕文明价值缺乏认知与审美的重要原因。其实，这种状况也常常在城市的居民生活中发生。所谓"不识庐山真面目，只缘身在此山中。"

城市文化市场是现代文化市场体系中的核心市场。城市文化市场不仅是现代文化产品生产与服务提供的最主要来源地，而且也是现代文化消费能量最主要的集聚地，具有对农村文化市场无可比拟的积聚与扩散效应。在现代经济条件下，农村文化市场一般是受城市文化市场支配的。即便是在农村文化市场有着大城市所没有的文化旅游资源，每年去乡村旅游度假的人数与日俱增，但是，去大城市进行文化旅游和购物的文化消费者依然是文化市场的主体。这是因为城市以及城市文化市场不仅为人们提供了文明进程中所有最辉煌的价值符号和空间景观体系，让人们在其中体验人类文明的快乐与伟大，而且，也是更为重要的是，无论是过去还是今天，城市总是人类社会精神文化及其产品的核心产地。人类社会发展进程中的核心精神秩序的建构都是由城市来实现和完成的。城市不仅拥有农村所没有的文化生产力，而且拥有农村所没有的文明先进性。而恰恰是这种文明的先进性，引领着人类社会价值观世界的创新发展，而图书、电影、报刊、电视，以及互联网，所有这一切不断地改变着和建构着人们的社会存在与价值建构。而城市文化市场就是这个建构过程中最大的能量聚集地和释放地。城乡之间的价值差异也就在此。虽然，农村也产生价值和生产价值，但是，在现代社会条件下，不是主流价值。正是在这个意义上，以农耕文明为主要价值表现的传统工艺美术品和传统戏曲，与以工业文明为主要价值表现的现代文化产品之间，形成了在比例上巨大的文化市场结构的落差和不平衡与不平等，也就现实地建构了现代文化市场结构的基本状况。这种文化产品市场结构的不平衡与不平等状况现实地反映了现代社会条件下的社会整体价值观和价值观关系。

现代文化市场结构反映了现代世界文化生产关系结构。某种程度上是城乡文化市场关系的世界文化市场反映。这与不同国家所处的文明发展阶段相一致。一般来说，已经完成和实现工业文明的国家，占据着现代世界文化市场的主要位置，而尚处在这一文明进程中的国家，一般来说，是受这些国家主导的文化市场支配和影响的。文化市场占有率高的国家拥有文化产品定价权和话语权，成为文化市场变动的主导性力量，影响文化市场发展运动的走向。文化市场占有率较低的国家，很少拥有或者只拥有有限的文化产品定价权和话语权，属于在世界文化市场中的非主导性力量，对世界文化市场发展走向影响有限。这就是现阶段中国文化市场发展的现状，以及在这样的世界文化市场结构体系中所处的价值关系。因此，通过发展市场经济条件下的文化经济，建立健全与现代世界文化市场体系相适应的现代文化市场体系，从而在这个过程中扩大中国价值观的世界文化市场占有率，也就成为中国文化市场建设的一项伟大而艰巨的任务。

第五节　政府与文化市场的关系

政府与文化市场的关系，是政府与市场关系在文化领域里的表现。它既存在政府与市场的一般性关系，同时也存在有政府与其他市场没有的特殊性关系。正确认识与处理这些关系，不仅对文化市场具有特别重要的意义，而且对其他市场具有特别重大的文化政策价值。也就是说，能够科学地处理好政府与文化市场的关系，一般来说，也就解决了政府与市场的关系。因而具有特殊的规律性价值。

一、政府与市场：人类社会的二元结构

政府与市场既是两种不同的力量形态，同时也是两种不同的制度形态，都给市场以深刻影响，并且分别以不同的力量形态对文化资源配置起决定性作用。政府作为国家机器的运作机制，在某种程度上是由需求产生的，它是由一种对规则性需求发展演变而来的，而这种规则性需求很大的一部分是由交换——市场行为产生的。市场具有无政府主义特性，当这种无政府主义特性被利用成为一种垄断的和剥夺他人合法交易行为，直接侵犯个人正当权利和利益时，通过架构一种能够凌驾于市场之上的力量约束市场的无政府主义的另一种力量形态——政府便作为市场发育的一种产物诞生了，进而成为一种市场的异己力量影响和干预市场的行为方式，从而构成了人类社会的二元结构：政府——市场，由此推动了人类社会的进步和发展。行会、商会、帮会等基于对自身利益的维护和对市场的干预机制建立起来的非政府组织，在相当大的程度上，都具有"次国家"行为特征：强制惩戒性。这一类非政府组织的跨地域、跨区域程度越大，它的"次国家"政府行为越强。尤其是国际间的非政府组织，例如世界贸易组织等，都是干预和影响市场运动和市场行为重要力量形态。因此，一般意义上否定国家对市场的干预，或者取消

政府对市场的管制没有意义。

政府与市场是人的经济活动行为建构起来的一种社会生态系统，其主要功能是调节人的经济活动行为和关系。二者之间的关系并非是一种对立关系，而是彼此协调的有机整体，彼此以对方为存在依据，缺少了任何一方的存在，人的经济活动行为都是有缺陷的和无法进行的。无论是市场还是政府，都是由人建构起来，并且为人的发展服务的。政府—市场这一二元结构公式，并不代表二者就是对立的。"看不见的手"和"看得见的手"生动形象地描绘了二者之间的功能关系，宛如人的左手和右手。谁也没有见过一个人的左手与右手是对立的，而是左右两手在人的一切用手的活动中的配合与协调。

文化领域里的政府与市场关系是经济领域里的政府与市场关系的一种延伸，构成了政府与市场关系的重要组成部分。由于人的精神活动行为远比经济活动行为复杂得多，因此，在文化领域里的政府与市场关系也更加复杂。但是，作为一种人与社会精神关系，它依然反映了二元结构这一基本特征。人们的精神生产需要自由，但是，一个人的精神生产自由又不能以损害他人和集体精神生产自由为前提，那么，谁来为这种自由的权利实现提供保护呢？那就是政府——公权力。于是，在文化领域里的政府与市场关系便产生了。于是便产生了一系列关于政府与文化市场关系之间的矛盾运动：管制——放松管制，周而复始，不到人类社会终结而不会结束。

二、政府是市场发展不可替代的力量

当无论是政府力量还是市场力量都不发达时，如何有效地建立比较稳定的市场保护机制，以最大限度地实现社会稳定和经济发展，毫无疑问，会成为一个不发达的政府的首要职责。当不能有效地维护市场秩序的稳定和发展便不能有效地发挥市场在资源配置中的决定性作用时，政府的积极干预对恢复市场功能、健全市场机制是至关重要的，甚至在某些条件下是起决定性作用的。例如，在第二次世界大战以后对欧洲经济秩序的恢复，马歇尔计划就发挥了在某种程度上的决定性作用。因为第二次世界大战几乎摧毁了欧洲的全部经济体系，仅靠欧洲无法在短时间内恢复生产能力，在这种情况下，政府间的积极干预，主要是美国对欧洲的大规模援助计划就成为市场所不可替代的力量。第二次世界大战后欧洲文化市场的复苏，在很大程度上也是由政府尤其是美国政府推动的。在这一点上，无论是《文化冷战与中央情报局》[①]还是《战后欧洲史》[②]对此都有清晰的叙述。

[①] [英]桑德斯. 文化冷战与中央情报局[M]. 北京：国际文化出版公司，2002.
[②] [美]托尼·朱特. 战后欧洲史[M]. 北京：新星出版社，2010.

由于任何市场都是制度下的市场，都是由制度建构的市场，因此，无论是计划经济还是市场经济，无论是结构主义还是新自由主义，只要市场本身是一种制度形态，那就必然建有由这种制度形态所需要的市场制度和规则。不论主观意愿怎样，任何这样的制度和规则的建立总是以自身利益最大化为原则的，而不是以他者利益最大化为原则的。从这个意义上说，任何市场都是保守的，而不是开放的。正因为如此，也才有开放市场的要求。仅仅由一个市场去要求另一个市场开放是很困难的。由于市场是制度的产物，因此，制度的问题就需要制度去解决。于是便产生了政府间的经济交往、经济合作与经济发展等一系列协议，以及由这一系列协议所构成的制度约束。市场的问题如果没有政府的干预，仅靠市场有时是很难解决的。战争是解决市场问题的一种机制和方式。资产阶级打开世界市场主要的就是通过大炮打开的。但是，没有资产阶级政府作为最后起作用的力量，仅靠资本是无法实现资本的全球扩张的。发生在近代中国市场的鸦片战争就是一个典型案例。即便是在全球化条件下，全球市场体系的建立依然有赖于国家间和政府间的有效合作。仅以 20 世纪 80 年代为例，有不少国家的市场对外开放，并不是市场自然选择的结果，而是以美国为主的西方发达国家干预的结果。制裁往往是这些国家政府干预其他国家和政府决策的重要手段。同样，为了替本国企业打开国际市场，政府也往往是这些国家的产品打开国际市场的主要力量。没有政府的干预，一个国家对另一个国家的市场是不会自动打开的。从这个意义上说，政府对市场的干预本身就是市场发展的一个重要力量。政府在市场开拓中的作用，就在于为本国产品寻求市场、寻找市场和引入市场。不仅一般意义上的市场是如此，文化市场也是如此。美国政府利用 WTO 的相关条款，强行要求他国对美国文化产品开放市场，否则就对其进行经济制裁乃至政治干预，就是一个最典型的案例。

三、政府的目的是创造和维持一个市场经济安全运行的环境

文化管制是最重要的政府与文化市场关系。政府与文化市场的关系并不在于政府要不要干预文化市场和要不要文化管制，而是如何干预、怎样管制。完全对文化行为不加干预和不加管制的文化市场是不存在的。只要文化市场存在着国内的欺行霸市和外敌的侵犯，保护和维护个人文化权利神圣不可侵犯和国家文化权利神圣不可侵犯，就成为政府不可推卸的国家责任。因此，政府运用国家机器，并通过国家机器干预市场的唯一目的，是惩罚和防止那些破坏市场正常运行的行动，保护个人财产免受侵犯，创造和维持的是一种能够使市场经济安全运行的环境，也就成为政府与文化市场最根本的关系。在这样一个关系性基础上，作为现代国家的一个基本构成内容就是对文化市场准入制度的建制。

　　"官营""公营""国营"是有关经济组织资产属性或所有制性质的企业性质称谓，相对于"民营""私营""合营"而言。这只是对市场主体性质的一种划分或区分，并不表示"官营""公营""国营"可以代表政府或以政府的名义干预市场，也并不构成政府与市场的关系。这些不同于其他市场主体所有制性质的文化企业组织与其他文化企业组织以平等的市场主体身份参与公平的市场竞争，并不拥有文化市场的"特别定价权"。它们应该正确地以自己的市场行为反映政府在文化资源配置中公平、公正行为，而不是扭曲政府干预文化市场的信号。甚至在某种程度上，当文化市场的信号被某种力量所扭曲时，例如出现了某种文化商品价格的垄断，国营或公营文化企业则可以通过自己积极的市场行为有效地以市场经济的方式，建立文化市场的"良序"，从而有效地维护文化市场的健康发展。

　　对涉及国家安全的战略性资源市场的垄断与管制，几乎是自古以来政府在资源配置中起决定性作用的铁律。例如，自汉代起对盐铁市场的垄断与管制，以及在文化上对涉及国家文化安全的资源实行"国家文化专营"，如广播电视传输机构，都是世界上许多法治国家的文化政策，尽管在有些国家都还有"民营"传输机构，但在现阶段，中国普遍实行的是对广播电视国家专营，民间机构以及社会文化生产者可以从事广播电视场频和节目的生产与制作，但是并不具有播出职能；当某种思想文化成为一个国家在一个历史时期内的战略资源，那么对于这个市场的管制与开放性程度也是以国家安全为准绳的。例如，法国与欧盟的"文化例外"制度，美国对互联网根服务器的垄断，都是全球化时代政府与文化战略资源市场关系最典型的表现。因此，政府与文化市场的关系并不只是指国内文化市场在文化资源配置中的关系，而应该同时也包括与国际文化市场在资源配置中的关系。就这个意义上说，任何一种形态的文化市场开放都是相对的，文化市场保护则是绝对的。区别仅仅在程度上的差异而已。一般来说，在文化市场的资源配置上处在强势地位一方的市场主体，总是要求弱势一方无条件开放文化市场，而对他自己来说，文化服务市场的贸易保护主义则是不变的文化政策。这就是在文化市场领域里的政府与文化市场关系的"双重标准"。

四、文化市场对政府行为的干预和影响

　　政府干预市场，市场并不就是无动于衷和无所作为的。甚至在很多情况下，政府干预市场只是市场行为的另一个结果——"负面影响"，是市场导致政府干预。在几乎所有的关于政府干预机制的正当性研究中，一个最普遍的理论就是"市场失灵"。

　　市场是否存在失灵，市场失灵是市场运动的内在规律，是市场自我调节机制出现的

外部表现，是一种自我循环系统调整与改善。政府干预只是帮助它改善。由于市场与政府都是人的本质力量的对象化，因此作为一个有机整体，所谓失灵与干预都应该看作是功能的自我完善，是一种规律性反映。无论是对于"市场失灵"还是"政府干预"都不要做过度反应。从这个意义上说，并不存在使市场在资源配置中起决定性作用的特殊规律。使市场在资源配置中起决定性作用，主体还是政府。就国家而言，它只是一项经济政策，旨在进一步解放社会生产力，把原来管得过多、统得过死的经济行为和经济活动还给其他市场主体，改善和调节政府作为经济主体和市场主体在整个经济行为和经济活动中和其他经济与市场主体的关系，从而进一步实现社会资源配置的效益最大化。因此，必须特别重视市场在对政府行为过程中的巨大干预作用和影响力。

1. 国际文化市场对国内文化市场影响与干预

国际文化市场涉及国与国之间的国际文化关系和国际政治关系，同时也涉及国家间的经济贸易关系。超越于国家间正常的文化交流所构成的对文化市场的影响，国际文化市场中的文化利益集团和国际文化资本市场对一个国家文化市场的影响与干预是很大的，有时甚至影响和左右一个国家对本国文化市场政策制定和制度建构。由于资本在本质上的扩张，而且这种扩张是以利润最大化为原则的，因此，只要某个文化市场存在着可实现的资本价值最大化，那么，这一资本以及由这一资本组成的巨大文化利益集团就会利用这个利益集团，以及这个利益集团所代表的强大的资本利益，通过和利用一切合法与非法的手段乃至国际规制迫使一个国家开放它的文化市场，进而改变国际文化市场资本格局和利益格局。在这个过程中，通过国家和国际手段干涉另一个国家，强行改变它的国家文化市场制度设计，是国际文化市场对国内文化市场干预最主要的途径和手段，而最终打开一个国家的国内文化市场就是国际文化市场力量通过对政府行为的干预实现的。在加入世界贸易组织（WTO）的过程中，美国之所以在和许多国家和地区的谈判中文化市场准入始终是一个反复较量的领域，这就不只是一个文化市场对另一个文化市场的关系，而且还是一个政府对另一个国家政府的关系，是国际文化市场对国内文化市场的关系。在表面的文化市场开放和竞争的背后是两种不同文化市场制度的竞争与博弈。

2. 强文化市场和弱文化市场

强弱是事物的两极，只要存在着竞争，就必然存在强弱两种不同的力量形态。文化市场也是如此。根据沃勒斯坦的现代世界体系理论，现代国家体系是由核心、相关和边缘国家组成的。核心层往往是由政治、经济文化等各个方面都比较强大的国家组成，在世界事务中拥有话语权和决策权，具有对其他国家的影响力和国际规则的制定权，而其他国家和国家集团一般来说是受它们支配的，尤其是所谓边缘国家，一般来说，在国际事务中很少拥有发言权。那些最不发达的国家甚至连它的政府的正常运转都依靠国际社会援助时，一般来说，这样国家的市场和文化市场是缺乏竞争力和影响力的。面对那些处在核心层的国家市场和国家文化市场的强势力量而言，处在边缘国家的市场和文化市场就只能是弱势文化市场。对于处在弱势地位的那些国家文化市场如果不加以保护，甚至国际保护，那么，在强势文化市场面前，不仅很难生存，而且很难仅靠自己的文化力量形成有效的国家文化市场，并使它在文化发展中对文化资源配置起决定性作用。因此，处在弱势地位的那些国家的文化市场就不可避免地要遭遇国家文化安全问题。正是基于这一考虑，所以，世界贸易组织章程在涉及这一问题时，特别对处于弱势地位的国家文化市场对外开放作出"文化例外"的规定，以保护世界文化多样性。

3. 主权文化市场与非主权文化市场

所谓主权文化市场主要是指主权国家间的文化市场，这些文化市场的一个最显著的特征就是，文化商品与服务的交易是自由的，但是必须遵循所在国关于文化市场的法律和法令。所谓非主权文化市场主要是指由不同关税区形成的文化市场。中国香港和中国台湾与中国大陆分别属于不同的关税区，并且实行不同的文化市场制度，但是，它们之间不是国与国之间的关系，它是一个中国内的不同关税区的关系，它们之间形成和构成的文化市场关系，就不属于主权文化市场关系，而是属于非主权文化市场关系。因此，中国大陆和中国的港澳台地区的文化市场关系上就形成一种"特殊贸易安排"制度。这种制度只适用于中国大陆和中国港澳台地区文化市场的交易行为，而不适用于其他国家和地区。这种文化市场关系既存在竞争性市场关系，也存在非竞争性市场关系，即一个国家内基于实行不同文化制度而建立的互惠关系。属于港澳文化市场建设与发展的内部事务，中央政府不予干预。这可以看作是文化市场对政府文化治理行为干预和影响的一个案例。

五、政府对文化市场干预的形式

政府对文化市场的干预形式与干预机制在不同的国家和地区存在着很大的差异。就文化市场民族属性而言，有单一民族文化市场和多民族文化市场形态；就文化市场洲际属性而言，有亚洲文化市场、欧洲文化市场、非洲文化市场、北美文化市场和南美文化市场之分。由于文化传统和政治信仰以及意识形态的差异，政府干预文化市场的形式与机制是不一样的。就其普遍性来看，政府对文化市场的干预大体有以下几种类型：主动干预与被动干预；直接干预与间接干预；制度性干预与非制度性干预。

1. 主动干预与被动干预

主动干预也称为积极干预，是指政府通过议程设置和制度建构主动地为文化市场行为建立行为方式和预警机制，从而使人们的社会文化精神生产活动既满足实现个人自由的需要，又不妨碍他人和集体的文化自由，从而为整个文化市场提供一个保障系统。这种干预更多的是从宏观文化治理需求出发，通过制定一系列文化法律来实现。由于国家文化法律必须经由国家立法机关的讨论、审议和投票表决的机制，以彰显程序公正，因此，这样的文化法律一旦被通过，就对任一文化市场主体的文化活动行为具有约束力，进而实现主动干预文化市场的目的。被动干预也称消极干预，是指政府事先缺乏对某种文化市场可能发生的文化事件缺乏制度设计和预警机制，而在事件发生之后所采取的"亡羊补牢"。这种状况比较多地集中在新兴文化市场出现的过程中。往往与人们对文化事物的复杂性及其可能对社会精神秩序造成的巨大冲击估计不足密切相关。

2. 直接干预与间接干预

直接干预是指政府通过强制性行政手段对文化市场行为的干预。例如，在中国强制实施的城乡电影放映轮次票价制就属于这一类型。同一部电影在城乡不同地区，尤其是在城乡实行差别票价，其目的就是依据城乡居民人均不同的可供支配收入之间的差异，确保农村居民也能够享受与城里人同样的文化消费权利，包括对中小学教材实行国家统一定价机制，以确保广大老少边穷地区以及低收入家庭的子女享受义务教育的权利。这也是在许多福利国家普遍实行的国家干预机制。

间接干预是指政府并不直接干预价格，而是运用税收、信贷以及其他政策性工具影响文化市场经营主体行为，从而调节文化市场发展的政府行为。例如国家对文化出口产品实施免征增值税，对图书批发、零售免征增值税等就属此类。国家通过让利于民，减轻文化企业税负，提高文化产品的市场流通性，来促进文化市场繁荣。通过遏制行政铺张奢华政策达到间接调节文化市场服务导向。2013 年 8 月中央和国家机关五部委联合发出《关于制止豪华铺张、提倡节俭办晚会的通知》以及关于改进会风的"八项规定"，各大电视台和社会机构落实中央通知要求，停办和取消了属于此类范畴的晚会和节会庆典演出，直接导致国内演艺市场收入下降。2013 年较之 2012 年仅国有演艺集团的总收入下降三分之二。北京市演出行业协会发布的《2013 年北京市演出市场统计与分析报告》则显示，2013 年北京市全市 123 家营业性演出场所各类营业性演出场次共计 23 155 场，观众总人数达 1 014 万人次，比上一年同期下降 7.8%，票房总收入 14.42 亿元，比上一年同期下降 5%。[①]

3. 制度性干预和非制度性干预

制度性干预是指政府通过建构国家文化制度而对文化市场进行的干预。书报检查制

① "节俭风"劲吹 国有演艺公司 2/3 收入泡汤[N]. 第一财经日报，2014-01-15.

度、电影分级制度都属于这一类干预，具有长期性、不可抗力的特点，非等到对这一制度的修正而不会变动。非制度性干预比较多的体现和表现为"突发性"和"临时性"国家事件。例如在战时实行新闻检查、因突发公共卫生事件而对局部地区甚至全国实行文化市场关闭均属于这一类。在非典时期，我国对大部分地区实施文化市场公共卫生管制就属于这一类。同样也是国际社会通行惯例。

言论自由与文化管制，在某种程度上构成了政府与文化市场最核心的关系。如何处理好二者之间的关系，不仅是中国，而且是世界性难题。1973年12月美国经济学学会召开了一次以"第一修正案的经济学"为主题的年度会议，美国经济学家罗纳德·H.科斯向会议提交了《商品市场与思想市场》，从政府对这两个不同市场实行差别管制出发，揭示了这背后存在着不合理的原因，从而从法律经济学的角度提出：应当摒弃对政府在两个市场上的表现所持有的矛盾态度，即商品市场实行政府管制原则，而思想市场实行言论自由原则。科斯认为：思想市场和商品市场并没有根本差异，因此，在决定与之有关的公共政策时，必须考虑到相同的因素。也就是说，在制定公共政策时，应该采用相同的方法来对待所有的市场，而不是互相矛盾的。实际上，科斯在这里不仅提出了思想自由的实现与思想自由实现的市场机制的合理化问题，而且还进一步提出了如何正确处理已经形成的作为商品的市场和当思想作为商品进入市场竞争与交易的合法性问题，这两个问题不仅存在于美国第一修正案与美国其他关于市场法案的冲突，而且这种冲突也表现在英国关于 BBC 的政府管制与市场自由的悖论之中。① 从而也使政府与文化市场的关系问题成为一个世界性难题。

 ## 本章小结

⤷ 文化市场是一切文化经济活动的存在方式和空间形态。没有文化市场无所谓文化经济活动，文化经济只有存在于和表现于文化市场才是有生命的。文化市场不仅一般地规定着文化经济活动的存在方式，而且还规定和影响着文化经济的社会分工，调节资源配置的供给和需求的平衡。

⤷ 市场是由人的、社会的经济活动和经济行为生成的。市场是由人建构的。一切市场原则都是公共的、人的、社会的选择的结果，集中体现和反映了人们之间的社会关系。市场是人的经济行为和经济活动选择的结果。市场的本质就是人的本质，是人的本质力量的对象化。

---

① [美]罗纳德·H.科斯. 论经济学和经济学家[M]. 上海：上海人民出版社，2010：78-90.

▸ 文化市场是一种文化交往和交换的选择机制。文化市场作为公共领域的发生是随着现代公共出版物——图书与报纸的出现而出现的。政治不仅决定了文化市场作为公共领域的结构以及它与作为私人领域的文化市场的关系，而且决定了这种结构性关系的运动力量与运动方向。

▸ 新的文化市场转变为新的文化市场自觉而形成新的自觉的文化市场。新的文化市场又被新的文化市场所取代。这就是文化市场自觉与自觉的文化市场的发展与转型规律。

▸ 文化市场形态与结构是文化经济存在的重要表现方式和生态运动方式。它的形态与结构的任何变化，不仅一般地反映了文化经济运动的构造过程，而且还会引起相关市场运动的更大变化。文化市场发展的基本历史形态一般来说是和文化经济发展的历史文明形态相一致的，大致经历了传统文化市场——现代文化市场——后现代文化市场三个发展阶段和三种历史文化形态。

▸ 政府与市场既是两种不同的力量形态，同时也是两种不同的制度形态，都给市场以深刻影响，并且分别以不同的力量形态对文化资源配置起决定性作用。

思考题

1. 市场与文化市场的一般关系与定义是什么？
2. 作为公共领域文化市场理论的核心内容是什么？
3. 文化市场作为公共领域的作用是什么？
4. 怎样理解文化市场自觉与自觉的文化市场的发展与转型规律？
5. 怎样理解政府与文化市场的关系？
6. 科斯的商品市场与思想市场无差别理论的价值在哪里？

第七章

文化商品

 学习目标

通过本章学习，应了解和掌握以下内容：
1. 文化商品的定义和特性；
2. 文化商品的双重属性；
3. 文化商品价值理论；
4. 文化商品、文化服务和公共文化产品。

文化商品是现代文化经济运动的核心，现代文化经济的一切矛盾运动都是围绕着这一核心展开的。文化商品的出现和发展不仅丰富了一般商品的形态和规律，而且还使文化形态的生命运动及其发生机制发生了重大变化。文化商品已经成为文化的重要存在方式和运动方式。深入研究文化商品的运动规律和特征，对于推动现代文化经济发展和文化建设具有重要的价值和意义。

第一节　文化商品的意义和特性

文化商品是一个历史范畴，一种特殊的商品形态。它不仅蕴含着现代文化经济运动的全部矛盾关系，而且还深刻地折射了现代文化与现代政治、现代文化与现代社会运动的最一般关系。文化商品的成熟性程度，已经成为衡量现代文明社会发展程度的一个重要的指标体系。发展以文化商品的生产、销售和服务为核心内容的文化产业，已经成为国际社会致力于推动本国经济和社会发展的重要产业政策。因此，研究文化商品的基本

属性和特征、形态和价值、矛盾运动和一般规律，不仅是研究文化经济学的重要课题，而且对于推动文化产业的发展和文化产业政策的制定，也具有特别重要的意义。

一、文化商品的界定与划分

文化商品的形态是一个关于文化产品市场存在样式的范畴。这是一个随着社会文化生产力的发展和人们精神消费的需求而呈现此消彼长状况的文化生态的种群系统。这是一个动态系统，并且在不同的文化商品之间又存在着许多重叠和相交叉的地方，不仅对文化商品形态的划分不一样，而且用以划分的标准也是不一样的。因此，界定和划分是我们认识和研究文化商品的前提和基础。

从一般的经济学定义出发，所谓文化商品是指可供交换的文化产品。根据这一定义，文化商品可以划分为广义文化商品和狭义文化商品两大类型。所谓广义的文化商品，就是泛指一切用于文化的生产与传播的文化产品，包括钢笔、钢琴等在内的工具性文化商品。广义文化商品因其不同的功能和生产技术标准而分属于不同的行业，但是，不论其行业分类如何不同，同一行业内的文化产品生产一般来说是遵守统一的工艺规程和技术标准的。工艺规程和技术标准的统一性是这一类文化商品的特征。因而，这一类文化商品与一般的物质商品在本质上没有根本区别，对于这些文化商品的检验主要是物理性的技术标准，而不是基于意识形态和价值观的标准（当然附加在其上的形象标识也会涉及意识形态和价值观，例如有关宗教、民族和意识形态文化禁忌）。狭义文化商品主要是指具有意识形态和文化价值属性的那一部分文化产品。例如图书、报刊、电影、电视等。虽然关于这一类文化商品也有各自统一的物理性技术指标，但是构成这一类文化商品价值的主要的不是它的物理性指标而是它的精神性指标——意识形态的或文化价值的，这就是文化审查的原因。从这个意义上来说，文化商品还可以被划分成物质性的和非物质性的两类。就目前人类社会普遍采取的生产管理系统而言，工具性文化商品的生产与管理一般被纳入制造业范畴，按照工业产品的生产标准进行管理，因此，在现有的几乎所有关于文化经济学研究的著作中，工具性文化商品都不是文化经济学的研究对象，只是在涉及对文化经济活动的本质阐述进行比较时才会作为对象参照。这就规定了文化经济学研究的文化商品主要是内容性文化商品。这也是本书的研究对象及其范畴。

然而，在实际的文化经济活动中还存在着第三种文化商品现象：文化金融衍生产品。所谓文化金融衍生产品，就是以资本市场的方式将由非物质性的文化商品所形成的那一部分可供交换的对象，通过文化产权交易所等资本市场进行交易。例如，艺术品证券化和电影期货。前者是把艺术品按照市场价格拆分成若干个股份挂牌交易，与股票没有本质的区别；后者是根据一般期货交易原理与规则，将尚未生产而准备生产的电影挂牌上市交易。这二者都是进入 21 世纪出现的新的文化商品形态。这一类文化商品形态既不同于传统的艺术品拍卖，又不同于一般意义上的股票。由于这一类文化商品形态与金融创新产品有着极高的相似性，可以称之为"文化金融衍生产品"。这两种文化商品先后出现于中国和美国，具有极大的实验性，也引起了很大的争论，是一种非常值得关注的新文化经济现象。

马克思可能是最早对文化商品形态进行划分的思想家。在《剩余价值理论》一书中，马克思就曾经把精神产品分为两种情况：第一种是"生产的结果是商品，是使用价值，它们具有离开生产者和消费者而独立的形式"，并能"作为可以出卖的商品而流通，如书、画以及一切脱离艺术家的艺术劳动而单独存在的艺术品"；第二种是"产品同生产行为不能分离，如一切表演艺术家、演说家、演员、教员、医生、牧师等的情况"。[1]这是以文化商品是否脱离劳动行为而存在为标准所进行的划分。根据这种划分，文化商品有两种生命形态。一种是相对独立的物化形态的文化商品，它既有独立的物质形态，又有文化符号的象征意义，如书、画、摄影作品、音像制品等。这一类文化商品，是文化商品生产主体根据自己的生命体验创造的一种符号系统。这种文化符号系统被物化在某一种物态材料上。这样，生产主体所创造的文化价值就可以离开生产者而独立存在，并通过市场交换方式而被文化消费主体所占有。另一种是与文化生产过程共时存在的行为形态的文化商品。这种文化形态的特点是，文化生产过程与文化消费过程的同一。这种文化生产过程（如表演）一停止，它所提供的文化价值也就完结，文化消费者对它的享用也就结束了。这种商品的文化价值不能离开文化生产主体而独立存在。正如马克思所说："一个歌唱家为我提供的服务，满足了我的审美的需要，但是，我所享受的，只是同歌唱家本身分不开的活动，他的劳动即歌唱一停止，我的享受也就结束了。"[2]尽管现代录音录像技术可以把歌唱家的歌唱、舞蹈家的舞蹈、戏剧表演艺术家的动人表演保存下来，但是消费者所享受的仍然不是录音带和唱片、光盘本身，而是由它们所承载和复现的表演过程。消费者的享受仍然是与表演过程同步的。这种文化商品形态被称之为"劳务形态的文化服务"，或叫"服务形态的文化商品"。对于服务产品，马克思在《剩余价值学说史》中说："一般来说，服务也不外是这样一个用语，用以表示劳动所提供的特别使用价值，和每个其他商品都提供自己的特别使用价值一样；但它成了劳动的特别使用价值的

---

[1] [德]马克思, 恩格斯. 马克思恩格斯全集[M]. 第26卷, 第一册. 北京：人民出版社, 1975：295.

[2] [德]马克思. 剩余价值理论[M]. 第一册. 北京：人民出版社, 1975：436.

特有名称，因为它不是在一个物品的形式上，而是在一个活动的形式上提供服务。"[1] "对这种服务的生产者来说，所提供的服务就是商品，它有一定的使用价值（想象的或现实的），也有一定的交换价值。"[2] 所以在今天，人们就把这一形态的文化商品在传统的表演的基础上扩大到包括艺术设计、咨询策划、公关创意、经纪代理等广大的领域，一大批文化性的服务业应运而生，它们提供的文化服务在各个层次上满足消费主体的不同的文化需要，同时也服务于其他产业部门。这类新型的以提供内容为主的文化劳动活动，已经成为文化产业的重要形态系统，成为整个社会生产和生产链条上不可或缺的一环，并且创造价值和使用价值。

在这个基础上，日本学者日下公人在《新文化产业论》一书中，从对文化产业形态划分的角度，提出了文化商品的第三种形态：向其他产业提供文化附加值。

所谓"向其他产业提供文化附加值"，按照日下公人的观点，就是在其他商品的生产和销售中融入某种文化因素或文化元素，使这一类商品在作为物质商品的同时还具有某种文化内涵、文化内容、文化意义，具有某种生活的象征性，这种象征性是文化的，从而使人们在消费某种物质商品的过程中，同时获得了某种精神的满足和享受。由于这种文化因素和文化元素的加入，某种商品就拥有比其他同类商品更多的价值，即"文化含金量"，实现了商品价值的"提升""扩容"和"增量"，并以价格形式体现出来，而在物质材料上则可能完全没有增加什么。这种提升、扩容和增量，使得这种商品在市场上卖得了比其他同类商品更好的价钱，或者获得了更大的市场占有率，总之，获得了更多的"利润"。这是市场的一种价值体现。这一部分"溢出"的价值，就是"文化附加值"。由于这一"附加值"是在交换过程中实现的，具有一般商品的普遍属性，同时它又是满足人的精神需求的，具有文化商品的特殊性，这就使它在本质上拥有区别于一般商品的特殊性和区别于前两类文化商品形态——相对独立的物化形态和与文化生产过程共时存在的行为形态的特殊性，成为第三种文化商品形态。这就是由授权产业所生产和提供的"授权产品"，即"文化衍生产品"。这一类商品形态比较多地表现为文化商品在物质生产领域里的衍生开发和品牌转让与品牌加工。所以，在这里一个重要的问题是"文化商品在什么样的意义上才能为其他产品提供文化附加值？"在一般的物质产品的生产中注入文化元素提升一般商品的文化附加值和"文化商品为其他产品提供文化附加值"是两个有着重要区别的命题，不能混淆。

向其他产业（或商品）提供文化附加值的一种情形是：自觉地以某种文化理念为指

---

[1] [德]马克思. 剩余价值学说史[M]. 第一卷. 北京：人民出版社，1975：456.

[2] [德]马克思. 剩余价值学说史[M]. 第一卷. 北京：人民出版社，1975：149.

导，打通文化产品与物质产品的界限，充分发挥和利用文化艺术元素在物质产品设计、制造中的作用，通过改变产品的外观造型设计或内部构造设计，在提高产品的实用价值的同时，赋予或提升产品的审美价值，在满足人的科学主义需求的同时，满足人的人文主义要求，从而提高产品的整体价值含量。20 世纪 30 年代，德国包豪斯学院倡导的"技术美学"，提出要把文化、艺术的因子渗透到建筑设计中，强调这会大大提高建筑和工业设计的市场附加值。他们认为：过去把文化与实用分开是一种谬误，"纯粹艺术"应该嫁接到居住空间的建设中去。包豪斯学院大型展览会的一篇开幕词的宣言就是："艺术与技术，新的统一！"从那时起到现在，包豪斯所倡导的将艺术与技术、文化与设计结合在一起的技术美学观，已经成为现代人类居住的重要理念。现代人对精神自由日趋强烈的渴望，促使艺术家、工艺美术师、设计师等努力强化新型商品的文化属性和艺术观赏性，使文化因子、文化元素广泛地渗透到物质产品中，通过商品中文化价值的强化，走向家庭艺术化、社会审美化，从而在极大地提高人们的生活质量的同时，催生了一大批新兴产业和新一代商品。家庭装潢业、园林绿地业，虽说在中国有传统，但是，进入普通百姓家并且成为一种自觉的居住理念，花钱去买，却也是现在的事。自 20 世纪 80 年代以来的房地产业发展，由重"黄金地段"到重"人文环境"，开发理念的变化曲线是很能说明这一问题的。

向其他产业（或商品）提供文化附加值的另一种情形是：人们消费商品，同时也在消费文化，或者说消费选择的本身就充满了文化意味。人们青睐某种商品，甚至对它产生消费"感情"乃至升华为"情结"，是因为这种商品由于历史原因而被赋予一种内涵，成为某种文化象征，如中国人端午节吃"粽子"，中秋节吃"月饼"，元宵节吃"汤圆"等。这种消费文化具有人类的共通性。它甚至可以不为国家制度和意识形态所左右。中国人光顾"麦当劳"，不仅仅是把它作为"快餐"，很大程度上是把它当作体验美国文化的一种方式。因此，赋予一种商品以文化的内涵，使之具有象征意味，并让人能够体验，是可以给这一商品带来额外的市场回报的。同样是相似的商品，倘若没有这样的内容意蕴，其市场价值的体现可能完全是另外一个样子。例如，美国可口可乐公司为了置竞争对手百事可乐于死地，于 1985 年宣布更改配方，调整口味，推出"新可乐"，没料此举却遭到美国人的"阻击"，他们认为"可口可乐公司把一个神圣的象征给玷污了"，"可口可乐不是属于哪个公司，它是美国传统文化的一部分，属于全体美国人民，谁也无权改动它"。就在公司的管理层宣布恢复传统的可口可乐配方生产后，可口可乐公司的股价一下子攀升到十二年来的最高点。这个"攀升"实际上就是"文化"的"攀升"；"十二年来的最高点"，就是"附加值"的量化指数的体现。这是由质量培育出来的独特的消费口味，进而形成消费的倾向性，造就产品的"信誉"，当"信誉"成为某种象征的代名词时，就成为"品牌"，就成为一种文化，这种文化转而又给商品带来利润。这就是"文化附加值"。这种文化附加值是在商品的生命过程中，即市场过程中形成的，带来集体无意识的特征，并不是人为地倡导和有意识加上去的。

向其他产业（或商品）提供文化附加值的情形还有许多其他的生命方式。但不论是怎样的生命方式，这类文化商品却有一个共同的特点，即都没有形成独立形态的文化商品，而是渗透或附着在其他商品之中，有的简直就是"羚羊挂角，无迹可求"。因为作为一种独特的文化商品形态，并不是两件东西或两种素材的简单相加，而是文化元素、艺术元素或其他精神元素与技术、材料等因素重新组合后，形成的新的文化商品形式，为消费者提供新的消费样态。它的价值，只有在被附加的商品进入流通，实现交换和价值体现的超值后才能生动地显现出来，从而让人们感觉到和深刻地体验到文化和文化力量、文化商品特殊形态的存在，并且是有价的。所以，对文化商品向其他产业或商品提供文化附加值不能作孤立的和片面的理解，而应在较为宽泛的意义上把握它在市场中的生命形态。

文化商品的第四种形态，就是以著作权为核心的知识产权形态。著作权的商品特征此前已作过论证，专利中的外观造型设计的独创性，已经体现了文化向其他产业提供附加值的特殊内容，而商标作为一种商品区别于其他商品的标记，无论是一种识别符号，还是商品质量和信誉的积淀形成的"品牌"，也如专利一样，其中都已经渗透着文化的因子、文化的元素，因而也都如著作权一样可以转让，并以一定的价格形式获得其价值体现。这时文化商品以知识产权的形态存在着，或者说知识产权获得了文化商品的价值形态，在生命形式方面又与以上三种形态相区别，因而使其获得了文化商品的独立形态的存在身份和价值。它同向其他产业或商品提供文化附加值一样，在现代生活和未来社会中较之前二者将占据越来越重要的地位，发挥越来越重大的作用。这是与知识经济社会的发展趋势相吻合的。

数字化、信息化文化产品的出现，正在孕育文化商品的第五种形态。这种形态既拥有前四种的全部价值，但又是以虚拟的方式存在的，这就是虚拟文化商品。同样可以进入流通领域以商品的形式相交换，但又与前四种形态有明显的区别。虚拟文化商品以在线性为主要存在方式和特征。在线存在、在线消费和在线表达以及在线交易构成了它的主要市场形态——虚拟文化市场，与现实文化商品存在、消费和交易具有鲜明的区别。虚拟文化商品的出现一方面是技术发展的产物，另一方面也是对现实文化商品生产机制的突破与超越，一定程度上反映和表达了社会发展与表达渠道之间不相适应的矛盾，因而它是现实文化表达机制、文化生产机制和文化消费机制的延伸，是人和社会本质力量的一种延伸，反映和表达的是人对现实的一种态度和把握。因此，虚拟文化商品所表达的内容是现实社会，反映的仍然是马克思所说的人们通过想象和联想来把握世界。这种以虚拟性为主要特征的文化商品尚处在生命的生长期，尚未完全展开生命形态的全部丰富性，因而在现阶段也还未成为文化商品的主要形态。但随着信息社会的迅速发展，这第五种形态的文化商品将成为文化市场的主角，成为未来人们文化消费的主要的和重要的文化商品形态，人们的社会价值观很可能将在这虚拟世界中得到再造。这是需要特别加以关注的。

二、文化商品的意义分析

"文化商品"这一概念能否成立，或者说是否有意义、是否具有学理上的合法性，在我国学术界是有争议的。就"反方"来说，集中到一点，就是否认"文化商品"这一概念在理论上的合法性和实证上的存在性。因此，我们必须首先对"文化商品"在实证上的存在性和理论上的合法性进行意义分析。

关于商品，马克思说："商品首先是一个外界的对象，一个靠自己的属性来满足人的某种需要的物。"列宁说："商品是这样一种物品，一方面它能满足人们的某种需要，另一个方面，它要用来交换别种物品。"①这是马克思主义经济学给商品所下的最为简单、基本的定义，也是公理。这一公理揭示了商品最起码的性质：它不是用来供自己消费的，而是用来与别人交换并通过交换获得自己所需要的别种物品，以满足自己对"别种物品"的消费需求。这是商品的最一般意义。凡是能满足这一要求的都是商品，且不论它是怎样的商品形态。商品由交换的需要而产生，本质上是一种劳动对另一种劳动的交换。因此，这种交换可以是物质劳动对物质劳动的交换，也可以是物质劳动对精神劳动的交换，还可以是精神劳动对精神劳动的交换。交换的内容，决定和构成了被交换物品的性质。《庄子·逍遥游》有记："宋人有善为不龟手之药者，世世以洴澼絖为事。客闻之，请买其方百金。聚族而谋曰：'我世世为洴澼絖，不过数金。今一朝而鬻技百金，请与之'。客得之，以说吴王。"②这可能是我国关于"知识产权"转让（买卖）最早的记载。又据《史记·货殖列传》载："中山地薄人众，犹有沙丘纣淫地余民，民俗懁急，仰机利而食。丈夫相聚游戏，悲歌忼慨，起则相随椎剽，休则掘冢作巧奸冶，多美物，为倡优。女子则鼓鸣瑟，跕屣，游媚贵富，入后宫，遍诸侯。"③几乎与出现转让"知识产权"的同时，我国出现了以艺术表演为谋生手段的职业演艺者：倡优。前者以创造性劳动的结晶——

---

① 转引自：国务院研究室课题组. 完善文化经济政策[M]. 北京：北京师范大学出版社，1994：3.
② 曹础基. 庄子浅注[M]. 北京：中华书局，1982：11-12.
③ 司马迁. 史记[M]. 下. 上海：上海古籍出版社，1997：2436.

"药方"相交换，后者以创造性劳动过程——"游戏"（表演）相交换，两者以不同的劳动交换相似的"别种物品"，这就使"药方"和"游戏"都具有了商品的性质。因为它们都是"靠自己的属性"满足了交换者的"某种需要"。如果说，前者的交换，主要的还是满足物质消费需要（当然，从"以说吴王"看还不止于此），那么，后者则主要满足人的精神消费需要。这一商品交换现象在现代社会不仅普遍存在，而且直接构成了我国现实的文化生态基础。对于绝大多数文化人和艺术家来说，从事精神生产（艺术创作）并以此进行交换，是他们赖以安身立命的手段，不论这种交换是具体的作品还是具体的行为过程，也不论是否以物质形态表现出来，只要它们是用来交换的，就都和普通的物质商品一样，都是抽象劳动与具体劳动的统一、价值与使用价值的统一，并且在流通过程中按照商品交换的方式，在满足他人的社会需要中得以实现。一部文学作品摆在书店里，读者只有支付一定的货币后才能满足阅读的愿望；一部影片的放映，观众也只能付钱买票后才能观看。买卖关系的简单建立，揭示了一个重要的规律：进入流通领域交换和消费的文化产品具有商品属性，文化商品在文化市场获得了它的质的规定性和"身份证"。

文化商品的存在不仅有实证性依据，而且有法理性依据。许多国家都制定并颁布了《著作权法》或《版权法》。这些《著作权法》都规定了作者对其作品享有财产权利，并且规定此种财产权具有独占性，在一定期限内可以继承、转让或授权使用并由此获得报酬。同时还明确规定这种"财产权"不得侵犯。《中华人民共和国著作权法》、《保护文学艺术作品伯尔尼公约》（简称《伯尔尼公约》）、《世界版权公约》、《保护表演者、录音制品录制者与广播组织公约》等国内法和国际法，对此都有明确的法的规定，这就从法律上肯定了文学、艺术、科学的作品等所有精神文化产品的商品属性，文化商品不是为了满足人们的物质消费，而是为了满足人们的精神消费需要。它的社会价值是通过人们对它的理解，进而转化为物质力量而实现的，它的经济价值是通过人们对它的复制、传播，包括通过其载体的交换而实现的，因此，体现在或者说凝结在这些精神作品中的人类劳动及其有价性必须获得合法性的确认，并且以法律的形式规定下来。这种法的规定本质上是对一种规律及其表现形式的接受和反映，它对人类精神劳动产品（著作）的经济财产权的规定，不仅一般地承认这种产品的有价性和对精神劳动的尊重，从而为不同性质的劳动产品的交换建立起可操作的法律秩序，而且更为重要的是，人类自身看到了这种精神劳动及其产品的有价性对于人类自身发展的无限价值。因此，只要人类社会还存在商品流通和商品交换，还没有完全实现马克思主义经典作家曾经描绘过的那种物质和精神产品的极大丰富、每个人可以各取所需的理想社会，那么，文化商品的这一合法性身份就将始终拥有法的规定性。这是不以人们的主观意志为转移的客观规律，也是文化商品的合法性和合理性的意义所在。

三、文化商品的双重属性

文化商品的双重属性，是关于文化商品作为特殊商品形态的性质揭示。文化商品既是一种特殊的商品形态，又是一种特殊的社会现象和物的存在。之所以说它是特殊的商品形态，是因为文化商品虽然也具有价值和使用价值，但是这种价值和使用价值却又同一般商品的价值和使用价值有着本质的区别。正是这种区别，构成了文化商品的特殊属性。这种本质区别集中表现在以下几个方面。

（1）从消费的主客体关系来看。不论是怎样性质的文化消费主体，也不论消费的是怎样的形态或存在样式的文化商品，都不是为了满足文化消费主体的物质需要。消费主体占有消费对象，是为了满足自己精神的和心理的需要：情感体验、意义想象、感知交流、社会认识、价值判断、生命超越、沟通无限等。并且在消费过程中，通过消费对象的存在方式（载体），与其内容进行多种形式的心灵对话，这种对话、交流、沟通乃至共鸣所可能产生和导致的结果，是与任何一种形式的物质消费的结果截然不同的。其中最主要的终极形态，就是构成了消费主体对宇宙、社会、人生的一种整体性判断和整体性态度，即关于他的意义世界。而这种整体化的判断和态度，最终是要决定他的社会和人生道路的自我选择的。以相同的货币量，一个人用它来买面包，解决了饥饿，满足了生命的生存需要，这种需要与动物的需要没有本质的区别；另一个人用它来买了一本《共产党宣言》，从此他将为彻底消灭社会饥饿而走上解放全人类的道路。相同的货币量，不同质的消费对象，导致了完全不同的消费结果。都是用一种劳动交换另一种劳动，前者交换的面包是一般商品，具有商品所共有的价值和使用价值，而后者交换的是一本书，是文化商品，具有一般商品所不具有的特殊的价值和使用价值，由这些使用价值所构成的意义世界，就是通常所讲的意识形态，它的文化成分，而这才是真正属于文化商品的本质属性。文化商品之所以是文化商品，就在于它的使用价值的文化性和意识形态性。因此，它既具有一般商品的共同属性，又具有一般商品所不具备的精神和意识形态特殊性，正是这种矛盾的特殊性把它与其他商品区别开来了，也正是这种矛盾的特殊性使得文化商品获得了它的全部价值和存在意义。既具有可供交换的商品属性，又具有文化的意识形态性——这就构成了文化商品的双重属性。这两个方面的属性完整地统一在一个对象物上，须臾不可分离；假如可分离了，它就不是文化商品，而是别的什么商品了。

（2）从文化商品的使用价值的构成形式与一般商品的使用价值的构成形态的比较来看。虽然绝大多数的文化商品都有物质载体，即都有它的物的存在形态（作为文化商品的著作权是一个例外）——图书、报刊、字画、电影、电视、音像制品、表演等，或纸张，或磁带，或胶片，或光盘，但是，物质形态所承载的商品的有用性成分，或者说它的内容是与一般商品不一样的。一般商品的物质形态所承载的内容有用性就是物的本身，它的材质与它的有用性是一致的。面包是用来果腹的，衣服是用来遮体的（现代服装已有很大的文化含量，那是附加上去的，不是服装的本质），自行车是用来代步的等，直接服务于人的衣、食、住、行。而文化商品的物质形态所承载的有用性，或是关于内容的符号系统（文字），或是关于内容的线条、光线和色彩系统，或是关于内容的旋律系统，或是关于内容的数字系统等。文化商品的物质形态所承载的有用性是与它的材质本身不一致的。而且同一意识形态的内容体系完全可以有多样的物质存在和表现形态。一部《梁山伯与祝英台》，既可以是民间文学传说（口头的或文字的），也可以是舞台表演艺术（越剧），既可以被搬上银幕成为"中国的罗密欧与朱丽叶"，也可以是何占豪、陈钢的小提琴协奏曲，不管是哪种形式，都包含着人们对神圣爱情的崇高而美好的追求的理解和理想。然而，一般商品一旦形成，即一旦被生产出来，它所提供给人的消费性存在系统就不会有改变。鞋，不管有怎样的形式革命，它满足于人的消费功能永远是避免受光脚行走之苦（少数民族的风俗习惯另当别论）。文化商品则不同。《梁山伯与祝英台》既可以作用于人的语言文字识别系统，也可以作用于人的视觉系统，既可以作用于听觉系统，也可以作用于人的审美感官的综合系统。不仅如此，同一文化商品所承载的内容，无论是在不同的创作主体还是在不同的消费主体手里，都完全可能演绎出完全不同的意义世界。所谓"有一百个观众就会有一百个哈姆雷特"，就是这个道理。

（3）正是由于文化商品具有其他商品所没有的属性，社会关于文化商品的检测、检验和评估的指标体系和标准也是不一样的。一般商品的检测、检验和评估的指标体系，都可以有整齐划一的量化的指标体系为标准。这样的标准不仅在一个国家内，有时甚至可能在全球范围内都是这个标准，违反了这个标准，就可能遭到一定形式的处罚。这种标准，在某种程度上是公理，人人都得遵守。而关于文化商品的社会标准和检查、评估的标准则会由于检测、检查主体的文化背景和价值标准不同，奉行的意识形态不一样，而得出完全不同的结论。同样的一本书，纸质、装帧、印刷质量完全上乘，然而对书的内容的接受和评价却完全可能差异很大。不论是书报检查还是电影审查，世界各国之间甚至会有截然不同的评价，而正是这些评价，最终将影响和决定这些文化商品进入国际文化市场，参与国际文化贸易获得市场准入的程度。所有这些均是文化商品的意识形态性，而不是其他非意识形态性成分使然。

这就是文化商品的双重属性规律。

四、文化商品的特点

文化商品的特点是文化商品双重属性的本质显现，是构成文化商品双重属性的特殊矛盾要素，并且进一步使文化商品与其他商品相区别。

1. 与生俱来的知识产权性

这是文化商品区别于其他商品的本质特征。任何其他类型的商品，除非它属于发明创造，可申请专利，获得知识产权外，都不具备与生俱来的知识产权性。而文化商品，无论是文学作品、美术作品、音乐作品，还是戏剧作品、影视作品、音像作品，一旦创作出来，它就获得了著作权的合法性存在。这种著作权的合法性存在是自然生成的，即是随着作品的诞生而诞生的，并不需要专门的申请程序。其他的商品除非申请发明专利或商标注册而不能拥有这种合法性。这种合法性的一个与生俱来的特征是：一出生便受到法律，即《著作权法》的保护，任何对这种文化商品使用、复制等，均必须得到著作权人的许可，否则便构成侵权而受到法律的制裁。因此，同是打击市场的非法经营行为，用于文化市场和文化商品的是打击"盗版和非法出版物"，对其他商品则打击"假冒伪劣"。而且这种与生俱来的知识产权性将伴随着著作权人的一生，依据《中华人民共和国著作权法》规定直至著作权人去世后五十年，它才能变成公共文化产品。也正因此，对文化商品知识产权的保护期，远远高于一般商品专利的保护期，并且可以作为遗产而继承。因为人类文明社会的进步，必须永远获得创造性智力的动力支持。对于人类文化遗产的普遍尊重是着眼于人类自身生存和发展的需要，要使这种需要能够获得不竭的动力，就必须对人类社会所创造的一切精神财富予以合法性确认和保护。

2. 内在意义价值的潜隐性

作为观念形态的文化商品的生产，本质上是关于价值系统和意义世界的生产，是文化商品生产（创作）主体对人与世界的关系的文化、艺术、哲学乃至宗教的思考和把握的结果，是人与世界的关系的精神对话和灵魂探索的产物。因此，一定历史时期的生产主体所拥有的精神系统状况——审美倾向、价值观念、道德标准、哲学观体系，以及对对象世界意义和艺术把握的程度，都直接规定着主体所赋予文化商品价值生命的丰富性程度和延续性程度。就人类精神文明史的发展来看，越是能够超越历史局限的作品，越是能够给后人留下取之不尽、用之不竭的文化遗产的作品，在问世之初却常常可能处在生命孤独的状态，即无法在文化市场上得到承认，尤其是在艺术、文学、审美、哲学等领域里具有跨时代的大胆探索和生命体验的作品，常常不被当时的文化商品的消费者所理解和接受，或者遭到文化守成者抛弃，文化统治者的禁止等。例如，世界著名画家凡·高的油画，在他生前一张也未能售出，而在他逝世百年之后，却价值连城，一张画的价格甚至高达几千万美元。一般商品如果不能在市场上找到合理的价格，那么随着新一代产品的问世，它的价值马上就会下降甚至完全消失。而文化商品，尤其是一些文化经典，其内在价值却会随着人们认识世界和把握世界的能力的普遍提高而逐步释放出来，正是这种内在的意义价值的潜隐性，使得不同历史时期的人们在经历了历史洗礼之后，能够站在当时那个历史的节点上，感受到、领略到这种潜隐的意义价值对人类文明发展的有用性。它们给不同时代的人们以不同的启迪，这些启迪又不断丰富了它们的意义内涵，成为推动人类文明社会发展不可或缺的力量，这就是经典作品，不论是哲学的、艺术的，还是宗教的，都一版再版，被翻译成许多国家的文字，有的甚至被演绎再创作成为不同类型的作品——文化商品形态的根本原因。这是一般商品无论如何都不具备的。

3．意义世界魅力的永久性

任何一种文化商品，都是生产主体创造的一个意义世界。这个意义世界，不论它是符号系统构成的，还是视觉系统构成的，也不论是概念系统，还是形象系统，都是文化商品生产主体生命体验的结果，都是对对象世界把握的结果。不论这样的结果借助于怎样的物质载体表现出来，只要它是精神创造和精神生产的产物，就都是生产主体在消费者面前打开的一个意义世界。区别只在于这个意义世界拥有的真理度、价值度、丰富性和审美性的程度的差异而已。这种差异既是对象世界的差异、对象世界展现程度的差异，同时也是主体的差异、主体的生命体验及对对象世界把握程度的差异。这种差异性是一种合规律和合目的性的反映。但是不管这种差异之间存在怎样的距离，对于文化消费群体的不同水平、不同要求和不同取向而言，它都是一种对应的力的同构世界，都会使消费者产生精神现象或心理感受的共鸣。因此，文化商品生产主体对商品生产的品种、内容和质量的选择，同文化商品消费者的不同选择也存在着对应的力的同构关系。而文化商品构成的意义世界魅力的生命周期长短则是不一致的。人类文化艺术商品发展的史实已经揭示：接近于真理的程度越高，内容的价值含量越大，丰富性、深刻性和审美性越多样和复杂，其构成生命周期的魅力的持久性也越长，对文化消费者的吸引力也越大。这种魅力的持久性是可以超越种族和时空的限制的。文化商品意义世界魅力的这种永久性，是一般商品的生命力所不具备的。由于对一般的物质商品的消费，是消费者对对象的物的占有和直接的消耗性消费，哪怕是昂贵的服装，穿旧了，穿破了，它的价值也就消耗尽了，它的生命周期也就终结了。虽然人们今天还可以在博物馆看到那样的服装陈列，但那已经不是它的物质的有用性，已经成为一种文化的象征和记录了。人们从博物馆得到的满足，是精神上的而非物质上的。因此，对象的存在与它的生命存在价值已经有了本质的区别。这里可以进一步确证：文化——这种特殊的意义世界在文化商品中的构成魅力的生命期是与它的含量成正比的。

4. 价值量构成的不确定性

文化商品是复杂的精神生产劳动的产物的结晶。就商品生产劳动的普遍性而言，文化商品和非文化商品都是关于劳动力的使用和消费。但是，作为精神生产劳动的核心表现形态的文化生产，却不是一般意义上的简单劳动，而是复杂劳动，这种劳动行为和劳动过程，有的甚至表现为一种投入量极大、首创性难度极大的高级复杂劳动。它的目的不是为了改变对象的物理学意义上的物质形式（如雕塑品），而是要改变对象的内容世界，揭示对象世界与人的本质联系，反映和表现的是文化生产主体对对象世界的理解、把握和追求。罗丹的伟大雕塑作品《巴尔扎克》的创作过程及罗丹对《巴尔扎克》雕像的手的细部处理，就是一个典型例子。因此，从事一定专业的文化生产劳动，需要生产主体（创作主体，不论是理论家还是艺术家）掌握多方面的知识和才能。恩格斯说他从巴尔扎克小说中读到的关于资本的知识比从经济学家那里获得的还要多，是因为巴尔扎克在生产他的作品时，掌握了比经济学家掌握的还要多的大量生动丰富的知识和材料，并且用形象系统把这一切生动地表现出来，营造了一个与经济学教科书完全不同的审美世界。在这一过程中，巴尔扎克付出了怎样的劳动和多少的劳动，这些劳动量又该怎样计算？所谓"台上三分钟，台下十年功"，所谓"十年磨一戏"，曹雪芹写《红楼梦》"披阅十载"，马克思写作《资本论》几乎耗尽了他毕生的心血和精力，这说明精神文化生产劳动的复杂性程度，是一般劳动难以比拟的，因而也是难以确定的。这种不确定性导致的现象，就是付出的无法量化的巨大劳动与其效益体现不成正比，有时甚至还会出现反比，即"溢出效益"较大，其付出的劳动及凝结在作品中的劳动量却很小。在这里，除了复杂的精神劳动本身很难用"社会必要劳动时间"来要求和规定之外，关于价值的社会认定也是影响或导致文化商品价值量的不确定性的重要的力的因素。正是这内力和外力的双重作用，以及这种力的作用的非均衡运动，才最终造成了文化商品的又一显著特征：价值量构成的不确定性。这是文化商品运动的又一规律。

第二节　文化商品价值

文化商品属性构成的复杂性决定和构成了文化商品价值构成及其运动的复杂性。不仅不同的文化商品的价值构成是不一样，相同的文化商品价值构成甚至也是不一样的。运用价值理论的一般学说，深入研究文化商品的价值构成与价值运动及其他对文化发展的作用和影响，探寻和掌握文化发展在市场经济条件下的基本动力，文化商品的经济价值和文化传承的规律性关系，对于解决现代条件下的文化发展问题是一个相当重要的课题。

一、价值与文化价值

价值是指事物对人和人类社会的一种有用性属性。对人及对人类社会没有用的事物是没有价值的。事物的这种属性是客观存在的，但是，它对人及人类社会的有用性则是根据人类的需要被发现的。人类社会对客观世界认识深化的程度影响和决定了事物属性对人的有用性实现程度，即价值实现程度。因此，价值是变化的，因它和人类社会的关系而变化。在一个时期被认为有价值的事物，在另一个时期则完全可能丧失其价值。例如一种名叫"六六六"的农药曾经被广泛适用于农作物除害使用，而今天则被全球禁止使用。就是因为它对人类社会的危害性大于它的有用性。因而，它在现代农业中的价值就没有了。

文化价值是诸多价值形态中的一种形态，也是指文化对人类社会的有用性。和其他价值形态，尤其是自然事物的价值不同，文化价值是由人、人类社会共同创造出来的，是人类社会共同创造的一种精神结晶。这种结晶集中表现在两个方面：人们的价值观和生活方式。不同的时间和空间，提供和造就了在不同时空范围里人类社会关于天、地、人的认知模式和生存模式。不同的人与自然之间的关系，建构了人们认识世界的方法论，形成了世界观，并根据这种世界观选择自己的生产和生活方式。生存方式的多样性形成和产生了世界观的多样性，决定了由二者共同作用所形成的文化价值的多样性。对一个民族来说是神圣的事物，对另一个民族来说未必如此。不同的文化属性构成了不同的文化价值。正是这种不同的文化价值形成了不同的文化价值观，造就了今天世界的丰富复杂的文化价值系统。人类社会的一切行为都是由文化价值系统塑造的。文化商品就是其中之一。

文化价值既然是人类社会创造的某种事物的属性，人类社会的多样性在造就了文化多样性的同时，人类社会的共通性造就了文化价值观的相似性。这使得人类社会的普世价值成为可能。没有人类社会的普世价值，人类便无法交往。交往的前提是大家有彼此认同的准则作为标准。这是人类社会可持续发展的基础。尊重文化价值的多样性和共同遵循人类社会的普世价值，构成了我们今天这个世界既存在"文明冲突"又存在"文明交融"矛盾运动。人类社会的进步发展就是在这样的运动中进行的。

二、文化商品的价值和使用价值

价值和使用价值是商品的基本属性，当然也是文化商品的基本属性之一。它们既是商品构成的基本矛盾，也构成了商品运动的基本矛盾关系。马克思在《资本论》中揭示资本主义运动的生产关系和基本规律时，是"撇开真正的艺术品不说的"，认为"按问题的性质"，"这种艺术作品的考察不属于我们讨论的问题之中"。[1]在马克思看来，要揭示社会生产关系就必须而且只能从社会存在的根本基础——物质生产入手，从一般商品的矛盾运动入手。而在马克思的时代，文化商品虽然已经存在，并已进入流通领域，但还未展开完全的生命形态的丰富性，还不足以充分表现、说明和揭示资本主义生产关系的本质。因此，为了达到和实现揭示资本主义生产关系的本质和基本运动规律这一意图，马克思就只有从社会存在和社会发展的基础——物质资料的生产和再生产入手。所以，"资本主义社会必然要转变为社会主义社会这个结论，马克思是完全而且仅仅根据现代社会的经济运动规律得出的"[2]。劳动价值理论和剩余价值理论就是马克思在此基础上作出的理论贡献。如果说，马克思关于商品的价值与使用价值的矛盾关系的学说，进而关于剩余价值理论和劳动价值理论的学说，是揭示人们在一定的物质基础上最一般的社会关系的话，那么，关于文化商品的价值与使用价值的矛盾关系，则可以把它看作是在一定的社会关系基础上最一般的文化生产关系和文化关系的反映。这一文化生产关系不仅一般地反映了在一定历史的生产力条件下人们的物质关系，而且根据马斯洛的人类需求层次理论，文化商品以及关于文化商品的生产是为了满足人类发展的需要处在一个较高级的阶梯上。这种需要是一种不断地远离物质需要，而趋向于与物质需要在本质上截然不同的另一种需要，是为了实现人在精神上的最大限度的自由。从这个意义上来说，文化商品的价值与使用价值的矛盾运动所反映的，是在精神领域里人如何从必然王国走向自由王国，在克服人的异化的同时，最大限度地实现人的本质力量的对象化。虽然从发生学意义上来说，这一关系归根到底也是由物质生产关系决定的，但它所揭示的终究已经不是一般的物质生产关系，而是精神生产关系，是文化生产关系，而这样的关系应该有某种更为崇高的意义内容。也许正是在这个意义上，马克思认为资本主义生产同某些精神生产部门是相敌对的[3]。恩格斯也认为"现代资产者""成为阻碍科学和艺术发展，特别是阻碍文明交际方式发展的愈来愈大的障碍"。[4]因此，这就需要对文化商品的价值和使用价值从与一般商品的双重属性的比较中，有符合实际的基本把握和理论揭示。

价值是凝结在商品中的人类一般劳动，使用价值是指商品的有用性。具体劳动创造

---

① [德]马克思. 资本论[M]. 第3卷. 北京：人民出版社，1975：856.

② [俄]列宁选集[M]. 第2卷. 北京：人民出版社，1975：599.

③ [德]马克思. 资本论[M]. 第4卷. 第1册. //马克思，恩格斯. 马克思恩格斯全集：第20卷. 第1册. 北京：人民出版社，1975：296.

④ [德]马克思. 论住宅问题[M]. 1872—1873. //马克思，恩格斯. 马克思恩格斯选集：第2卷. 北京：人民出版社，1975：479.

商品的使用价值，是价值的承担者，抽象劳动形成商品的价值，是商品交换的基础。社会必要劳动时间决定商品的价值量，因此，在现有的社会生产条件下，在社会平均的劳动熟练程度和劳动强度的情况下，生产某种商品所需要的劳动时间，即社会必要劳动时间越大，则商品的价值量越大；所用的社会必要劳动时间越小，则商品的价值量越小。单位商品价值量的大小与凝结在商品中的社会必要劳动量成正比，与劳动生产率成反比。这就是关于商品价值和使用价值最一般的理论。根据马克思主义经济学的这一基本原理，文化商品的价值应当是凝结在文化商品中的人类一般劳动，是主体创造性劳动的结晶。文化商品的使用价值就是它作用于人的精神世界后所产生和发挥的效益的广泛有用性。作为精神劳动的产物，文化商品并不仅仅是满足生产者自己的精神需要（宣泄和表达），而通过交换自然流向非生产者（文化消费者），从而实现它本身真正的意义，即凝结在文化商品中的劳动只有通过交换才能得到社会承认，文化商品的生产者也才因此获得一定的经济权力（货币），从而确立其在社会中的地位。在这一过程中，文化商品生产者与其产品的关系外化为与其他社会主体的关系，在这种关系的历史表象的背后，是两种性质完全不同的劳动交换关系，因此，即便是在马克思的《资本论》所研究的资本主义时期，这种劳动交换关系也并非都是雇佣劳动关系。这就是马克思曾经指出过的："密尔顿创作《失乐园》，得到五镑，他是非生产劳动者。相反，为书商提供工厂式的劳动的作家，则是生产劳动者。密尔顿出于同春蚕吐丝一样的必要而创作《失乐园》，那是他的天性的能动的表现。后来，他把作品卖了五镑。但是，在书商指示下编写书籍（例如政治经济学大纲）的莱比锡的一位无产者作家却是生产劳动者，因为他的产品从一开始就属资本，只是为了增加资本的价值才完成的。"[1]是否从属于资本和是否创造剩余价值，成为马克思区分不同生产劳动的性质和揭示不同性质的劳动背后的社会关系的尺度。文化商品交换体现的生产关系可以超越于一般物质生产关系之上，且与物质生产关系呈非对应性的文化生产关系，一种特殊的权力形式：精神占有、精神影响。因而马克思也特别地指出"物质生产的发展""同艺术生产的不平衡关系"。[2]

　　然而问题是：密尔顿也创造了《失乐园》的价值和使用价值，即将它进入流通领域实现了劳动的交换，按当时的比价标准卖得了五镑价值量的具体体现，获得了"文化商品"的市场规定性，而价值量又是由"社会必要劳动时间"决定的，但密尔顿创作（生产）《失乐园》又完全是"他的天性的能动的表现"，即完全是一种人体性的精神劳动，而非"工厂式的劳动"。这两种具有"敌对"意义的性质不同的劳动，都创造了文化商品

① 马克思，恩格斯. 马克思恩格斯全集[M]. 第26卷. 第1册. 北京：人民出版社，1975：432.
② 马克思，恩格斯. 马克思恩格斯选集[M]. 第4卷. 北京：人民出版社，1975：506.

的价值和使用价值。如果说"工厂式的劳动"的存在状况，并且决定着文化商品的价值量的话（马克思把它看作是创造剩余价值的一种形态，并且把它与"天性的能动表现"相区别），那么，密尔顿完全出自"天性的能动的表现"的《失乐园》卖得了五镑这样的价值量又是怎样被确定的呢？因此，问题的要害是：如何确定生产文化商品所必需的人类一般劳动，即所谓"社会必要劳动时间"？文化商品的价值和价值量，是否由"社会必要劳动时间"决定的？又怎样理解凝结在文化商品中的所谓"人类一般劳动"？精神生产有没有这样的"一般劳动"，"在现有的社会正常的生产条件下"，一个村姑即兴吟诵且传世的民歌与一位诗人精心创作的诗在价值量上究竟又有什么本质的区别？又何以理解希腊神话对于欧洲文学的"永久魅力"？作为文化商品的特殊形态的著作权的价值及价值量又该以怎样的尺度来评估？人类文化商品运动史实告诉我们，在文化商品价值的认定上，恰恰就是这"社会必要劳动时间"无法量化和确定。谁也不能规定创作一部长篇小说、学术著作，或是一部交响乐作品或者一首诗、一幅美术作品的"社会必要劳动时间"。毕一生之心血写作的长篇小说，未必就比一蹴而就的短篇小说更有价值。因为任何属于非重复性的精神产品的生产（创作），不仅是某个人或少数人的能力的耗费，而且还凝结着他人或前人（非同时代人）的劳动，无法找到其中的"社会必要劳动时间"，这就是马克思所说的：那些"不能由劳动再生产的东西（如古董、某些名家的艺术品等）的价格，可能由一系列非常偶然的情况来决定"[①]而不是由所谓的"社会必要劳动时间"决定的。

"社会必要劳动时间"是马克思以劳动价值论提出的测量商品价值的一种方法，就是在其他条件一致的情况下，用社会必要劳动时间来度量商品的价值量——交换价值。这就是马克思劳动价值论的本质。然而，在实际上，劳动不一定创造价值，价值也不一定都是劳动创造的。也就是说，劳动时间本身并不必然具有价值。由于生产方式和科学技术水平不同，不同时代、不同国家和不同经济体系生产同一商品的社会必要劳动时间也不相同，但这并不构成不同时代文化商品价值量的差异性的依据，"在艺术本身的领域内，某些有重大意义的艺术形式只有在艺术发展的不发达阶段上才是可能的"[②]因此，关于艺术，"它的一定的繁盛时期决不是同社会的一般发展成比例的，因而也决不是同仿佛是社会组织的骨骼的物质基础的一般发展成比例的"[③]因此，用"社会必要劳动时间"这一尺度就无法测定文化商品的价值和价值量，原因就是在精神产品的生产中不存在"社

---

① [德]马克思. 资本论[M]. //马克思，恩格斯. 马克思恩格斯全集：第25卷. 北京：人民出版社，1975：714.

② [德]马克思.《政治经济学批判》导言[M]. //马克思，恩格斯. 马克思恩格斯选集：第2卷. 北京：人民出版社，1972：112-113.

③ [德]马克思.《政治经济学批判》导言[M]. //马克思，恩格斯. 马克思恩格斯选集：第2卷. 北京：人民出版社，1972：112-113.

会必要劳动时间"。劳动价值论只是说明价值可以通过劳动来创造，人们是为了创造价值而劳动。许多商品的价值是可以通过"社会必要劳动时间"这一尺度来度量，但丝毫不是把社会必要劳动时间作为衡量一切价值的唯一标准。对于文化商品的原创形态来说，每一件都是只有唯一，没有第二的独一无二的精神产品，正如科学发现只能承认第一次发现的价值，重复发现没有价值一样。因此，这种独一无二的文化商品特性使得它的生产只有精神生产主体的个别劳动时间，而没有社会必要劳动时间。它的价值和价值量也就无法用社会必要劳动时间加以测定，而是以体现在个别劳动中的精神世界的发现和精神世界的创造所达到的人类本质力量的对象化的高度为依据，由凝结在文化商品中的精神发现和精神的创造性劳动满足人们精神需求的程度决定的。所以，在一定的生产方式和生产水平的情况下，人们能准确地度量出生产某种精神产品的物化形态的劳动量，却无法准确地计算生产（创作）某种精神产品在原创过程中所消耗的劳动量。而后者才是真正决定文化商品价值的，特别是在篇幅大致相同的作品中，劳动量和价值量并不如一般的商品生产那样成正比，相反，倒是会由于种类的不同而可能出现耗费的劳动与实现的价值成反比的情况。具有高度文化价值的文化商品，并不一定在市场上具有较高的价值。文化商品的市场价值，当它的某一使用价值未被人们发现和广泛承认之前，其价值就只具有理论意义，而不具有实践的品性。在这里，个别劳动中的精神性创造和精神性发现的程度表现为决定文化商品价值的独立的变数，而文化商品生产系统的变数，例如文化经济的增长，具体化为使用价值的增长和社会需求的扩大，实际上取决于这种个别劳动精神独立性所达到的由必然王国到达自由王国的程度。而文化商品价值和使用价值的运动、变化和发展，就是由这样的逻辑来决定的。

三、文化商品的价值两重性

文化商品的特殊性在于：它以形式化的结构创造，表达了人类的思想、感情、理智、想象和幻想，使生命的自由活动得以对象化。不论是理论地把握世界，还是艺术地把握世界，文化商品都可以最大胆地想象和联想，最大胆地假设，呈现最稀奇古怪、最荒诞不经的形象和得出让人惊心动魄的结论，却保持着内在生命逻辑的统一。就文学艺术作品而言，有时甚至只是改动了一根线条、一个字，就会使整个作品的意义世界大相径庭。美学家朱光潜曾以"推敲"一词为例特别指出：是"僧推月下门"好，还是"僧敲月下门"好，"其实这不仅是文字上的分别，同时也是意境上的分别"，"究竟哪一种意境是贾岛当时在心里玩索而要表现的，只有他自己知道"，"所以问题不在'推'字和'敲'字哪一个比较恰当，而在哪一种境界是他当时所要说的而且与全诗调和的"。①正是人对自身生命历程的感悟和对意义世界的把握，使他们将自己的体验加以形式化和形象化，并且通过这种形式化和形象化把体验传达给别人，从而获得关于生命主体和意义世界的价值确认。这种文化产品，不管它是给人以生动丰富的形象系统，还是给人以严谨缜密的逻辑世界，都让人们更深刻地洞见世界丰富而复杂的形式结构和内容结构，满足人类在生理需要、安全需要、交往需要之外的精神表达和心灵沟通的需要。这样，便形成了文化商品的价值两重性：文化商品生产主体的价值判断和社会整体的价值判断。这是两种不同的价值度量系统。

在创作主体眼中，一部文化作品的精神价值不可能是一种先验标准的认同和逻辑推理的判断，它只存在于个体生命的直觉体验中，是个体在精神活动和精神世界的创造过程中的意义选择。它不可逆，也无法复制。主体独特的生命体验就是他的创作的价值标准；他体会到哪一个层次，就以哪一个层次作为主要的价值标准，即如朱光潜所说，"究竟哪一种意境是贾岛当时在心里玩索而要表现的"，那才是与他的生命体验，即价值直接联系在一起的。所以，关于贾岛诗句的一字之改，朱光潜"怀疑韩愈的修改是否真如古今所称赏的那么妥当"。然而，恰恰在这里，无论是表现在韩愈身上还是表现在朱光潜身上，揭示了文化商品价值判断的另一重性，即关于文化商品价值的社会整体价值判断。文化商品生产并不仅仅是主体独立进行的事，尤其是随着社会的文明进步，社会的整体意识和社会成员间的相互服务、参与意识越来越强，文化生产不再是与世隔绝的个人乐趣，而被看作一种不可或缺的社会精神生产，以此通过满足社会公众的精神消费需求来达到社会的总体协调平衡。这是人类文明社会自我调适的一种生态系统。从这个意义范畴，而达到了社会调适和社会参与、评价的层面上。一个文化产品，无论它是建筑设计或是民歌民谣，是城市雕塑或是服装表演，作为对象，它能够满足公众精神消费的范围越是深广，对社会的文化建设和人的全面发展的贡献就越大，它的社会价值也越大。如果是主体的得意之作，而社会公众却反应冷漠，甚至根本不允许它进入流通领域（如某些"行为艺术"），无法实现公众参与和社会响应，那么，它的社会价值就会很小，甚至可能是负价值，这就形成了一部作品作为文化商品由精神生产主体赋予的个体价值判断与由大众接受所决定的社会价值判断的差异性。

这就导引出文化商品价值判断两重性的第二个层次构成：文化产品的潜在精神价值和文化商品交换价值的两重性。这也是文化商品特有的商品特征。一部独特的文化产品，自有蕴藏的精神价值——审美的或认知的，但相对于社会来说，在它还没有被广泛体验、

---

① 朱光潜. 朱光潜美学文集[M]. 第2卷. 上海：上海文艺出版社，1982：298.

感知、欣赏并且通过市场交换进入人们的社会文化生活时，它无法发挥社会效用，它的价值就还是一种潜在的、有待实现的价值。只有当它通过文化产业被大量复制并进入市场，作为一种文化商品而被消费者广为消费时，它潜在的价值才成为现实的价值。这种现实的价值实现，是由产品对社会需求的满足程度所决定的，同时，它又必须以产品潜在的文化价值为前提，没有潜在价值它就不复存在。所谓"洛阳纸贵"，所谓"千金难买相如赋"，揭示的就是这样一种规律性存在。这样，在文化商品发展史上就常常出现这样的情况：文化商品潜在文化价值与当时市场交换价值（价格）的不一致。一些文化商品尽管有非常独特的文化内涵和文化贡献，但是在它尚未成为大众广泛认同和喜爱的文化消费品时，它可能在市场上一文不值；与此同时，文化独创价值并不高的文化商品，由于迎合了一部分消费者的欣赏口味或一个时期的文化消费时尚，反倒能获得较广大的市场占有率和较高的市场价格（价值的货币体现）。这样的例子在古今中外的文化史上都有。它说明，文化产品内在的精神价值与文化商品的交换价值在文化市场中始终处在矛盾的状况之中。造成这种矛盾的一个重要原因，就是主体价值判断与社会价值判断的差异性。因而这个矛盾是一个常数，即它会随着社会整体文明程度的不断提高而消解，使文化商品价值接近它的交换价值，同时，旧有的矛盾解决之后，新矛盾的差异性又会产生。正是由此造成的矛盾运动，推动人类社会文明不断向前发展和不断提升。

四、文化商品的价值实现机制

文化产品的价值决定其市场价值。文化产品的潜在价值能否转化为交换价值，成为能为消费者提供精神消费需求的文化商品，从而获得它的价值确认和全部合理性，取决于两个因素：一是社会的文化背景；二是文化商品的社会运作机制。正如美国学者 K.彼得·埃茨科恩所说的，文化产品转化成商品，"一要借助于社会结构，而社会结构自有其运行规律；二要通过社会集体，而社会群体要以文化上的若干标志来标明自己的范围。"①

文化，就其本质意义而言，是人与人之间互相识别的标志，一种具有某种象征意义和意味的符号。不同的文化背景，实际上就是不同的人的"身份证"。正是这样的标识、符号和"身份证"，才形成了人群的种族、民族、籍贯等的分层和差异。多少世纪以来，中国人之所以特别看重人的出身，看重人的籍贯，实质上就是特别看重人的文化背景。由于整个观念系统、行为方式乃至习俗爱好的差异，不同文化背景的人是很容易形成文化冲突的。南方人与北方人有差异，不同省份之间的人有差异，就是同一省份不同地区之间的人也有差异。所有这些差异，以及由此引起的冲突，都是由于文化身份的认同或

---

① K.彼得·埃茨科恩. 论音乐实践和社会群的社会学[J]. 中国社会科学出版社：中文版，1985，2（2）.

排拒而历史地形成的。这种情况，不仅中国存在，世界许多文明主体中也都普遍存在。因此，"文化认同对于大多数人来说是最有意义的东西"。[①]关于这一点，许多有影响的学者和理论家，如汤因比、韦伯、布罗代尔、沃勒斯坦、亨廷顿等人，都有许多非常独到、精辟和深刻的研究。由于生活在不同地域环境中的人群，受到各种不同的生存环境的制约，他们为生存发展，便自然地形成许多自我约束和规范行为的习俗惯例，用以协调和处理整个社会内部与外部的各种关系，这就是一定人群的价值系统和文化系统。这种系统的历史形成本质上体现了不同的利益，因此，这种文化价值系统在不同人群的互相识别和互相区别中就显得特别重要。因为它关系到一种文化是否会被另一种文化同化这样一个终极命题。所以，这样的文化系统一旦形成，不仅规定和影响了一定文化背景下的文化商品的生产，而且也影响到一定文化背景下产生的文化商品的价值的实现和传播。关于人体艺术作品的中、西文化冲突，就是一个典型的事例。在西方，从古希腊起，西方社会的主导价值观就是推动个人发展，强调个人奋斗和个性解放，把现实的、肉身的、感性与理性相统一的人看作最高的社会价值体，而把偏重来世的、压抑人性的、迷信权威天国的宗教文化作为从属。恰如哲学家罗素在比较东方和西方文化时说：事实上，我们西方人同时有两种道德观：一种只被我们宣扬而不被我们实行；另一种被我们实行而很少被我们宣扬。于是，表现人体美的艺术作品被大量地转化为大众化的商品。而在中国文化中，长期以来占统治地位的是儒家思想，伦理观念是最重要的价值坐标。它强调人伦纲常、进退之道、礼仪节制、行为规范，它要求个人必须与社会取得默契，情感必须为礼仪所规范，肉体的需求必须让位给道义的准则。表现人体之美，追求个体精神享受与感官愉悦相统一的人体美感，自然为它所排拒，因而这样的艺术品也就无法进入市场成为文化商品实现其价值。19世纪70年代，由西方传入中国的人体艺术照片，就被看作是"春宫图"。当时刊行的《点石斋画报》曾从社会学的角度感叹道：不知此物在西方并不为奇，而在中国则"有违华禁"。20世纪20年代，军阀孙传芳将引进人体美术，组织模特儿写生教学的留法画家刘海粟治罪，使得许多文化价值很高的人体艺术品，在中国无法实现其价值。

每个民族和不同的人群固然都有自己的文化传统和价值准则，这是他们得以安身立命的基础，包含了全部的切身利益，但是，任何一个民族的进步发展奋斗史，都有一些吸引其他民族的不朽的独特的文化现象，并且在世界文化史上占有永恒的地位。各民族发展共同的苦难历程包含了人类历史的全部丰富性和共通性，因此，当这些共同性、共通性以恰当的形式表现出来时，共同的生命体验就会克服文化差异的障碍而在广泛的文化商品的沟通和交换过程中充分实现其价值。这是人类对整个文明史的共同尊重。这就

① [美]塞缪尔·亨廷顿. 文明的冲突与世界秩序重建[M]. 北京：新华出版社，1998：4

是为什么中国的《梁山伯与祝英台》能在世界赢得广大的消费群体，获得广泛共鸣的重要因素之一。同理，《音乐之声》、《魂断蓝桥》也能在中国拥有它的广大消费市场。同时，任何一个在文明进程中不断超越自我的民族，都具有海纳百川的文化襟怀和消费需求。以人之长，补己之短，克服自身文化的偏执，放开眼去拿来，用别人有益的文化营养来滋养自己的文化身躯，既是许多民族走过的共同之路，也是文化商品克服不同文化背景的障碍，实现自身价值的又一重要因素。其实，对不断进步发展中的民族和人群而言，能够在世界文化竞争中不断地提升自身的文明，这才是最大的也是最根本的利益。在这方面，西方文化产品在日本的遭遇是很有说服力的。由于害怕外国势力的入侵，日本从17世纪起便拒绝与西方的商业往来。1854年，日本被迫答应美国的要求开放门户。"此后，日本人便竭力吸收西方的文明和文化，在生活和文化的各个领域，掀起了以西方为师的广泛改革。因为他们觉得，这是避免沦为当时西方列强殖民主义牺牲品的唯一出路"。日本政府大力引进西方文化，包括科学、科技、文艺、社会制度、生活礼仪等，来促进本国的迅速现代化。在这样一种文化背景下，西方的音乐作品在日本获得了高度评价，被广泛介绍和鉴赏吸收。从1882年到1884年，日本音乐研究所的第一任所长伊译修二和美籍音乐家卢瑟·惠廷、梅森合编了三册小学歌曲集，选录了大量西方声乐作品，如德国的《小汉申》、苏格兰歌曲《友谊地久天长》、爱尔兰民歌《夏天最后的玫瑰》等，日本所有的小学都教唱这些课本收录的歌曲，使日本人从小就熟悉西方音乐的旋律、和声和节奏。到了20世纪的今天，"日本现在可以说是一个热心提倡欧洲音乐——不管是古典音乐、现代音乐还是流行音乐的国家"。[①]这种开放的文化消费观与开放的经济发展观密切相关，又反过来促进了这个东方民族的文化更新，促进它走向工业化的进程。

　　在这方面，中国的唐朝更是一个典型的例子。它说明，凡是主动地融入到世界体系中去，自觉地克服民族文化偏执，采纳、消化和吸收他民族文化营养的民族，不仅没有在这个过程中被同化，而且都获得了成长和发展的崭新动力。因此，文化产品的潜在价值能否转化为交换价值，获得作为文化商品的价值确认和全部合理性，取决于它能否以独一无二的形式和内容，以独特的生命体验和生命感动方式，揭示人类发展的共通性，以及它对这种共通性和人类命运的关注。没有内容的依托，那么对受众来说，就不存在购买相关文化衍生产品的欲望，潜在于其中的文化经济的商品价值也就无法实现。而美国迪士尼所有的产业链都基于其强大的文化认同。另一方面，取决于它能否克服民族文化偏执，实现对于本民族文化的超越。在这里，越是民族的，就越是世界的，和越是世界的，也就越是民族的，具有同样的价值和意义。

① [日]渡边护. 日本人为什么喜欢欧洲音乐[J]. 中国社会科学出版社：中文版，1985，2（2）.

　　文化商品的社会运作是影响文化商品价值实现的又一重要机制。文化商品不同于一般商品的特点还在于：文化商品生产主体并不单单靠数字统计就可以把握消费者对文化商品的需求，尽管这种统计数字对于文化商品生产的市场预测来说很重要。正好比消费者到底是喜欢古典音乐还是沉迷于现代"重金属音乐"，并非取决于他们物质生活的某种不足，而是更多地取决于他们的社会、民族、地理和政治等多种背景下的心理需要。也就是说，文化商品在较大程度上满足了这种精神消费、心理渴望和期待满足的需要，是文化商品价值实现的一个重要的心理学基础。只有把握住了这一点，许多看似不起眼的文化产品才能转化为畅销的文化商品。因此，探测消费者的心理需求，唤起和激发消费者的消费欲望和消费行为，并且有效地组织文化商品生产，使之尽可能地达到低成本、高产出，是使文化产品转化为文化商品，实现价值的重要营销手段。常常有这样的文化消费情况：消费主体本来并没有消费某种文化商品的要求和欲望，结果却去消费了；导致这一消费行为方式的产生，有的完全就是关于某种文化商品宣传和促销的结果，有的甚至就是带有某种程度上的从众和集体无意识。能否激发集体的大众文化消费行为，并产生广泛的社会连锁反应，常常是直接决定文化产品能否获得价值实现和实现的程度。文化商品满足人们精神消费的程度越高，它的市场价值的实现往往也就越大。有时候，甚至是一些读者面比较窄的学术著作，也会由于某种宣传而产生广泛的社会效应，形成竞相争读的现实，陈寅恪的《柳如是别传》在2000年的再版所产生的轰动效应就是一例。这对于充分地体现实现一部学术著作的文化价值，无疑要比仅仅局限在学术圈内大得多，对于营造社会文化生态的价值更是无法估量的。

第三节　文化服务与公共文化产品

　　公共文化产品和文化商品是密切相关的两种文化经济现象。它们都是文化商品的存在形态与存在方式之一。因为生命存在的样式和获得生命存在的样式上的区别而被划分出来，分别代表了文化商品生命形态的不同方面。

一、文化服务：一种特殊的文化商品

　　文化服务是文化商品体系构成中的一种重要生命形态。如果说，一般意义上的文化商品是以某种实物形式来提供和满足人们的文化消费需求的话，文化服务则是以提供活劳动的形式满足人们的文化消费需求的活动。马克思是较早的从商品的意义上揭示文化服务的文化商品性质的。马克思说："一个歌唱家为我提供的服务，满足了我的审美的需要，但是，我所享受的，只是同歌唱家本身分不开的活动，他的劳动即歌唱一停止，我的享受也就结束了。"[①] "对这种服务的生产者来说，所提供的服务就是商品，它有一定的使用价值（想象的或现实的），也有一定的交换价值。"[②]马克思在这里所阐述的主要是以表演艺术为对象的。在今天则包含着更为广阔的领域。一般来说，这一类服务除了表演艺术之外，还包括文化咨询、创意策划、文化物流、视听服务、文化经纪代理等。

这一类除了表演之外的文化服务，同时也是现代服务业的重要组成部分。但是，在服务对象上却和表演服务有着很大的区别。表演服务主要是为了满足观众的文化消费需求，产生和发挥的效应主要是观众的精神情感领域，并不指向文化再生产，可被称为消费的服务或消费性服务。而文化咨询、创意策划、文化物流、文化经纪代理、视听服务则不同，主要是为生产的服务或生产性服务。

文化咨询、创意策划的主要服务对象是从事文化生产和经营的市场主体，对象的目的是为了发展和扩大文化再生产，是一个包括艺术设计、文化发展战略研究、文化项目投资评估、广告创意、大型活动策划、景观设计等在内的、以满足不同消费主体而提供以单一性服务为主要特征的精神劳动过程系统。例如咨询文化产业发展战略和路径选择以及文化发展战略研究等；创意策划则既服务于法人又服务于自然人。前者更多地表现为对企业产品和形象的市场营销和推广，而后者更多的是对个人的特殊服务，例如婚庆礼仪服务。这一类服务是一种以创造性智力劳动为主要特征的个性化服务，其服务对象并不局限于以法人为代表的文化市场主体。

文化经纪代理服务对象既可以是作家、艺术家个人，也可以是文化组织和文化机构，如剧团，其存在形态既可以是合法的自然人文化经纪人，也可以是文化经纪代理公司，例如演出公司、版权代理中心、画廊、文化产权交易所、艺术品拍卖公司以及其他文化中介企业等法人经纪人。文化经纪代理服务的一项最重要的职责就是为文化产品寻找文化市场并经授权全权处理当事人的市场业务，包括市场营销策划、宣传包装（文化艺术评论）、价格谈判、权利与责任等。文化经纪代理通过合法收取中介佣金而实现其价值。文化经纪代理服务是文化服务领域里一个较早的行业。有的文化经纪人甚至终其一生只为一位艺术家提供专业服务，这样的文化经纪人本身往往有极高的专业素质和业内所普遍认可的职业修养与操守；而像荣宝斋和多云轩、嘉斯德和苏富比都是具有悠久历史的艺术品经纪代理机构。

文化物流则是指为文化产品的流通与消费提供交通运输和配送的活劳动系统，主要

---

① 马克思：《剩余价值理论》第一册，第436页。

② [德]马克思. 剩余价值学说史[M]. 第一卷. 北京：人民出版社，1975：149.

包括文化活动用品的租赁代理和运输、配送。前者主要表现为艺术表演和影视摄制过程中所需要的道具租赁。为成本核算以及演出和摄制需求，从事演出和影视摄制的文化生产机构在现代条件下往往不再自己制作道具，而通过向租赁公司租借的形式来完成文化产品生产所必不可少的道具，特别是一次性的文化生产，如果为此专门生产道具就会造成浪费而增加文化生产成本支出。需求催生市场，文化用品租赁也就应运而生。在我国广大农村文化演出市场，由于文艺表演团体往往体量和规模比较小，演出的灵活性和小剧场性，使得他们往往无法租赁正规的演出剧院，于是就出现了专门为这一类演出提供舞台租赁的服务。运送舞台和布景道具也就成为这一类文化服务的主要物流内容。这在国际娱乐市场也是一种比较通行的做法。文化配送服务是因文化商品连锁经营而发展起来的文化物流服务形态，主要表现为图书及音像制品配送和影片的院线配送。它往往以点对点的自我网络构成对象服务为主要特点，主要表现为一个文化产业集团内的母公司为子公司，甚至就是它的网点提供这一类服务，具有鲜明的市场竞争和市场分割特征。发展独立于个别文化产业集团公司的社会文化物流配送体系，应该是未来文化物流服务业的发展方向。这一类服务可以看作是为生产的服务，和一般意义上的物流服务没有太大的区别。

二、公共产品：文化商品的另一属性与转换形态

文化商品还是一种具有公共产品性质的产品。一般来说，所谓公共产品，具有以下基本性质：第一，非竞争性性质，即一群消费者在消费某一产品的同时不影响其他新加入消费者在同一时间共同消费该产品的数量和质量；第二，不可分割性，即文化产品的供给不可能在不同的消费者之间进行分割；第三，增加消费的边际成本等于零，即当一群消费者消费某一文化产品时，增加其他人消费的边际成本等于零，这三种性质在电视广播产品上体现得尤其充分；第四，非排他性，即一种文化产品供给出来以后，产品的供给者无法要求需求者向其支付价格，其最典型的就是城市雕塑。正是由于文化产品具有很明显的公共产品性质，因此，我们不能完全按照市场原则来处理文化产品的供给和需求，尤其是在满足人们的基本文化权益和社会的基本文化消费需求促进社会的文明进步时，就不能全靠市场机制来发挥作用，在这里，政府购买就显得特别重要。

所谓政府购买，即政府运用公共财政通过市场购买将文化商品转化为公共文化产品免费提供给大众消费的行为，从而实现了文化商品的公共转换，成为公共文化产品，由此而形成的服务系统，在中国称之为"公共文化服务体系"。这是一个由图书馆、博物馆、群艺馆、社区文化服务中心，包括广播电视村村通和农家书屋等建构起来的一个庞大的公共文化系统。在这些系统中提供的免费文化消费品，无论是图书还是文物及艺术品，

主要的都是由公共财政购买提供的，虽然在这当中也有社会及个人捐赠，但主要是政府供给。政府购买还包括国家投入和筹集各类资金举办各类文化艺术活动，促进文化艺术发展。

公共文化产品是作为文化商品的对象性文化物品的存在而被提出来的一种特殊的文化物品形态。它与文化商品既存在互相排斥、对立的一面，又存在互为补充并在一定条件下向其反面转化的一面。因而是现代文化和文化市场发展中，构成文化事业与文化产业、公益文化与商业文化矛盾运动最基本的一对矛盾关系，在现代文化经济学研究中具有重要的理论意义和理论价值。

作为文化物品的对象性关系存在，仅就文化商品与公共文化产品的对应关系的经济学意义而言，文化商品是进入市场可供交换的文化产品，营利性是它的市场品性；公共文化产品，即所谓文化的公共物品，因无法实现谁消费谁付费的原则，市场机制在公共文化产品运行中基本失灵，因而非营利性，即公益性是它的主要品性。这是根据现代经济学关于公共物品（Public Goods）与私用物品（Private Goods）区分的理论得出的关于公共文化产品的社会品性的结论。因为根据现代经济学关于私用物品的定义，私用物品的使用或消费具有排他性。一个人使用或消费私用物品意味着他人不能同时使用和消费该物品，因此，私用物品具有消费上的竞争性。而所谓"公共物品"，根据保罗·萨缪尔森的定义——"每个人对该产品的消费不会造成其他人消费的减少"，因而具有非排他性。公共物品的这种公共性和非排他性，使得它无法收回成本和获取利润，一般来说，个人生产者或曰"经济人"不愿提供公共物品，因此无法市场化，市场机制在公共物品领域失灵。[①]如果排除其他的偶然因素，就一般规律而言，这一理论是成立的。但是，我们不能简单地把关于公用物品和私用物品的理念套用到关于公共文化产品品性的把握上，而必须对公共文化产品本身作较为深入的分析。

公共文化产品具有公益性特征，属于非商品性的文化物品，消费者不用支付一定的价格或只支付象征性的价格就可以获得消费的满足，如街头雕塑、广场音乐会、图书馆、博物馆、历史文化遗存等。这些文化产品或提供文化产品的部门都不是以营利为目的的，它们的成本主要是由政府从公共财政中列支，也就是由纳税人承担的。虽然也有私人捐赠和赞助，但由于不少国家为鼓励企业和个人支持文化事业（公益文化），都制定有"税前列支"抵扣纳税人承担的。然而，"公共文化产品"这是相对于著作权的一个概念，是具有历史意味的概念，即有相当部分的公共文化产品是由私用物品，即由文化商品的私人独占性转化而来的。根据大多数国家现行的著作权法或版权法，在著作权人去世五十年后，其作品进入公共领域，成为公共文化产品，任何使用其作品的企业和个人都不构

---

① 陈立旭. 市场逻辑与文化发展[M]. 杭州：浙江人民出版社，1999：156.

成对它的侵犯，也不用支付任何价格。例如《红楼梦》，无论从理论还是实践上都不具有排他性。任何人都可以根据自己的需要任意出版《红楼梦》，而不会遭到法律问题。但问题是，所有出版《红楼梦》的人都是为了营利，为了追求利润，《红楼梦》是公共文化产品，同时又以商品形态进入流通，给出版社带来利润，创造价值，市场机制在这里不仅没有失灵，而且还充分发挥"看不见的手"在资源配置方面的基础性作用，导致各种各样《红楼梦》版本的"克隆"。这种现象的普遍存在，可见进入公共领域的公共文化产品，有相当一部分也是以商品形态出现的。排他性和非排他性同时存在，这样，同是公共文化产品就出现两大类型：一类即所谓完全意义上的"公共文化产品"，如街头雕塑，一旦建成，就必然成为"公共文化产品"，即"非商品性"的。对历史文化和历史私用物品，不可能把它们完全推向市场。因此，不能以为强调了市场在资源配置方面的基础性作用，就可以把所有的文化产品和文化服务都推向市场。繁荣文化市场，发展文化产业，丝毫不意味着取消公益文化。用纳税人的钱为纳税人办文化，仍然是政府应尽的职责，在这方面，政府是不能"从办文化向管文化转变"的。另一类是相对意义上的"公共文化产品"，即失去著作权保护进入公共领域的，往往是优秀的文化艺术作品，具有"文化遗产"的崇高意味。因为这样的一些作品往往具有"与过去筛选下来的优秀遗产相媲美，与艺术和批评遗产中的典型性作品相媲美"的特征，将至真、至善、至美作为最高追求，包含人类的基本价值和终极关怀，具有原创性、想象力和对于时空的超越。[①]如《鲁迅全集》、《莎士比亚全集》等。这类文化产品的商品形态虽然可以给出版商带来利润，却可以使亿万读者从中获得永远的享用，正是因为这一点，也才使这类文化产品拥有了"公共"的属性。而这对于塑造和发扬一个民族的精神品格和文化传统是显得尤其重要的。因此，对政府来说，鼓励、倡导、扶植和支持这类文化商品的生产，并建立相应的保障系统（政策），形成国家的文化支持保护体系，对于发展民族文化，推动文明进步，就具有特别重要的价值和意义。讲究和追求文化商品的社会效益，扩大公共文化产品领域，对于任何一个国家、民族的发展而言，就都不是一句空话，而是包含着实实在在的国家和民族的根本利益这一神圣而崇高的内容的。

本章小结

➤ 文化商品是现代文化经济运动的核心，现代文化经济的一切矛盾运动都是围绕着这一核心展开的。文化商品的出现和发展不仅丰富了一般商品的形态和规律，

---

① 陈立旭. 市场逻辑与文化发展[M]. 杭州：浙江人民出版社，1999：137.

而且还使文化形态的生命运动及其发生机制发生了重大变化。

- 文化商品是一个历史范畴，一种特殊的商品形态。它不仅蕴含着现代文化经济运动的全部矛盾关系，而且还深刻地折射了现代文化与现代政治、现代文化与现代社会运动的最一般关系。文化商品的成熟性程度，已经成为衡量现代文明社会发展程度的一个重要的指标体系。文化经济已经成为国际社会致力于推动本国经济和社会发展的重要的产业政策。

- 文化商品是指可供交换的文化产品。文化商品可以划分为广义文化商品和狭义文化商品两大类型。所谓广义的文化商品，就是泛指一切用于文化的生产与传播的文化产品，包括钢笔、钢琴等在内的工具性文化商品；所谓狭义的文化商品，就是通常人们所指的具有意识形态与精神文化内容属性的那一部分文化产品。广义文化商品因其不同的功能和生产技术标准而分属于不同的行业，狭义文化商品主要是指具有意识形态和文化价值属性的那一部分文化产品。文化经济学研究的文化商品主要是内容性文化商品。这也是本书的研究对象及其范畴。

- 文化商品的价值应当是凝结在文化商品中的人类一般劳动，是主体创造性劳动的结晶。文化商品的使用价值就是它作用于人的精神世界后所产生和发挥的效益的广泛有用性。

- 文化商品的价值两重性：文化商品生产主体的价值判断和社会整体的价值判断。这是两种不同的价值度量系统。

- 文化产品的价值决定其市场价值。文化产品的潜在价值能否转化为交换价值，成为能为消费者提供精神消费需求的文化商品，从而获得它的价值确认和全部合理性，取决于两个因素：社会的文化背景和文化商品的社会运作机制。

思考题

1. 文化商品的双重属性与基本特点是什么？
2. 怎样理解文化商品的价值两重性？
3. 文化商品的商品属性与价值两重性的联系和区别在哪里？
4. 文化商品和公共文化产品的联系和区别是什么？

第八章

文化商品价格

 学习目标

通过本章学习，应了解和掌握以下内容：

1. 文化商品价格的构成、种类与特征；
2. 文化商品价值与价格的关系；
3. 文化商品价格体系；
4. 文化商品价格制定。

作为价值规律的主要表现形式，文化商品价格在文化经济发展过程中占有相当重要的地位，是文化经济各个方面问题的综合反映。文化商品价格的运动状况如何，不仅涉及从生产到消费的文化经济运行的全部矛盾运动，而且还会给整个国民经济价格体系的变动带来深刻的影响。因此，系统研究文化商品价格形成的原因和机制，认识和了解文化商品价格变动的特殊规律，分析和把握文化商品价格体系的基本形态，以及国民经济各个方面对文化商品价格的影响及相互关系，是文化经济学研究的一个重要基础。

第一节　文化商品价格的构成、特征和种类

文化商品价格的构成是一个系统。文化商品构成的复杂性决定了文化商品价格构成的复杂性。由于在现阶段关于文化商品的界定主要的还是限定在精神文化商品领域，因此，我们关于文化商品价格构成、特征和分类的研究，也主要界定在这一范围内。

一、文化商品的价格和价值

价格是以货币作为一般等价物表现的价值形式，任何商品在市场上的价格变动都反映它的价值变动，从而形成了价格水平的运动规律（即量的变化），反映了作为相对价值的商品本身价值量与作为一般等价物的货币价值量之间的本质联系，以及两者之间发展变化的内在关系，这是不以人的意志为转移的商品价格和价值运动的基本规律。这一规律在普遍意义上，也是文化商品价格与价值运动的最一般关系。文化商品价格在质的规定性上，也是以价值为基础的，但是，作为社会商品系列中的一个特殊对象，文化商品的价格却很难准确地反映文化艺术产品的价值，或者说，文化商品的价格又不是以它们的价值为基础的。著名经济学家于光远就认为：创造性的精神产品有价格而无商品价值，"科技成果同艺术创造一样，每一种这样的产品都是'唯一的'。第二件同样的产品即便不是剽窃，也失去它是创造的资格和意义"。[1]著名学者王锐生也持相同的观点，他说："智力产品例如技术成果在售出时，实际上也并不是单纯按照生产者宣布他耗费了多少个别劳动时间来确定成交价格。这个价格归根到底是由市场上交易双方议定的。因此，实际上……这种精神产品有价格而无价值（按照社会平均必要劳动时间确定的价值）。"[2]这是文化商品价格和价值构成中的二律背反。因为根据普通经济学的基本原理，文化商品的价值应当是凝结在文化产品中的一般劳动，它的价值量是由生产文化商品所耗费的社会必要劳动时间决定的，因而文化商品的价值同其他商品的价值一样，也是由三部分构成的：第一，生产文化商品时所耗费的原材料价值形成文化商品中的不变部分；第二，文化商品生产的劳动者和服务人员的必要劳动创造的价值，这是维持劳动力再生产所必需的消费资料价值部分；第三，文化商品劳动者和服务人员在必要劳动之外创造的价值部分。这就是所谓价值构成的 $C+V+M$，也是用以制定价格的一般经济学基础。由于文化生产本质上是精神生产，而精神生产按其方式来看在大多数情况下又是以个体性劳动为主要存在形式的，这样，全部问题的要害就是：如何确定生产文化商品所必需的社会必要劳动时间。而在文化商品价值的认定上，恰恰就是这"社会必要劳动时间"无法量化和确定。谁也不能规定创作一部长篇小说、一部学术著作，或是一部交响曲，或是一部电影剧本的"社会必要劳动时间"，因为任何属于非重复性的精神产品的生产（创作）不仅是某个人或少数人的能力的耗费，而且还凝结着他人或前人的劳动，无法找到其中的"社会必要劳动时间"；所能规定的，只能是一部长篇小说或是一部学术著作被创作出来之后

---

① 参见 1986 年 3 月 31 日《理论信息报》。

② 王锐生. 商品经济与精神文明[M]. 石家庄：河北人民出版社，1987：101.

进入物化生产过程，经由制版、印刷、装订所必需的"社会必要劳动时间"，这才是社会普遍用以确定页码相同、印数相等、纸张标准一致的长篇小说或学术著作价格的基础，而不是反映了它们本身实际的价值。同理，一部电影剧本也只有进入整个制片生产过程，生产它的"社会必要劳动时间"也才能是被确定的。由此可见，在一定的生产方式下，人们能准确地知道生产某种精神产品的物化形态的劳动量，却无法准确地计算生产（创作）某种精神产品在原创过程中所消耗的劳动量，特别是在篇幅大致相同的作品中，劳动量和价值量并不如一般的商品生产那样成正比；相反，倒是由于内容的不同而可能出现所耗费的劳动与实现的价值量成反比的情况。因此，文化商品的价格和价值构成就出现了两种不同的形式：一种是在原创过程中形成并被确认的拥有"产权"的价格——"产权价格"；另一种是在物化过程中由社会必要劳动时间形成的"市场价格"。

所谓"产权价格"，是现代社会发明和创造的一种用以约定判断文化商品价值标准的特殊货币表现形式。它是通过对作品的著作权，即对精神生产者原创成果的知识财产权的法律认定来实现的。有了这种财产的法律确认形式，著作权的所有者就可以据此去"知识产权市场"或"拍卖市场"标以一定的价格出售。这样著作权就成为可供交换的产品。电影演员刘晓庆的《从明星到富姐》的手稿经深圳文稿市场拍卖以108万元的价格成交；作曲家谷建芬为电视连续剧《三国演义》作曲获65万元的"稿费"，其著作权归《三国演义》剧组所有，这都是较为典型的事例。在这种交换过程中，精神产品的价值是以一种大致约定的契约方式来确定的，其中一个重要的标准就是作品的艺术成就、学术深度、文化的发现性程度和它的著作权人的知名度。由于"原创"生产精神产品所耗费的劳动时间长（包括它的文化投资），且富有创造性（创造可以使产品价值增值），著作权法一般都规定精神产品的创造者对作品的产权占有时间为作者死后五十年内有效，并且可以不是一次性地出售。完整形态的原创作品的价值以知识财产权的方法约定并被用以价格体现，这一产品形态也就获得了文化商品的意义，在一个特殊的文化市场——知识产权市场，或艺术品拍卖市场，以一种特殊的价格形式，而实现了自己的价值。企业向社会征集广告语、商标或企业识别标志的过程中，言明在向中标者支付约定的稿费之后，著作权归企业所有，实质上就是以一定的价格购买一定的价值——广告语、商标或企业识别标志创作者的知识财产权。

所谓"市场价格"，是指原创产品经由物化后获得的商品形态（实物形态和非实物形态）所耗费的社会必要劳动时间的货币表现。它以价值规律为基础并通过价值规律的一般运动而实现。知识财产权的确立，使得原创作品的价值和价格成为文化商品整个价格体系中独立的一部分。原创作品因著作权而使它的著作权人拥有财产权，但是，原创作品除美术品外，一般并不与消费者直接发生关系。原创作品的价值在通过"产权"的价格转让后，作为文化商品的社会性仅具有有限的意义。经转让而获得知识产权者如不是对象，他所拥有的财产权只具有理论和法律的意义，而不具备现实性品格。因此，原始作品必须经过物化生产过程，使得经由这一过程的物化产品以规范的价值判断（按照社会必要劳动时间确定的价值），来进行社会的商品交换，并以一定的价格来实现其价值。这样无论就文化商品的实物形态，还是非实物形态亦或以活劳动形态存在的文化商品形式，其价值构成和价格表现就必然地包括精神生产过程中所耗费的社会个别劳动和在物化生产过程中所耗费的社会必要劳动。精神生产过程中所耗费的个别劳动时间难以用统一的合理标准去衡量，因此，经过物化后的文化产品的价值判断就不是以个别劳动量来决定，而是以社会必要劳动时间来决定。用以购买"产权价格"或支付"稿费"的那一部分支出，则作为"原材料"费用而成为文化商品价值构成中的不变部分。

由此，可以发现，文化商品在其价值的形成和社会的实现过程中经历了两次价值判断和价格构成。"产权价格"是它的前价值判断，以社会个别劳动时间为基础；"市场价格"是它的后价值判断，以社会必要劳动时间为基础。这两者既互相矛盾，又互相依存，共同构成文化商品的价值和价格系统。正是文化商品价值和价格运动的这样一种现实性表现，才导致劳动时间与价值量、劳动的复杂程度与价值量等之间的深刻矛盾，才出现了在同类文化商品中由于品种的不同而使所耗费的劳动与实现的价值量成反比，以及在文化商品中复杂劳动与简单劳动在其价值量的决定和实现上的背道而驰的情况，才出现了在文化商品领域中由于"马太效应"的作用而呈现出的，人们的精神劳动所决定的价值量悬殊的现象。文化商品在价值形成和价格的确定上所表现出的这种特殊性说明，文化商品的生产既反映了在市场经济条件下商品生产的一般规律，又具有鲜明的个性。从理论上弄清楚这个问题，对于在实践中制定合理的文化商品价格，具有十分重要的意义。

然而，随着虚拟经济和虚拟价值理论[①]的提出，在上述两种价格形态之外，文化商品还存在着第三种价格形态："虚拟价格"。所谓虚拟价格，是以人的心理需求的满足程度为依据的价格形态，而不是以成本和技术支撑的价格形态。这种价格形态集中表现在艺术品交易和文物收藏品方面。这一类文化商品价格在很大程度上会受到人们的心理需求满足程度的很大影响，而且一旦发生某种灾难和危机情况时，这一类文化商品的价格也会随着心理需求的下降而下跌。虚拟价值理论的提出为更深入地研究文化商品价格与价值的关系提供了一种新的可供参考的分析工具。

① 晓林，秀生. 看不见的心——虚拟经济时代的到来[M]. 北京：中国经济出版社，2004；林左鸣. 虚拟价值引论——广义虚拟经济视角研究[J]. 北京航空航天大学学报：社会科学版，2005；陈昂. 广义虚拟经济研究发展综述[J]. 管理学家·广义虚拟经济研究，2009，2.

二、文化商品价格的特点和种类

1. 文化商品价格的特点

作为可供交换的文化精神产品和文化劳务，文化商品具有一般商品的属性，同时，作为一种特殊的商品，它又有自己的特点，并且以特殊的个别性通过价格形态而同其他商品相区别。

（1）文化商品价格对价值的不完全表现。形成这个特点的一个首要因素，就是在文化商品的价值构成中，主体的以精神劳动为特征的活劳动量的不确定性。在物质生产中，只要具备一定的物质条件，任何经过训练的生产主体，都可以根据一定的标准生产出同样质量和同样数量的物质产品，作为对他们所创价值劳动的认定，这也就是生产该商品所需要的社会必要劳动时间。而在精神生产中，即使利用同样的物质条件，每个精神生产的主体也并非都能创作出同样的作品。这个作家一年就创作出了一部好作品，甚至是传世之作，而另一个则可能五年、十年、二十年，甚至终其一生也无法创作出来。精神成果，尤其是高层次的精神产品的问世，需要具有特殊的素质、特别的智慧和对世界特殊的把握才能生产出来。因此，对其价值的认定，就不能以耗费了多少活劳动量为标准，也就难以用同类劳动去进行比较，无法计算出实际所耗费的劳动能真正形成多大的价值，而只能作有限的估量。正是由于文化商品价值构成中本身的这种不确定性，作为它的反映的价格也就无法实现完全的表现。形成这个特点的第二个因素是文化商品价值表现的历史滞延性。作为观念形态的文化商品的生产，本质上是价值观念的生产，是生产主体对人与世界关系的艺术和哲学的文化思考结果的反映。人们消费文化商品，绝不是为了直接消费纸张、磁带和拷贝，而是为了消费借助于这些物质载体得以表现的各种观念、体验和感情，去与在这些观念形态中的价值系统进行对话。因此，一定社会历史时期人们欣赏趣味、审美倾向、价值观念、道德标准和哲学选择得如何，都会对文化商品价值的认识和把握产生影响，并且在对文化商品价格的制定上表现出来。某些文化商品生产出来之后，没有马上在市场上找到合理的价格，有的甚至在经历了几十年、上百年之后才有了价格的恰当定位，其中一个重要的原因就是人们对该文化商品价值认识的历史滞延性。世界著名画家凡·高的油画，生前一张也未能售出，而在他逝世的百年之后，却成为世界公认的艺术精品，价值连城，一张画的价格甚至高达几千万美元。一般商品进入市场，如果不能在市场上找到合理的价格，那么随着新一代产品的问世，它的价值马上就会下降直至完全消失。但文化商品，尤其是一些文化精品，其价值却有着永恒的魅力，有的甚至还会随着历史的因素而得以价格的真正实现。形成文化商品价格对价值不完全表现这个特点的第三个因素就是产品的稀缺性。马克思在《资本论》中以物质商品为对象论及艺术品时曾指出："必须牢牢记住，那些本身没有任何价值，即不是劳动产品的东西（如土地），或者至少不能由劳动再生产的东西（如古董、某些名家的艺术品等）的价格，可以由一系列非常偶然的情况来决定。"①英国古典政治经济学家李嘉图在《政治经济学及赋税原理》一书中也发表了与马克思的观点相近的言论。李嘉图说："有些商品的价值仅仅是由它们的稀少性决定的。劳动不能增加它们的数量，所以它们的价值不能由于供应增加而减低。属于这一类的物品，有罕见的雕塑和图画、稀有的书籍和古钱……它们的价值与原来生产时所必需的劳动量全然无关，而只随着希望得到它们的人们的不断变动的财富和嗜好而一起变动。"②现代艺术品市场上形成的拍卖价格，就是由这种稀缺性而形成的结果。

（2）一次性价格与多次性价格同时并存。这是由文化商品构成形态的丰富多样性和所运作的不同市场领域决定的。在文化商品诸多的构成形态中，以非实物形态存在的文化商品，如音乐、歌舞、戏剧等的演出，是以生产与消费同步为显著特征的，即演出（作为生产）过程的开始就是文化消费过程的开始，演出活动的结束也是消费过程的结束，因而这类文化商品不能像物质商品那样可以离开生产过程而独立存在，也不能像物质商品那样可以储存，而可以储存的只是它的生产能力（各种投入要素）。在文化生产和消费之间，这类文化商品不存在任何中间流通环节，也没有物质商品通常所有的出厂价、批发价、零售价等多种价格形式，因而它的价格就只表现为一次性的。在诸多的文化商品构成形态中，还存在着另一种所有权与使用权分离，使用权可以多次以不同价格出售的文化商品。这类文化商品与其他物质产品不同，它的所有权与使用权是可以分离的，这些商品的出售只是让渡使用权，而所有权仍归产品生产者（制作、创作者）所有。由于所有权不变，产品所有者就可以将一件产品多次、同时出售给不同的购买者（签订独家占有合同者除外），例如某部电视剧的播映权。对于出售者来说，由于在一部作品的播映权出售给购买者之后，不需要重新投入生产要素进行重复生产，即不用重拍，就可以将同一部电视剧的播映权再次出售，而再次出售的价格可能与第一次出售的价格不一样。这样，就一件文化商品而言，它的价格就呈现出多次性。这种特性在图书贸易和影视作品贸易中表现得比较明显，而与非实物形态文化商品的一次性价格共同构成文化商品的特点之一。

（3）某些文化商品价格的垄断性。这一特点主要表现在图书价格上。由于图书商品

---

① 《马克思恩格斯全集》第 25 卷，第 714 页。

② 李嘉图. 政治经济学及赋税原理[M]. 北京：商务印书馆，1962：8.

的市场垄断性，图书价格制定以后，在一定时间内不会变化，具有相对稳定性。不会因为需求量增加而价格上扬，也不会因需求量减少而价格下浮。因为所有的图书一经出版，其价格必须印在版权页和封底上，品价相随。不同图书之间不存在价格竞争；同种图书之间也不存在季节差价和地区差价。一批图书在售完再版之前价格不会变动（除非该类图书作特价处理）。

2. 文化商品价格的种类

文化商品价格根据不同的标准可以分为以下三种。

（1）统一价格。这是指物价管理部门和文化主管部门按照国家规定的统一定价标准制定的价格。这种价格带有行政强制性，任何生产经营部门不得随意变动。如出版社所规定的图书定价，在全国范围内，零售价是一样的。国家按图书的印张、种类、内容，统一规定不同的价格标准。例如，我国在 20 世纪 80 年代后期曾规定，社会科学和文化艺术类书籍，每印张 0.075～0.16 元，自然科学和生产技术书籍，每印张 0.08～0.23 元等。这种定价标准，全国统一，因而图书定价没有地区差价。①其他如电影票价和某些公益性文化商品票价也都是由物价部门统一规定的。这种价格形式是计划经济体制下文化商品价格的主要特点，对于普及文化和繁荣人民精神生活起过重要作用。随着文化管理体制的改革和文化市场经济体制的建立，这类价格的范围将会逐步缩小，但不会完全取消。

（2）浮动价格。也称"国家指导价"。这是指物价管理部门和文化主管部门依照国家有关政策，规定某些文化商品的价格可以在基本价格的基础上，在一定的幅度内进行浮动而形成的价格。例如现在某些电影票价和文艺演出的票价实行的就是浮动价格。根据物价部门的规定，电影主管部门可以对某些新上映的优秀影片的票价在基本票价的基础上向上浮动一定的幅度，以更多地体现具体文化商品优质优价的原则和市场供求因素，从而起到按质论价，鼓励艺术创新和调节供求矛盾的作用。实行浮动价格的另一种情况是，物价部门和文化主管部门根据不同文化娱乐场所提供的服务水平和内部设施的不同等级，分别规定最高限价，具体价格则在最高价格以内浮动。音乐茶座、舞厅的票价就属于这种情况。浮动价格一般有三种形式：最高限价、最低限价和中准浮动价。最高限价可以被看作是对消费者的保护价格，使消费者能够避免由于价格过高而带来的经济损失；最低限价是只准向上浮动，并规定上浮幅度，可以看作是对生产者的保护价格，即保障生产者在正常条件下，通过价格可以补偿生产中所消耗的物化劳动和活劳动，并可

---

① 一般来说，图书的价格包括：作者稿费、纸张费用、排版费用、印刷费用、运输费用、批发商利润、零售商利润、出版社利润和国家税收，出版社在制定图书价格时，必须综合考虑这 9 个方面的因素。2010 年中国出版工作者协会、中国书刊发行业协会、中国新华书店协会联合发布了《图书公平交易规则》，就是针对中国图书价格虚高等问题而出台的关于建立合理的图书价格体系的管理规则。

得到合理的利润；中准价是以某一基本价格为轴心，可以在一定的幅度内上下浮动，同时兼顾了生产者、经营者和消费者三方面的利益。

（3）自由价格。也称"市场调节价"。这是指国家对价格不作具体规定，而由文化商品生产经营单位根据市场情况自主决定的价格。这种价格类型包括两种形式：一是完全根据市场供求关系的变化来确定文化商品和文化劳务的价格，例如文化娱乐服务价格、美术品和文物价格、音像制品价格以及印数在五千册以下的图书价格等。二是通过拍卖市场喊价交易而决定的文化商品的价格，其对象主要是名人字画、手稿、文稿、古玩、文物、版权等特殊文化商品。这种价格形式，由于能使价格对文化商品的质量、供求关系、市场消费能力等因素作出灵敏的反应，因而对于调节供求平衡有直接的作用，有利于促进文化市场竞争。

以上是根据文化商品物价管理体制划分的价格形式。在文化商品的运动过程中，有些文化商品要与流通结合起来才能形成人们现实消费的对象，如电影影片的发行只有与放映结合起来才能满足人们的消费需要，图书通常经过二次发行才能到读者手中。因此，在这个过程中由于经过了两种不同的经济实体，必然在原产品的价格基础上形成新的价格，从而构成两种价格类型：文化商品的生产领域价格和文化商品的流转领域价格。前者通常也称文化商品的"原始价格"，如电影的拷贝价格、音像制品的版权价格、字画和文物的收购价格等。这一价格作为制定文化商品最终价格（如电影票价格）的基础，直接反映了文化商品生产者与经营者、生产领域与流转领域之间的经济利益关系。后者通常也称文化商品的"中间价格"，如电影发行公司的影片发行价格、音像制品和图书的批发市场价格等。中间价格直接反映中间经营部门与零售部门之间的经济利益关系。从我国在文化商品领域中长期实行的中间价格的实际效果来看，由于产销不见面，中间加价截流利润过大，因而给实际的文化生产部门的经济利益造成很大损失，直接影响了文化生产部门的扩大再生产能力。这种情况在我国电影业的发展中表现得特别突出，从而促使了国家广电部于1994年下半年作出了关于改革电影发行体制的决定，为实现影片发行的合理定价创造了条件。

第二节　文化商品的价格体系

文化商品的价格体系既是文化商品价值体系的反映，同时又是一般商品价格体系的重要组成部分。深刻研究和揭示文化商品价格体系的矛盾运动对于文化商品价值体系矛盾运动的作用，建立完整的文化商品结构体系和科学的文化产业链，对于现代文化经济的健康运动具有重大价值。

一、文化商品价格体系和文化商品结构体系

作为一个统一的有机整体，文化商品中的任何一个商品和任何一种商品的价格，都不是单纯地表示为一定数量的货币与商品间的关系而孤立地存在着，而是互相联系、互相制约的，并通过价格形式纵横交叉的联系来反映文化经济体系各行业、各部门间的经济结构关系。这种反映文化经济各领域中存在的各种价格相互联系又相互制约所形成的有机整体，就是文化商品的价格体系。

各种文化商品价格之间的这种有机联系，作为文化经济运行的一种特殊的存在形式，它是由文化经济体系内部的有机联系决定的。由于现代社会的分工，不同的文化行业是按照某种标准被划分为不同的文化产业部门的。这些文化产业共同处于文化经济体系的整体之中，各自按一定的组织形式进行文化商品生产。然而，在现代市场经济条件下，任何一个文化部门的生产都不可能是在一个封闭的系统中，以自我的能力完成和实现它的再生产的，而是必然地、不以人们的意志为转移地要与接邻的文化产业部门发生文化技术和商品交换的联系。因此，任何一个文化部门都必须考虑与自己有关的文化供给和需求能力，这就使得各文化产业部门相互影响、相互依存，也使性质完全不同的文化产业部门之间相互联系起来，并且以各自的产品和产品价格共同组成文化商品的结构体系和运动形态。这可以从文化商品的生产过程、流通过程和消费过程三个方面来进行考察。

在文化生产过程中，当一种文化商品是另一种文化商品生产中的投入要素时，这种文化商品的价格就构成另一种文化商品生产成本的一部分。作为投入要素的商品价格发生变化，必然引起制成品成本的变化，从而影响制成品的价格变化。如果这种制成品又是另一种文化商品的生产投入要素，那么，这些文化商品价格就会因此发生直接或间接的联系。如某制片人从作家手中购得某小说的改编权，然后，又将改编成的电视剧本投入电视剧拍摄制作。在这个过程中，作家作为精神生产力要素直接参与了作品的创作过程。作家因此而付出的劳动力价格与作品改编权价格（使用权价格）存在着直接联系，改编后的作品又作为电视剧的生产要素投入摄制，改编后的作品价格与作为商品的电视剧价格（在播映权转让中反映）发生了直接联系，而作家的劳动力价格与电视剧价格通过改编权转让价格也产生了间接联系，各以对方的价格为自己的生产成本，从而使文学艺术创作与电视制作业产生了价格结构与商品结构的关联。随着文化产业分工的发展，文化生产过程中的不同文化商品价格相互衔接的链条越来越长，范围也越来越广泛。区别只是联系紧密程度有所不同而已。

在文化市场的流通过程中，不同的文化商品要经过不同的流通环节。同种商品在不同的流通环节的价格虽然有所不同，但上一环节的价格总是构成下一环节价格的基础。如影片的生产价格加上发行渠道的流通费用及盈利后，就构成了影片的发行价格。影片生产价格的任何变动，一般来说，也都会影响影片的发行价格。文化商品在每个流通环节存在的进销关系，使同一文化商品在不同的流通环节上的价格相互联系在一起，形成价格链。这种价格链结构的合理性程度如何，将会给同一价格链上的文化商品形式和内容的质量结构带来影响。

在文化消费过程中，由于文化商品的相关性决定了相关商品价格之间的联系，又由于在文化消费过程中相关商品可以互相替代而使相关商品的结构和价格发生互相影响，一种文化商品价格的变化就可能引起其替代品价格的变化。如普通唱片和激光唱片之间，提高激光唱片价格，作为被替代品的普通唱片如果价格不变，则需求量会迅速增加，而激光唱片的需求量会相应减少，结果必然引起普通唱片价格上涨，而导致文化商品结构的重组。

从以上三个方面的考察可以看出，在文化经济的不同领域，文化商品的价格是相互联系的。文化再生产过程的统一，又使不同文化领域的文化商品价格相互联结在一起，构成完整的系统。文化生产领域作为投入要素的商品价格，直接或间接地影响流通领域和消费领域的价格；消费结构的变化所引起的价格变动，反馈到流通领域中，并且影响文化生产领域作为投入要素的商品价格。文化商品价格之间的这种广泛联系和制约，使文化经济各商品价格之间形成了一个有机整体，并且给文化商品结构的运动走向带来直接的影响。这种影响从我国目前市场对文化商品价格的反应来看，由于高层次文化商品价格（如作曲家作曲的劳动价格）相对较底，而低层次文化商品价格相对较高（如流行歌星演唱），因而造成了不正常的状况：一些属于文化积累性基础工程建设的"长线"越来越长，一些见效快的文化商品生产的"短线"则在经济杠杆的作用下越来越短，而后者在本质上并没有给社会整体的文化积累增加些什么，他们从中获得的利润、效益，只不过是从生产价格较低的文化产业部门转移过来的收入。这是目前我国文化商品价格不合理所产生的一种分配效应。正是这种分配效应直接影响到文化产业经济体系的变化，影响到文化商品结构的变化，进而又影响到社会的有效供给结构的变化，并在这种变化的反作用力推动下影响了整个文化经济的协调发展。20世纪90年代初，关于"高雅"与"通俗"的文化市场之争，从文化经济学的角度来说，就是这种影响的具体表现。由于不合理的文化商品价格体系产生的分配效应具有累积性，即价格越不合理，转移性收入即分配效应越高，而分配效应越高，则越加促使文化商品价格不合理状况突出，这样文化产业的商品结构体系就越加不合理，形成恶性循环。为了促使文化产业商品结构体系的合理化，就必须使文化商品价格结构体系合理化，以有利于文化基础产业的发展，有利于文化资源和文化生产力的合理配置，有利于解决文化产业的宏观经济效益与微观经济效益的矛盾，有利于文化市场结构与供求关系的基本均衡，从而实现文化商品价格结构与文化商品结构的同步运动。

二、文化商品价格体系的形态和实质

文化商品价格体系的运动形态，可以从横向和纵向两个方面来考察。从横向看，文化商品价格体系表现为不同文化商品的比价关系，即不同文化商品之间的横向价格关系；从纵向看，文化商品价格体系表现为同类文化商品的差价关系，即同类文化商品之间的纵向价格关系。由此而形成的比价体系和差价体系，共同构成文化商品价格体系的基本内容。

文化商品的比价关系是指文化产品和文化劳务在市场交换过程中逐步形成的价格比例关系，是文化产业价格体系中最主要的表现形态，包括文化经济各部门间形成的文化商品比价，文化商品与一般商品之间的比价以及同一文化商品的不同层次，同一层次不同文化商品之间的比价等。文化经济各部门商品间的比价，是指不同文化产业商品价格的比价关系，如报业、出版业、娱乐业、电影业、电视业、文博图书业等文化商品之间的比价。这是文化商品价格体系中的第一个层次。这一层次也可以从文化商品的不同形态区分为实物形态与非实物形态文化商品价格间的比价关系。例如一张电影票与一本杂志的比价关系，一场歌舞票与一张 CD 唱片的比价关系等。第二层次是同一层次文化商品价格间的比价关系，如科学论著和严肃文艺作品价格之间的比价，交响乐和芭蕾舞票价之间的比价关系等。作为这一层次的进一步推进，是同一产品内部不同存在形态间的比价，它是文化经济中一种特殊的比价关系。如图书价格，是由作者的书稿稿酬、出版成本和利润构成的；文艺演出价格是由编导费、演出费、剧场费等构成的。这中间稿酬、编导费和演出费属于精神内容生产的价格，其余为物质载体生产的价格，它们之间的比价关系反映出文化商品生产经营过程中人与物之间的经济利益关系。而编导费与演出费之间的比价关系，则进一步反映出人与人之间的经济利益关系，直接影响到文化商品的生产和经营。第三层次是不同层次文化商品价格之间的比价关系，如学术著作与普及读物之间的比价、高雅艺术与通俗文艺之间的比价等。正确、合理地安排好各层次文化经济中不同行业商品之间的比价关系，有利于合理配置和利用各种文化资源和文化生产力，有利于整个文化产业部门的协调发展，促进文化生产力的提高和文化经济的繁荣。

文化商品的差价是指同类文化商品在流通过程中的各个不同流通阶段形成的不同价

格，它是文化经济各产业部门间形成的文化商品价格体系的继续和实现。同类文化商品的流通过程中，由于各种因素而形成价格差异。第一，由于流通过程阶段的不同，形成购销差价和批零差价关系。前者如文物、字画收购价格与销售价格之间的差额，字画、文物商品经营部门在组织收购和销售活动中，要支付一定的经营费用并获取利润，这是形成文化商品购销差价的主要原因；后者如音像制品和图书批发价格和零售价格之间的差额。第二，由于地区不同（其中有一部分是由生产地转移到消费地），形成地区差价关系。如文艺演出票价，同一内容和形式的演出，文化中心城市和乡村偏远地区就会有较大的差异；即便是在同一大城市不同的城市地理位置，也会形成地区差价。仅以上海为例，同一部电影，在差不多同一时段放映，地处上海徐家汇中心商圈的永华影城的票价是 75 元，稍偏一点的大宁商业广场的上海 CGV 大宁影城的票价为 40 元，而到了西郊的上海左岸电影城，票价只有 25 元。它们之间，最高的竟为最低的 3 倍。这除了与一定地区人们的消费心理和消费能力有很大关系外，还和不同地区的商业地产价格存在着很大的关联性。[①]第三，由于季节、时间不同，形成了季节差价。这是由于某些文化消费需求存在着时间上的不同要求而形成的。例如文化旅游有淡季和旺季之分，文化娱乐和电影、电视市场有普通时间和黄金时间的区别。在不同的季节、不同的时间里规定不同的价格，有利于吸引文化消费，实现文化市场的供需平衡。第四，由于质量不同，形成质量差价关系。如电影影片质量差价、演员知名度差价、场馆等级差价、娱乐服务规格差价等。质量差价是文化市场中最广泛的一种商品差价关系。按质论价、优质优价，是价值规律的客观要求，同时也是文化市场竞争和文化商品生产的原动力。此外，还有由于文化娱乐场馆地理位置的差异和销售先后次序的差异而形成的轮次差价等。

在市场经济条件下，各文化产业部门之间的经济联系都是通过文化商品和货币关系来表现的，价格则是沟通这种经济联系的主要桥梁之一。就一般的经济学理论而言，商品价格是商品价值的货币表现形态，因此，文化商品价格体系中所表现为横向联系的比价关系，是文化经济中各类文化商品价值比例关系的反映，表现为纵向联系的各种差价关系，是同类文化商品在流通过程中因流通阶段不同、地区不同、季节不同和质量不同而具有不同的价值差别的反映。也就是说，文化商品价格体系中的比价关系和差价关系，是生产各类文化商品所花费的社会必要劳动时间的比例关系的反映，是同类文化商品因流通阶段不同、地区不同、季节不同、质量不同所花费社会必要劳动时间的差别的反映。因此，文化商品价格体系实质上反映了各文化产业之间和文化经济生活中各方面的经济利益关系。虽然，从理论上讲，文化商品价格不论是否合理，都不会增加或减少国民总

---

① 中国电影票价是房地产定的？．文汇报，2010-03-17.

收入，而只会引起国民收入在不同文化产业部门之间、地区之间、国家和集体之间的重新分配，但是，这种现象却会对整个文化经济体系产生严重的影响。长期以来，我国文化产业结构体系一直不合理，总量增长太少，给文化经济的发展和人民文化生活的提高都带来了不利的影响，其中一个重要的原因，就是没有正确地、合理地安排好各文化产业部门商品价格之间的比例关系。由于文化基础产业部门的商品价格太低，损害了他们的利益，这使整个文化经济的产业发展严重滞后于整个国民经济的发展。因此，必须从整个国民经济协调发展的需要和大力发展我国第三产业的战略高度出发，在有利于合理安排各文化产业部门的经济利益和有利于合理调整文化产业结构的基础上，正确、合理地制定文化商品价格体系，从而最大限度地调动各文化产业的积极性，发展文化生产力，实现我国文化事业的高度繁荣和发展。

三、影响文化商品价格变动的因素

文化商品价格体系作为一种特殊的市场经济的存在，它同其他商品一样，是在不断地变化和运动之中的。文化商品价格涨落的潮汐运动，并不是一种偶然的经济现象，而是在诸多内外因素的引力作用下文化经济运动的必然结果。

1. 各文化产业部门商品价值的变化，是文化商品价格体系变动的根本原因

价值是价格形成的基础，价格是价值的货币表现形态。按生产该商品所耗费的社会必要劳动时间所确定的价值量来决定其价格并实行交换，这是商品运动的一般规律。因此，文化商品价值量的任何变化都必然引起文化商品价格水平的变化。一般来说，在其他条件不变的情况下，文化商品的价格随文化商品的价值的波动而波动，各文化产业部门文化商品价值的变化，也会因时间、程度和方向的不同而使相互间原有价值的比例关系发生变化，从而导致价格之间原有的比例关系也发生相应的变化。由于文化商品价值的变化一般地取决于文化劳动生产率的变化，文化商品价值量的变化与文化劳动生产率的变化成反比。即文化劳动时间越少，因而价值量越小。这样，各类文化商品价值量的不同变动，由此引发的价格体系中各类文化商品价格相应的不同变动，直接决定于生产各类文化商品的劳动生产率的不同变动。

2. 文化商品供求结构的变化是影响文化商品价格体系变动的重要因素

文化商品供求结构，是文化产业之间的本质的内容和明显表现。作为一定时期文化总产出的构成，文化供给结构是文化产业结构运动的结果，是由各文化产业部门已经生产并提供给文化市场的各种商品及劳务数量的比例关系。作为下个文化生产周期的生长点，文化供给结构从物质的和精神的积累两个方面制约着文化产业结构的发展水平，即

一定的文化产业，如音像制品业，只有当社会的技术能力和智力创造发展到当代才有可能出现，而文化商品价格体系则由于价值规律的作用诱导着文化产业结构的发展走向，即在一般的利润目标的驱使下，文化产业结构变动总是朝着能最大限度地创造和获取利润的方向运动。20世纪80、90年代，我国文化娱乐业和音像制品业的迅速崛起就是典型的例子。一般情况下，社会的文化需求结构是受一定条件下文化产业结构与产业间需求关系的制约的，但就质的规定性而言，文化需求是以人的主体的消费需要为主要发展目标的。因此，文化需求结构的形成一方面取决于一定时期特定的文化产业结构及其商品的价格体系，另一方面在很大程度上主动牵引着文化产业结构及其商品的价格体系的变动方向。文化供求关系的基本理论表明，在有支付能力的文化需求结构既定的条件下，如果价格结构发生变动，需求结构就会呈现与价格结构变动的顺方向运动。即如果其他条件不变，当A产业部门的产品价格上升，供给就会增加，在利润引力作用下，其他文化产业部门的资金流向也会转移到A产业部门来进行生产，其他产业文化产品供给减少，导致文化供给结构的变化；当A产业部门的产品价格降低时，利润减少，这时资金流向又会朝着能获得更多利润的产业部门流动，A产品供给减少，其他文化商品供给增加，又导致了文化供给结构的变化。相反，A商品价格的上扬会使需求减少，价格的回落会使需求增加，从而引起文化需求结构的变化。这是一个循环往复以至无穷的运动过程。因此，各文化产业部门的文化商品价值决定其价格结构，价格结构决定供求结构，供求结构又反作用于价格结构，价格结构再反过来影响供求结构。正是文化商品价格结构不断调节着文化供求结构由不相适应到适应，才有文化供求结构对文化价格体系运动的深刻影响。

3. 国家文化经济政策的影响

文化商品价格体系的运动不仅要以价值为基础，以供求关系的变化为转移，而且还必然要受到它所处的那个社会统治阶级奉行的文化经济政策的影响。作为一种特殊的商品，文化商品区别于一般商品的最显著的特点，就是它不仅具有一般商品的经济功能，而且还具有深刻地引导和影响人们思想道德规范、社会行为准则和审美文化观念的潜在力量，具有帮助和启迪人们认识世界和改造世界的作用。因此，文化商品不仅一般地要受经济规律的制约，而且还因其所传达的特殊社会意识形态而受一定时期占统治地位的统治思想的制约。国家通过文化经济政策引导和干预文化发展走向以体现国家管理意志，就是这种制约的具体表现。虽然不同国家不同时期文化经济政策的内容和重点不同，但其目标都是为了文化经济的增长和文化资源的合理配置，满足社会公众对文化商品和文化劳务的需要，保护本民族文化的自下而上发展，从根本上维护国家和民族利益。因此，国家运用文化经济政策影响和调控文化商品价格体系的运动，就不仅是合规律的而且是合目的的。从我国的实际情况来看，文化经济政策对文化商品价格的影响作用，主要是通过直接干预和间接影响两种方式来进行的。所谓"国家直接干预价格"，是指政府直接参与文化商品价格的制定和调整，即根据特定的目标和目的，通过计划、行政等手段，有意识地使某些文化商品价格与价值背离，并运用经济措施使社会总供求达到平衡。例如我国对关系到社会发展和民族进步的中小学教材和科普读物等实行指令性低价，就是为了保障教育、科学的普及和国家、民族整体文明程度的提高。对于生产这类文化商品的出版单位，在自行消化的基础上仍发生亏损的，由国家给予一定的政策性价格补贴。所谓"国家间接影响价格"，是指政府并不直接参与文化商品价格的制定和调整，而是根据具体的文化经济环境、市场供求关系、特定的目标，通过不同的文化产业政策、文化投资政策、金融信贷政策等，有意识地扶植某些文化产业部门或限制某些文化产业部门，使产业之间的经济关系发生预期的转化，从而达到干预商品价格的目的，实现文化商品结构的合理调整和价格体系的有序变动，引导市场，引导消费。1994 年我国对港台歌星来大陆举行商业性演出的限制和对大陆母体高雅艺术的倡导和扶植，国家文化经济政策的宏观干预就起到了比较好的效果。

第三节　文化商品价格的制定

文化商品价格的制定既是一项战略又是一项政策。科学与合理的价格制定战略与政策，是科学与合理地反映文化商品的内在价值的重要前提。提高文化商品的市场竞争力和文化积累能力，充分发挥文化商品应有的价值体现，文化商品价格制定的战略和政策选择，是提高文化生产效率和控制成本的重要途径。

一、文化商品价格制定的依据

文化商品价格的制定是文化商品价值实现的重要手段和途径。长期以来，在传统的高度集中的计划经济体制下和对文化商品的意识形态性的指认影响下，我国文化商品的价格主要是由国家行政部门制定的，价格水平很低，有些甚至只是象征性的收费。这样一种价格运作机制，虽然对于迅速在人民群众间普及文化和用社会主义精神文明去占领文化市场曾经发挥过积极作用，但是，随着我国经济体制的转变和文化市场经济的逐步建立，计划经济模式下文化商品价格运作机制已日渐暴露出它的不相适应性。文化商品的价格与成本相脱离，价格不能反映市场供求关系，不按质论价等问题，不仅使价格在对文化市场资源配置中的应有作用没有得到充分发挥，有些甚至已经成为严重影响和阻碍文化产业发展的重要因素。因此，要把文化产业纳入市场经济轨道，建立和培育社会主义的文化市场，就必须改革文化商品价格不合理的状况和价格管理体制，确定符合市场经济要求的定价原则，充分发挥价格在资源配置中的作用，从而使整个文化经济活动都能遵循价值规律的要求，适应供求关系的变化。

1. 价格制定应以成本为主要依据

成本是指生产一定数量的文化商品所支出的物化劳动耗费和活劳动耗费的总和。与商品价值构成的三个部分相对应，价格构成也是由三个组成部分形成的：物化劳动耗费、活劳动耗费和盈利（利润和税金）。因此，文化生产成本的经济实质是文化商品生产过程中所耗费的物质资料转移价值和劳动力价值的独立的货币表现。对于任何一个文化生产部门来说，在正常的生产条件下，产业部门应该在出售文化商品后收回这两部分支出，以用作继续再生产的成本，否则，没有足够的资金去购买文化再生产所需要的物质资料和活劳动，文化商品的再生产就会发生困难。这就在客观上规定了文化商品的价格必须反映价值与成本相符合，并以此作为制定价格的最低经济界限。从马克思主义经济学的一般原理来看，"商品出售价格的最低界限，是由商品的成本价格规定的。如果商品低于它的成本价格出售，生产成本中已经消耗的组成部分，就不能全部由出售价格得以补偿。如果这个过程继续下去，预付资本价值就会消失"，[①]正常的商品生产就难以为继。这是商品生产，包括文化商品生产的基本要求。然而，由于在很长的一个时期内，我们过于重视文化商品的意识形态性而忽视价值与价格之间的科学关系，忽视成本作为制定价格的最低经济界限这一商品运动的最一般原则，因而造成了文化商品价格与成本相脱离的不合理状况。这种状况普遍地存在于各种不同形态的文化商品中，其中尤以图书价格和电影票价表现得最为突出。虽然，随着我国图书价格政策的调整和电影发行体制的改革以及文化市场的逐步建立，在图书和电影发行领域里的这种价格与成本相脱离的情况已经有了一定程度的改善，但还没有根本好转。因此，以成本为制定价格的主要依据仍然是价格改革的目标和价格制定的原则。

文化生产成本同一般商品的生产成本一样，也有个别成本和社会成本两种基本形态。个别成本是指个别文化生产单位生产文化商品所耗费的实际费用；社会成本是指产业内部不同生产单位生产同一文化商品的平均成本。以成本为价格制定的依据，是指以社会成本为制定价格的依据，而不是以个别成本为依据。由于文化商品价值构成的特殊性，在一文化商品价值量还不能准确计算出来的情况下，成本作为价值主要部分的货币表现

① 马克思，恩格斯. 马克思恩格斯全集[M]. 第25卷. 北京：人民出版社，1995：45-46.

是可以当作一种尺度较为准确地计算出来的，这可以使价格比较地接近于价值。然而，决定文化商品价格的标准，就一般经济学意义而言是商品的社会价值（文化的、审美的、精神的）而不是个别价值。尽管在文化经济活动中，生产同一商品的个别成本总是不同的，就某一商品具体的物化劳动消耗来说，消耗多的未必能获得较高的价格，而消耗少的未必不能获得较高的价格，这里有个文化商品生产的精神特殊性问题，有个智力投资问题，因此，从某种程度上说，文化商品生产成本是个历史和文化的概念。但是，在市场上，经过买卖双方的竞争，最后为双方认同和接受的，一般都是根据文化产业内各生产单位平均水平的社会成本所确定的价格，例如图书出版、音像制品、美术印刷品等。而像文物、古玩、名人字画则由于其特殊性，只能以叫卖方式定价。因为在价格既定的条件下，文化生产单位的盈利水平是取决于该生产单位个别成本与社会成本的差额。个别成本高于社会成本，盈利就少，甚至亏损；个别成本低于社会成本，就有较多的盈利，产品的市场占有率就大，竞争性就强。因此，以社会成本为基础定价的依据，这就为现代文化生产和市场竞争提供了客观、统一的标准，有利于激发企业活力和提高文化生产力的整体水平。当然，在实际的文化商品价格的构成中，不仅要包括成本，而且还要包括上缴给国家的税金和用于积累和扩大再生产的利润。如果文化商品的价格只等于生产成本，那么生产单位在纳税后仍然要亏损；如果没有一定的利润作为资金积累，就不可能扩大文化再生产。因此，在制定文化商品价格时，要以成本为依据，要以合理的利润为指导，以上缴一定的税金为参照，只有这样，才能全面反映文化商品的价值，才能有一个较为合理的价格体系，才能促进文化的扩大再生产，促进文化的发展和文化市场的繁荣。

2．以供求关系为指导

供求关系是文化商品生产与消费的矛盾运动的基本关系。作为这一关系的高层体现和基本运行方式，就是市场供求的变动引起价格变动，价格变动又引起生产者和消费者进行行为调整而影响供给和需求，并同竞争和风险等要素共同形成文化市场的运行机制。价格下降，将引起需求增加，供给减少；价格上升，将引起需求减少，供给增加：由此推动着价格的矛盾运动。文化市场各经济主体之间的竞争不断影响着价格，价格又反过来影响供给和需求。当市场竞争使文化市场某种商品的供给与需求相一致时就形成了供求均衡价格。作为比较接近于反映价值的文化商品的均衡价格，是通过文化市场供求关系的自发调节而形成的。然而，长期以来，在传统的价格管理体制中，从书刊、杂志到戏票、电影票，我国对各种文化商品的定价和调价都是由政府行政部门控制的，很少或者几乎不考虑市场供求因素，而且价格一经确定是几年甚至十几年一贯制。文化供求关系的变化不能引起文化商品价格的相应变动，价格也发挥不了调节市场供求关系的作用，从而出现了文化商品的供给者无权定价，定价者又不提供文化商品，供不应求和供大于求都不能在价格上得到反映等种种违反文化经济客观规律的现象，严重阻碍了文化市场的发展。经济体制调整，就是要让市场在文化资源配置中起基础性作用，根据价值规律和供求规律来制定价格。在价值与供求关系上，虽然一定的供求关系并不决定一定的价值，却可以通过价格的波动调节文化商品的生产条件，从而间接影响文化商品价值的变化。因为供求变化影响价格，而价格变化又会影响不同条件下生产文化商品数量的比重，使价值决定条件发生位移。如当一定的文化商品严重供不应求时，就会由劣等条件下的个别价值来调节市场价值；当供过于求时，就会由优等条件下的个别价值来调节市场价值；这种情况在图书、音像和文艺演出市场表现得尤为明显。因此，运动中的文化商品的价格与价值偏离程度的大小，取决于供求关系的不平衡程度，取决于供求关系的变化及运动状况。虽然，就文化市场的整体运动趋势来看，供求关系基本一致，文化商品的市场价格也会接近于市场价值，但这种一致只是作为它们过去矛盾运动的抵消和平均的结果。在论述价格与供求的基本关系时，马克思曾经这样指出："如果供求调节着市场价格，或者确切地说，调节着市场价格同市场价值的偏离，那么，另一方面，市场价值调节着供求关系，或者说调节着一个中心，供求的变动使市场价格围绕着这个中心发生波动。"[①]这应该成为我国目前文化商品价格改革的基本指导思想，变对文化商品价格的直接行政管理为间接的经济管理，从文化市场供求关系运动的基本规律出发，变固定价格为市场价格，根据文化商品的不同特点，予以价格政策的区别对待，真正实现市场在对文化资源配置中的基础性作用。

3．按质定价

按质定价，就是对同类文化商品按质量的高低，实行分等论价，做到优质高价，低质低价。按质定价，就是按文化商品的价值来确定文化商品的价格。一般来说，价值是价格的基础，文化商品的价值量是由生产该商品时所耗费的社会必要劳动时间决定的。但是，由于文化生产劳动主要是创造性的脑力劳动，具有不可重复性的特点，这样，对文化商品的价值量往往很难用一个统一的价值标准去衡量，文化商品生产过程中实际耗费的劳动量与社会承认的价值量之间存在着很大的差距。而当文化商品与其他商品发生交换关系时，则又必须遵循等价交换的原则，从这个意义上说，对于文化商品价值及价格的确定，还是应当有一个基础的理论和实践的共识，即还是从对价值的一般规定性出发来明确对文化商品实行按质定价的操作。

我们知道，价值取决于社会必要劳动时间，社会必要劳动时间是在现有的社会正常

① 马克思，恩格斯．马克思恩格斯全集[M]．第 25 卷．北京：人民出版社，1970：202．

的生产条件下，在社会平均的劳动熟练程度和劳动强度下制造某种使用价值所需要的劳动时间。在这里，单个商品是当作该种商品的平均样品。"样品"的劳动耗费量和它的质量都是社会必要水平。因此，社会必要劳动时间决定价值，是以统一的社会必要的质量标准，是以一定社会历史条件下，文化商品的对象性发展所应达到的文化和艺术的水准的文化认同为转移的，这里既有"专业"的认同，又有非专业的民族社会心理文化的认同，应是这两个方面的有机统一。物化文化商品是如此，非物化文化商品也是如此，而对于所谓这样一种"样品"的认定，从某种意义上来说，是社会的一种价值标准的约定，这种"约定"无疑会受一定历史时期人们的审美时尚和文化取向的制约，尽管谁都难以在文化商品中找到这样的"样品"（精神文化价值是不能有样品的），但在每个文化消费者心理指认中却又是存在的。优于"样品"质量的等量商品，它的价值就大于"样品"的价值，因而价格也高；次于"样品"质量的等量商品，它的价值就小于"样品"的价值，价格也低。在这里，优质文化产品不论劳动耗费多少，它的社会价值都大于普通商品的社会价值，这是因为生产优质产品的劳动具有较高的质量，是文化生产率更高的劳动。这种情况在文艺演出中的"明星崇拜"和"马太效应"中表现得特别明显。文化商品质量提高，首先意味着商品社会使用价值的生产增长。如果某文化商品生产（创作、演出）主体生产出一种优质产品而并未增加劳动耗费，或者追加的劳动耗费小于使用价值增长所需要的劳动耗费额，这种产品的社会价值（审美的、文化的、心理的）就仍然大于普通产品。例如，被誉为"情调钢琴之王"的当代法国钢琴家理查德·克莱德曼的钢琴演奏，融现代高科技电声技术、现代技术与古典音乐美于一体，极大地丰富了钢琴这一古老乐器的表现力，从而增加了这样一种创造性劳动成果的价值。1994年上海剧团创作并演出的《金龙与蜉蝣》受到社会普遍赞誉，也在于把一个古老的剧种与现代高科技的表现手段相结合，实现了古典美与现代美的统一。因此，提高文化产品质量，不仅增加了产品的使用价值，而且本身也是价值的增值过程。按质定价，按价值定价，正是在这个意义上具有文化商品价格制定的合目的性、合规律性，从而应当成为制定文化商品价格的基本原则。

文化商品价格的制定，不仅要以成本为依据，以供求关系为指导按质定价，而且还应遵循国家在一定时期制定的文化经济政策。文化商品价格政策是文化经济政策的一个重要组成部分，它体现了国家关于文化经济发展总政策以及各项文化政策对价格形成的基本要求，各种经济的、政治的因素对价格制定的影响最终都要通过价格政策反映出来，例如我国对大、中、小学教材实行低价补贴的政策，对边远、贫瘠地区和少数民族地区的保护价格和优待价格政策等，体现的就是国家关于普及教育，提高全民族整体素质的意志。因此，制定文化商品价格必须遵循国家的价格政策，以确保整个文化市场合理、科学地运行。

二、制定文化商品价格的目标和策略

在市场经济体制下，任何一种文化商品价格的制定，都应该是定价主体合目的性和合规律性的自觉的决策行为。这种决策行为的构成，主要包括定价目标和定价策略两大方面。

1. 文化商品价格的定价目标

所谓"定价目标"，指文化生产单位在为产品定价之前，预先设定的、通过价格手段实现的结果。它是定价主体根据自己总的文化经营目标和价格在产品营销中的地位而确定的。因此，文化商品的定价目标直接服务于定价主体总的经营目标，是定价主体经营目标的具体化。一定的文化生产单位作为定价主体和作为独立的文化经济实体，其最终的根本目标就是尽可能多地获取最大利润。在文化经济活动中，在文化生产单位发展的不同阶段，由于具体的经营目标的不同，文化生产单位所能选择的定价目标也是多种多样的。具体地讲，大致有以下四类。

（1）以获取最大利润为目标。文化商品价格中的利润，是文化生产劳动者为社会劳动创造的那部分价值的货币表现，是指文化商品销售价格与生产成本、流通费用和税金之间的差额。利润的大小不仅反映了文化生产经营单位的经济效益，而且也在一定程度上反映了文化生产经营单位对社会贡献的大小。所谓"以获取最大利润为目标"，是指文化生产经营单位试图通过价格手段在一定的时间内获取最大限度的利润。选择这一定价目标的前提条件是，该商品在同行竞争中具有较强的优势，甚至是表现了同类商品中的最高或最新水平，在市场上供不应求，消费者的边际需求评价较高。实现这一定价目标的方法，就是通过提高文化商品的价格，扩大单位文化商品的盈利额，追求一定时间内的利润最大化。

（2）以一定的投资回报率为目标。投资回报率是指文化生产经营单位的净利润与用于文化生产总投资之比形成的比率，是衡量一个文化生产经营单位经营实力和经营业绩的主要标志。选取这一定价目标的目的，在于通过价格手段取得长期而稳定的利润。一般来说，以此为定价目标的文化商品供给者往往占据文化市场的主导地位，掌握市场需求情况和控制市场份额，有较为雄厚的流转资金。否则，这样的定价目标所带来的投资风险将会很大。

（3）以扩大文化市场占有率为目标。市场占有率，又称"市场份额"，是指某文化商品销售量在市场同类商品销售总量中所占的比重。文化市场是文化商品生产和发展的前提，一定的文化商品在文化市场占有的状况如何，不仅代表和反映了一定的文化生产经营者及其产品的价格质量信誉，而且直接影响到文化商品的扩大再生产。因此，以扩大文化市场占有率为定价目标的根本目的，是通过价格手段实现文化商品销售量的增加，以适当降低文化商品价格，增加文化商品的供给总量，以规模效益增加利润总量。这就要求选择这一目标的定价主体必须有较大的文化生产潜力，且定价文化产品的成本可随销量的增长而降低，商品的需求价格具有较大的弹性，符合定价主体的文化发展战略。

（4）以适应和避免竞争为定价目标。在文化商品的销售竞争中，价格是最有效又最敏感的竞争手段，而运用价格手段进行竞争，又往往遭到竞争对手的报复。因此，在制定文化商品价格时，为适应和避免竞争，文化生产经营者必须广泛收集竞争者有关价格方面的情报资料，并将自己的文化商品与竞争者的同类商品进行比较，然后再确定自己商品的合理价位。这样，既反映了商品本身应有质量和品牌，又不会引起同行的强烈竞争，符合文化市场运动的一定的行情特征，从而保持自己产品良好的市场竞争力和形象。

2. 文化商品价格的定价策略

所谓"定价策略"，是指定价主体为实现定价目标在一定的经营环境下所采取的定价方针或指导原则。在文化商品定价动作过程中，由于主体战略的侧重不同，其要采取的定价策略主要有以下三种类型。

（1）厚利限销定价策略。它是指在新的文化商品投放市场的初始阶段，定价主体有意识地把产品的价格定得很高，以期在短期内获取厚利，收回投资，减少风险。在文化市场上采取这种定价策略的对象，往往是些新产品。由于这种商品在市场上缺少竞争对手，需求弹性小，一些追捧新潮、偏好猎奇求新和一部分有实际需求的消费者纵然在高价的条件下也照样会购买。例如，1994年以色列爱乐交响乐团访华来沪，仅在市府大礼堂演出一场，票价是每张500元人民币，依然供不应求，在场外每张票价最高的甚至被"炒"到1 000元的"天价"。原因就是不仅供给者的演出水平质量高，享有国际声誉，而且在上海仅作一场演出。初期制定高价，一方面，有利于投资的迅速回收，另一方面，由于厚利限制了销量的扩大，在一定程度上延缓了进入市场的速度，从而使供求矛盾在一个较适当的点上达到了平衡。

（2）薄利多销定价策略。薄利多销与厚利限销相反，它是指定价主体针对消费者追求的"价廉物美"的心理动机，在文化商品进入市场初期，有意识地将商品价格定低，以尽快打开销路，扩大市场份额，谋求长期总利润最大化的一种定价策略。这种定价策略的特点是单位商品利润额较低，但随着销量的增加，市场份额的扩大，成本可能随之降低，从而为增加利润量提供可能。例如现在不少剧院开辟的中小学生观摩专场所制定的票价，运用的就是这种定价策略。它既完成了年演出场次的额度，又完成了利润指标，还支持了中小学精神文明和课余生活的建设。上海曲阳文化馆在这方面的经营是个成功的典型。采用这种定价策略的文化商品，一般来说，需求价格弹性较大，价格的高低与销售量之间有密切的反比关系，而且单位产品的生产成本和销售费用与销售量也具有密切的反比关系，即销量越大，单位成本和费用就越低，利润就越高。许多中小学教学参考书之类的图书价格就属于这种情况。

（3）满意价格策略。这种定价策略是介于厚利限销策略和薄利多销策略之间的一种定价策略。这种定价策略兼顾文化生产者和文化消费者双方的利益，故称"满意价格策略"。厚利限销策略虽然在一定条件下对文化商品的供给者有利，但是，它既有可能遭到文化消费者的拒绝，也有可能招致竞争者的加入而使供给者的利益受损。薄利多销策略虽然从一般意义上讲对消费者有利，但也有可能在"一分价钱一分货"的消费心理支配下导致对产品质量的怀疑，尤其是像字画、古玩一类的文化商品。而且由于产品价低利薄，资金回收期长，也增加了生产经营者的经营风险。而满意价格策略既考虑了扩大当前利润，又考虑了扩大市场份额，能使文化生产者的物化劳动和活劳动消耗得到补偿，从而保证文化商品生产经营的继续进行。由于我国大多数的文化消费者都是工薪阶层，收入普遍不高，而国家财政也不可能对文化商品实行全面补贴，这就要求文化商品销售时，价格既不能过高，使市场面太窄，也不能过低，使生产经营者不能弥补成本而亏损，影响扩大再生产。因此，许多文化商品在投入市场时，在对市场需求充分的调研后往往都采取满意价格这一营销策略。

（4）打折销售。2011年3月18日，瑞士议会两院以微弱多数通过决议，从2012年起，在该国德语区的所有书店恢复实行固定定价销售制度，网上书店也不例外，以期减小网上书店竞相打折对传统书店造成的灾难性冲击，并控制书价上涨。瑞士出版界和政界已经认识到，允许打折销售的自由价格制度，已经使该国的图书价格在过去四年中不断上涨。而严格实行定价制度的德国，过去十年的书价，相较于其他商品的价格则处于下降的状态。瑞士出版商联合会（SBVV）主席达尼·兰道夫说："经济理论认为，自由市场会带来低价，但有意思的是，图书业不是这码事。"针对英国在1977年废除《图书净价协议》后，英国图书价格战不断升级，畅销新书往往以半价促销的情况，瑞士独立出版商协会（SWIPS）主席萨比娜德勒曼指出，在这种情况下，其他大多数图书便只能提价，以支撑高成本的价格战。同时，打不起价格战的小出版社在经营上日益艰难。因此，瑞士议会的决议案指出，图书不同于其他消费类商品，其多样性和可获得性应该受到保护。①

---

① 打折违法！瑞士恢复图书定价制[N]．中华读书报，2011-04-06.

　　文化商品价格的制定，既是一门科学，也是一门艺术，需要作许多专门的研究。发展着的实践中已经证实，在文化市场中还存在着一些更有效的竞争方式，它们不以价格为基础，而以规模效益、产品特色、品牌、质量、创新和技术为基础。因此，在文化经济活动中，制定文化商品的价格和寻求恰当的竞争战略，必须根据不同文化商品的不同特点和不同市场需求区别对待，只有这样，才能做到既繁荣市场，又促进生产，推动文化经济的健康发展。

 本章小结

▶▶　　价格是以货币作为一般等价物表现的价值形式，任何商品在市场上的价格变动，都反映它的价值变动，从而形成了价格水平的运动规律（即量的变化），反映了作为相对价值的商品本身价值量与作为一般等价物的货币价值量之间的本质联系，以及两者之间发展变化的内在关系，这是不以人的意志为转移的商品价格和价值运动的基本规律。这一规律在普遍意义上，也是文化商品价格与价值运动的最一般关系。

▶▶　　文化商品在其价值的形成和社会的实现过程中经历了两次价值判断和价格构成。"产权价格"是它的前价值判断，以社会个别劳动时间为基础；"市场价格"是它的后价值判断，以社会必要劳动时间为基础。这两者既互相矛盾，又互相依存，共同构成文化商品的价值和价格系统。

▶▶　　文化商品的价格体系既是文化商品价值体系的反映，同时又是一般商品价格体系的重要组成部分。文化商品中的任何一个商品和任何一种商品的价格，是互相联系、互相制约的，并通过价格形式纵横交叉的联系来反映文化经济体系各行业、各部门间的经济结构关系。这种反映文化经济各领域中存在的各种价格相互联系又相互制约所形成的有机整体，就是文化商品的价格体系。

▶▶　　文化商品价格体系的运动形态，可以从横向和纵向两个方面来考察。从横向看，文化商品价格体系表现为不同文化商品的比价关系，即不同文化商品之间的横向价格关系；从纵向看，文化商品价格体系表现为同类文化商品的差价关系，即同类文化商品之间的纵向价格关系。由此而形成的比价体系和差价体系，共同构成文化商品价格体系的基本内容。

▶▶　　文化商品价格的制定既是一项战略又是一项政策。科学与合理的价格制定战略与政策，是科学与合理的反映文化商品的内在价值的重要前提。提高文化商品的市场竞争力和文化积累能力，充分发挥文化商品应有的价值体现，文化商品价格制定的战略和政策选择，是提高文化生产效率和控制成本的重要途径。

 思考题

1. 文化商品价格与价值关系是什么？与一般商品价格与价值关系的区别在哪里？
2. 怎样理解文化商品中的"产权价格"与"市场价格"及其关系？
3. 文化商品价格体系与文化商品结构体系的关系是什么？
4. 影响文化商品价格变动的因素有哪些？
5. 结合你的经验，怎样的文化商品价格策略才是合理的？

第九章

文化投资

 学习目标

通过本章学习，应了解和掌握以下内容：
1. 文化投资的性质与特点；
2. 文化作为资本的意义；
3. 文化投资的运动过程；
4. 文化投资的结构与布局；
5. 文化成本与文化投资的关系。

文化投资是文化经济运行过程中重要的资本形态。文化商品的生产行为和生产过程，在某种程度上来说，都是文化投资行为和资本展开过程。文化投资在数量和质量上的任何变化，都是一个地区和国家文化经济发展的现代化程度的一个集中反映，是一个国家文化综合国力的集中反映。深入研究文化投资运动的一般过程和规律，提高文化投资效率，推进文化积累和文化发展，是文化经济学研究的重要课题。

第一节　文化投资的性质与特点

文化资本是文化投资中的重要构成要素。文化资本的构成不仅一般地影响到文化投资的性质与结构，而且还影响到文化投资的增值方式与运行模式。文化资本与投资是影响和制约文化生产和再生产的最后起决定性作用的文化经济力量，是判断一种文化经济形态是否构成核心竞争力的标准。文化资本与投资作为文化经济运动两种不同的价值形

态和价值结果，二者互为生成构成了现代文化经济运动最基本的矛盾关系。揭示这种关系及其对于文化生产和文化发展的价值，是认识和把握文化经济本质的基础。

作为文化经济发展的重要生产建设要素，文化投资是对整个文化经济和社会发展有一定影响的一个重要领域，是国家文化增长和文化经济增长的一个基本推动力。在一个时期内，对文化投入的多少，不仅决定了文化发展的速度的快慢和结构的大小，而且也决定了文化对经济的影响作用的大小。因此，研究文化投资的属性和特征，探讨不同投资的规模结构、布局，掌握文化投资运动的基本规律，提高宏观文化投资决策水平和文化投资综合管理能力，是文化经济学中最重要的课题之一。

一、文化作为投资的意义

1. 文化是资本的一种形态，具有投资价值

文化作为一种资本形态主要表现在三个方面：文化资源、文化产权、文化产品预期效益。文化资源是历史创造性文化积淀的载体，具有显著的稀缺性特征，因而具有投资价值从而成为文化投资的对象；版权作为最典型的文化产权形态，是文化作为一种资本形态，具有投资价值最典型的文化资本形态之一。[①]文化是一种无形资产，具有知识产权属性。在现有的大量文化投资行为和案例中，以个人名誉权和企业名称权作为资本投资已经越来越在文化投资领域里采用。甚至某种商业模式作为企业经营的重要资源优势也在企业管理中被输出，从而获得其"知识产权"实现。美国迪士尼可称为典型案例。我国文化旅游市场的"印象系列"运作模式被反复复制也是比较著名的案例之一。文化产品预期收益主要表现为在艺术品投资和新兴文化产品开发领域。在这里，文化不仅可以使精神变物质，使文化价值转化成货币价值，更重要的是文化能够使精神再生产，再创造新的精神文化，继而推动整个社会的发展。一个社会没有文化的推进作用，这个社会的发展就是不可持续的社会。文化是一个社会进步发展的不竭动力。

2. 文化具有增值性，为其他事物和对象提高附加值

城市经济的发展转型提出了传统工业改造问题。拆除原有的工厂厂房是一种刚性改造之路，然而，在这里，这种改造方式所拆除的不仅是工业文明的陈旧建筑物，而且也拆除了在工业文明出现之初的城市文化符号，从而使城市文化消失；保留原有厂房，重建工业厂房的空间功能，在改造原有工厂厂房空间功能的同时，保留工厂建筑作为城市文明的历史符号，作为城市文明发展的历史记忆标志，这就是柔性改造。这种柔性改造

[①] 2014 年 2 月 21 日《人民日报》报道：版权衍生价值巨大，网络文学已成资本宠儿。报道称：网络文学由原生时代进入资本时代，2013 年市场收入规模达 46.3 亿元；掌握版权资源，可以为游戏、影视等娱乐产业提供上游支持，撬动更大产业发展。

就是通过和利用文化的改造。创意产业园区的出现和形成，就是典型案例。在这里，艺术和艺术家不仅拯救了城市工业文明遗产，而且使之能够为城市文明延续创造和带来文化附加值，从而使得创意产业园区具有投资价值。这种投资价值是文化带来和造成的。

3. 文化价值体系作为资本的投资价值

文化价值体系是最重要的资本形态。诺斯在给文化下定义时说，"文化不仅是不同种知识的混合，还包括对行为标准的价值判定，行为标准（社会的、政治的或经济的）被用来解决交换问题。在所有的社会里，都有一种非正式框架构建人类的相互作用。这种框架作用是基本的'资本存货'，被定义为一个社会的文化。文化提供了一个基于语言的概念框架，破译、理解和表达来自大脑感官的信息。因此，文化不仅扮演塑造正式规则的作用，而且也对作为制度构成部分的非正式制约起支持作用。"[①]一切制度建构，某种意义上说都是文化建构，是基于一定的文化价值观和信仰的建构，因此，把这样一个对象作为投资对象，它所产生的是一种长期的战略投资效益。这也就是在国际文化贸易中为什么会发生资本的文化冲突以及不同制度下文化市场准入文化博弈的原因。任何一种文化资本投资总是希望朝着最有益于实现资本效益最大化进行，而任何不利于这种资本实现的文化价值体系以及由这种体系构成的制度形态，都是一种障碍。因此，把对一种文化价值体系作为投资对象，从而通过改变一种文化价值体系来实现文化资本投资效益的最大化，也就成为现代全球文化贸易体系下文化投资的重要内容。

二、文化投资的性质与类型

文化投资有广义文化投资与狭义文化投资之分。广义的文化投资是指一切用于文化建设与发展需要的投入资源要素。狭义的文化投资主要是指针对具体文化投资项目的文化投入要素，集中体现为货币金融投资。

文化投资是一定的经济主体为获取社会的、经济的效益而投入货币或其他资源于文化事业、文化产业的经济活动。它包括人力、物力、财力和时间等。在这种经济活动中金融资本的运用具有特殊的意义，因而文化投资也指一种特种资金文化金融投资。作为一种综合性经济实力，文化投资的规模、速度、结构和数量，在很大程度上决定了文化经济发展的规模、速度、结构和数量。在一国的文化力和拥有的文化资源既定的条件下，文化经济增长水平率的高低，在相当大的程度上直接决定于文化投资的总量水平的高低。文化投资总量控制率的大小，是影响文化经济增长程度的基础性要素。其中，作为文化

[①] [美]诺斯. 制度、意识形态和经济绩效[M]. //詹姆斯·A.道. 发展经济学的革命. 上海：上海三联书店，上海人民出版社，2000：119-120.

经济的主体和文化产品的生产者、创造者，人力对文化经济的发展起着决定性的作用。对文化的人力投资主要包括人员投入的规模和智力投入的质量。物力投资包括生产资料。然而，由于财力在文化经济运动中作为基础性要素具有非常特殊的作用，同时又由于我国的文化投资长期以来主要表现为国家财政对文化的资金投入，因此，一般也总是把财力投资简单地称为"文化投资"。这里所探讨的，就是以财力投资——主要表现为资本投资为主要内容的文化投资。

作为一种特殊的经济范畴，以财力投资为主要内容的文化投资的构成，按出资人性质的不同，可以分为国有文化投资和民有文化投资两类。国有文化投资有时也被称为公共部门投资，民有文化投资也被称为私人部门投资。以公益性为主要特征的公共文化服务建设投资属于公共文化投资，主要由国家财政支出；以营利性为主要特征的文化产业投资属于私人文化投资，主要由私人资本出资。不同性质的出资不仅规定了投资的目的，而且还规定了产权归属，即一般意义上的所有权和所有制。为弥补公共文化资本投入不足的问题，鼓励私人资本投资公共文化事业，参与公共文化服务，往往会成为现代国家一项重要的文化政策。非国有资本投资公共文化领域因其享有国家规定的相关优惠政策，例如免税，使得这一类文化投资的属性发生了转换，具有某种程度上的捐赠性质——私人资本转换成公共资本，因而其在经营过程中的收入只能用于发展而不能用于分配（分红）。因此，介于国家和公民之间的第三部门——财团法人，如基金会等，就会成为既不属于公有资产又不完全属于自有资产的"第三种文化投资"。

文化投资类型的划分按其用途，可以分为固定文化资产投资和流动文化资产投资。固定文化资产是指在文化再生产过程中，可供较长时间反复使用，并在使用过程中基本不改变原有实物形态的文化生产资料和其他物质资料。如博物馆、图书馆、影剧院、影视制作设备、音乐音像器材、印刷机械、传播发送工具等。用于建设和形成固定文化资产的投资，称为"固定文化资产投资"。流动文化资产是指在文化生产经营过程中经常改变其存在状态的资金运用项目，如各种文化产品（图书、拷贝、音像制品、上演剧目、美术品等）、库存现金、银行存款和文化基金等。用于流动文化资产的投资称为"流动文化资产投资"。

投资建设固定文化资产，是实现固定文化资产再生产的需要。没有一定数量和质量的固定文化资产，要发展文化生产，满足社会日益增长的对文化消费的需求是不可能的。因此，从社会进步和文化发展的长远目标来看，投资固定文化资产是发展文化产业经济的战略要求。固定文化资产的再生产包括简单再生产和扩大再生产。在原有规模基础上进行的生产，是固定文化资产的简单再生产；在扩大的规模上进行的生产，是固定文化资金的扩大再生产。两者以固定文化资产使用价值量的扩大与否为标志。现阶段，我国文化事业和文化产业中固定文化资产再生产的基本特征主要是扩大再生产。它包括两种类型、三种形式。两种类型是外延型扩大再生产和内涵型扩大再生产。三种形式是新建、扩建、改建和技术改造。新建和扩建属于固定文化资产外延型扩大再生产，对这一类项目的投资，在我国也称"基本建设投资"，集中体现在对文化设施的建设方面，如建造大型文艺表演场馆（音乐厅、大剧院）、公共图书馆、博物馆、美术馆等，其特征或是从无到有（如上海大剧院），或是从小到大。改建和技术改造属于内涵型扩大再生产，主要是通过对原有技术手段的更新改造，引进高新技术，提高原有固定文化资产的综合效益和扩大再生产的能力，如通过对印刷系统的技术改造和技术更新，大面积地提高印刷品的质量，通过对电视放送系统的技术更新，如数字化，提高电视传播画面和音响的高保真效果，都属于内涵型扩大再生产。目前，在我国用于大规模投资文化设施基本建设的财力还不足的情况下，局部地实现更新改造，是实现固定文化资产的扩大再生产的主要形式。

实施固定文化资产投资，不论是新建文化项目，还是对原有文化设施实行技术改造，都必须相应垫付与其相配套的流动资金。文化的流动资产投资，主要包括文化储备发展资金、文化生产资金、文化产成品资金等，这种对于流动文化资产的投资，包括大型图书和重要学术著作的出版（如《中国大百科全书》），优秀表演剧目的创作、排练、上演（如音乐舞蹈史诗《东方红》、芭蕾舞《红色娘子军》），大型影视片的创作、拍摄、制作（如电影《大决战》等）。对文化的流动资产的投资，从形式上看，带有短期周转资金性质，而从长远的投资效益来看，就具体的文化生产单位而言，一次有效的对流动文化资产的投资所形成的知识产权，则可成为它的一笔无形资产，从而实际地转为新增固定资产的一部分，如《中国大百科全书》《辞海》等的版权，北京舞蹈学院对大型民族舞剧《鱼美人》的版权，以及其他知识产权等。因此，从这个意义上说，用于文化产品生产的流动资产的投入，也是一种十分重要的投资行为。然而，由于在实际的文化生产、文化经营中没有将流动资产作为投资对象，没有将流动资金投资纳入投资规模，不少文化投资项目得不到流动资金的保证，就影响了文化投资效益的正常发挥和文化生产流通的扩大，同时也在一定程度上影响了文化总供给与总需求的均衡。一段时间内，我国在高雅艺术生产项目的产出上缺少力作和大作，与对这些项目流动资金投入比例的不大有着直接的联系。如何加大流动文化资产的投资力度和投资规模，是发展我国大文化，产出艺术大作品的一个亟需解决的重大课题。

文化投资按筹集和运作形式的不同，分为直接投资和间接投资。直接投资是将资金直接投入文化投资项目，形成固定文化资产和流动文化资产的投资。直接投资最显著的作用，就是扩大了文化生产能力，增加了实物文化资产和文化无形资产的存量，从而为能向社会提供最现代化的文化服务设施和最优质的文化产品奠定物质基础。间接投资，包括两种情况：一是指通过购买或发行有价证券（股票、债券等）所进行的文化投资。这种投资形成文化金融资本，例如上海东方明珠股份有限公司、湖南广电传媒、北京歌华有线等发行上市股票，就是目前我国证券资本市场的文化投资证券。文化投资证券虽然就性质来讲，仅仅是所有权的转移，并不直接构成文化生产能力的增加，但它可能通过所有权的有限转让，广泛有效地实现社会资金的聚集，满足现代化、社会化文化大生产对资金集中使用的需求，弥补国家财政对文化投资的不足，进而形成生产规模的扩大和技术手段的更新，促进整个文化产业经济的迅速发展。二是指对文化艺术教育的投资。这种投资的重要特征，是既不形成固定文化资产，也不形成流动文化资产，而是通过对文化艺术的专门教育投资和普及教育投资，提高人们的整体文化艺术素质，营造良好的社会文化生态环境，以形成固定文化资产的投资和流动文化资产的投资所必不可少的、文化艺术生长和发展的战略后备资源——文化生产力中的革命性要素，并最终通过这一革命性要素的运动、创造，实现固定文化资产和流动文化资产的增值，以实现文化投资的最佳回报。这就是文化人力资源投资。然而，长期形成的文化投资的非生产性观念导致我国文化投资严重不足，加剧了文化艺术教育和人的素质的落后状况，文化生产力发展缺少应有的后劲。因此，对文化的投资，从某种意义上来说，就是对文化生产力、对人的文化再生资源和文化发展战略后备资源的投资，这是根本的文化投资。这个问题解决好了，对直接投资诸多矛盾的处理答案也应包含其中了。

文化投资就其投资品的质地构成程度来看，还可以划分为硬投资和软投资两种类型。以货币形态为主要质地的文化投资可被称为硬投资，而以各类知识产权形态为主要投资质地的文化投资可被称为软投资，版权、商业运营模式以及企业无形资产都可以经评估换算成货币资本作为文化投资的构成内容，许多以组合资本形式而开发的大型文化投资项目，往往同时兼有这两种不同的文化投资内容，例如香港迪士尼乐园项目。

文化投资的资本化是以文化资产的保值、增值为主要投资目标的文化投资形态。这一类文化投资主要有文化金融证券投资、艺术品投资。其中最典型的就是文化投资基金和文化债券，通过证券交易市场募集文化发展资金。这一类文化投资主要是通过组建文化上市公司的形式来实现，就其形态而言与其他形式的文化投资并没有本质的区别，唯一区别的就是企业的主营领域。2010年底在中国天津出现的艺术品证券化可被称之为真正意义上的文化投资的资本化形态。传统的艺术品投资的核心形态就是通过拍卖实现艺术品价值的保值、增值。它是通过艺术品本身的持有人转让交易实现的。而艺术品证券化通过把艺术品拆分成若干份股，以股票上市的形式，在不改变艺术品持有人的情况下实现投资的保值、增值。这种现象可以被看作是艺术品金融衍生产品。这类文化投资行为本身与艺术品没有关系。一定程度上只是股票买卖的另一种形式，但它又不是完全意义上的股票，因而它的交易市场是"文化产权交易中心（所）"这一类非传统证券交易市场，或者可以被看作是不完全文化投资交易市场。这一类文化投资有着很大的投机性，投资风险缺乏像证券市场那样成熟的评估机制和评估指标。因此，还没有成为成熟的文化投资领域。在文化投资领域里，通过建立文化产业基金的形式来进行文化产业投资，将会是文化投资的主要内容。2010 年中国人民银行等九部门联合下发了《关于金融支持文化产业振兴和发展繁荣的指导意见》，开启了中国文化经济发展的投融资时代。继中国首只以广播、影视、出版行业作为重点投资方向，由国家建设银行、国家广播电影电视总局、国家新闻出版总署共同倡导和支持，中国出版集团公司、中国电影集团公司作为战略投资主体，经国家发展与改革委员会备案的文化产业基金——建银文化产业基金创建之后，截至 2010 年底，中国已有一壹影视文化投资基金、IDG 新媒体投资基金、"铁池"文化产业投资基金、中华文化投资基金、A3 国际亚洲电影基金、大摩华莱坞基金、腾讯影视基金、凤凰文化产业基金和云峰基金等十几家，投资范围涵盖出版、电影、广播电视、网络游戏、动漫等文化产业。文化产业投资主体将更多地发展为以产业投资基金为主导，[①]这将成为未来中国文化经济的发展方向。

文化投资领域里的资本运作在本质上应该是由文化形成的文化资本的运作。例如版权投资和版权转让。这是一种文化价值链的增值和扩张，收益的不仅是货币资本的增值，同时也是文化资本的增值，是文化的扩大再生产。通过证券市场融资和募资用以克服与解决文化内容生产资金短缺，进而形成金融资本的文化转换，即把金融资本转化成文化资本——版权资本，从而在实现文化经济的可见资本的同时，形成文化经济的无形资本，建立和形成可持续发展的资本循环两性化，这也是文化资本运作的本质。如果不是这样，一般意义上的资本运作，仅仅能获得货币资本的增长和扩张，形成账面上的 GDP，这就无异于一般经济，而不是文化经济。文化经济意义上的资本运作是以是否形成文化资本为标准的，而不是简单的以 GDP 为标准的。这是文化投资领域里的资本运作与非文化投资领域里的资本运作的根本区别。

三、文化投资的特点

作为社会经济活动的重要领域，文化投资是国民经济的重要组成部分。与一般的物质生产领域的投资相比，文化投资有许多自身的特点。认识和把握这些特点，对于研究

---

① 文化产业基金密集出炉[N]. 解放日报，2011-04-30.

和掌握文化投资的运动规律，具有重要意义。

1. 文化投资的生产和非生产的双重组合性

一般的物质生产领域的投资，通常以直接的经济效益的追求作为投资的目的，并且对投资的回收时间表也有比较明确的预测，如果在一定预测时间里投资不能按期收回，就会给企业带来亏损，影响扩大再生产。因此，物质生产领域的投资主要是生产性投资。文化生产领域的投资则不同，兼有生产性文化投资和非生产性文化投资的双重属性。所谓"生产性文化投资"，是指通过一定资金的投入后，可以直接从投资的效益形态——文化商品获取的剩余价值中表现出来，例如对电影生产系统和印刷生产系统技术改造的投资，以及对一些主要以盈利为目的的文化娱乐场馆（夜总会、歌舞厅等）设施的投资。虽然这些生产性投资由于商品内容构成的特殊性也要讲究社会效益，但就投资目的来看，是为了扩大文化商品的再生产，并在一定的时间内以最大的利润收回投资成本。因此，从这个意义上来说，这些文化投资与物质生产投资没有本质区别，只是投资对象不同而已。但是，构成整个文化投资结构的，除了这一部分以创造并获取剩余价值为目的的生产性投资外，还有不以直接的商业利润的回报为目的的文化投资，例如用于建造博物馆、图书馆、美术馆、文化馆等固定文化资产的投资。这些投资就是以营造社会文化氛围，塑造社会文化形象，推进社会文明进程，并以实现提高人的整体素质和社会效益为目的的非生产性文化投资。由于这类投资获益的广泛社会性，它也称为"社会公益性文化投资"。从某种意义说，这是更为主要的文化投资。

2. 文化投资的较长周期性

文化投资无论是用于形成固定资产的文化基本建设投资，还是用于形成流动资产的知识产权投资和用于培育文化战略后备资源的投资，它们的建设、创作、培养周期和成型期都比较长。尤其是一些具有文化发展战略意义的重大文化投资项目，由于在投资实施和资产形成过程中，长时间地脱离国民经济的流通，并且在这一较长阶段不能创造任何其他可供流通以形成资产的有用成果，直到整个建设（创作）周期完结，才能形成资产产品，还由于投资于文化战略后备资源的培育有一个生产力资本转换过程，因此，期望文化投资像物质生产活动那样一边投入消耗资金，一边推进生产进程，每时每刻都能完成产品，这是不可能的。例如电视连续剧《红楼梦》、电影《大决战》等大型影视巨片的投资，从选题、创作、拍摄、制作，直到上映播出，往往需要好几年时间；投资诸如《辞海》、《中国大百科全书》、《汉语大词典》这样的国家级重点文化工程，甚至需要十年、十几年乃至几十年的时间；至于文化战略后备资源的投资，则是需要一代又一代连续不断的投资，才可能实现国家文化的根本转变，这类投资的周期更长，难度更大，意义也更加重大，同时也就更加说明文化投资是关于社会进步和文明发展的一项战略性投资。

3. 文化投资实施的连续性和波动性

作为一种资金运动形态，文化投资的实施无论是用于文化基础设施的固定文化资产投资，还是用于文化艺术创作的流动文化资产投资，本质上都应该是一个不可间断的过程。任何一个文化投资项目的立项，尤其是需要投入大量资金的文化工程立项，都要经过成本和效益的预测，都有一定的时间要求，即项目建设（创作生产）周期。因此该项目一旦批准实施后，就必须不断投入资金和其他有效资源（人力、物力），以确保投资项目实施对资金运动的均衡需要。任何对这种连续性需要的破坏，不仅不能按期形成新增固定文化资产、流动文化资产，以发挥社会文化功能和效益，为社会积累文化产品，扩大文化再生产，而且还会由这种连续性的中断所造成的资金浪费给投资方带来巨大经济损失，影响整个社会文明建设的进程。

文化投资的实施不仅表现出连续性，而且还表现出波动性。这种波动性的一个显著标志，就是在文化投资项目实施过程中它的峰值运动。一个大的文化投资项目，不论是像新建的上海图书馆那样需要投资几个亿的文化基本建设"硬件"工程，还是像编纂出版《中国大百科全书》、实施"夏商周断代工程研究"那样需要投资上千万乃至几千万元的文化建设"软件"工程，它的资金运动都不可能一步到位，而是在整个投资周期中，按工程进度表和工程进展量来安排资金。在整个过程中，往往是项目实施期的投资支出要比决策期多，具体施工（创作）阶段的投资支出要比准备阶段大，到了施工中期，工程全面展开，投资达到最高峰。这就要求每一重大文化项目的实施，必须事先规划好工程的进度和投资分布；在安排宏观、中观文化投资计划时，要根据国家财力和地方财力所能承受的限度正确处理文化投资规模与国民经济投资总规模的关系，尤其是安排建设生产周期长、投资量大的大中型文化投资项目，更要力求做到投资结构合理，均衡实现投资实施，错开投资高峰期。否则，就会损害文化事业的发展。

4. 文化投资收益形态的物质与精神价值的多样统一性

任何一种生产经营性投资，都期望获取高于投资本身的回报，这是投资行为的普遍要求。物质生产领域的投资，一般来说，它的投资回报形态是确定的，即主要是经济指标。虽然，从长远和整体利益来看，经济收益好的物质生产投资也会形成较好的社会效益，例如像上海宝山钢铁总厂那样大规模的投资，但其投资收益形态的前期定位、后期实现和对投资收益的评估指标，却是经济的，而非社会精神的。文化投资的收益形态则不同。它虽然也有一定的经济指标，尤其是像电影生产系统和印刷生产系统的技术更新和技术改造这样的投资项目，与物质生产投资形态没有太大的区别，但是构成整个文化投资结构的却是大量的社会公益性、文化积累性和审美娱乐性的，其中既有物质的，也有精神的，投资收益形态的价值体现常常是物质与精神的多样统一。澳大利亚的悉尼大歌剧院投资收益形态的实现就是一个较为典型的事例。它既是可供演出的建筑物，又是可供观赏的标志性人文景观。在同一价值体系中，物质价值与人文价值同时并存。这一类文化投资回报就不能机械地运用经济效益或社会效益的价值标准，而应当是物质和精神的整体性标准。这一特点在文化固定资产（即公共文化设施）的投资建设中表现得尤为突出。作为这一特点实现的延展，就是文化投资收益形态的历史价值——无形资产回报。物质投资实现后，随着时间的推移，物品的损耗折旧和科学技术的进步，物质价值将逐渐下降，而文化投资，尤其是对一些重大文化艺术工程项目的投资，却会随着时代的发展，以其独创性和稀缺性而不断增值。这种增值有的直接体现在投资对象本身，如被列为文物保护对象的历史文化遗存和艺术品，有的则转换为社会普遍人文效应作为某种文化精神而得到继承和光大。这种收益形态的价值实现，在以一定物质价值和一定精神价值（文化的、艺术的）所共同构成的系统中，它的特殊的"价值体现"具有不可分解的历史价值特性。而这一特性在一般的物质投资中是不存在的。

第二节　文化投资的运动过程

研究事物发展的一般运动过程，是认识和把握事物发展基本规律的重要手段。在文化经济的运动发展过程中，这是控制发展成本、提高经济效率的重要管理技术和管理战略。研究文化投资的一般运动过程，既是研究文化金融资本的运动形态，也是研究文化形态形成和成长的周期性规律以及文化空间布局和运动的规律。

文化投资作为一种文化经济行为，它是资金的循环周转、川流不息的运动过程。它大致经历了形成和筹集、分配、运用和回收四个阶段。

一、文化投资的形成和筹集

文化投资作为文化再生产过程的价值垫付，形成了国民生产。没有生产和价值创造，就无法形成文化投资资金。因此，社会再生产过程的顺利进行和社会总产品价值的实现，是文化投资资金形成的客观基础。但是，由于文化投资具有生产性投资和非生产性投资的双重属性，有不同的价值被补偿和实现形态，它们的投资形成、筹集和资金运动方式也不同。

非生产性文化投资通常也称"文化事业投资"。例如对社会公益性文化基础设施——

博物馆、图书馆、美术馆、文化馆等基本建设的投资，和这些单位用于向社会公众提供文化服务所必备的文化产品（藏品、图书、美术品）等购置经费的投资等。这些文化单位具有很强的社会公益性质，是一个国家或民族文化积累和文明程度的标志，主要不是从事以盈利为目的的文化经营，而是向社会提供文化服务，其有限的固定收入（如出售参观券）远远垫付不了对劳动耗费价值的补偿，因此，这类文化固定资产的投资形成，很难依靠这些文化单位自身的积累，而只能是国家通过对社会总产品价值构成中劳动者创造的剩余产品价值（利润、税金）再分配，以国家财政或上级主管部门的预算拨款和专项拨款的形式来实现。如上海图书馆新馆、国家大剧院的建设投资。这种形式在很长的一段时间内一直是我国文化投资形成的主要形式。但是，在国家和地方财政收入既定的条件下，不断增加非生产性文化投资的数额，必然增加国家财政支出的总量，造成国家对社会总产品中剩余产品价值再分配的不平衡。因此，为了确保国家经济建设和国防安全对资金投入的需要，国家财政对非生产性文化投资的数额不可能"总承包"，而是根据我国文化事业发展总体建设的需要，通过文化经济政策的制定，鼓励有条件的文化单位自筹资金以弥补国家财政投资的不足，即开辟文化投资形成的第二种形式：自筹资金。作为市标性文化设施，上海东方明珠电视塔的兴建成功就是典型的事例。1991—1993年上海市属文化系统投资总额中，文化单位自筹资金比例高达90.9%。文化投资形成和筹集的第三种形式，就是社会共建。上海博物馆新馆就是社会共建的典型。其中有政府的投资，也有单位自筹资金的投入和海内外各界的捐赠。利用外资建设文化设施，开发文化资源，促进对外文化贸易，也是我国目前文化投资形成和筹集的一个来源。上海东湖电影院、新华电影院的改造所用的资金就是通过引进外资来解决的。在中国加入世贸组织议定书中对此都有规定。以上文化投资形成的几种形式，虽然表现出投资形成和筹集的渠道不同，但是，除了个人或海外捐赠，其他投资的形成来源本质上仍然属于社会总产品剩余产品价值构成内容，是这一部分价值构成分配结果的一种转移形式。利用外资实际上是对本国、本地区未来年度社会总产品价值的一种提前使用，因为对外资的还本付息和参与分配，最终还得用本国的社会总产品价值。

生产性文化投资通常也称"对文化企业（产业）投资"。文化企业单位是以本身的经济收入抵补支出，并向国家缴纳一定税收的文化经济实体或实行企业管理的文化事业单位。如电影制片厂、电影发行公司、出版社、印刷厂、书店、报社等。因此，作为生产性文化投资的形成和筹集就与其他生产企业的投资运动基本相同。文化企业用于文化投资的初始资金形成是国家财政拨款和银行贷款。企业为了进行生产，要把这部分投资分为两部分，用于购置劳动资料的固定资产投资和用于购置劳动对象的流动资产的投资。经过这一形态的转化，文化企业便进入产品生产过程，由劳动资料构成的固定资产价值中部分地、逐渐收回，形成折旧基金。折旧基金直接形成投资资金。由劳动对象构成的流动资产因全部消耗于生产过程，其价值完全转到产品中，并随着产品销售收入的取得，转移价值以货币形式收回，形成投资资金，用于流动资金的再垫付。在这一转化中，由于劳动者创造的必要劳动价值，不仅实现了价值形成的转换，而且创造了剩余产品价值，增加了产品的价值量，形成了新的产品价值。这不仅补偿了消耗的物化劳动和活劳动价值——成本，而且为企业带来新价值——利润。这是形成这类企业文化投资资金的重要源泉。这样，企业就可以在积累的基础上进行扩大再生产的投资，实行整个生产周期和投资资金的循环、周转运动。

文化投资筹集的方式很多。这是我国文化投资体制政策中的一个重要问题。它不仅取决于一定时期社会生产力的发展状况和投资领域的经济关系，而且与国家的计划、财政、金融体制以及一系列文化经济政策有密切的关系。因此，如何形成和完善我国的文化投资形态和投资体系，是当前文化经济学研究领域里的一项大课题。

二、文化投资的分配

在不同文化产业和地区之间对形成和筹集的文化投资资金进行合理分配，是文化投资筹集和使用的中间环节，它构成文化投资运动周期的第二个阶段。文化投资分配从宏观动作来看，它决定文化投资结构。文化投资结构和文化投资总量一起影响文化经济结构和文化经济总量。无论是国家还是地方政府，它都是根据一定时期国民经济发展的总量平衡结构调整的需要，确定文化投资分配的方向和比例的。国家文化投资分配计划的主要任务，就是要处理好社会公益性文化基础建设与各文化产业间投资的比例关系，文化生产经营性文化基础建设与各文化产业间投资的比例关系、文化生产经营性投资与非生产经营投资的关系，以及投资的地区比例关系，保证国家重点文化工程建设，抓好综合平衡，优化投资结构。集中力量资助基础性的、高水平的、经典性的文化事业投资和投资建设具有标志性的文化设施，是我国现阶段文化投资分配的一个重要特点。仅以上海为例，从 1988 年起，上海市政府通过运用文化系统上缴地方财政所得税的退税形式，每年约以 5 000 万元左右的投资额用于电影、新闻出版和报业系统的基本建设和固定资产投资；用 660 万元左右的投资额用于优秀文艺剧目的创作演出、主要社会科学研究活动、优秀影视片的创作和拍摄、马列主义学术理论著作的出版。并且以这样一个基本思路来建构上海文化投资的分配模式："首先是有计划、高标准地建设文化交流展示的设施群落；其次是集中和引导多种多样的文化资源，一方面有选择地资助重点文化团体，另一方面资助高水平的文化创造活动，包括一系列影响大的文化工程；其三是重视国内国际文化交流活动，建立初具规模、比较完整的文化艺术节系列和文化艺术评奖制度。"[①]从而最大限度地发挥有限的文化投资在城市文明建设方面的规模效益。在社会主义市场经济体制下，文化投资的分配机制，除了政府财政调节外，将主要发挥市场调节和经济手段的作用，尤其是经营性文化投资的分配。在市场调节过程中，价格运动对不同文化产业的销售收入和盈利水平的影响，对各文化产业的投资形成量的影响，都会在一定程度上起到分配文化投资的作用。税收政策和金融政策的作用巨大，它们都可以在各文化产业、各地区已有收入的基础上，或通过规定税种、税率调节税收，作为对文化投资再分配的杠杆，影响投资分配结构，或通过选择贷款对象，确定贷款条件和利率等手段，调节文化投资总量和流向。因此，在市场经济体制下，必须高度重视价格、税收和金融政策对文化投资分配的巨大影响，以确保文化投资资金的良性循环。

三、文化投资的运用

文化投资运用是指投入资金转化为物质和精神要素，以形成文化资产的过程。这是文化投资周期的第三阶段，也是文化投资运动的最基本的阶段。这个阶段一般分为文化投资项目决策和实施两个时期。文化投资项目，尤其是像投资建造图书馆、博物馆、大剧院、大型文化艺术节的创作演出、重大文化出版工程的立项等，必须做到先决策，后实施。决策主要是解决文化投资的科学立项问题。要通过对项目（工程建设、出版选题等）建议书、可行性研究和各项综合指标评估，审慎遴选最佳投资方案。投资方案经审批立项后，实施投资的任务在于进行工程设计（作品创作），组织书稿或创作队伍，然后排练演出（或竣工投产交付使用，或出版发行）。这一阶段投资工作做得好不好，将影响文化项目投资的直接效益。文化投资领域不断出现的"一窝蜂"现象，如出版界的"辞典热"，影视创作界的"古典作品改编热"和"名人传记热"，由于相同项目的重复投资，造成市场供过于求，产品进入不了市场，从而造成大量文化投资资金运用的浪费。因此，慎重决策，认真设计，认真组织施工和资金供应，就不仅是文化固定资产投资的运作要求，同时也应是文化流动资产投资运用的基本要求。只有这样，投资才可能有良好的回收。

四、文化投资的回收

文化投资回收是指投资资金转化为文化资产，产出社会文化产品，实现价值的增值，

[①] 郑涵. 当代上海文化资助问题研究[J]. 上海文化. 1994（5）.

从而收回投资以用于扩大再投资。它既是一个完整的文化投资运动周期的终结阶段，又是继起的一个新的投资运动周期的开始。以生产经营性为主的文化投资的回收，既是文化投资的主要目的，也是进行文化再投资和实现文化投资资金不断循环周转的前提。如果投资回收不了，不仅会使整个投资运动的良性循环受阻，而且还会给文化生产的发展和文化经济再生产的扩大带来严重的不良影响。一些文化生产经营单位，如有的电影制片厂、期刊出版者长年亏损，投资回收不了，资金运作成恶性状况，直接阻碍了这些文化企业的扩大再生产。而投资回收情况好的文化企业，不仅可以增加企业自身活力，而且还可以为国家间接积累建设资金，支援国家建设。上海电影技术厂是生产电影拷贝的专业厂，从 1981 年至 1988 年的八年中，平均每年实现利润 2 000 万元左右，上缴国家税收 1 000 多万元，此外，每年还向上海市电影局上缴 20%～30% 的利润，为电影产业的发展作出了贡献。非生产经营性文化投资，虽然从表面看没有回收投资的货币表现，但对社会发展和整个文化经济运动状况，以及所形成的文化产品对人们所产生的无形影响来看，作用不可低估。特别是通过对人的整体素质的影响，将极大地改善文化劳动者的个体素质结构，使他们在社会文化再生产的过程中持续不断地创造出新的剩余产品价值，而其中的一部分又可用于非生产经营性文化投资，从而能有序地保证资金对文化的不断投入，展开新的投资运动。因此，就本质而言，仍然是对文化投资的回报，区别只是形式上的不同。从某种程度上说，这是文化投资更为本质的、本体意义上的回收。这就是一个文化投资运动周期中文化投资活动的全过程。

第三节　文化投资的结构和布局

文化投资的结构与布局是关于文化投资的合理性与优化的价值系统。合理的文化投资与优化的投资布局，不仅可以最大限度地发挥投资效率，形成文化投资积累，而且还可以形成可持续发展的文化生产能力；相反，盲目的投资所造成的投资浪费，不仅会造成重复投资所形成的有限资源的无为消耗，而且还会严重地阻碍和制约文化建设的顺利发展。

一、文化投资结构和文化经济结构

文化投资结构是指文化投资在文化经济各组成部分中所含要素的构成及其数量比例关系。它是文化经济结构的一个重要方面。作为一个运动着的资金网络系统，文化投资结构在不同的形式层面上有不同的表现形态。其中反映文化投资在不同文化产业部门，如新闻出版业、广播电视业、音像制品业、图书文博业、文化娱乐业、文化信息咨询业、艺术教育业等之间分配比例关系的、资金最终使用方向的投资结构，有反映固定文化资产投资与流动文化资产投资比例关系的不同资金用途的投资结构，有反映国家投资与社会投资比例关系、计划内投资和计划外投资等资金不同来源渠道的投资结构，也有反映国有、集体、个人乃至外资比例关系的不同经济性质格局的投资结构，有反映投资在不同地区间比例关系的投资区域结构等。各种不同的文化投资结构，分别从不同的侧面说明和展示了各种文化投资结构之间的内在联系，其中文化投资的产业结构、部门结构和区域结构具有特别重要的意义，集中反映了文化经济发展对文化投资的内在要求及相互关系。

文化投资结构与文化经济结构的关系，本质上是一种力的同构关系，是它们之间各种联系形式诸因素和关系体现的力的运动样式：一方面，文化投资结构强有力地影响甚至从根本上决定一国一地区的文化经济结构；另一方面，现存的文化经济结构又在相当程度上制约着文化投资总量的增长和文化投资的分配结构。因此，要合理安排和优化文化投资结构，就必须对文化投资结构与文化经济结构的关系有清楚的了解。

文化经济结构包括文化经济管理体制结构、地区文化经济结构和文化产业结构三个主要方面。文化经济管理体制结构，是国家对文化经济实行宏观管理的一种组织制度体系，作为占主导地位的文化经济关系所采取的具体形式，反映了各种文化经济成分之间的比例关系。例如中央与地方的文化经济关系、国家与文化企业和单位的文化经济关系、政府与民间文化单位的文化经济关系、不同所有制的文化企业和单位之间的文化经济关系、同一所有制形式的文化企业和文化事业单位之间的文化经济关系等。其中占主导地位的文化经济所有制关系决定一国的文化经济性质，而文化经济所有制结构的改变，则主要是通过改变文化投资在各种经济成分之间的分配比例而实现的。建国以后，由于片面强调公有制和文化的意识形态的重要性，我国曾在很长的时期内建立了一整套完整的、以单一的文化经济公有制为核心，由国家实行统包管的管理和投资体制。这种体制和结构在我国文化经济运行中曾发挥积极的作用，但随着社会主义建设和文化事业的发展，这种体制和结构越来越不能适应我国文化生产力发展的要求。因此，应从我国文化经济建设的实际情况出发，改变原来单一的所有制结构，实行以国有文化经济为主导、集体文化经济为重要组成部分、个体文化经济和其他文化经济形式长期并存的文化经济所有制结构。这种新的文化经济所有制结构的形成有赖于文化投资结构的变化。在投资分配结构上必须与文化经济所有制结构相适应，实行以国有所有制单位投资为主导、集体经济投资为重要组成部分、个体文化经济和其他文化经济投资为补充的多种经济成分投资并存的文化投资结构。否则，新的文化经济所有制结构就难以实现。1988年以来，上海全面实施的文化发展战略所表现的思路和已有动作，充分反映了文化投资结构与文化经济体制结构的深刻关系。当然，文化经济体制结构并不只是被动地受影响于和决定于文化投资结构。从所有制结构方面来看，某一文化经济成分在文化经济中所占比重大，发展迅速说明这一经济成分的提供资金能力强，因而在文化总投资中所占的比重也大。一般来说，它将决定该文化经济结构的所有制性质。因此，文化经济结构也制约着文化投资总量的增长与投资比例的关系。

区域文化经济结构是文化生产力的空间分布比例，以及由此反映出来的各地区文化经济之间的相互关系。如何合理安排文化生产力的空间布局，协调不同区域的文化经济的相互关系，是区域文化经济实施发展战略的重大课题。区域文化经济结构的形成和改善，是由文化投资在不同区域的分配比例关系所决定的。这里既有历史的因素，也有当前的作用。长期以来，我国区域文化经济结构的运动变化，主要是依据不同区域文化生产力的发展和文化资源构成，依靠国家计划内文化投资的区域分配结构来实现的。改变放权地方财政总包干后，除根据国家文化发展战略的整体要求分配固定文化资产投资外，各地区可以根据自身的财政积累和文化资源状况，安排和实施本地区文化经济发展急需的文化基本建设投资项目和文化资源开发项目，实施本地区的文化发展战略规划，发展区域文化经济。这样，各地区用以安排文化发展的投资资金比例的大小就成为影响区域文化经济结构运动的一个重要因素。而作为力的一种同构形式，一定的区域文化经济结构同样影响和制约区域文化投资的比例关系。由此而产生的矛盾运动，推动整个区域文化经济的发展。

文化产业结构是关于各文化产业部门之间的比例关系。文化投资结构对文化产业结构的影响和决定性作用，主要表现在两个方面：一方面，文化投资结构着力点的运动变化的速度和力度强有力地影响了文化产业结构的变化方向。例如，上海永乐股份有限公司是由原上海市电影发行放映公司转制而创立的，是一家集投资、控股、参股、经营、开发为一体的综合性实业公司。体制的转换带来了公司投资结构的重组，从原来单一的国有结构发展成有国有股、境内法人股和内部职工股等多种资本成分构成的多元投资资本结构，这一投资资本结构的形成不仅改变了企业的所有制性质，而且使公司内部的产业结构发生了重大变化，由原来单一的发行、放映的产业结构发展成具有广告经营、音像制品、文化旅游、影视器材、影视制片发行、房产物业管理等六种产业的格局。文化投资结构的变动及总量的增长迅速地促进了文化生产投资品的产业扩张，从而引起了文化产业结构的重组。另一方面，现存的文化产业结构是过去文化投资产业分配的结果，而现在的文化投资结构又决定了未来的文化产业结构，因此，从文化产业结构形成和变动的过程来看，一定的文化投资结构是决定一定文化的产业结构的，而现存的文化产业结构又制约了文化投资的总量。一般来说，能够提供大量文化投资资金，同时也需要以大量投资资金装备自己的文化产业在文化经济中所占比重往往比较高，那么该文化产业用以投资的总量就大；反之，该文化产业用以投资的总量就小。1986年，上海广播电视业的收入第一次超过国家财政拨款，至1992年收入已超过2亿元，相当于国家财政拨款的十倍。由于用以发展广播电视业的投资增加，使其近十年来获得了长足的发展，成为上海文化支柱产业之一，"东方明珠"也就成为我国文化产业界第一家上市公司。因此，一定的文化产业的投资量最终要受其投资品供给能力的制约，而投资品供给能力又取决于现存的文化产业结构。如果一定的文化产业部门脱离投资品的供给能力而无限提高投资率，那么必然造成投资品的短缺而使一部分投资无法形成生产能力，成为无效投资。就宏观而言，现存的文化产业结构不仅制约文化投资的总量，而且制约文化投资在各产业部门的分配，即制约文化投资的产业结构。从文化供需的基本原理来看，为保证文化再生产的顺利进行，必须使各文化产业部门的总供给与社会对各文化产品的总需求保持平衡。当需求大于现有资产提供产品的能力时，必须增加投资，以扩大生产能力，满足市场需要。在固定文化资产投资效率、资产效率相对稳定的条件下，新增投资的需求结构主要取决于各文化产业部门的产品需求和现在资产存量。在市场机制的作用下，当某一文化产业部门产品供不应求时，产品价格就会相应上升，利润的刺激使投资者将资金从别的产业部门向该部门转移。因此，一定的文化产业部门文化产品的供不应求或供过于求，不仅对文化投资的方向提出新的选择要求，而且对文化投资的产业分配比例提出调整的要求，从而导致文化产业结构的调整和重组。

二、文化投资的布局

文化投资的布局是指根据文化投资的结构要求，将既定的文化投资规模在一定的范围内予以空间上的配置和地理上的安排。在现代文化建设的战略规划中，应努力正确处理不同地区文化经济发展的方向和结构，合理配置文化生产力的区域分布，从而使一定地区的文化生产力按照最适合于它自身发展及与其他生产要素协同发展的原则，在最大限度上发挥自己特殊功能的同时，获得最大的效益。这是文化经济学研究的重要课题之一。在生产力经济学范畴的意义上，这一对象领域研究也称为"文化生产力布局学"或"文化区位经济学"研究。

在人类社会的历史发展进程中，人们进行任何物质和文化的生产活动都是在一个特定的范围里实现和完成的。因此，作为人与环境不断发生交互关系的有生命的机体，一定的文化生产既是现有的文化生产力在一定区域范围内的分工和组合，又是历史的文化生产力发展到今天的一个不断重组和新增的空间运动过程。在文化生产力构成的三要素中，无论是从历史的文化遗存还是在现实的文化建构中，文化生产资料，如古代和现代的用以从事文化活动的场所（建筑物）都具有明显的固定性特性，它与土地联为一体，一经确定就长期在那里发挥作用。任何文化生产资料的配置和地理安排，都是一定时期人类文化活动的聚落选择的结果和文明程度的物化表现，而一定的文化生产资料的空间配置一旦确立，又成为人们从事文化活动的中心区位，因此，文化生产力的区域分布是以文化生产资料，即一定的固定文化资产的地域分布为标志和前提的。由于在整个文化生产力构成及文化圈的分布中，人的因素是起决定作用的因素，固定文化资产在文化空间上的配置和人群在地理上文化活动所达到的质量的安排，就决定了文化生产力的布局状况，这样，文化投资布局与文化生产力布局在内在的联系上就不仅是合规律的（空间环境），而且是合目的的（人的发展需要）。现有的文化生产力的结构是历史上长期文化投资布局的结果，对现有文化生产力空间组合的调整和重组因而也就必须是直接通过文化投资布局才能实现。因此，文化投资的空间配置和安排是文化生产力布局的核心，在整个区域文化经济发展中具有特别重要的地位。

文化投资布局是各种因素综合作用的结果，既受到经济水平发展状况的影响，又受到一定的社会、历史、文化的条件制约。作为一种特殊的社会文化经济现象，一种特殊的人文空间形式，文化投资的布局同文化生产一样，也是历史地发展着、运动着的，并以鲜明的历史遗存标志揭示一定的历史时期一定地区的文化所曾有过的繁荣，所曾达到的文明程度和投资规模。虽然文化投资的布局及其变化受到多种因素的制约，但从历史发展的宏观来考察，起决定作用的还是社会生产方式及与之相适应的文化生产的方式，人们必须从文化生产力与文化生产关系的矛盾运动中考察文化生产力布局，从而决定文化投资布局发展变化的性质、基本特点和基本趋势。文化投资布局是一个复杂的多层次交织的网络系统，真正实现合理地配置、安排文化投资，必须统筹兼顾，全面安排。既要从微观来考虑文化投资布局的区域效益，又要从宏观来评价文化投资布局的整体的发展战略效益；既要顾及眼前利益，又要有长远发展的目的。因此，为了实现文化生产力的优化配置，文化投资布局应当遵循下列三项基本原则。

1. 正确确定区域文化经济的发展速度和比例关系

均衡地配置文化生产力，缩小以至消除各地区文化经济发展水平的差异，是文化经济发展的基本的社会目标和客观要求。然而在实际上，由于地域的差异，经济发展水平的不同和人口文化结构状况比例的不协调，无论就历史还是就现实来看，区域文化经济的运动发展都是不平衡的。把有限的文化投资平均分配使用，实行均衡分布，同步发展，把远景文化发展目标直接作为安排现实文化投资布局的原则，其结果势必是谁也上不去，谁也上不快，这就降低了投资效果，延误了整个文化事业和文化产业的发展。考察建国以来，特别是改革开放以来在文化建设方面正反两方面的经验以及国外发达国家关于文化空间经济发展的基本思路和做法，我们应立足于一定时期各地区文化发展不平衡的现状，采取有计划、有重点、有步骤地发展不同区域文化中心区位，并以此形成规模效应，从而拉动周边文化区域经济的发展，逐步求得文化投资的均衡布局，实现共同发展的目的。这种使一部分地区先富起来的做法，从短期效果来看，可能会进一步拉大文化中心区位与边远文化区间文化发展水平的差距，但是从长远来看，它却可以使有限的文化投资获得丰厚的回报，增加国民经济文化资金的总量积累和发展后劲，从而加大国家对边远文化区域文化投资的总量，逐步缩小地区间文化经济发展水平的差距，在不平衡发展中求得相对平衡。20世纪80年代以来，我国在一些经济较为发达的地区推进撤乡建镇、撤县建市的行政改制，从文化经济学投资空间分析的视角来看，运用的就是重点投资发展文化中心区位的原则：拉开不同地区文化投资分配比例和发展速度，通过文化中心区位的辐射作用，带动整个文化区域经济的起飞。因此，一个地区文化投资空间配置的均衡度与国民经济及文化发展的总水平存在着正相关关系，文化投资的均衡配置和区域文化经济的整体发展，只能在文化经济的发展水平及投资总量不断增长的过程中，通过提高文化中心区位的辐射作用而逐步实现。

2. 正确处理不同区域文化经济发展水平的关系，发展有区域特色的文化产业

作为文化存在的空间运动形式，区域文化分工是文化的历史运动和选择的结果。我国文化自发生期始，就因幅员辽阔、环境多样而呈现发展的多元状态。齐鲁、三晋、吴越、巴蜀、荆楚、西秦等各具特色的区域文化，如灿烂群星分布于中华大地的东西南北中，形成了由文化资源的历史丰度的不同和文化构造形态的不同而构成的区域文化分工的历史基础和文化经济发展水平的区域差异。正是这种差异，造成了文化投资成果空间配置的差异和不同地区同类文化产品生产费用的区间差异，使得各地区都有最适宜于自己发展的文化行业和文化产品，也有不适宜甚至根本无条件发展的行业和产品。因此，应根据不同区域间文化分工的历史差异性的实际，充分利用地区文化分工的绝对优势和比较优势，在各区域不同的文化资源构成的历史丰度的基础上，合理布局适合于自己文化特点的行业和产品，建立本地区的特色文化产业，从而使本地区文化资源和文化生产力的布局得到最佳配置。在这里，一个重要的问题，就是必须正确处理不同文化经济区域发展水平的关系。由于中国文化中心的位移曾经以宋代为分界，在东西和南北两个不同的轴线上，随着中国政治中心的变迁而经历了由西向东、由北向南的运动过程，到了近代，又随着近代新学、近代政治运动连同近代工商业在东南沿海的兴起，转而形成了

由南向北、由东向西的向内地延伸、发展的运动方向，与中国古代文化中心的迁徙成逆运动，并交汇于华中腹地。这样，在我国辽阔的文化版图上便形成了东西纵横、南北交叉、此起彼伏的文化经济带，因而形成了文化资源构造的贫富不均，与我国三大经济带走向相适应的、文化区域发展的梯度级差。这种梯度级差，在全国范围，就现有固定文化资产、文化基础设施和人才、管理、信息等文化资源构成来看，大体是由东到西依次递减，同时，与经济技术的发展相适应，文化中心区位分布的密度以城市为标志，也是由东向西，渐次递减。这一文化空间构造与我国客观存在的东、中、西部三大经济地带走向基本一致，并且在发展上也呈现由东向西推进的客观趋势。由于每一个文化经济圈都有核心地带、半边缘地带和边缘地带，这种文化梯度级差不仅表现在宏观的全国范围上，同时也表现在微观的局部文化经济区域的构成上，表现在中心地带和边缘地带文化发展的不平衡梯级状态。这就决定了有限的文化投资必须根据不同文化区域的梯度级差来实行空间分配，从而根据"梯度理论"的一般原理，结合区域文化经济发展的实际情况，处理不同区域的文化经济发展水平的关系。

所谓"梯度理论"，是关于一定时期经济技术发展在不同地域空间的有序推进的理论。基本内容是，在社会经济发展的一定阶段上，无论从宏观还是从微观看，都存在着区域经济技术的差异，这种差异呈现多层次梯度递推的趋势。这既是过去经济技术发展不平衡的结果，也是经济技术进一步高度化的基础。从这一理论的要求来思考文化投资的空间布局和转移，首先应从现有的文化经济梯度出发，让有条件的梯度地区推进，最终使文化投资的空间配置与不同区域文化经济发展水平趋于相对平衡。从总体上讲，目前我国文化经济的发展水平和投资效益都还存在明显的差别，而且发展条件优劣互异，各地带都有自己的优势和不足，在文化投资资金有限的情况下，这就特别要求各地开发自己的特色文化，发展区域特色文化产业，加强横向联系，实现优势互补，促进文化经济发展。这应当成为文化投资区域配置的基本原则。

3. 合理进行文化产业布点，正确处理不同文化行业间的分工协作与综合发展的关系

文化投资布局在确定各区域文化经济发展速度和比例关系，处理好文化经济带梯度级差发展关系的同时，还要解决不同文化区域文化经济的发展方向及区域文化经济结构问题。我国各地区的文化资源和文化条件差异很大，文化经济发展极不平衡，即便是处在同一文化梯度或同一个文化经济圈内，也会由于地理位置的不同、群落构成的差异，出现文化产品的生产、流通和消费的不同特点。每个地区根据文化资源的丰度和经济发展水平，都有适宜于自己发展的部门和产品，都应该有自己适销对路的文化市场。根据各种文化产品完全生产费用的不同构成和各种文化产品生产的不同生产过程及文化特点，使各种文化产业"按照最适合于自己发展"的要求，因地制宜，优选区位，使生产

尽可能接近于消费市场，这是组织现代文化生产、提高文化生产率的一项基本要求。现代文化生产的特点之一，是知识、技术和智能的综合性要求高，生产集中程度日趋加强，越来越依托现代高科技的发展。因此，在合理安排文化投资的空间配置、文化设施和文化产业的布点时，必须使文化的产、供、销三方面在一个适度的空间差上尽可能地结合起来，充分利用和发挥各个不同文化区域的文化资源和文化条件的比较优势，创造适合本地文化特点的具体形式，从而最大限度地发挥文化投资效应。在经济建设上，我们曾犯过各地都追求"大而全"的独立的经济体系的错误。今天，当开始全面规划文化事业和文化产业发展，建设文化经济时，必须汲取这个教训。如果各地区不从本地文化资源的实际情况出发，都要去投资搞交响乐团、芭蕾舞团，都要去搞文化产业集团的"航空母舰"，势必造成投资的巨大浪费。因此，无论就全国范围来说，还是就局部的文化区域来说，在文化投资的产业布局和产品布局中，都必须正确贯彻发挥地区文化比较优势和文化中心区位比较优势的原则，只有这样，才能真正实现各地区文化产业优势互补，不同文化行业间分工协作综合发展，进而推进整个文化经济繁荣发展的目的。

第四节 文 化 成 本

一切文化投资都会涉及文化的投入与产出，这就是文化的成本与收益。文化成本不仅一般地构成了文化投资的核心要素，而且还直接规定了对文化投资收益的价值评估。文化成本是文化经济学研究的重要范畴之一。但是，现有的文化经济学对它的研究还不够。研究文化成本及其在文化经济运行体系中的重要作用及其与文化投资的相互关系，如何以较小的文化成本投入获得较大的文化收益，是研究文化经济价值的重要问题。

一、文化成本与文化投资

文化成本是文化投资的重要形态。所谓文化成本是指在文化生产与发展过程中投入的价值要素，在实现某项文化目标时所耗费的资源的价值，一种价值代价。它既包括有形的、可量化的财政金融投资，即实际货币投入形成的投资形态，也包括无形的、不可量化的非金融货币形式的社会文化资源投入。文化投资主要是指前者，文化成本主要是指后者，即非货币金融形态的文化资源价值。这和文化投资收益的两重性是相一致的。文化投资一方面产生经济价值，另一方面产生文化价值。文化投资与其他经济领域里的投资最大的区别，在于它不仅能够产生一定的可量化的经济价值，而且还能直接通过投资文化产业为社会发展提供文化价值观体系。这是文化投资与其他经济领域里的投资最根本的区别。文化成本主要就是指文化投资构成中的无形文化资本这一部分。所谓文化收益就是由这一部分的文化价值要素所产生的文化价值增值。而文化投资则往往主要是指金融资本投资。因此，在使用文化投资和文化成本这两个概念时，前者往往是对投入的描述，而后者则主要是对损益的描述。前者可计量，而后者不可计量。但是，在文化投资研究中无论是产业界还是在学术界，都把重点集中于实体货币资本对文化的投入研究，而忽视对在文化生产与文化发展中的文化成本研究，这就造成了在文化经济学研究中关于文化成本研究的缺席，因文化投资而忽视了文化成本的价值关注。

作为一种资源价值，文化成本形成于人们的社会文化实践，是人们长期的创造性物质和精神劳动的积淀而形成的文化资源。文化成本包括有形成本与无形成本两个部分。有形文化成本包括在人们的社会发展历史过程中所形成的一切有价值的载体。例如历史文化遗址、遗迹，古建筑、器物等；无形文化成本包括所有的口头及非物质文化遗产和思想信仰结构起来的价值观系统。文化成本的意义范畴是多方面的。既包括社会发展的文化成本，也包括政治发展中的文化成本，还包括经济发展中的文化成本。总之，文化成本这一概念涉及人及人类发展的各个方面和各个领域。

在经济领域里有经济道德与经济伦理问题，在政治领域里有公平与正义问题，在社会领域里有自由与法制问题。虽然，不同领域里的文化成本构成是不一样的，但是，无论是哪种文化成本及文化代价的付出，最核心的就是价值观体系。如果说，在其他领域里还存在着其他成本问题（经济成本、政治成本、社会成本）及其构成的话，那么在文化领域，尤其在文化投资领域里，文化成本不仅有着与其他不同领域里的文化成本相同的内容，而且应该成为文化投资评估的核心概念。

二、文化成本的构成

文化成本构成的核心是文化价值。文化投资的实现与否及其衡量的标准，货币的可量化，即所谓的 GDP，只是构成文化投资价值实现的经济方面。这并不是文化投资的本质，文化投资的本质是实现文化资源的积累和文化的可持续发展，满足人及社会发展的精神发展需求。GDP 只是文化投资的"载体价值"。因此，所谓文化成本是指文化的价值付出。

文化成本构成一般包括认知成本、心理认可成本、认同成本、信仰成本等。

1. 文化本身作为文化成本——认知成本

诺斯看到了文化具有一种"资本存货"的作用，这种"资本存货"就是托克维尔所阐述的那些"早已被高明人士发现或被大众接受的事实与真理，"每个人不可能亲自去证明他们每天利用的真理，而只能在前人的基础上构筑自己的思想大厦。[①]在这个过程中，每个人省略的是大量的成本，而这种成本有时往往是在人的认知过程中必须要付出的代价。由于这一认识真理的代价前人已经付出了，那么对他来说，也就省却了这一认知成本代价。在这里，真理转化成了文化，从而使文化本身成为一种文化成本形态。这种可以不证自明的文化成本直接构成了人们的文化投资认知。人们对博物馆、图书馆和大剧院的投资认知是不一样的。不仅在有关这些文化建筑设施在外观造型上需要有关于所有这些文化建筑物的指示系统，而且内部空间功能建构的差异性也取决于设计者对不同文化建筑主体功能认知的掌握，没有所有这些图书馆、博物馆和大剧院等不同文化建筑设施的知识与能力的掌握，就不可能，也无法建成人们所需要的图书馆、博物馆和大剧院。关于这些知识与能力的构成是一个巨大的认知成本垫付，没有这样一个成本垫付要建成任何一个文化设施都是不可能的。而在我们的关于图书馆、博物馆和大剧院投资预算中是没有关于它们的。正是由于这些认知成本作为文化资源的价值存在，才有可能实现在前人的基础上的文化创新，也才有可能使得这些建筑成为后来的文化遗产，成为它们所在的这个国家和城市的文化资源和文化符号，从而使得这个城市因为它们而具有价值——具有投资价值。这也许正是那些世界城市相比较一般城市更具有投资价值，也更能产生文化价值的重要原因之一。进而任何对这些具有文化价值的建筑物的摧毁，都构成了这个城市文化成本的巨大付出。

2．文化作为价值成本——心理认可成本

心理认可是人们在长期的社会实践中建立起来的对某种社会对象的心理接受现象，这种心理认可现象体现和表现在对象身上就是对象的社会美誉度，包括品牌、信誉等。例如在中国图书出版领域的"商务印书馆""中华书局""三联书店"等。它们之所以在社会中拥有较大的读者群，这与它们在长期的出版实践中通过出版高水平的出版物所建立起来的学术信誉密切相关。商务印书馆的"汉译世界名著"和中华书局的古籍图书出版均在业内拥有不可替代的优势。这种社会对它们在出版物学术上的高度认可，形成并构成了它们的社会美誉度——一种无形资产。这种无形资产对于它们来说是一笔巨大的社会财富。因此，它们在投资发展过程中任何对社会美誉度的伤害，都会使得它们在发展过程中付出看不见的文化成本——社会心理认可成本。三联书店在一段时间的企业改革过程中偏离了三联的学术传统而走"非三联"的发展道路，给"三联"的社会名誉造成的巨大损失就是一个典型案例。

[①] [法]托克维尔. 论美国的民主[M]. 北京：商务印书馆，1995：12.

人的思维模式、感情模式以及行为方式都是后天习得的。一个人是如此，一个社会、民族和国家也是如此。其中大部分的内容形成于他们的童年期。一个人在成长期形成的特定的内容、感情和行为模式，会长期影响他后来的反应模式，而正是这后来的反应模式所呈现出来的损益构成了心理成本。其中人格，对一个民族和国家来说，就是国格占据最核心的位置。这是决定一个人、民族和国家全部价值之所在。任何对它的冲击都会付出巨大的代价。因此，在文化的生产和文化政策的制定中总会包含着有关"文化禁忌"的内容成分，这些内容成分除了政治意识形态的考虑之外，其中一个最重要的价值原因就是对他者文化的尊重。而尊重恰恰是构成"人格"与"族格"最重要的要素。

所谓"入乡随俗"，在很大程度上，就是对他者文化的尊重，以及对由这种文化而形成的生活方式的尊重。尊重是一种最小的文化成本的付出。而伤害则是一种最大的文化成本的付出。这就是说，文化投资的项目内容还要考虑与投资目的地的文化主权需求相吻合。任何一种文化投资倘若与投资目的地的文化主权相冲突，都必然要付出巨大的文化成本。在这里就涉及科斯的"交易费用"理论。[①]一定程度上，社会心理认可是构成交易成本的重要内容。文化领域里的"明星效应"和"品牌效应"不仅可以为文化投资者赢得最大的票房，而且由此而形成的无形资产又可以进一步增加文化产品的版权价值。文化产品的社会知名度越大，则文化投资价值实现效果越好；反之，则相反。同样，在从事对外文化交流和国际文化贸易中，如何最大限度地降低文化企业在文化投资中的"交易费用"以获得文化投资效益的最大化，最大限度地降低文化成本，尤其是社会心理认可，是实现这一目的的重要途径。

3. 文化认同作为文化成本

文化是一种具有象征性的事物。这种象征性既可以体现和表达于人类社会所创造的一切符号系统中，同时也可以表现在物质载体的空间形式中。例如所有的宗教建筑都是某种精神意义的象征性载体，建构了某一类人群的精神联系，这就是文化认同。这种文化认同普遍地体现于人们的时间与空间的表达序列之中。尤其是对于一个地方和地区的族群来说，有时甚至就是一个自然对象一旦成为人们之间坚定自己与他人的关系性对象物时，它就成为人们共同认同的文化支柱。例如，中国山西洪洞县的大槐树，可谓最典型的一例。农业文明是如此，城市文明也是如此。这样一种文化认同是在长期的历史发展与演变过程中逐步形成的。并不是什么空间载体都能建构文化认同的，只有那些载体已经成为一种重要的基因而成为人们的心理结构与内容的一个最重要的构造时，它才具有这种文化的认同性。由于这种文化认同是在一个长期的历史过程中形成的，在资源的

① [英]罗纳德·H.科斯. 企业、市场与法律——企业的性质[M]. 上海：上海人民出版社，2010.

积累过程中是由无数人以无数的精神与物质劳动共同付出结成的成果，因此，隐含于其中的价值量是无法衡量的，具有不可替代性。由于文化认同具有证实"我"和"我们"是谁这一终极价值关怀，因此，凡是在文化认同价值和意义的对象具有不同族群终极关怀的价值和意义，涉及人的存在的合法性与合理性时，这些对象在现代社会里都是受到法律保护的对象。文化建设与发展不能以损害和伤害人们的文化认同为代价。

文化的价值付出主要包括两个方面：历史文化资源和价值信念。历史文化资源是人们基本价值观构成的主要来源，表征着人之间的历史传承关系，核心是人的合法性：你是从哪里来的？这就是文化认同。在这里，文化价值在文化成本构成中，是由文化投资效果的损益度来衡量的。历史文化资源具有稀缺性与不可再生性。一个地方有时具有文化投资价值，就在于这个地方拥有不可替代的历史文化资源。因此，在文化建设和文化发展中任何一个文化投资项目对这样的历史文化资源的破坏，都会减少这个文化资源的价值，从而增加这一投资项目价值事项中的交易费用。社会舆论之所以对在文化建设中拆毁真文物，重建假古董给予一致的批评，实际上提出的就是文化成本问题。因此，文化成本是关于文化建设与发展中的文化成本，而不是其他领域里的文化成本。

4. 制度与法律作为文化成本

对文化市场设置资本属性的准入限制，是文化投资领域里的制度约束。制度是由一定的文化价值观建构的。一切制度的背后都是文化。这就决定了所有的制度交易费用也就都变成了文化交易成本，成为文化成本构成的重要组成部分。通过制度创新降低交易成本，就可以使企业在文化生产过程中实现文化效益最大化成为可能。中国加入世界贸易组织，就是寻求通过制度创新降低制度交易成本，进而在国际文化贸易中实现中国文化效益的最大化。寻租导致企业生产成本增加而使制度的文化价值递减，进而使得制度成本增加。如何在文化投资中降低制度交易成本——一种文化制度成本，尽可能实现文化投资效益最大化，是中国在发展文化经济中面对的最大的文化成本约束。如何突破这种文化成本约束，是文化经济学研究中的重要问题之一。"如果不考虑文化，我们就无法理解制度，而理解文化则意味着对制度的洞察。""由此得出的一个重要结论是，我们不能简单地引用外国制度来改变本国民众思考、感受和行为方式。"[①]

三、文化成本的其他维度

文化成本分为文化生产成本和文化发展成本。文化生产成本往往是指一个比较具体的文化投资项目，文化发展成本往往比较着眼于一个国家和地区的宏观界定。这是两个

---

① [荷]吉尔特·霍夫斯泰德. 文化与组织[M]. 北京：中国人民大学出版社，2010：20.

有着高度关联性的文化成本构成。无论从一个国家和地区来说，还是从一个文化企业来说，它的文化发展都是由一系列文化生产构成的，是由一系列文化投资项目构成的，正是一系列文化投资项目的实现构成了文化发展的内容。在这里，任何文化发展战略目标的实现都有赖于文化投资规模与质量，即文化成本质量的大小。虽然，就微观主体而言，个人和企业也都有发展问题，但是，即便是如此也是属于微观主体的宏观问题。而从文化投资的意义上来讨论文化成本问题时，文化成本构成性质本身就具有了宏观性。而正是这一宏观性构成了文化成本代价的大小。

文化投资是着眼于未来的投资还是着眼于眼前的投资，即所谓战略性文化投资还是战术性文化投资。不同的文化投资目的构成了不同的文化成本性质，同样构成了不同的文化利润。不同的文化投资性质与目的，往往和文化投资主体的性质与目的相关。一般来说，国家文化投资往往属于战略性文化投资，它的文化利润的生成及其生成质量往往和一个国家的文化软实力构成密切相关，即它的影响力、吸引力和感召力。而作为企业的文化投资，则比较多的属于战术性文化投资，更注重于在短期内生成和产生市场效应，收回投资以利于扩大再生产。这样的文化利润往往直接的由产品的一般经济利润所表现，即表现为以货币为直接受益单位的财务报表表现。如果说，这样的文化投资项目没有形成一定的无形资产，它和一般的、其他经济投资项目没有区别，即没有文化利润的生成。文化利润生成的标识一定与投资该项目是否生成无形资产直接相关。也就是说，它是否构成了一定时期人们对某种文化现象的文化识别性，即直接从某种符号认知它的文化属性或由这种文化属性构成的文化身份。例如孙悟空、米老鼠与唐老鸭，人们可以很清楚地知道分别代表了中国和美国两种不同的文化国家。

资本是可以带来价值的价值。货币资本带来货币资本价值的价值，文化资本应该是带来文化资本价值的价值。文化产业是文化作为资本的具体价值形态。投资文化产业的目的不是为了 GDP，而是为了获得文化资源——文化资本的积累和再生产，以形成新的文化资本形态和文化投资价值，实现有形资本的无形增值。发展文化产业就是要创造这样的价值——文化价值，而不是货币价值。这就是文化投资的目的。

 本章小结

▸ 文化投资是文化经济运行过程中重要的资本形态。文化商品的生产行为和生产过程，在某种程度上来说，都是文化投资行为和资本展开过程。文化投资在数量和质量上的任何变化，都是一个地区和国家文化经济发展的现代化程度的一个集中反映，是一个国家文化综合国力的集中反映。

- 文化是资本的一种形态，具有投资价值；文化具有增值性，能提高其他事物和对象附加值；文化价值体系作为资本的投资价值。

- 文化投资是一定的经济主体为获取社会的、经济的效益而投入货币或其他资源于文化事业、文化产业的经济活动。它包括人力、物力、财力和时间等。文化投资的规模、速度、结构和数量，在很大程度上决定了文化经济发展的规模、速度、结构和数量。在一国的文化力和拥有的文化资源既定的条件下，文化经济增长水平率的高低，在相当大的程度上直接决定于文化投资的总量水平的高低。

- 文化投资有广义文化投资与狭义文化投资之分。广义的文化投资是指一切用于文化建设与发展需要的投入资源要素。狭义的文化投资主要是指针对具体文化投资项目的文化投入要素，集中体现为货币金融投资。

- 文化投资的结构与布局是关于文化投资的合理性与优化的价值系统。合理的文化投资与优化的投资布局，不仅可以最大限度地发挥投资效率，形成文化投资积累，而且还可以形成可持续发展的文化生产能力；相反，盲目的投资所造成的投资浪费，不仅会造成重复投资所形成的有限资源的无为消耗，而且还会严重地阻碍和制约文化建设的顺利发展。

- 文化成本是文化投资的重要形态。作为一种资源价值，文化成本形成于人们的社会文化实践，是人们长期的创造性物质和精神劳动的积淀而形成的文化资源。文化成本包括有形成本与无形成本两个部分。有形文化成本包括在人们的社会发展历史过程中所形成的一切有价值的载体。例如历史文化遗址、遗迹，古建筑、器物等；无形文化成本包括所有的口头及非物质文化遗产和思想信仰结构起来的价值观系统。文化成本的意义范畴是多方面的。既包括社会发展的文化成本，也包括政治发展中的文化成本，还包括经济发展中的文化成本。文化成本这一概念涉及人及人类发展的各个方面和各个领域。

 思考题

1. 怎样理解文化作为投资的价值？
2. 文化投资的本质是什么？
3. 文化投资结构与文化经济结构间的关系是什么？
4. 怎样理解文化成本与文化投资的关系？
5. 文化成本研究在文化投资研究中有什么价值？

第十章

文化战略

 学习目标

通过本章学习，应了解和掌握以下内容：

1. 文化战略与文化发展战略的基本含义与区别；
2. 文化发展战略的特征；
3. 文化发展战略选择与制定的基本内容；
4. 文化发展战略选择的利益需求和制定原则。
5. 文化发展战略的构成、类型与模式。

文化经济作为现代文化运动的重要生命形态和存在方式，深刻地影响一个国家的社会、政治、经济和文化的发展。尤其是在经济全球化趋势影响下的文化产业全球化已经成为影响当代国际经济、文化秩序的变动和国际关系格局变动的重要力量，制定文化发展战略，充分发挥文化经济及其系统形态的文化产业作为"软实力"在国家综合国力中的地位和作用，参与市场综合竞争，正成为文化经济运动的一个共同取向。

第一节　文化战略和文化发展战略

文化战略和文化发展战略是两个既互相联系，又存在许多差别的概念。就一般意义而言，文化战略包含两个意义项：一是关于文化的战略，即关于文化本身的战略；二是关于文化应用的战略，即战略主体把文化用作实现战略目的的手段和工具。前者与文化发展战略相叠合，或者说就是文化发展战略的简称；后者则与政治战略、经济战略并列，

成为国家战略系统的三大支柱，为国家战略服务，与文化发展战略存在逻辑关系。

一、文化战略的定义

较早地从科学的层面上提出"文化战略"这一概念，对它进行科学的研究和分析的，是荷兰哲学家 C.A.冯·皮尔森发表于 1970 年的《文化战略——对我们的思维和生活方式今天正在发生的变化所持的一种观点》。冯·皮尔森是把"文化战略"作为人用以克服与自然环境的紧张关系的一种生存和发展对策提出来的，他认为，人类要在与自然的紧张关系中对抗比自己更强大的力量，需要灵活性的战略，以人类自己的创造性的发明对自然环境实施反作用，赢得生存、自由和发展。文化战略，就是人类在逆境中运用智慧以求取生存和发展的战略。所以，文化问题并不是理论思考的目的本身，对它的分析应当有助于形成一个指向且着眼于未来的文化政策，注重实践的、关系到人类发展总趋势的根本性问题。这就是文化的工具化。[①] 在冯·皮尔森看来，在人类的自下而上的发展问题上，文化本身并不是目的，而是人类以创造性发明来实现自己的生存和发展的终极的智慧和手段。由于这一智慧和手段几乎集中了人类文明的全部成果，这就使得这一工具在解决人与自然的紧张关系中具有唯一的和不可替代的力量，并且使得这种力量——文化力量处在影响和决定一切的位置上，从而拥有影响人类整体发展趋势的战略意义。虽然，在这样的意义层面上对文化的理解和把握具有泛文化的特征，但是以当今世界普遍的关于文化意义的一般理解显然是它的主要方面。因此，冯·皮尔森认为，"比起以往任何时候来，今日的文化更是一种人的战略；所以，我们务必不要把当代文化的模式主要看作是描述性的，而要看作是识别各种战略的一个工具。"当代文化被设想为发展过程中的一个战	略。[②] 在这里，冯·皮尔森不仅从文化哲学的层面上揭示了作为生存战略的文化战略在克服人与自然界的紧张关系中的全部作用和终极意义，而且由此出发，特别深刻地揭示了文化战略作为工具理性在今天，在克服人与人、人与社会进而国家与国家间紧张关系中的全部价值和意义。

当代文化模式是历史运动的文化结果，它是在一定种族的人群的发展历史中形成，又是人群生活其中并且以此为基础彼此识别，且有超稳定性结构特征的文化存在样式。这种样式既反映在人们的风俗、习惯等日常生活的层面上，又反映在人们的道德、信仰、

---

① [荷]C.A.冯·皮尔森. 文化战略——对我们的思维和生活方式今天正在发生的变化所持的一种观点[M]. 刘利圭，等，译. 北京：中国社会科学出版社，1992：8.

② [荷]C.A.冯·皮尔森. 文化战略——对我们的思维和生活方式今天正在发生的变化所持的一种观点[M]. 刘利圭，等，译. 北京：中国社会科学出版社，1992：15.

世界观、价值观等精神层面上。"不要把当代文化的模式主要看作是描述性的，而要看作是识别各种战略的一个工具"，这就揭示了当代战略形成和战略区别的文化原因。就战略主体的历史性而言，任何一种战略目标的选择和确定，都是一定文化生态条件下形成的文化模式的结果。战略主体的战略目标选择，实质上就是关于生存方式的选择，是文化的选择，这样，文化模式也就成为一种历史的文化战略的结果。因此，文化模式的差异性影响和决定了战略目标和战略形态选择的差异性。因为一定的战略主体只能是一定文化模式下的战略主体，它的道德、信仰、价值，乃至主体的民族性格等，都会影响他对整个生存环境和发展空间状况的判断。美国战略学家柯林斯在《大战略》中强调精神力量在大战略中的作用时就曾特别分析道：美国人的个人主动性和创造性、德国人的纪律性和严格精神、英国人的通情达理等，对一个民族在国际政治舞台上实现它的战略目标能起多大作用，具有永恒性而且往往是起决定性的影响。①因此，在当今世界上，不仅不同的民族国家的文化模式是不一样的，以此为生态基础而形成的国家战略也是不一样的，而同一国家在不同时期所形成的不同的国家战略又造成了新的文化模式。文化模式既是战略的前提和基础，又是战略的样式和结果。不同的文化特质决定了不同战略的文化特质。如果把一个国家的社会政治制度当作一种战略选择和目标追求的结果的话，那么，这就是当今世界各国人民选择不同的社会制度的根本原因。战略选择、战略目的不一样，是因为关于战略的价值实现不一样，是作为战略主体的关于世界的思维和生存方式的认识不一样。

在一个民族和国家的发展过程中，文化决定了所有这一切的战略选择（干什么？）、战略谋划（怎样发展？）和一系列的策略（怎样干？）。文化是区分各个不同性质的战略起决定作用的因素，同时，也正因为文化是在一切战略中起最终决定性作用的因素，要赢得一种战略，首先就必须赢得一种文化，用一种文化去战胜另一种文化，从而通过以文化的方式摧毁另一种文化的存在形态而赢得战略的优势。这样，文化就不仅是识别战略的工具，更重要的是成为用以实现战略主体的战略意图的工具。美国克林顿政府就曾经毫不掩饰地表白，美国的"政治和经济联系由于美国文化对世界的吸引力而得到补充，这是一种新的我们可以利用的'软力量'，在国外促进民主与人权不仅是一种道义上迫切需要履行的义务，而且是种支持美国国家安全战略的可靠战略方式"，直截了当地把文化作为实现美国国家战略的工具。由于文化日益成为主导和影响国际政治、经济、军事、外交的重要力量，当世界以前所未有的目光关注科索沃战争的爆发、时代华纳与美国在线的合并、巴勒斯坦与以色列关于耶鲁撒冷地位的争斗、欧盟反对奥地利自由党领袖尔

---

① 李成勋. 经济发展战略学[M]. 北京：北京出版社，1999：58.

格·海德尔出任奥地利政府副总理等一系列关于文化冲突、文化规则和文化产业激烈变动时，人类社会也就开始进入了全球文化战略竞争时。这种竞争本质上仍然是为生存和发展的竞争，只不过它以国家的形态表现出来。因为它反映和表现的是国家对现在一切状况的判断和对正在发生的变化及趋势所持的一种根本的态度和观点，正是这种根本的态度和观点影响了它对世界的看法，决定了它对自己未来的选择、设计和安排。而一旦当这种根本的态度和观点成为一个企业或行业的视角时，所谓"文化战略"也就成为追求和实现世界一流或第一的竞争战略。[①]一些世界级的大公司的领袖们已经意识到：没有清晰、系统的文化战略，就会使公司的发展处于盲目状态，就无法竞争世界第一或一流的地位。所以，文化战略又是一个民族、国家乃至企业用以在世界判断自己方位和发展方向的导航系统，它可以使每一个战略主体找到自己在这个世界上最恰当最强势的位置，又是一个分析全球战略走向的观照系统，它可以使人们知道在何时、何地，以何种方式去赢得并保持自己的国际优势。正是在这个意义上，文化战略历史地、现实地和文化地成为战略主体用以实现自己的战略目标和目的的一种自觉的战略手段，国家战略的文化行为，是在各种条件下，综合运用和全面推动文化力量实现战略主体目标的科学和艺术。

二、文化发展战略的性质

由于文化内容构成形态的丰富性和表现层次的丰富性，当文化被不同的战略主体应用于不同的战略目的时就形成了不同的文化战略。有的比较侧重于精神文化层面的，如意识形态战略；有的比较侧重于文化经济层面的，如文化产业战略；有的则侧重于整体性的，如国家文化战略等。既有服务于全局的，也有应用于局部的；既有对内的，也有对外的。但是，不管属于哪一种形态或类型，文化战略的选择、制定和实施都必然要求文化本身能够提供资源支持，必然要求文化的发展能够不断满足处在不断变化发展中的文化战略目标的要求。简单地说，在实施一项文化战略时，如果现存的文化战略资源缺乏这样的准备，那么，就必须创造出一种能满足这样的文化战略的文化内容和文化形式来。这个时候，能否创造出这样一种文化的内容和形式，就具有关系到文化战略实施能否成功或者是否可行的决定意义。而要从根本上解决这样的战略需求，就必须从长远的发展看问题，因此，文化战略的实施必然导致文化发展战略的提出，即关于文化本身的发展战略的提出。

"战略"一词本来是军事学上的用语。第二次世界大战后，人们开始把"战略"一

① 曹思潮. 文化战略——一项成为世界一流或第一的竞争战略[M]. 上海：上海文化出版社，2001：73.

词引入经济研究领域。一些西方经济学家针对那些在政治上获得了独立而经济上仍然很落后的国家，如何去发展自己的经济这一共同的问题，提出了关于这些国家经济的所谓"发展战略"问题。美国经济学家艾伯特·赫希曼是率先提出"经济发展战略"这一概念的理论家，在 1958 年出版的《经济发展战略》一书提出了关于"经济发展战略"理论[①]，从而使"战略"或"发展战略"成为思考和研究国民经济和社会发展的一种新的理论模式和技术路线。从此，"战略"或"发展战略"被广泛地应用于社会发展的各个领域。20 世纪 80 年代以前，中国很少使用"发展战略"这个概念，虽然实际上也有这样的研究和这样的战略制定。真正开始对中国的发展战略展开多层次、全方位的研究，还是始于中共"十二大"开始历届党的全国代表大会对宏观发展战略的决策和邓小平提出的分三步走，基本实现现代化的战略构想。1986 年中共上市委宣传部召开"上海文化发展战略研讨会"，标志着"战略"和"发展战略"这一概念被引入文化领域，"文化发展战略"问题开始引起全国文化力量、学术力量、政界和经济界的普遍关注。不少省、市面上都制定了本地在一个较长时期里的文化发展战略，并且将其与经济和社会发展共同纳入总体发展的大战略之中。然而，无论是关于经济发展战略还是关于文化发展战略，从现有的关于"战略"或"发展战略"的应用来看，凡是对全局性、长远性的重大问题考虑、谋划和安排、决策就是战略。从这个意义上说，所谓文化发展战略，就是战略主体关于文化本身发展的一种长远的整体性谋划、要求和政策安排，是从"如何发展文化"，或者说"应当把文化建设成一个什么样子"这样一些关于文化发展的终极目标提出来的。也就是说，是"为文化"的，而不是"为其他"的。因此，文化发展战略并不等同于文化战略。文化战略是关于一种战略工具的应用，是主体为实现某种战略目的而采用的手段和管理、领导的艺术。大到一个国家，小到一个企业，都可以有自己的文化战略。只是因为"文化"作为一种工具（不论是"硬"的还是"软"的），在实现战略目标或战略构想中具有特殊的、不可替代的作用和分量，才被冠以"战略"。这里的"战略"只是对这一术语的借用，并不反映它本来的意义。文化发展战略则不然。它是关于文化发展终极目标的考虑、谋划、要求和安排，是关于文化本体的整体性和系统性的决策。它不仅一般地与政治、经济、社会发生联系，而且涉及由此发生的一系列的文化权力变动、经济结构调整和社会资源的重新配置等；不仅与国内的经济和社会发展有关，而且还与国际文化关系的变化、与国际文化竞争密切相关；它从国家的整体系统中去谋划文化的发展方向。因此，关于文化发展战略的主体是既定的，也就是说，拥有对社会、经济、文化等资源进行再分配权力的政府中枢决策机构才能制定和实施文化发展战略。文化战略对

---

① [美]赫希曼．经济发展战略[M]．北京：经济科学出版社，1991．

文化的应用，可以是文化的某个方面的功能，或者是抽象的精神形态，如主要地作用于人们的观念形态的价值观、道德观等，或者是具体的物化形态，如文化产业形态，运用文化产业形态，通过市场竞争而达到文化霸权主义目的，或者是兼而有的。而文化发展战略，则必须充分考虑到文化功能的各个方面，既包括整个精神文化层面——思想、道德、文化建设，也包括文化的物化层面和产业形态的建设——文化经济和文化产业建设。因为在当代，前者只有通过后者才能获得有效的载体和传播，而后者也只有拥有前者才能获得存在的生命价值。两者的发展以及发展的程度、速度和规模，则完全取决于现存制度系统对它们提供的支持和保障的程度和力度。制度形态的先进性或现代性程度，直接影响和规定对精神文化层面和文化经济、文化产业建设的观照程度。只有充分意识到文化的历史命运与主体的历史命运一致性的那些战略主体，才会有关于文化发展战略的意识，并且才会去制定和实施文化发展战略。这就是在当今世界上为什么有的国家、有的国家利益集团（如欧盟）会有自己的文化发展战略，而有的则没有的重要原因。没有文化发展战略对文化本体建设的整体要求，就不可能形成可靠的文化积累和文化资源，没有这种原创性积累和资源的财富性准备，所谓"文化战略"也就成为无源之水和无本之木，而这种文化的原创积累和资源准备没有一个相当长的历史过程是无法形成的。这就决定了文化发展战略对文化本体发展的要求和安排必须是长远的和系统整体的。因为不经过自觉的、长期的原创和积累，就不可能形成足以为"文化战略"提供智力支持的有效成果和文明形态。今天，各种不同的战略主体所实施的"文化战略"，无一不是对人类历史文化成果的应用。从这个意义上说，文化发展战略是文化战略的前提和条件，没有文化发展战略对文化本体建设的要求，也就无所谓文化战略；同样，没有文化战略的战略性要求，文化发展战略也就失去了它的原创动力。

三、文化发展战略的特征

由于文化发展战略是关于"战略"的理论和技术路线在文化建设问题上的应用，"战略"的一般要素特征同时也就规定了文化发展战略的特征。

1．全局性

全局性是文化发展战略最主要的特征和最基本的属性。文化发展战略是战略主体对一个较长时间内文化发展和建设的考虑、谋划和安排，所要着重解决的是文化与国民经济和社会发展的有机协调问题，克服文化自身及其与国民经济和社会发展间的不平衡和矛盾。这些问题和矛盾都是属于整体性的、全局性的，而不是部分的和局部的。尽管作为一个全局，它也是由各个局部和因素构成的，例如，从空间看，它是由各个区域文化和文化经济构成的，从形态看，它是由各个不同文化形态及其经济形态构成的，而这些局部和部分之间，也都存在着密切的联系和相互制约的关系，但是，文化发展战略不是为了解决这些局部和部分的问题，而是把这些局部和部分的矛盾和问题，统一纳入到一个文化和国民经济和社会发展的整体的框架体系中、一个统一的文化目标系统中去考虑和解决。无论是文化发展战略中的意识形态战略，还是文化产业战略，只有当它们是国家战略的一部分时，它才是有意义的；同样，当部署或规划某个领域的文化或文化科学的建设，或制定某个文化经济形态的市场开发和产业结构调整，只有把它们置于整个文化发展宏大的叙事空间时，它也才能形成和构成积累的，才是有战略性的。因此，文化发展战略就是要求从文化发展的全局出发，分析构成文化发展全局的各个局部、部分和因素之间的关系，找出影响并决定文化全局发展的局部或因素，从而作出相应的谋划和安排。当然，全局性与局部性是相对的。全局性有不同的层次；在不同的范围内，各有其全局性的问题。在一个地区或一个部门、领域属于全局性的问题，放到全国或整个文化领域看，可能就是局部性，反之亦然。在不同的文化经济发展水平和不同的文化经济条件下，有些局部、部分可能成为制约文化经济全局发展的决定性因素，而其他部分却不具有这样的作用。因此，在着眼于全局制订和实施文化发展战略，必须认真分析构成文化经济发展全局各个部分相互之间的关系，真正把握住制约文化和文化经济发展的全局的部分，从而作出正确的战略决策和指导。

2. 前瞻性

文化发展战略所着重解决的是文化与国民经济和社会发展的有机协调问题，克服文化自身及其与国民经济和社会发展间的矛盾，而要完全地实现和达到这一目标，只有在一个较长的时间范围内逐步去取得解决，因此，这就要求文化发展战略本身在处理和解决这样一些矛盾和问题时，必须要有超前的思路，以足够的时间提前来思考和安排解决和克服这些问题和矛盾的过程和阶段。因为只有以前瞻性的角度去思考文化发展的整体性和全局性问题，才能确切地知道实现战略主体的既定目标需要动用多少资源，以及怎样动用这些资源。倘若没有这样一种前瞻性的对文化发展的长远安排，所谓"战略"和"协调""自身发展""智力支持"等都是无法实现的。所以，文化发展战略不是要解决眼前的具体问题，就一般情况而言，文化发展战略的制定都有 5 年以上的前瞻期。也有10～15 年以上的中长期文化发展战略。在我国，各省市关于文化发展战略的制定和实施年限的选择，往往是根据国家的总体文化发展战略的导向而言。当然，长远目标的选择和确定，总是基于对当前的认识，也是对当下文化存在状况的一种态度。因此，立足当前，规划未来，妥善处理当前与未来的文化关系，是文化发展战略思考的紧要之点。否则，前瞻性也容易成为脱离实际的空想。

3. 政策性

文化发展战略是战略主体对文化建设的要求，体现了战略主体对文化发展的理想和追求，实际上是战略主体文化意志的整体性反映。这种理想、追求和意志的反映，既包含对当下文化状况的满意，也包含对当下文化现实的不满和否定。因此，制定和实施文化发展战略，必然包含对当下文化现状的否定和超越。因为只有克服和超越当下的文化状况，才能使文化承担起为国民经济和社会发展提供智力支持的重任，也才能使文化的经济形态成为国民财富创造和积累的重要组成部分，并且成为国家综合国力的重要标志。要确保文化及其经济形态的与时俱进，与国民经济和社会进步的协调发展，不断地在文化的精神形态和经济形态实现创新，那就必须在当下的基础上实现对一切文化资源的优化配置，而这只有对社会资源进行再调整和重组，如对文化产业结构和产业布局的调整。即便如美国那样实现完全的市场经济国家，也并不完全放弃政府在社会资源的分配过程中的权威性作用。美国在线与时代华纳的合并的合法化就是典型的案例。因为只有这样，才能确保国家文化利益和国家文化意志的全面维护和实现。而这恰恰也是政策实质的最集中的体现。因此，制定和实施文化发展战略，完成对当下文化资源配置状况的重组，就只有通过政府文化政策的调整和重新制定才能实现，同时，如果期望实现新的战略目标，也只有借助于政策的扶持、保护和约束。市场在资源配置中的基础性作用，也只有在政府宏观调控的政策性指导和允许的范围内才能最大限度地得到发挥。从这个意义上说，所谓"文化发展战略"也就是国家和政府关于文化发展的整体政策性安排。没有这种政策性安排，文化发展战略也就失去了它的全部合法性依据和实现的可能性基础。

4. 可持续性

在当代，文化发展战略必然也是文化的可持续发展战略。文化发展不仅要满足当代人对文化的需求，而且要为后代人满足自身的文化需求及增长文化能力，创造和提供尽可能多的丰富的文化遗产，包括有形的和无形的；在满足一个地区或一个国家今天文化发展的能力需求的同时，还要满足下一代人的文化发展的能力需求。文化发展战略是当代社会和当代人实施文化原创积累和国民财富扩张的重要手段。但是，不论是文化的原创积累，还是国民财富扩张，都是一个历史过程，是一个不断地由量变到质变的积累和升华的过程。这样的过程有时常常是要通过好几代人坚持不懈的努力，如同生物链的有序性和有机性一样，一旦这样的有序性和有机性被破坏，就会造成严重的生态失衡，而这种生态失衡对整个生态系统的破坏常常是致命的。因此，文化发展战略就不仅要包括自身发展的有序性和连续性——这种有序性和连续性是确保战略稳定性的重要前提，而且也包括文化本身发展所必需的文化的社会生态环境，即政治环境、经济环境和社会环境。没有这样一个与实施文化发展战略相适应的环境系统，文化发展的战略目标是难以实现的。文化发展战略是一个行动过程，它是实施一项综合性的系统工程，意味着一个国家或地区的文化发展进程要从正在进行中的模式转变到一个变化很大的新模式当中去。既涉及对传统文化权力格局（文化管理的制度系统）的变动，也涉及对传统的文化经济利益格局的变动，这种变动必然会对人们传统的文化观念和价值系统产生巨大的冲击，尤其是在这过程中所涉及的文化经济结构的战略性调整和重组，非有各相关部门的共同参与和达成共识而不能完成。因此，文化发展战略必须正确处理局部利益与全局利益的关系、短期利益与长远利益的关系，做到宏观目标与微观目标的统一；处理好文化发展战略目标选择与文化资源存量间的关系，尤其是在关于文化经济战略问题上，即关于文化产业发展战略，特别要考虑战略目标的实现与可利用和可开发文化资源存量之间的关系，包括人力、物力、财力、市场、信息、组织和文化遗产等一系列要素。超出现有文化资源存量的总量承载力，不仅难以实现战略目标各战略意图，而且更严重的，还会由于对文化资源存量的过度开发、利用而导致对文化资源再生能力的破坏。这就要求处理好文化的经济效益与社会效益的关系，处理好文化的物质文明与精神文明建设的关系，把可能出现的对文化资源的过度开发而导致的"文化赤字"严格控制在可接受和可承载的"红线"之内。所以，文化发展战略必然要求与一定文化空间内的人群的生存和社会发展的基本规律相适应，要求与各国、各地区的文化条件、资源状况、经济发展现状和基本国情、区情相适应，切实考虑本国、本地区文化的实际情况，把文化发展战略与社会发展战略的可持续性充分地结合起来，否则任何一种脱离实际的文化发展战略无法真正实现。

第二节　文化发展战略的选择和制定

文化发展战略在本质上必然要体现和反映文化由现实状态向理想状态发展的趋向。这是一个完整的关于文化发展战略的目标体系。因此，选择和制定什么样的文化发展战略，不仅关系到这一趋向和目标体系的合目的性，而且还关系到它是否合规律性。后者是最后起作用的因素。

一、影响文化发展战略选择的主要动力因素

文化发展战略的兴起，无论在中国还是在外国，都是 20 世纪 80 年代以后出现的文化现象。但是，不管这种兴起的文化背景、历史条件和现实经济、社会基础有怎样的差

异，却都有一些共同的、带有普遍性的动力因素。

1. 文化作为国家财富积聚的重要形态和重要能力的被发现

土地是财富之母，劳动是财富之父，这是古典政治经济学关于财富积聚的基本定律。土地，或者说自然禀赋要素在整个财富构成中起着决定性的作用。然而，为什么有些具有丰富的自然资源的国家依然会很贫穷呢？而有些自然资源有限、拥有土地极少的国家却是比较富有的呢？不仅如此，为什么同是发达国家，有的擅长于从事某一行业，而有的则更擅长于另一些行业？中外学者通过对不同国别的个案分析，得出了一个相同的结论：文化使然。即不同的文化特质是造成当代社会经济增长和财富积聚出现差异的重要因素和力量。中国学者曹世潮通过对"文化的顺逆与日本的兴衰"关系的分析，揭示了"文化特质与一个国家正在从事的主导行业间的顺逆与日本的兴衰内在逻辑关系"，这些"主导行业"常常是现代国家财富积聚的主要形式；日本在战后三十年的时间里实现了经济的突飞猛进和国家财富的迅速积聚，取决于日本文化中如认真、勤奋、学习和服从等一些非常鲜明的文化特质与标准制造业特性的高度一致性；日本经济在进入20世纪90年代后出现的衰退，则"是由于文化的根本性的竞争力的较量导致的结果"，这就是"日本文化对于信息产业和知识经济的产业特性很不适应"。①而在这一"主导行业"方面，美国却获得了极大的成功。因为无论是信息产业还是知识经济产业，都特别需要激发和鼓励个人的创新、技术突破和创造力，美国崇尚的个人主义文化恰恰与这一技术特性符合。美国的竞争能力和财富积聚可以通过对个人化的文化价值观的弘扬来得到增强和增加，如果采纳日本的集体主义技巧，如循环质量检查来加强美国的竞争性，其结果则可能恰恰相反。②正是在对现代国家财富积聚方式与文化特质的关系分析的基础上，美国的学者得出结论："经济增长差异的50%是由文化因素造成的。"③这是一个包括民族的文化性格、文化精神、文化气质、文化价值观、文化态度乃至文化习俗等在内的国家文化特质系统，是这样的系统构成了一个民族的全部文化心理结构，是这样的心理结构决定了它的生存方式、思维方式、行为方式和能力方式。而当这样的方式成为影响经济增长的整体性因素时，它就获得了作为一种力量的存在，一种影响现代国家财富积聚方式的力量的存在。因此，在研究现代综合国力的构成要素方面，不管对这种要素构成持什么观点，构成有怎样的差异，文化都是一个重要的结构存在。美国哈佛大学科学与国际事务中心主任约瑟夫·S.奈正是基于文化在综合国力构成要素中所充当的重要角色，便直接

① 曹世潮. 文化战略——一项成为世界一流或第一的竞争战略[M]. 上海：上海文化出版社，2003：14-15.
② [美]菲利普·科特勒. 国家营销[M]. 北京：华夏出版社，2001：111.
③ [美]菲利普·科特勒. 国家营销[M]. 北京：华夏出版社，2001：110.

用"软实力"这样的要领来概括"国家凝聚力、文化被普遍接受的程度",并把它作为一个整体的实力形态和基本资源,与军事力量、经济力量和科技力量等"硬实力"相对应,从而使"文化"成为综合国力指标体系中一个重要的不可替代的要素。^①因此,把文化看作是"综合国力的重要标志",就不仅是丰富了对文化的认识,克服了原先对文化能动作用的褊狭认识,而且更重要的是赋予文化以国家财富构成重要组成部分的身份,或者说,是历史性地归加了文化本体所应该有的意义世界。文化的财富身份的发现,改变了人们关于文化的观念系统,从而使文化受到普遍的重视。这种重视既反映在文化的经济形态上,推动了全球文化产业的发展,更反映在文化的意识形态上,不同的民族和国家在融合于世界体系,参与经济全球化,向其他民族的文化学习的进程中,更重视保护、建设和发展本民族的文化,并把民族文化个性的光大和张扬看作是使本国获得全球合法性的"身份证",只有这两个方面都发展起来,那么,不仅文化本身获得了应有的本体性和历史性的发展,而且也使国家财富增加、国力增强。正是基于这样,一切形式和形态的文化发展战略也就成为一种必然趋势,被历史地、战略地推到了各种不同身份的战略主体面前:为了国家财富的创建。

2. 文化与文化经济发展在全球范围的相互依赖性

早在一百五十年前,马克思和恩格斯就曾经指出:工业革命和资产阶级"由于开拓了世界市场,使一切国家的生产和消费都成为世界性的了","过去那种地方的和民族的自给自足和闭关自守状态,被各民族的各方面的互相往来和各方面的互相依赖所代替了。物质的生产是如此,精神的生产也是如此,各民族的精神产品成了公共的财产。民族的片面性和局限性日益成为不可能,于是有许多种民族的和地方的文学成了一种世界的文化"^②。20世纪下半叶起迅速扩散的经济全球化趋势,展示了马克思主义创始人这一预言的深刻性,尤其是互联网的出现和数字化生存方式加速渗透人类自下而上方式的各个领域时,所有的行为方式和思维方式就都成为一种现实的文化状态了。面对生存和发展的双重压力,任何国家企图从狭隘的民族主义出发,关起门来发展自己的文化是不可能的,因此,要不断获得能够克服自身局限性的创新能力,并且持续不断地提高和增强这种能力,除了向世界开放,充分地学习别的民族文化的长处,开展多种形式的文化交流和交往,在这样的过程中获得本民族文化的创新、发展所需要的激情和灵感,别无他路可走,不仅如此,本国、本地区文化消费市场的有限性和世界市场的广阔无限性,现实地要求一定的文化主体必须同时打开并努力占领内外两个市场,在向世界市场最大限度地输出

① 转引自:黄硕风. 综合国力新论[M]. 北京:中国社会科学出版社,1999:8.

② [德]马克思,恩格斯. 共产党宣言[M]. //马克思,恩格斯. 马克思恩格斯选集. 第1卷. 北京:人民出版社,1972:254-255.

自己的文化产品的同时，也从世界市场输入本国、本地区、本民族文化消费所需要的对于新的艺术和文化产品的内容和样式的追求。在经济领域里，没有哪个国家能制造自己所需的一切。经济上是如此，文化和文化经济的发展也是如此。尤其在"世界贸易组织"成立之后，国际经济体系发展成为真正的世界性经济，成为相互依存的贸易和投资体系时，世界贸易组织所确定的诸多的经济交往原则正日益成为人们自己的行为交往方式和价值理念时，所有这些原则就不仅是经济的，而且是文化的了。因此，在这种新的经济和文化的关系之下，国家和地区间的经济和文化，特别在文化经济和文化产业领域里保持着高度的依存性和相关性。这种依存性和相关性使人们看到，众多的机会和挑战一方面来自于合作和协作，另一方面又会产生竞争和冲突。怎样才能使自己的文化和文化经济在这种相互依赖和依存的环境中获得最大的生存和发展空间，取得最大的财富利益，也就自然地成为不同的战略主体所思考的同一个战略命题。立足于现实，构建自己长远的文化发展战略，既充分地参与全球文化资源共享，又在参与全球文化资源共享的过程中不断获得文化个性的充分发展和文化经济实力的不断壮大，也就成为各国、各地区制定文化发展战略的原动力。

3. 新的国际分工背景下的全球文化资源重组趋势

国际分工是世界各国之间对具有某种优势的物质生产部门实行专业化生产的劳动分工的世界形态。它既是社会分工越出国家界限的表现，又是不同的国家和地区参与全球资源配置市场化的结果。一个国家在国际分工中所处的位置，不仅取决于它的自然禀赋要素，而且与一个国家的生产力发展水平、经济关系和经济政策等，以及建立在此基础上的文化传统体系有密切的联系。从这个意义上说，国际分工的世界形态，同时就是国际文化分工的表现，是国际文化关系的存在样式。因为在国际分工过程中，尤其是不同的历史阶段，导致或影响国际分工的因素是不一样的，自然要素禀赋有时并不是起决定作用的因素。日本的自然资源并不丰富，但并不妨碍它成为在世界经济格局中有影响的大国，在国际分工格局变动中起重要作用的因素。在这里，文化传统，即它在关于意义世界的整个精神把握是起决定性作用的。因此，国际分工必然同时是国际文化分工，国际分工格局的任何变动都会引起国际文化关系的变动，国际分工格局的发展趋势在影响一个国家的经济发展战略的同时，在今天，也必然会给一个国家的文化发展战略带来深刻的影响。因为现代意义的世界市场体系已经不是单纯意义上的一般商品市场体系，而是包括文化市场在内的综合的世界大市场体系。尤其是随着全球文化消费趋势的普遍增长，对文化消费品需求的普遍提高，知识产权，进而文化产业之争已经成为影响当代国际关系走向的重要力量时，关注于本国、本地区的文化消费品在世界市场体系中所占份额的比例，已经不仅是文化经营和文化贸易专家的事，而且也成为经济学家和政府首脑所关注的焦点。美加文化之争，美法和美欧在服务贸易问题上的"乌拉圭回合"的较量，实际上都已经清晰地反映出文化产品和文化经济，进而整个国际文化贸易在未来国际分工中的地位和分量，反映出文化产品、文化市场在整个现代世界市场体系中的位置。在这样的背景下，国际分工变动的格局和趋势也就自然地成为影响当代文化发展战略的重要力量和因素。

20世纪90年代开始出现的以计算机为代表的信息产业，和以美国为代表的发达国家已经初步实现了从工业经济时代向信息经济时代的转变，标志着新一轮国际分工的开始。国际贸易不仅在内容、范围和规模上由于信息技术的广泛运用而前所未有地扩大了，而且在更高更深的层次上增强了全球经济的相互依赖性。信息革命带来的强大的扩散效应，使得信息技术的运用成为现代产业升级和改造的重要技术基础。在同一时间不同国家处在不同的以信息革命为主导的科技——产业革命的不同阶段，导致了国与国之间经济技术发展水平的差距。这个差距是21世纪国家间经济发展水平差距的最重要的成分，也是影响新一轮国际分工格局的核心因素。因此，信息革命的成果对于世界经济的意义决不简单地使发达国家和发展中国家之间的国际贸易产生了一个新内容，而是将深刻影响这两大群体在国际分工格局中的位置。由于大部分发展中国家还未完成工业的现代化进程，利用发达国家信息产业发展已有的成果，将成为发展中国家实际的选择。正是由于以信息革命为特征的新的国际分工格局深刻地影响了世界经济发展的走向，全球范围的资源配置出现了前所未有的分化和重组，对文化资源的争夺已经成为这一世界性资源配置和重组的重要内容。这在文化产业领域里表现尤为突出。随着经济全球化的进程，越来越多的文化产品进入了全球市场，同时也使越来越多的区域文化经济更多地融入现代世界市场体系，参与世界市场竞争。如何以最低的成本、最快的速度、最高的效益占领市场，获取利润，也就自然地成为文化经济主体面临的共同问题。因此，突破原有的区域文化经济的局限，积极参与全球竞争，就必然要求实现文化资源配置的国际化。以往一个城市、一个地区和一个国家的分割和协作，也就自然地要求发展成为一系列的跨国和跨地区的分工和合作，从而充分和有效地利用全球各种文化资源，包括资金、技术、人才、智力、文化遗产等。美国影片《泰坦尼克号》就是一个典型的事例：它是由七个国家的三十多家公司协作完成的。其中的特技制作包括了有十六家多国中小技术公司协助的Digifal Domain公司，音乐制作包括了索尼公司，音乐的场面占全片的75%长度。这是当代全球文化发展的一个重要特征和趋势。正是这样的特征和趋势，实际上已经把各国、各地区的文化资源配置纳入到新的国际分工和正在形成中的新的世界体系了。原来意义上的区域文化，特别是文化经济的国际分工日益成为不可能。你不去参与别人的文化资源重组和配置，共享全球文化资源，别人就要参与你的文化资源配置，共享你的文化资源，如美国的"花木兰"。正是这一大趋势给各国、各地区不同性质和类型的文化发展战略提供一个全球参照系统，让你在这个系统中明确自己的目标定位。任何一个文化发展战略主体倘若不能把自己的文化发展放到这样一个大系统中去寻找自己的合理定位，那么，它就有可能在未来的全球文化体系中消失，正如历史上曾经有过和曾经辉煌过的一些文化一样。这是全球文化发展战略的特点，也是影响当代中国文化发展战略的一个特别重要的因素。思考和选择当代中国文化发展战略不能没有这个参照。

二、文化发展战略目标选择和优劣机威分析

每个国家和地区都会为取得自己的整体战略目标制定适当的文化发展战略。但是，每个国家和地区所面对的国际和国内环境是不同的，所拥有的要素禀赋和比较优势也是不同的。这些差异反过来又为不同的国家和地区提供了不同的竞争和合作的条件、不同的优势和劣势、不同的机遇和挑战。因此，在文化发展战略目标的选择和优势与劣势、机遇与挑战之间就存在着一种逻辑上的必然联系。科学的和合理的、前瞻的和可实现的文化发展战略目标的选择，应该是建立在这样的逻辑关系上的。

1. 文化发展战略目标体系

文化发展战略目标，是战略主体在一个较长时期内谋求文化发展的全局性、整体性的奋斗目标，是战略主体对在未来社会发展进程中文化应达到的总体水平高度的设定，它显示出一个国家或地区在文化上想要取得的业绩。它不是单一的目标，即并不是关于文化领域里某个具体的、单项的目标，而是多目标，是由一系列目标组成的一个目标体系。它可以包括：（1）地位目标，即一个国家或地区在一定的文化区域和文化空间内对周边地区的文化影响和文化辐射程度，以及由这种程度所显示的它的文化地位，如文化强国、文化大省、区域文化中心等；（2）功能目标，即文化发展对整个国民经济和社会发展提供智力支持和推动社会全面发展所发挥作用的能力程度，如思想解放、观念革命、舆论支持、文化创新等；（3）增长目标，即文化发展应达到怎样的水平，如人均文化设施占有率、人均文化消费水平、文化产业所创产值在国内生产总值（GDP）中的比重等。同时还包括：（1）意识形态战略，这常常是从国家文化发展战略层面上来讲的，有时也常指对外的文化战略。如美国把向外输出价值观和信仰体系看作重要的国家文化发展战略。在中国，通常用精神文明建设或思想道德文化建设来指称。（2）文化产业战略，更多的是从综合国力和在国际市场上的综合竞争力来设定一个国家或地区在文化经济方面所要达到和实现的目标，较之意识形态战略，它往往以国民经济的发展指标为体系来提出自己在国内生产总值（GDP）方面的量化目标，以经济的形态方式获得文化的增长、

扩张和发展。一个国家或地区的文化发展战略地位目标，在经济全球化的趋势下，在很大程度上取决于它的文化产业发展战略的成功与否，即它在多大程度上占有多大的国际、国内文化市场空间。（3）文化制度战略目标。一个较长时期战略目标的实现，必然需要与之相适应的文化制度的保障。没有一个好的文化制度的保障，任何一个文化发展战略目标都是难以实现的。由于现存的文化制度是前一个文化发展战略目标的制度形态和制度结果，而新的文化发展战略目标的选择和制定，必然包含着对传统的或已有的文化制度的否定和超越，因此，在选择文化发展战略新的目标的同时，也就必然对原有的文化制度提出相应的战略改革的要求，包括政府文化管理制度和产业组织制度两个方面，这就构成了文化制度战略目标的重要内容。我国"十五"规划提出的经济结构的战略性调整和中国加入世界贸易组织，以及提出要推动信息产业和文化产业的发展等，在文化发展战略的目标选择上都必然要求与之相适应的文化制度战略的目标选择。"冷战"结束后及新经济在世界经济中的兴起所导致的全球性众多文化产业集团兼并、重组，实质上就是反映了这种制度战略的目标要求。我国进入 21 世纪后在文化产业领域打破原有的行政区划和行业界限，组建跨区域、跨行业的文化产业集团，反映的也是这种战略意图。因此，文化发展战略目标是一个综合性、多层次的战略目标，是包括人民和国家的文化需要、文化经济产值水平或速度、文化的社会效益等核心要素在内的完整的战略目标体系。

2．文化环境分析

任何一个国家或地区，不管选择什么水平的文化战略目标以及文化战略目标涉及哪些范围，都取决于两个基本因素，即本国、本地区文化发展的要求和本国、本地区文化发展的环境、条件。发展的要求属于战略目标体系，发展的环境和条件则属于文化发展的生态系统。如果说发展的战略要求体现和代表发展主体的需求的话，那么，发展的环境和条件就代表发展的客观可能和客体供给。任何社会活动都要在客观可能的范围内进行，文化发展战略目标的选择就更不能脱离它赖以存在的整个文化特质，所以，不论是国家文化发展战略目标选择还是区域文化发展目标选择，都必须首先分析它的文化环境系统，然后再选定战略目标。

文化环境是关于文化发展的生态系统。对于不同的战略主体而言，由于所处的文化地位不同，它们的文化环境构成状况也是不一样的。因而也就决定了对文化环境分析的不同角度和不同内容。

从国家的层面来说，文化环境至少可以包含三个方面：它的国际竞争环境，以国家的内在文化能力为主要内容的内部环境，以全球的文化发展动因和趋势为主要内容的外部环境。由于每个国家在全球格局中所处的位置是不一样的，要选择本国文化发展战略目标，就必须从整个世界文化力量对比的格局中找到自己的位置。要分析国际文化竞争结构和战略国别群体。必须把对国际文化竞争结构的分析同国际政治、国际经济竞争结构的分析结合起来，通过对国际综合竞争结构的分析形成关于本国在国际文化竞争结构中所处的位置。同时，当今世界是由众多不同的战略利益集团组成的，不同的战略利益集团有不同的全球战略需要，同一战略利益集团中的不同战略主体也还会有不同的全球战略利益（如北约集团中的美国和法国之间）。因此，分析国际竞争环境除了要分析国际竞争结构外，还需要对战略国别群体的文化全球利益进行分析，在一定国际背景下，这种分析有时更能帮助一个国家更好地判断自己所处的国际文化环境，从而也更加有助于文化发展战略的制定主体找出与其他国家在文化领域开展竞争和合作的格局和战略。因为任何一个国家的文化发展战略目标的选择和实现，都只有在一个国际的参照系统中才是有意义的。这在21世纪更是如此。这是一个方面。文化环境的第二个方面，就是对以国家的内在文化能力为主要内容的内部环境分析。量力而行，这在任何情况下都是一条普遍的原理。文化发展战略目标的最终能否实现，最后起决定作用的因素还是国家的综合能力、综合国力。如它的制度能力、经济支持能力、资源积累能力、文化原创能力等。超越实际的文化综合能力，过高地提出文化发展战略目标，不仅不能实现，而且往往还会造成原有能力的极大损耗。我国在20世纪后半期遭遇到的几次大的挫折，都是提出的战略目标同实际能力不相一致的结果。其实，对国际竞争环境的分析，也是对国家内在能力、内在环境的一种观照。缺乏对自己的环境和能力的分析，再理想的文化发展战略目标都是要落空的。再看文化环境的第三个方面。文化发展战略目标本质上是个动态系统，需要经过若干个阶段的努力才能实现。由于文化发展的战略目标的选择具有前瞻性的特点，能否使战略目标本身真正拥有前瞻性，这种前瞻性是否反映一定时期内一个国家文化发展的本质和内在的要求，是否获得全球意义的价值，这就要看这个战略目标在多大程度上反映和代表了人类文化发展的前进方向，多大程度上反映和代表了作为这种方向基础的人类社会发展的先进生产力的要求，多大程度上把握住了全球文化发展的动因。从人类文化发展史来看，只有准确地、历史地把握住了全球文化发展的动因和趋势，才能有一个国家文化的繁荣和发展。一些在历史上曾经辉煌之后衰落乃至消亡的文明古国或国家文化，无不遵循这一规律，且不论这种把握是自觉的还是历史地猜测到的。因此，选择文化发展战略目标，在21世纪这个背景下，就必须有对全球文化的发展动因和发展趋势具有清晰的分析和清醒的把握。人们可以不同意美国哈佛大学教授亨廷顿的全球"文化冲突论"，但不能不重视他所提出的这一理论给世界各国分析全球文化走势和动因，选择本国文化发展战略目标提供的警示。而他的这一理论提出的本身，就是"冷战"结束后的美国的全球战略目标选择的文化分析和文化结论，或者说，他为"冷战"后的美国文化发展战略目标选择提供了一个模型。这个模型是亨廷顿以他自己的视角从对全球文化发展的未来动因和发展趋势的分析中得出来的。对这种带规律性外部环境的分析，是选择国家文化发展战略目标所绝对不可或缺的。当代中国任何形式的文化发展战略目标选择，如果脱离了经济全球化这一发展趋势给全球文化发展和全球文化力量格局重组将带来的巨大影响这一背景，那么，我国的文化发展战略目标也就很难是代表先进文化的发展方向和先进生产力的发展要求，当然也就很难获得和拥有它在全球文化格局中的竞争力。

综上所述，对国际竞争环境的分析有助于战略目标选择主体找出与其他国家竞争和合作的格局，对国内环境的分析有助于战略主体找出自己的优势和劣势，而对外部环境的分析，则可以使战略主体科学地识别国家的机遇和挑战。而一个科学的、合理的、可实施的又是富有前瞻性的国家文化发展战略目标选择，就应该是在这样的分析的基础上确立起来的。

从地区或区域的层面来说，在我国也就是从一个省或一个地区的文化发展战略目标选择的环境分析来说，除了上述三个方面的文化环境分析之外，还必须有对国家文化环境的分析，其中包括文化政治环境、文化经济环境、文化社会环境和文化历史环境等。文化政治环境是指由中国的文化制度、文化法律和文化政策等共同构成的文化生态系统，这个系统直接规定和影响了中国文化发展战略目标选择的性质、目标和方向。在现阶段，中国的各个文化区域发展虽然还很不平衡，但是在根本制度和根本目标方向上却是一致的；各自体现的水平可能不一样，但都必须是体现和代表中国先进文化的前进方向的，离开了这种根本目标和根本性质的文化发展战略，在中国不可能得到实施。当然，历史地看，文化政治环境的良性程度是直接影响和决定一个时期内文化发展战略目标的空间增长程度的。不能设想在恶劣的文化政治环境下，文化会有良性和理想的发展。中国历史上的"文字狱"就是一个典型而深刻的例子。文化经济环境主要是指在现在的文化政治环境和生产力发展水平下，国家在经济方面给予文化发展战略目标的选择以多大的支持。这主要反映在关于文化产业发展战略目标的选择上。其中主要包括国家的金融政策、财税政策、产业政策和市场准入制度等。一个省或地区在选择和制定适合于本区域文化发展战略目标时，总要制定相应的文化经济政策，但是，所有这些文化经济政策只有与国家的根本文化经济政策相一致时，它才是合法的和可执行的。文化发展战略目标的实施总需要调用大量的人力、物力和财力，因此，本区域的国内生产总值的增长程度和人均收入、人均文化消费等，都是直接影响一定区域文化发展战略目标选择的重要的经济环境。这是因为，不论是选择怎样的战略目标，它都需要有市场的经济支持能力，包括文化商品的生产能力、文化服务的提供能力、文化市场的容纳能力和文化大众的消费能力。倘若不从这些经济能力要素出发去选择和制定一个大目标，就会导致失败。20 世纪

80 年代，许多省不从市场和本身的能力出发，一哄而上，都建电影制片厂，结果造成如今许多地方电影生产能力不足或长期没能拍成电影。因为作为现代文化产业的重要形态，电影的制作和发行，既需要大量资金投入，又需要广阔的文化消费市场。这两个因素不可缺一，否则会使预期的文化发展战略目标无法实现。文化社会环境是指一定的文化区域里普遍的文化氛围达到的文明程度，最主要的是人均受教育的程度和对文化发展对于推动本地区社会进步的重要性的认知程度。文化发展战略目标的选择和目标的实现都离不开现有的社会文化条件，社会的整体文明程度所达到的水平会直接影响主体目标选择的高度。因为一个宏大的文化发展战略目标，只有通过社会公众的全体努力才能实现。脱离社会公众的需求实际和他们所能接受的程度，有时甚至还会导致社会集体无意识的反对。文化历史环境主要是指一个地区在长期的历史过程中形成的独具特色的鲜明的文化传统，以及这种文化传统所造成的鲜明的文化个性和丰富的文化资源积累。这在区域文化发展战略目标选择中的环境分析尤其重要，如齐鲁文化、吴越文化、三秦文化、巴蜀文化、湖湘文化、燕赵文化等。没有这样一种对文化历史环境的分析，选择出符合自己文化发展特点和规律的文化发展战略目标是不可能的。因为今天的文化是历史的文化的发展，而明天的文化又应当是今天的文化合乎逻辑的选择的结果。割断文化历史的结果，必然要遭到文化的历史性的报复。从文化人类学的角度看，这是一个民族和种群赖以存在的全部合法性之所在。这也就是为什么在经济全球化的浪潮中，许多国家都在呼吁要保护和尊重民族文化特性的全部意义之所在。失去了特征和特性，也就失去了存在的文化身份。

总而言之，无论是一个国家还是一个省、一个地区，文化发展战略目标的选择应当基于对周边环境——各种文化环境的综合分析上，而不是基于个人甚或某个利益集团的主观愿望。

3. 优劣机威分析

"优劣机威分析"是优势（Strength）和劣势（Weakness）、机遇（Opportunities）和威胁（Threat）分析的简称，也称"SWOT 分析"。这是一种重要的战略目标选择和发展战略规划的技术路线，是文化发展战略目标选择和确定的不可或缺的方法论。

全球政治和经济主导下的全球文化发展趋势的深刻变化，给各国、各地区的文化发展提供了具体的和不同的机遇和挑战（威胁），特别是在文化经济和文化产业方面。这种机遇和挑战，是影响当今各国和各地区各种不同的文化发展战略的重要因素。不同的国家和地区抓住机会的程度以及应对挑战、克服威胁的程度，完全取决于它自身全部的文化优势和劣势。因此，分析国家（地区）的文化优势和劣势，就成为在对国家文化环境分析后，科学地选择和合理决策文化发展战略目标的又一个重要前提和基础。这可以概括为五项内容：（1）国家的文化态度及价值观；（2）社会的融合性和凝聚力；（3）文化的要素禀赋；（4）文化产业组织；（5）政府管理和领导。

最能体现和代表一个国家文化发展的优势和劣势的因素，就是它的文化、态度和价值观。这些因素直接关系到一个国家对整个世界的文化判断和价值判断，决定了它对世界的态度，因而是它全部文化行为的基础。一切关于文化发展战略目标选择的差异性，就在于它们的这种判断以及由此形成的对待世界方式的差异性。这种差异性的历史结果，导致各种不同文化形态、文明形态的差异性，而这也是文明冲突的一个直接动因。这种差异性无论在历史的还是在现实的世界进程中，都反映出一种文化内在能力在国家进步和财富创造中的优势和劣势。中国在历史上的几度辉煌和衰败，尤其是在近代的落伍，就是国家采取闭关锁国的世界态度的结果，而在 20 世纪 80 年代后中国在经济上之所以取得持续二十年的增长，也就在于它对世界总体发展趋势的价值判断和世界态度发生了根本性的变化，"发展是硬道理"成为中国社会文化和精神追求的主流。因此，确定文化发展战略目标，就必须首先考虑本国、本地区的基本文化发展的不平衡，文化发展战略目的的取向，分析它们的优势和劣势，以及战略主体在分析和把握这种优劣中所反映出来的文化态度和价值观的优劣。

第二个能代表一国文化发展的优势和劣势的因素，是这个国家的融合性程度和凝聚力程度。文化发展战略的目标选择，是战略主体，即国家和政府的文化意志、文化理想和文化追求的反映和结果。要实现这个目标，就必须使国家意志变成社会的自觉行为。由于社会是分层的，文化利益常常是通过不同的文化利益集团反映出来的，在它们之间必然存在各种各样的文化利益的差异和文化利益的冲突。而文化发展战略的目标选择又必然地要涉及现有文化资源的重新配置和利益重组，在这种情况下，当不同阶层与不同文化利益集团的差别日益增大时，文化发展战略目标选择的能否实现，就取决于这些利益集团是团结一致还是分崩离析。像任何战略一样，只有所有的利益集团都参与其中并对国家目标全力以赴，尽心尽责，国家文化发展战略目标的选择才有望成功。这就需要对社会的融合性和凝聚力及实现国家文化发展战略目标之间的益处进行广泛的宣传和分析，以形成国家文化发展战略目标实现所必需的文化合力。

文化的要素禀赋，包括文化资源（有形的和无形的文化遗产）、人口规模和人口变化、人力资本、物质资本、技术、基础设施等，是构成一国文化发展的优势和劣势又一个重要因素。在这当中，文化资源（有形的和无形的文化遗产）的丰度和技术的先进性程度具有特别重要的意义，尤其是在关于文化产业发展战略目标选择方面。有些国家不能参与国际文化市场竞争就因为资源的贫乏和技术的落后，在生产高附加值文化产品方面处于劣势，无法与那些具有先进工业技术的国家相比，如代表当今世界文化产业发展趋势的文化产品数字化。根据西方经济学家的分类法，文化要素禀赋可以分成两类：第一类为基础要素和先进要素；第二类为一般要素和特殊要素。基础要素有很大的继承性，如文化遗产等，先进要素则要求很高，如对技术进步、人力资本的大量投资；一般要素包括文化发展所需要的最基本的条件，特殊要素包括具有特殊才能和技能的人力资源，具有特殊价值的基础设施和专业知识（独特的文化遗产）。与一般要素相比，特殊要素为一国的竞争优势提供更具决定性的和可持续性的基础，这对选择文化发展战略目标是特别重要的。总之，无论是先进的还是特殊的文化生产要素，对加强一国的国际竞争能力是至关重要的。先进的和特殊的生产要素的数量和质量，决定一个国家的文化达到更高境界的竞争优势的可能性和成功率。[①]

国家文化产业组织机构和政府管理和领导，是国家文化发展战略目标选择的关键因素。文化发展战略目标选择由于在本质上是文化资源的重新配置，这就必然要涉及对现有国家文化产业组织机构的调整和重组，也就必然造成文化权力中心的某种变动。文化产业组织机构设置是否合理，是否具有持续性的创新能力，政府的管理和领导是否具有远见卓识，国家文化发展的未来前景是否能令人信服地提供和创造发挥作用的空间，所有这些都将直接影响目标选择的水平和成功的可能。因此，在选择文化发展战略目标时，每个战略主体都应当对自己的优势和劣势有清醒的评估和把握。其中既有主要优势和次要优势，也有主要劣势和次要劣势，甚或居于其间的中性因素。在分析评估和检验国家综合文化优势和劣势时，既不一定要克服所有的劣势（有时甚至是不可能的），也不一定要弘扬所有的优势。并非所有的文化劣势都将妨碍文化战略目标的选择和实现，也并非所有的文化优势在最终决策时都拥有相对的权量比。重要的问题是，将文化目标选择限制在自己拥有优势的机遇内发展，还是考虑在自己没有优势但可以获得并开发某种优势的机遇内去发展。因此，必须对本国、本地区文化优势和劣势进行辩证分析，只有这样，才可能对文化发展战略目标有一个好的选择。

分析优势和劣势立足于目前关于国家内在能力和条件的分析，但无论是关于国家的还是关于区域的（在中国就是一个省或市的）文化发展战略目标的选择，都还要有关于外部的分析，即识别一国的机遇和威胁。经济全球化趋势给世界各国文化的发展既带来了机遇，也对各种文化形态的既定状况构成了威胁。识别和分析这种机遇和威胁对本国文化发展的战略性影响，对于选择和制定文化发展战略的目标至关重要。

所谓"机遇"，从文化经济学的角度来下定义，是指一个国家在参与世界文化市场竞争中所获得的一种积聚，或获得财富的境遇或机会。一个国家或一个地区在文化发展战

[①] [美]菲利普·科特勒. 国家营销[M]. 北京：华夏出版社，2001：121.

略方面的成功并不是取决于它的目标的宏大，而是取决于它的综合文化能力在选择的目标领域内动作时，是否满足了关键性的成功条件并超出竞争对手。有时仅具有内在能力的优势还不足以构成国家综合文化的竞争优势。作为战略主体，国家应当在国际文化市场上通过向任何一类文化消费主体（文化商品购买者）提供最高价值和创立最大财富的过程中，实现自己的战略目标。这就需要对一些关键性的成功条件进行分析，要从竞争对手的威胁中寻找机遇，从别国的行动中寻找机遇。中国加入世界贸易组织（WTO），国外文化商品必将大举进入国内的文化市场，对国内的文化商品生产和整个文化产业发展、文化经济体系带来巨大的威胁和挑战，但是同时也给中国文化产品进入世界市场体系，中国文化产业拓展、扩张成长空间，中国的文化经济参与全球文化市场竞争，创造和提供了极好的机遇。挑战和机遇同在，问题是谁在这场角逐中更能抓住机遇。而所谓"威胁"，也就是由政治、经济、文化和社会发展或不利趋势产生的挑战。威胁可以根据严重程度和发生的可能性，分为严重威胁、主要威胁或不太严重威胁等。不同的战略主体（国家或地区）面对的威胁是不一样的。这就需要从本国、本地区的实际情况出发，对威胁程度作出分析，采取不同的应对措施和防范对策。其中通过拓宽文化经济合作领域，加强对外文化交流来提高文化技术实力，研究和发现世界文化市场的补遗领域和新的生长点，发挥自己文化的比较优势，防范文化比较优势可能出现的逆转状况，打造有利于形成自主知识产权和品牌优势的文化出口产品等，都应当是在机威分析的基础上一些重要的文化发展战略目标选择。

机遇总是来去匆匆，威胁可能长期存在。因此，每个国家、每个文化发展战略主体都必须善于识别和分析产生于国际动因和趋势的机遇和威胁，准确地把握住它们的现实意义，从而将这些机遇和威胁与本国、本地区的优势和劣势有机地结合起来进行综合的分析和评估。只有这样，文化发展战略的目标选择才能有扎实稳固的基础，也才有实现的可能。

三、文化发展战略选择的利益需求和制定原则

任何一种文化发展战略选择，从文化哲学的意义上来看，都是对现有文化资源配置状况和文化利益结构的意义的否定。制定文化发展战略，选择战略发展目标，就是要从新的更高的目标要求出发，重构文化利益格局和文化资源配置，以满足和符合不断发展中的国家和人民的根本利益。因此，文化发展战略选择，根本上就是主体（不论这一战略主体是国家还是地区）对自己文化利益状况的关注，是关于文化利益需求的选择。21世纪的文化战略利益需求是什么？这在当代中国的文化发展中就不仅是一般地涉及国家和地方、整体和局部的文化利益，而且是直接决定它们的关于文化发展战略目标的总体

价值取向。

1．文化发展战略选择的利益需求

文化利益需求是多种多样的。不仅不同的战略主体有不同的文化利益需求，即便是同一战略主体在不同的历史时期也会有不同的文化利益需求。这种文化利益需求，既有长期的，也有当下的；既有共同的，也有独特的；既有关于文化本身的，也有关于文化政治和文化经济的；如此等等。但是，不管是怎样的文化利益需求，在当代中国，21世纪最大的文化利益需要就是：实现中华民族文化的伟大复兴。这是最能满足、符合、体现和代表最广大人民的根本文化利益需求的。这是当代中国文化发展战略选择最根本的战略需求，是全体中国人民和炎黄子孙共同的文化利益需求。从这一利益需求出发，才能使不同的战略主体在选择本省、本地区文化发展战略目标时，有一个客观的、共同的、切实的、能够取得广泛文化认同和文化共识的操作平台，也才能使自己的战略目标选择有共同的利益基础和价值观基础。这一根本文化利益需求的内容，主要体现在以下四个方面。

（1）弘扬中华民族优秀传统文化，提高民族文化的自尊性和认同感。这在"冷战"结束后，地区性的民族分离主义的威胁进一步增大，和中国加入世贸组织，进一步融入世界体系过程时显得尤其重要。

（2）增强社会道德观念和思想文化建设，坚持先进文化的前进方向。这是保证中国改革开放的伟大事业和中华民族的伟大复兴得以顺利进行的保障性文化利益。中国是现代化起步较晚的国家，面临着双重历史要求，既要完成现代化的转变，又要克服和避免现代化可能带来的负面影响，确保中国文化发展的先进性。

（3）尊重知识，尊重人才，积极鼓励文化创新，不断增强中华文化的原创能力，提高全民族的文化素质。这是信息化时代提出来的中国的长远的文化利益需求。在信息时代，知识将取代资本成为生产发展和社会进步中最重要的因素和力量，成为经济增长的最主要的源泉。中国要想在国际竞争中赢得主导地位，就必须占领知识高地和人才高地。未来国际社会的较量将主要集中在对知识资本和人力的争夺上。因此，使每一个人的聪明才智得到最大限度的发挥，也是最符合每一个人的文化利益需求的。没有这一点，也就没有民族文化素质的全面提高。

（4）吸收人类文明发展的一切优秀成果，积极参与全球资源配置，在融入现代世界体系过程中，在国际利益的深刻变动中，全面实现中国的文化利益需求。经济全球化是当今世界发展的普遍趋势。这不仅导致各国的经济利益需求只有在经济全球化过程中才能得到深刻的体现，而且在这种背景下所发生的全球文化格局的深刻变动，将决定一国的文化利益需求也只有在国际文化利益的重组中才能得到满足和体现。否则很有可能导致极端的和狭隘的民族主义文化利益，这种利益需求观既不代表中国先进文化的前进方向，也不代表最广大中国人民的根本文化利益。

人民作为国家文化利益的主体，总是具体地存在于一定的时间和空间的。时空的经济文化的差异，同时也形成了不同的利益关系间的利益需求间的差异。在一个地方看起来可能不高的文化利益需求，在另一个地方可能表现为一种很高的文化利益需求。造成这种差异的原因，既有经济上的，也有文化上的；既与历史传统有关，也与现实状态有关。这就反映出文化利益需求的差别性、层次性和独特性。正是这种文化利益需求的多样化，构成了文化利益需求的丰富性，同时也包含了矛盾性和冲突性。文化发展战略选择总是要追求文化利益需求的充分满足，追求这种满足的高度和理想。因此，必然导致同现存一切文化利益需求秩序的矛盾和冲突。其中，既有自身的未来需求与现实需求的矛盾和冲突，也有中央与地方、地方与地区以及条块分割等的文化利益需求的矛盾和冲突。在根本文化利益需求一致的前提下存在部门和局部文化利益需求的差别性，以及它们间的矛盾和冲突，这在形式上是不可避免的。然而，在中国，不论是怎样一个层面上的文化发展战略选择也不论是怎样一种类型的文化发展战略选择，都应在根本文化战略、文化利益一致性的前提下，充分尊重和兼顾各种文化利益需求的合理性，实现多种文化利益需求的互补，从而形成上下一致、左右协调、层次清楚、整体和谐的全国文化发展战略创新体系。只有这样，中国根本的文化利益战略需求才能做到全方位的联动，中国最广大人民的根本文化利益也才能得到最大限度的维护。

2. 文化发展战略的制定原则

文化发展战略的选择和制定，是主观见之于客观的战略主体决策的过程系统，其制定原则大致有以下几个主要方面。

（1）文化发展战略与社会全面发展相一致原则。一定的文化是一定的政治和经济的反映，并且是反作用于一定的政治和经济的，因此，一定的文化发展战略也必然是一定的政治战略必须满足一定的政治制度和政治进步和变革的需要，既要反映和体现这种政治制度和政治进步和变革对文化的制约和要求，也要能为它们提供智力支持和舆论帮助。同时，文化发展战略的制定都是由政府中枢决策系统通过权力方式进行的，这种权力方式表现出来的政治文化要求必然在文化发展战略中得到全面的体现。因为，从管理学的角度来看，文化发展战略的制定，实质上是政府宏观文化管理意图的反映。不仅如此，无论是文化事业建设还是文化产业发展，都是经济发展水平、生产力水平的直接反映。一个地区的文化基础设施和文化产业结构，既是历史、经济发展的结果，又是未来文化发展的基础。一个地区的国内生产总值（GDP）的增长速度，人均收入和人均消费指数等都是影响一个地区文化发展战略的重要因素。一定的经济支持能力直接制约一定文化发展战略的长效规模。一定的生产力发展水平是一定要影响一定的文化发展水平的。因此，文化发展战略的目标选择和制定一定要与一定时期政治和经济的发展水平和发展速度相适应，与社会的全面发展相一致。只有在社会的全面发展可预见的水平上，文化发展战略选择和制定的水平高度也才有达到的可能。

（2）先进性目标与可行性实践相统一原则。文化发展战略是一个国家或地区对在一个较长时间内文化发展的总体决策和总体部署，是从全局出发制定的、在较长时期内文化发展所要达到的目标，这个文化目标是在现实文化及文化经济社会生活中所未曾实现过的水平，是需要经过长期努力才能达到的，具有吸引和动员全体人民去为之而奋斗的理想魅力。所以，文化战略目标必须具有先进性。但是，先进性目标必须是通过可行性实践能够实现的，否则就可能是脱离实际，超越发展阶段的空想。因此，必须把目标的先进性与实践的可行性统一起来，把需要与可能、主观与客观统一起来。

（3）利益需求、发展速度与整体效益相统一原则。文化发展战略制定，本质上是创建财富的一种战略方法和战略手段。正因为是财富的创建和积聚行为，就将不可避免地与满足人们的文化利益需求、追求文化发展的速度和规模，实现文化的全面效益方面存在着矛盾。这会出现三种情况：第一种情况是为了维护局部文化利益而牺牲了整体的文化利益，造成利益冲突，妨碍战略意图的实施；第二种情况是单纯追求发展速度和规模效应，有发展而无增长；第三种情况是片面注重经济效益（尤其表现在对文化产业的经济学态度上），忽视文化的社会整体效益。文化对于满足人民的利益需求是多方面的，应当特别注意处理文化利益需求、文化发展速度和文化的社会效益三者之间的关系。既要满足人们的多种文化利益需求，加快文化发展步伐，又要注重在高投放过程中的有效产品积累，真正推动文化增长；在充分发挥市场在资源配置方面的基础性作用，注重文化的经济效益及其对其他产业的拉动效应时，更要关注文化在营造整个社会精神生态环境方面（正反两个方面）的作用，加强先进文化建设，从而做到三者的有机统一。这样，才能发挥文化发展战略的制定和目标的实现，在国家财富的创建和积聚中独一无二的作用。

（4）战略目标的定性与定量要求相结合原则。文化发展战略由于涉及对原有的文化利益格局的突破和文化资源的重新配置，它的实施必然会引起社会的文化关系的某种质态变化，特别是在文化经济领域里，由于资本结构或投资主体的变动，在很大程度上会引起文化产业结构或一定的产业组织由一种产权性质过渡到另一种产权性质。因此，文化发展战略目标中必须有定性（质态）发展的要求。但是，只有定性要求是不够的，还必须有定量要求。这种定量要求既表现在公共文化事业方面人均享受文化服务权利的丰富性和多样性程度，也表现在文化经济领域里人均文化消费水平和文化产品生产所占国内生产总值（GDP）比重的程度。没有定量要求的战略目标是无法贯彻落实的目标。这就必须把定性、定量的要求结合起来，建立相应的文化发展统计指标体系。

（5）与相关战略相整合原则。在当代社会背景下，任何一种形式和类型的发展战略都是在一定的国际和国内社会发展的基础上制定的，并且也都是以一定的战略主体作为参照系统的。这就规定了一种发展战略系统与另一种发展战略系统的相关性，否则，这样的发展战略就会毫无意义。因此，文化发展战略的制定，在当代中国，既要考虑到中国加入世贸组织（WTO），进一步融入世界体系，参与经济全球化后给中国文化发展带来的影响，以及国家所制定的相应的战略结构调整，也要考虑到战略主体的发展目标与相关区域或部门的战略目标的关系；既服从和服务于国家的和上一层次总体文化发展战略，也要求下一层次的战略目标同自己的相衔接，充分整合上下、左右的战略目标资源，从而以最小的战略成本实现最大的战略目标。避免战略目标之间的相互脱节或相互冲突、相互重叠，造成战略资源的浪费。

第三节 文化发展战略的构成、类型和模式

不同国家和地区、不同资源环境和条件下的文化发展战略的构成是不一样的。影响和决定了文化发展战略构成条件的多样性，是形成不同国家和地区不同的文化发展战略类型和模式的重要原因。文化发展战略的构成具有相似性，文化发展战略的类型和模式一定是多样化的。

一、文化发展战略的构成

文化发展战略是以文献形式表现的、系统的关于文化发展战略的构成。所谓"文化发展战略的构成"，是指文化发展战略的文本构成。从一个国家或区域来说，这样的文本构成应该包括以下四个部分。

1. 战略环境分析

这是文化发展战略得以提出的基本前提。包括国际和国内的背景分析、战略主体作为一个区域空间存在的历史和现状分析、优劣机威分析和基本问题和矛盾分析等。一个完整的战略文本应该是包含深刻而有远见的战略思想，具有科学文献的性质，它是科学研究的结果，而这个结果只有建立在科学的、实证的和理论分析的基础上才有可能提出和成立。因此，对所有这些基本战略环境的科学分析，是制订文化发展战略的依据，这是着眼于文化和以文化为视角的综合战略环境分析，并不仅仅分析文化状况本身，因而

也是一个文化发展战略提出的综合生态分析。这种分析越充分、越深刻、越透彻，就越有利于战略决策思路的形成，对战略内容的论证也就越科学。

2．战略方针和战略目标的设计

战略方针是整个文化发展战略的灵魂，它是战略研究总成果的集中反映，代表和体现了战略主体关于文化发展的构想和意志。通过它可以衡量主体战略决策的总水平。

战略目标是一个文化发展战略文本的核心，是战略方针的体现。要对在未来一定时间内建成什么样的文化模式和达到怎样的发展水平有准确的定位。

对战略方针的概括和阐述要简单、鲜明，带有纲领性，对战略目标要进行比较具体的可行性分析。由于不同的战略主体所处的文化发展水平是不一样的，战略目标的具体内容就因主体而异，不必追求形式上的一律。

3．战略重点和战略阶段的安排

战略重点是明确对实现战略目标具有关键意义而目前发展具有比较优势或比较弱势，需要特别加强的部门、区域、组织、要素等。如重要的文化基本设施建设、文化产业布局调整和资源重组、区域性文化功能开发、文化体制改革、文化信息技术等。在文化战略文本中不仅要明确战略重点，而且还应该证明确定这些战略重点的依据，对于实现整个文化发展战略目标的意义。一般来说，战略重点往往也是体现战略创新程度的重要指标系统。

战略阶段就是实现文化发展战略目标在时间上的安排和实施步骤。尤其是中长期文化发展战略，如五年战略规划、二十年战略规划等。没有战略阶段的时间安排和时间要求，战略目标的实现和战略构想的展开就缺乏可以计量的保障系统。因此，在一个阶段内都应当有明确的任务指标和水平高度的要求。阶段与阶段之间互相衔接，战略推进程序明晰，便于监督和评估。

4．战略对策

战略对策是实现文化发展战略方针、战略目标的手段、措施和途径。这是文化发展战略文本构成中最生动的一部分，具有很强的针对性，因而占有较大的篇幅。在战略对策中，要特别注意处理战略对策之间的关系，要互相衔接、互相配套，要争取较大的对策整合效益，防止和避免对策间的自相矛盾、互相掣肘和抵消。长期发展战略由于不确定因素增大而导致的战略实施的风险增大，因此，还要注意风险防范措施，以确保战略决策和战略目标的如期实现。

二、文化发展战略的类型和模式

文化发展战略的类型和模式都是文化发展战略主体选择的结果。由于战略主体的差异，文化发展战略类型和模式也就呈现丰富多样性。有总体战略、部门战略、区域战略等。不同类型的文化发展战略因涵盖而不同，又可分为宏观战略、中观战略和微观战略等。从时间长度上分，又可分为近期文化发展战略、中期文化发展战略和远期文化发展战略。

从发展战略学意义来划分，文化发展战略属于部门发展战略的范畴。但是，当我们把文化发展战略放到整个社会和国家发展的全景前审视时，它就成为一个超部门的发展战略形态，因而可以分成总体文化发展战略和区域文化发展战略两大类。

总体文化发展战略，也称"国家文化发展战略"，它是以国家为战略主体并为全国的文化发展服务的一种战略。国家文化发展战略具有四个特征：第一，适用范围广。由于反映和代表了国家文化意志，它的战略意图适用于全国各个地区、各个部门文化发展的各个方面。第二，导向性强。国家文化发展战略对于全国各地区、各部门文化发展的长期目标、方式、速度、规模等具有很强的指导作用和文化政策的规范意义。第三，稳定性大。国家文化发展战略决定和影响着全国的文化建设和文化发展，因而必须具有很大的稳定性，不能随意变动。第四，具有国际对应性。一国的文化发展战略，既是对本国文化发展的整体谋划和战略构想，同时也是对国际文化环境和国际文化关系、文化力量格局变动的一种回应和态度，因而与国际文化格局变动及有关国家的文化发展战略相关联，具有国际对应性。从某种意义上说，国家文化发展战略就是在一定的国际文化环境中形成，并适应参与国际文化竞争需要而制定的。

国家文化发展战略因战略任务不同，又可分为文化复兴（振兴）战略、文化现代化战略和文化赶超战略等；因实现文化战略目标的途径不同，又可分为开放带动战略、高新技术战略、信息化（数字化）战略、文化创新体系战略等，以及专项文化发展战略：意识形态战略、国家文化产业战略、国家文化安全战略、全球文化市场拓展战略等。

区域文化发展战略，指在国家总体文化发展战略指导下的国内一定行政区划内的文化发展战略，如一省的文化发展战略、一市的文化发展战略等。这是目前我国区域文化发展战略中的两种主要形式。与国家文化发展战略相比较，区域文化发展战略有三个基本特征：第一，区域文化发展战略是具有独特文化战略要素的战略，这就要求区域文化发展战略在战略诸要素上体现自己的特色和比较文化优势。第二，区域文化发展战略是具有双重任务的战略，既要实现本区域文化发展战略的要求，也要实现国家文化发展战略对本区域的要求，如我国实施的"边疆万里文化建设长廊"战略、文化产业经济结构的战略性调整等。在首先保证实现国家总体文化发展战略任务的条件下，充分满足本区域文化发展战略的要求，并使两者有机衔接，互相协调，共同发展。能够服从和服务于国家文化发展战略的区域文化发展战略，就是有特色的区域文化发展战略。第三，区域文化发展战略是本区域与有关区域的文化发展战略相配合的战略。尤其是在城市相对密集的区域和省及省会城市间（如珠江三角洲、长[沙]、株[洲]、[湘]潭经济区等）。其中既有平行的，也有交叉的，被辖的和所辖的。正确处理各种区域文化发展战略的关系，使各种区域文化发展要求相衔接，优势互补，是形成区域文化发展战略所必需的。

城市文化发展战略是国家的和区域的文化发展战略的重心。城市是一个国家或地区的政治、经济、文化中心，是物质文明和精神文明集中体现之所在，是突出的财富的主要生产场所。一般来说，一个国家的城市化程度越高，表明它的文明程度越高。因而，城市文化发展战略对于一个国家或区域的文化发展战略来说，具有举足轻重的影响。特别是文化中心城市，常常是一个国家或区域文化发展所达高度的标志，具有象征意义。城市文化发展战略作为一种类型，无论是在国家的还是在区域的文化发展战略中，都具有特别重要的意义。研究和制订城市文化发展战略，一般要注意和考虑四个方面的问题：城市的现代化进程；城市文化基础设施的合理布局；城市文化经济和文化产业结构的合理化；城市文化的吸引和辐射功能。

不同的国家或地区，由于历史文化背景、经济发展水平、政治制度和文化发展状况的不同，对文化发展战略的选择也不同。从这个意义上来说，所谓"文化发展战略模式"，实质上就是不同的战略主体从自身的综合文化条件出发所选择的文化发展道路。因为文化发展战略总是为人的全面发展的需要服务的：人的需要强调了哪一个侧面，文化发展战略模式的选择也就会较多地倾斜于哪一个方面；人的需要有了新的发展，文化发展战略模式也会形成新的模式。英国的一位战略问题研究专家通过对几十种基本战略模式的研究，曾得出这样的结论：根据现有材料所推测出来的发展模式和可能性，被称为"可能性战略"；根据既定功利要求所制订的实施规划，被称为"可操作战略"；根据未来时间内非常复杂的变量所制定的可选择规划，被称为"可选择战略"。这对我们思考、分析、研究和选择适合于自己的文化发展战略模式，是一个深刻的启发。

 **本章小结**

▶ 文化经济作为现代文化运动的重要生命形态和存在方式，深刻地影响一个国家的社会、政治、经济和文化的发展。在经济全球化背景下，已经成为影响当代国际经济、文化秩序的变动和国际关系格局变动的重要力量，制定文化发展战略，充分发挥文化经济及其系统形态的文化产业作为"软实力"在国家综合国力中的地位和作用，参与市场综合竞争，成为文化经济运动的发展趋势。

› 文化战略是战略主体用以实现自己的战略目标和目的的一种自觉的战略手段，国家战略的文化行为，是在各种条件下，综合运用和全面推动文化力量实现战略主体目标的科学和艺术。

› 文化发展战略是战略主体对一个较长时间内文化发展和建设的考虑、谋划和安排，所要着重解决的是文化与国民经济和社会发展的有机协调问题，克服文化自身及其与国民经济和社会发展间的不平衡和矛盾；是战略主体对文化建设的要求，体现了战略主体对文化发展的理想和追求，实际上是战略主体文化意志的整体性反映。

› 文化发展战略选择必须符合国家根本战略需求以及由这种需求而形成的对文化发展的要求。文化发展战略制定必须坚持文化发展战略与社会全面发展相一致原则；先进性目标与可行性实践相统一原则；利益需求、发展速度与整体效益相统一原则。

思考题

1. 文化战略与文化发展战略的联系与区别是什么？
2. 影响文化发展战略选择的动力因素是什么？
3. 优劣机威分析在文化发展战略制定中的作用是什么？
4. 文化发展战略制定应当遵循哪些原则？
5. 中国文化发展战略有哪些特点？

后 记

我主笔的第一本《文化经济学》著作发表于 1996 年，由上海交通大学出版社出版，是为纪念上海交通大学建校 100 周年出版的百本教材之一，也是仅有的两本文科教材之一。虽然，那是一本在现在看来很幼稚的作品，但那是我迈出的文化经济学研究的第一步。当时国内关于文化经济学研究的著作还很少见，我的这本书就成为后来很多人报考硕士、博士研究生的主要参考书之一。这是我感到很欣慰的地方，同时也深感谬种流传，需要做深入的研究和修改。于是，借助于上海交通大学"985"创新项目的支持，在我主持"21 世纪文化管理系列教材"之际，对《文化经济学》做了重大修改，篇幅达全书的一半之多，2003 年由上海文艺出版社出版。我的同事李康化博士参加了这项工作。

2003 年，全国掀起了一股研究文化产业的浪潮，许多高校纷纷开设了"文化产业管理"和"艺术管理"专业，"文化经济学"成为这两个专业的"核心课程"；不仅如此，许多大学还把我的《文化经济学》列为硕士研究生入学考试的参考书，于是，上海文艺版的《文化经济学》出版没多久，便告售罄。后来虽然山西人民出版社于 2005 年又出了一个版本，但是，由于时间关系，基本上没有做大的修改，只是根据出版社对教材体例的要求做了一些技术上的增补。

上海文艺版的《文化经济学》虽然较之上海交大版的有了明显的进步，但还是没有达到预期的理想。这些年来，随着文化经济学研究的深入，以及研究文化经济问题的专家学者队伍越来越大，成果越来越多，研究的问题越来越深入，研究的领域越来越扩大，人们对文化经济对于社会政治经济文化发展的重要性的认识越来越深化，也使得 2003 年上海文艺版的《文化经济学》越来越不能满足和适应发展了的文化经济学学科建设的需求。对《文化经济学》做进一步修改也就成为这几年来我的一个重要愿望。值此清华大学出版社邀我主编"十二五"普通高等院校文化产业管理系列规划教材之际，使我有机会对《文化经济学》又做了修改。

此次修改全部由我自己独立完成，从而使得在文风和内容上更为协调和统一。本次修改重写了第五、六章，增加了第二章的内容，改写了导论、第一、三章及其他各章，删去了上海文艺版的最后一章，修改内容超过五分之三，几乎每一章都有修改。这些修改的内容都是近几年来思考较多的，有的曾作为学术论文单独发表，如关于时间与空间经济问题的研究，就曾以《时间与空间文化经济学论纲》为题发表在2013年第5期《探索与争鸣》上，并引发了关于这一问题的争鸣。与前两本书相比，重写的部分更多地借鉴了现代西方经济学领域里的重大研究成果运用于文化经济学研究。有的甚至是属于政治社会学、哲学研究领域里的重要理论成果，而且这些成果在以往的文化经济学研究中还很少被关注，例如哈贝马斯的公共领域理论等。文化经济领域里的复杂性决定了关于它的研究就更加复杂了。虽然关于文化经济问题的思想史资料零散的不少，但是，在现代意义上关于"文化经济"的研究是不多的。无论是与文化学的研究相比，还是与经济学相比，"文化经济学"都还是一个属于培育中的新兴学科，关于"文化经济学的原理"还尚未形成，因此，它的不成熟是显而易见的。然而，也正因为如此，又为我们在文化经济学理论创新领域里的创造性想象和建构提供和创造了条件。在这个时候，研究视野的广阔性很大程度上决定和影响了文化经济学研究的创新性。

我在此次修改中做了一些努力，然而，依然是囿于条件与能力的限制，这次修改还是有许多工作没能如愿，留下了不少遗憾，只能留待下一次的机会再作修改。我期待着大家的批评，期待着使用本书作为教材的老师和同学们的意见和建议。现在网络很发达，我期待着我们能在网上见面，能在网上听到你们的批评意见，以为我进一步研究和今后修改的参考。并向你们表示衷心的感谢。

胡惠林

2014年2月14日农历元宵节